Frigga Haug

Lernverhältnisse

Selbstbewegungen und Selbstblockierungen

ARGUMENT

Bibliografische Information der Deutschen Bibliothek
ist im Internet über http://dnb.ddb.de abrufbar.

Deutsche Originalausgabe

Eppendorfer Weg 95, 20259 Hamburg
Telefon 040/4018000 – Fax 040/40180020
www.argument.de
Lektorat, Umschlag & Satz: Iris Konopik
Umschlagabbildung: Pablo Picasso *L'acrobate* (1930)

Druck: Alfa Druck, Göttingen
Gedruckt auf säure- und chlorfreiem Papier
ISBN 3-88619-324-1

Inhalt

Vorbemerkung (9)

Teil I
Annäherung an den Gegenstand Lernen

KAPITEL 1
Das Unbehagen – Erinnerungen an Lernen 1 (13)

Lesenlernen (13); Ballwerfen (14); Die Frage (15); Der Computer (17)

KAPITEL 2
Die Lernproblematik
Erste Diskussion von Holzkamps Lerntheorie (20)

Kritik der Handlungsregulationstheorie (21); Lernhandlung und Weltbezug (27); Subjektive Lernproblematiken: Zwei Beispiele (31): Schönbergs Orchestervariationen (32); Ein Zimmer für mich (35)

Teil II
Lehren

KAPITEL 3
Die versteinerten Verhältnisse zum Tanzen bringen
Erinnerungen an Lernen 2 (41)

Vorlesen (41); Nachhilfestunden (42); Schulungsgruppen (44); Lernen als Erziehungsziel (47); Zwei Beispiele: Psychologie (48); Pädagogik: Paolo Freire (52); Lernen als Aneignung von Wissen (53)

KAPITEL 4
Erfahrungen in die Krise führen, oder:
Was Lehrende Lernenden nutzen können (59)

Reformen (59); Inhalt und Form (60); Lehrer und Schüler (62); Das Rollenspiel (63); Die Rolle der Erfahrung (64); Die Opfer-Täter-Diskussion (67)

Kapitel 5
Brechts Flüchtlingsgespräche als Lernanordnung (71)

Der Text (71); Der Ort (72); Das Zwiegespräch (73); Die Ordnung (75); Der Vergleich (77); Der Alltagsverstand und die Erfahrung (84); Begriffe im Zwielicht (86); Tugenden (89); Der Mensch ist gut (89); Das Einverständnis und kleinere Tugenden (91); Freiheit (94); Lehren vom Lernen (97)

Kapitel 6
Frageräume. Lernen von Virginia Woolf (104)

Das Privileg des Wohllebens (104); Die Kunst des Fragens (105); Die Dummheit des Krieges (107); Die Bezahlung von Ausbildung (108); Der Wert des Berufs (110); Die Beschränktheit des Heims (111); Der Nutzen des Frauencolleges (113); Die Förderung weiblicher Berufstätigkeit (114); Die Verteidigung der Kultur (116); Die Funktion der Kleider (117); Die Eigenarten der Frauen (117); Die Lehren der Literatur (120)

Teil III
Die lernenden Subjekte

Kapitel 7
Das lernende Subjekt – Zweite Holzkamp-Diskussion (123)

Kritische Psychologie (123); Die subjektwissenschaftliche Grundlegung (125); Behavioristische Lerntheorien (130); Kognitive Erweiterungen des SR-Konzepts (137); Das Gedächtniskonzept als kognitive Fassung des Lernproblems (144)

Kapitel 8
Die lernenden Subjekte – Lehren und Lernen – Lerntagebücher 1 (151)

Die Aufgabe (153); Lerntheorien (154); Lernerinnerungen (155); Lerntagebücher (156); Das Lernarrangement (157); Die anderen und das Ich – Angst und Täuschung (160); Kritik und Selbst (162); Die anderen Tagebücher als Schlüsselerlebnis (164); Der Stoff – Begriff und Begreifen (165); Selbstveränderung (168); Vorurteile (170); Weitere Blockaden – Political Correctness (171); Das nächste Semester – Cultural Studies (172); Verlernen (177)

Kapitel 9
Erfahrung und Theorie – Lerntagebücher 2 (179)

Das Lerntagebuch als Medium selbstbestimmten Lernens (180); Erfahrung und Theorie (185); Zur Rolle von Beispielen in der Theoriearbeit (189); Lehren fürs Lehren (191); Ich und die anderen – Kollektives Lernen und Selbstzweifel (193); Kritik (197)

Kapitel 10
Lernen in der Schule – Erinnerungsarbeit 1 (204)

Die Lehrerfrage (204); »Als ich etwas lernte« (206); Konstruktion von Bedeutung (211); Notizen von Männern – zwei Beispiele (213); Forschende Haltung (217); Erfahrungen von Frauen – drei Beispiele (219); Englischlernen (219); Lateinunterricht (223); Das Abitur (226)

Kapitel 11
Lernen in der Familie – Erinnerungsarbeit 2 (229)

Familienleben (230); Niederlage (233); Jähzorn als Waffe (235); Erfolg (238); Abschied (241)

Kapitel 12
Lernen in der Universität – Erinnerungsarbeit 3 (245)

Die Sache mit dem Protokoll (245); Heute nichts gelernt (251); Der Pflichtkurs (252)

Teil IV
Das Arbeitsparadigma

Kapitel 13
Lernen in der Arbeit (257)

Lernen als große Veränderung (257); In der Arbeit zu Hause sein (260); Arbeitsbiographien (263); Das Projekt Automation und Qualifikation (264); Vom Modell zur wirklichen Praxis: Lernprozesse im hochtechnologischen Betrieb (270); Lernen als Widerspruchserfahrung (272); Geschichten von Arbeit (276)

Kapitel 14
Lernverhältnisse – Anstelle einer Zusammenfassung (280)

Kritik von Theorien ist Praxiskritik (280); Verlernen (281); Der Widerspruch (282); Die Arbeit (283); Der Alltag (284); Sprache (284); Die Geschlechter (285); Fragen (286); Kritik (286); Das Kollektiv – der Dialog (286); Lehren (287); Der Lernbegriff (287)

Literatur (289)

Sachregister (295)

Vorbemerkung

Nach vielen Jahren eigenen Lernens, des Studiums von Lerntheorien und des Umgangs mit dem Lernen anderer, der Auseinandersetzung mit neuen Methoden der Lernevaluation – zuletzt der Pisa-Studie –, nach dem Suchen nach Antworten in der Literatur liegen zu viele Materialien vor mir und weiter zu viele ungelöste Fragen. Das Problem der Darstellung ist ja auch eines des klaren Aufbaus, der wiederum eine abgeklärte theoretische Durchdringung voraussetzt, wie dies z.B. Klaus Holzkamp nach zehnjähriger Arbeit mit seinem Werk über Lernen (1993) vorlegte. Sein Buch war für mich der Auslöser, die lange gärenden Gedanken und Vorstellungen in einer eigenen Arbeit zusammenzufassen. Denn ich las es mit großer Erleichterung, gerade wegen seines gradlinigen Durchgangs durch ein Meer von Lerntheorien, ein Monumentalwerk, das Zukünftigen als getane Arbeit dienen kann. Zugleich spürte ich zunehmende Irritation, weil bei Holzkamp die vielen Fragen, die mich im Zusammenhang mit Lernen umtreiben, entweder gar nicht verhandelt oder verschoben werden in eine Gegend, die mir eine Fehlorientierung schien. Das gilt z.B. für die Fragen des Ideologischen, des Kulturellen, des Geschlechtstypischen. Aus der Unruhe entstand der Plan, eine Kritik zu schreiben, die sich an den einzelnen Kapiteln entlangarbeitete und daher den Aufbau des holzkampschen Buches wiederholte. Die Durchführung zeigte bald, dass eine solche Verdoppelung von Darstellung, die zur Kritik unerlässlich war, kein Lesevergnügen bereiten würde, ja im Grunde unlesbar war und wiederum nicht den Raum betrat, in dem meine Fragen ans Lernen zu Hause sind.

Ich wollte keine *Grundlegung* des Lernens schreiben, sondern eher eine Freilegung. Mich beunruhigen die wirklichen Menschen, was sie tun, wie sie sich bewegen, wie sie lernen, welche Schwierigkeiten sie dabei haben, welche Lösungen sie finden. Insofern ist mein Verfahren vielleicht vergleichend explorativ zu nennen. In erster Linie sammele ich die vielen Zeugnisse alltäglichen Lernens in kritischer Absicht. Ich prüfe verschiedene Arbeiten, die allesamt in Befreiungsprojekten beheimatet sind, daraufhin, wie sie den wirklichen Menschen in unseren Verhältnissen bei ihren Lernbemühungen nützen, welche Vorschläge sie machen, wie man sich mit ihrer Hilfe in den gegebenen Verhältnissen anders bewegen könnte. Dazu gehört in erster Linie das Grundlagenwerk von Klaus Holzkamp, dazu gehören Karl Marx und unsere Studien im Projekt Automation und Qualifikation, aber auch Bertolt Brecht, Virginia Woolf und viele andere. Meine Herangehensweise an die genannten Autoren ist durchaus einseitig, ich stelle meine Lernfragen an sie und entziffere ihre Arbeiten, soweit sie auf das *Wie* menschlichen Lernens in den herrschenden Verhältnissen, auf Lernverhältnisse und ihre Reproduktion durch die Einzelnen Antwort geben.

Ich habe mich jetzt entschlossen, das Buch gemäß dem Stand meiner Arbeit als eine Art Flickenteppich vorzustellen. Die kritische Auseinandersetzung mit Holzkamp wird unterbrochen und verlebendigt durch Lerngeschichten von Studierenden und Gruppen, die sich zur Erinnerungsarbeit zusammenfanden; die Gesamtdarstellung enthält Analysen zu Lernarrangements bei Brecht und Virginia Woolf; ein weiterer Schwerpunkt ist die Arbeit mit Lerntagebüchern. Als Leitfaden dient eine autobiographische Aufarbeitung eigenen Lernens.

Ich danke allen, die sich mit eigenen Erinnerungen und Diskussion forschend beteiligten, vor allem den Studierenden der Hamburger Universität für Wirtschaft und Politik. Ich danke Ute Osterkamp für hartnäckige Kritik.

Esslingen, Januar 2003

Teil I

Annäherung an den Gegenstand Lernen

Kapitel 1

Das Unbehagen – Erinnerungen an Lernen 1

Ohne weiteres kann ich eine Reihe von klugen und einverständigen Bemerkungen zum Lernen machen. Dass es nützlich ist und notwendig, dass es Spaß machen kann und Mühe bereiten, dass es lebenslänglich geschieht, dass es allgemein menschlich ist, dass aber auch Tiere selbstverständlich in der Lage sind zu lernen … Solche Sätze stehen um mich wie ein gepflegter Garten, in dem ich auf eigens dafür angelegten Wegen gehe, ohne dass ich etwas zertrete, mich etwas mit Dornen ergreift und verletzt. Ich bin unangefochten.

Dabei löst das Wort Lernen, wenn ich es nur nah genug an mich heranlasse, ein tiefes Unbehagen aus. Es heftet sich an Erinnerungen von Befehl und versuchtem Gehorsam, von Versagen und Unlust, von Schuld. Im Schacht meines Gedächtnisses sind unter dem Namen Lernen vornehmlich Erlebnisse abgelegt, in denen es mir gerade nicht gelang zu lernen, was ich sollte oder wollte. Erinnerung an Unvermögen, Verweigerung, Blockade.

Lesenlernen

Zum Beispiel war da das Lesenlernen, als ich in die erste Klasse der Volksschule ging. Das Lesen zu lernen war eine Übungsaufgabe für zu Hause und stellte sich unerreichbar und quer in die versonnten Nachmittage. Dafür gab es eine Fibel. Ich starrte auf die Buchstaben, die mit Namen zu nennen mir ein Leichtes war, und versuchte, in ihrer Aneinanderreihung einen sprech- und verstehbaren Sinn zu finden. Es gelang nicht. Die Zeichen wollten jedes für sich bleiben, zwei Buchstaben aneinander ergab nichts und schon gar nicht drei oder noch mehr. Verzweifelt hockte ich stundenlang, wie mir schien, vor den Bögen und Strichen – es half nichts, dass sie groß und farbig waren. »Sie ist doch sonst nicht dumm«, sagte meine Mutter zu meiner Tante, die extra angereist war, mir zu helfen, »sie ist einfach verbockt.« Das Wort *verbockt* umfasste eine unbestimmbar große Menge an Ereignissen, wo ich nichts gelernt hatte, was so als Verweigerung benannt wurde. Ich bekam Stubenarrest, während meine Geschwister spielen durften. Meine Tante las mir die Worte vor, aber ich vergaß sie wieder und vergaß vor allem das Zueinander von bestimmten Zeichen und Wort. Ich wollte raus und spielen. Es war ungerecht, mir dieses sinnlose Zeug abzuverlangen, das ich einfach nicht lernen konnte. »Andere nehmen das Buch mit unter das Kopfkissen in der Nacht«, verriet eine Nachbarin, »am Morgen wachen sie auf und können lesen.« Ich wusste sogleich, dass die Nachbarin unerlaubt abergläubisch sein musste, und versuchte es nicht.

Irgendwann müssen sich die Buchstaben zu Wörtern gefügt und dieser Vorgang sich sinnvoll in eine mögliche, gern geübte Tätigkeit verwandelt haben. Es käme jetzt, in einer Studie über Lernen, darauf an, dies festzuhalten. Aber ich erinnere diesen Lernschub nicht, sondern nur und ausschließlich die Zeit des Versagens.

Ist Lernen also etwas, das nur sprechbar und erkennbar wird im Moment, in dem ein geplantes Ziel nicht erreicht wird, in dem eigene Strategien und Mühe entfaltet werden müssen, und das daher benennbar und erinnerbar ist zunächst als Negativerlebnis, als misslingendes Lernen, sodass wir aus eigener Erfahrung nichts gewinnen können für die doch offenbar stattfindende Alltäglichkeit von einfachen, gelingenden Lernprozessen, für Lernen als Tätigkeit?

Ich kann das nicht glauben. Ich weiß von Neugier und Lernlust. Also muss es doch in der Erinnerung, wie verschüttet auch immer, gelingende, positive Lernerlebnisse geben. Aber warum solche Vergrabung? Warum diese Unlustbesetzung des Wortes *lernen* in eigener Erinnerung bei gleichzeitigem Wissen, dass Lernen gesellschaftlich zu den positiven, anerkannten, guten Tätigkeiten gehört?

Ich suche nach weiteren Erfahrungen mit Lernen:

Ballwerfen

Ich konnte nicht Ballwerfen. Also musste ich es lernen, denn es gehörte zu den Spielen, die wir ausführlich und wieder stundenlang im Turnunterricht übten; aber es ist nicht bloß die Schule, die ich in diesem Zusammenhang erinnere. Werfen war auch sonst ganz brauchbar: zum Beispiel Steine über das Wasser tanzen zu lassen – das konnten viele – oder einen Stock weit fort zu werfen, um einen Hund dazu zu bringen, ihm hinterherzujagen und ihn zurückzubringen. Ich verwerfe also mein vorschnelles Aha, das die Verknüpfung von Lernen mit Unfähigkeit der Schule zuschreiben will. Nicht bloß institutionell geforderte und also fremdbestimmte Praxen, auch gewollte, lustvolle, spielerische, freie Praxen werden unter Lernen als negative Erfahrung abbildbar. Ich habe auch diese Handlung stundenlang und über Jahre geübt – umsonst: Der Ball fiel vor meine Füße, traf den Hund, der wenige Meter vor mir erwartungsvoll und sprungbereit wartete, meine Muskeln verkrampften sich, und ich blickte voller Neid und Verzagen auf die Bälle der anderen, die mit einem Sausen hoch und weit in ihre Flugbahn gebracht wurden. Kein Versprechen, keine Belohnung, keine Mühe half, ich konnte es nicht lernen. Ich richtete mich darauf ein, und ungleich dem Lesen kann ich es bis heute nicht.

Vielleicht ist es sinnvoll, von Lernen nur in Zusammenhängen zu sprechen, in denen für die Bewältigung bestimmter Praxen eigene Schritte gegangen werden müssen, Strategien ergriffen, Fähigkeiten bewusst erlangt werden – und die Hoffnung, es gäbe so etwas wie lustvolles glückliches Lernen dem Reich der Wunschphantasien zuzuschreiben? Lernen wäre demnach an Training gebunden und es gälte, erfolgreiche Programme zu entwerfen und existierende ständig zu verbessern, um den größtmöglichen Lernerfolg zu erzielen? Fähigkeiten müssen durch harte Übung erlangt werden, der Weg ist steinig, das Gehen nur durch äußeren oder/und inneren Zwang möglich. Es ist günstig, in sehr jungem Alter damit anzufangen, wenn die Menschen noch biegsam sind. »Früh krümmt sich, was ein Häkchen werden will.« Alles, was man durch freudiges Tun gleichsam im Fluge erlernt, wäre dann für eine Theorie des Lernens und entsprechende Pädagogik ebenso wenig von Interesse wie die schleichende Ein- und Unterordnung, die das Leben in herrschender Gesellschaft erbringt?

Ich bin nicht überzeugt. Aber es irritiert mich, dass mir immer weiter negative Lernerlebnisse einfallen, bis zu einem gewissen Grade zumindest, und dann der eigentliche Lernschub wie ausgelöscht ist, sodass ich aus ihm wiederum nichts lernen kann.

Ich nehme ein Beispiel aus höherem Alter, sodass kindliche Unlust und womöglicher Unwille, die Fähigkeit hier und jetzt sich anzueignen, keine Rolle spielen können, sondern ich davon ausgehen kann, dass ich als rationales Subjekt lernen wollte.

Die Frage

Die Erinnerung ist wie ein Alptraum. Ich sitze in einem Seminar. Wie selbstverständlich ist meine Hauptkraft darauf gerichtet, nicht aufzufallen und doch aufzufallen. Es darf niemand merken, dass ich rein gar nichts weiß, kaum etwas verstehe, schon gar nicht, wozu ich es verstehen sollte, dass ich die Texte nicht durchdringend gelesen habe, nicht lesen konnte, weil sie mir nichts sagten und anderes mir mehr. Auch sitze ich hier in einem Hauptseminar, obwohl dies erst mein drittes Semester ist, weil es mir gelungen war, den Eindruck zu vermitteln, sehr klug zu sein und strebsam. Das scheint mir mit einem Mal kein so großer Erfolg mehr zu sein, sondern eine selbst gestellte Falle. Ich schreibe in jedem Semester wenigstens vier Referate und bin also fleißig, habe aber mehr und mehr den Eindruck, hauptsächlich eine Inszenierung zu betreiben, nichts wirklich zu sein und also vergeblich den Versuch zu machen, Lernbissen zu ergattern. Fieberhaft überlege ich, was ich fragen könnte. Dies scheint die hauptsächliche Erwartung zu sein, dass die Studenten Fragen stellen und so Verständnis, Wissensdurst, Interesse zeigen. Es muss mir einfach eine Frage einfallen, bevor ich plötzlich an die Reihe komme, in den Mittelpunkt rücke und jedermann sieht, dass ich nichts zu fragen weiß. Um mich herum sitzen die Studenten, es sind fast alles Männer, und daher wundere ich mich nicht, dass sie eifrig und fähig aussehen. Sie sitzen also gespannt wie Bögen und stellen Frage auf Frage: Schon gibt es eine lange Liste der Fragenwollenden, und wenn ich mich nicht jetzt melde, komme ich in dieser Sitzung überhaupt nicht mehr dran. Jede Studentenfrage ist eingebettet in einen Urstrom an Wissen. Querverweise, Namen, Bezüge – wenn mir doch auch bloß eine so intelligente Frage einfallen würde. Mein Gesicht fühlt sich von innen an, als sei es außen rot vor Anstrengung, meine Hände sind schweißnass – der Rest meines Körpers ist verschwunden, da keimt in mir eine Fragemöglichkeit. Es ist nicht meine Frage – um zu fragen, verstehe ich zu wenig –, es ist eine mögliche Frage in diesem hochintelligenten Raum. Ich melde mich, bin die Achte auf der Liste und begebe mich in die schreckliche Zeit des gespannten Wartens, der Hoffnung, ich möge gar nicht mehr drankommen, der Gewissheit, dass es jetzt unvermeidlich ist. Ich forme elegante und gelehrte Sätze in meinem Kopf, fange immer wieder von vorn an, bis die Frage – sie ist beileibe nicht lang – jene unverwechselbare Gestalt erhält, unerhört wichtig zu klingen, klug und gelehrt, und doch sich nicht als eine zu verraten, die von mir gar nicht ausgeht, nicht auf Antwort drängt, sondern die nichts vorhat, als im Raume zu stehen und auf mich als ihre Urheberin zu verweisen und solcherart ein glänzendes Licht auf mich zu werfen, allgemeine Anerkennung, einverständiges Nicken: bedeutend. Der Punkt, an dem ich einsetzen muss, rückt näher. Immerhin ist es eine Diskussion und ich habe schon geraume Zeit überhaupt nicht mehr zugehört, worum es geht. So weiß ich, als ich endlich aufgerufen werde, nicht, ob die Frage überhaupt noch sinnvoll in den Raum passt, und ausgerechnet jetzt muss ich daran denken, damit überhaupt an Sinn und Bedeutung der Frage, und beginne zu stottern. Die auswendig gelernten wohlgeformten Sätze haben meinen Kopf verlassen. In die Leere und allgemeine Stille hinein sage ich irgendetwas und lehne mich wieder zurück, jetzt erst bemerkend, dass ich mich angespannt ganz nach vorne gebeugt hatte, und bin verzweifelt enttäuscht, dass meine Frage, die ich nicht mehr weiß, von niemandem aufgenommen und beantwortet wird. Die ganze Anstrengung war umsonst.

Wieder eine Lernsituation aus einem institutionellen Raum, wieder eine Erinnerung an Unsicherheit, Vergeblichkeit, jetzt Täuschung, an den Versuch, sich in die Welt zu begeben, wie es erwartet wird, aber kaum eine Erinnerung an Neugier, an die Lust des Lernens, gar an das Studium als eine privilegierte Möglichkeit, Welt zu erkunden. Vor allem heftet sich Erinnerung wieder an Leid, an Unvermögen, an Misslingen. Wie von ungefähr mischen sich in die Erinnerung Kritik an der Lernsituation, Spott über womöglich leere

Worte, Bedeutung produzierende Anordnung, die anderen Studenten – jedoch bleiben dies bloße Gesten, da in der Erinnerung kein eigenes Wollen, keine tatsächliche Frage, kein Wissenszuwachs verzeichnet ist. Lernen scheint eingeklemmt zwischen individuellem Wollen, das sich aber noch nicht kennt, und gesellschaftlicher Institution, deren objektiver Sinn verschlossen bleibt, ein Ausflug in eine unerkennbare Fremde.

Ich wechsle noch einmal das Lernarrangement, weg von der institutionellen Anordnung und möglicher Fremdbestimmung, und erinnere mich an selbstbestimmtes Lernen im Erwachsenenalter.

Der Computer

Der Computer trat spät erst in mein Leben. Als der PC für die meisten Intellektuellen als Schreibwerkzeug gewöhnlich wurde, war ich schon über 40 Jahre alt. Ich erinnere meine verzweifelte Blockade, als ich vor dem Ding saß, das da viel größer als meine gewohnte Schreibmaschine vor mir aufgebaut war und auf meine Versuche, die verschiedenen Tasten nach Schreibmaschinenart zu drücken, nichts tat, was dem gewünschten Ergebnis der Visualisierung eines Textes auf dem Bildschirm ähnelte. Wenn schließlich wirklich Worte, dann Sätze, ja ganze Absätze erschienen, verschwanden sie plötzlich auf einen weiteren Tastendruck hin, und die Arbeit von Stunden war umsonst. Wie oft habe ich wütend versucht, irgendwie in die Kiste zu gelangen, sie zu schütteln, zu klopfen, um zu erfahren, was darin vorging. Das Sitzen vor dem Computer war eine Tortur; ich war jedes Mal schweißnass und alle Muskeln waren so gespannt, dass sie noch nach Stunden schmerzten. Ich schrieb die einzelnen Schritte auf, Buchstaben, die Tasten und Worte bedeuteten, wieder eine neue Sprache, aber immer wieder vergaß ich einen Zwischenschritt, und die Maschine gehorchte mir nicht. Es gelang mir auch nicht, Vermeidungsstrategien für mich glaubhaft zu entwickeln, etwa von der Art, dass wahre Intellektuelle daran erkennbar sind, dass sie nur mit altgewohnten Instrumenten umgingen wie einem Füllfederhalter oder einer kleinen mechanischen Reiseschreibmaschine oder höchstens einer elektrischen. Ich wusste, dass ich dieses Werkzeug zu bedienen erlernen musste, um weiter meiner stets wachsenden Schreibtätigkeit nachzugehen, um Zeitgenossin zu sein. Ich verachtete diejenigen, die das nicht einsahen, aber ich konnte es nicht wirklich lernen. Es half schon gar nichts, die Einweisungsbücher zu studieren, weil sie noch viel mehr Schritte ausließen als ich und vieles, wie mir schien, willkürlich benannten, und vor allem, weil sie mir Dinge beizubringen suchten, die ich nie brauchen würde und das Brauchbare nicht verrieten. Es nützte auch nichts, eine Freundin zu bitten, mir den Umgang zu erklären beim Tun – sie raste dermaßen schnell mit den Fingern über die Tastatur, Bilder verschwanden und wechselten schneller auf

> dem Schirm, als ich mit den Augen folgen konnte, und ich entwickelte in diesem Fall so etwas wie Hass: Warum konnten diejenigen, die eine Sache beherrschten, dies nicht an die anderen, die noch nichts oder wenig konnten, weitergeben? Irgendwann muss ich es gelernt haben, wenngleich nur halbwegs. Aber was ich bleibend erinnere, sind viele angstvolle Stunden mit einer eigentümlichen Leere im Kopf.

Meine beispielhaften Lernerinnerungen beziehen sich auf Lernbemühungen des Kopfes wie des Leibes sowie eine eigenartige Mischung von beidem. Sie beziehen sich auf Mühen, Leib und Kopf zu bestimmten Fähigkeiten zu bringen, etwas, das wir mit dem Begriff *Beherrschung* ausdrücken. Es gilt, Widerstände zu überwinden, die aus mangelnder Praxis kommen. Eine Reihe von Versuchen gelten dem Erlangen von Meisterschaft. Dazwischen steckt das zagende Individuum, das sich ohne die entsprechenden Fähigkeiten weiß und unsicher ist, ob es sie jemals erlernen wird. Die Ziele sind weitgehend bekannt, soweit sie nicht, wie in dem Seminar, im Horizont vielfältiger weiterer Lernziele verschwommen sind. Die Lernziele sind zum Teil gesellschaftliche Kulturtechniken, wie das Lesen, schulisch vorgenommene Sportziele, die aber als Körperbeherrschung auch außerhalb der Institution angeeignet sein wollen, sind Werkzeugbeherrschung auf gesellschaftlich-üblichem Niveau. Alle bisherigen Beispiele eröffnen die Möglichkeit, dass das Individuum scheitert, sich für das gesuchte Ziel als ungeeignet erweist oder/und die Lernstrategien falsch gewählt, die Institutionen problematisch sind. Der Einstieg beim misslingenden Lernen stößt mithin auf eine Problematik, die eine Reihe von Forschungsfeldern eröffnet: die Frage der Eignung des Einzelnen für das gewählte Lernziel – können alle alles lernen?; das Studium von Lernstrategien; die Frage der gesellschaftlich-institutionellen Vermittlung von Fähigkeiten: die Rolle von Selbstbestimmung und Fremdbestimmung beim Lernen; und die Untersuchung des Resultates von Misslingen für die Einzelnen und ihre Selbstwahrnehmung, schließlich die Positionierung in der Welt. Denn ohne Zweifel hat die nachhaltige Erinnerung an Lernversagen eine Wirkung auf die Persönlichkeitsbildung und die zukünftig angegangenen Lernziele und ihr Erreichen.

Aber es bleibt immer weiter auch die Frage, ob es ausreichend ist, Probleme beim Lernen als Ausgangspunkt für die Untersuchung über Lernen zu nehmen. Warum erinnere ich alles, was ich wirklich beherrsche, nicht als einen Lernvorgang? So, um mit der Schule anzufangen, nicht das Rechnen, das mir zugeflogen zu sein scheint, nicht das spätere Schreiben von lebhaften Schilderungen über die Dinge, die mir zustießen, nicht das Erzählen; selbst körperliche Fähigkeiten wie Schwimmen, Klettern, Rennen, was mich trotz meiner Werfunzulänglichkeit zu einem begehrten Mannschaftsmitglied im Schulsport machte, sind Ergebnisse, die ich nicht gelernt zu haben erinnere, die mir einfach so eigneten, Teil meiner Ausstattung. Die missgünstige Erinnerung will Lernen auf eine schwer zu bewältigende Aufgabe mit der Gefahr festlegen, das Ziel niemals zu erreichen, eine Niete zu ziehen und zu sein. Solches weiß auch der Volksmund: denn »Es ist noch kein Meister vom Himmel gefallen«; »Durch Dunkles zu den Sternen«; »Übung macht den Meister« usw.

Es schien mir wichtig, vor der theoretischen Bearbeitung des Feldes zunächst Gegenerzählungen zu finden. Auf sie stieß ich eben in der Arbeit mit Theorie.

Kapitel 2

Die Lernproblematik
Erste Diskussion von Holzkamps Lerntheorie

Theorien über das Lernen gehen davon aus, dass Lernen gelingt, und erarbeiten dann analytisch rückwärts die Schritte, die im Einzelnen getan wurden. In dieser Weise könnte man Lerntheorien auch als Gegenerzählungen zu meinen Erinnerungen ans Misslingen lesen. Versuchen wir uns unseres Gegenstandes Lernen also auf der Ebene der Theorie zu versichern. Ich beginne mit Klaus Holzkamps grundlegendem Werk über Lernen. Dem Buch gingen nicht nur ein mehr als zehnjähriges Studium von gängigen Lerntheorien und der Versuch voraus, eine eigene Lernkonzeption in die Kritische Psychologie einzutragen. In der Tat hat diese von Anfang an (also seit Mitte der 1970er Jahre) lerntheoretische Annahmen entwickelt und in ihre Grundlagen einbezogen. Wiewohl dies also nicht der Chronologie der Forschung entspricht, ist es an dieser Stelle für die Darstellung notwendig, mich zunächst mit der Bestimmung des Gegenstandes *Lernen,* wie Holzkamp ihn in seinem Grundlagenbuch (1993) vorstellt, auseinander zu setzen.

Bei der Durcharbeitung der Literatur zu diesem Komplex stieß Holzkamp auf eine Reihe von Ungereimtheiten, die sich jeweils der Einlassungen von Lernen in bestimmte institutionelle Bedingungen verdankten, dem beliebigen Austausch der Lernziele und Lernarten (z.B. als Behalten/Erinnern, averbales Lernen, Lernregulation, Konditionierungslernen, Erwartungslernen usw.) und vor allem, wie er umfassend belegt, dem Versäumnis, die Subjekte des Lernens grundlegend einzubeziehen. Diese subjektwissenschaftliche Nachholverschiebung (dazu später in Kapitel 7) erbringt für ihn als Lösung der Schwierigkeit, Lernen überhaupt als Analysegegenstand begrifflich zu fassen, folgenden Vorschlag: Lernen ist als eine Handlung zu betrachten, die dem Subjekt bewusst, von ihm begründbar ist und Interessen an Erhöhung der Lebensqualität oder zumindest Vermeiden von Beeinträchtigung folgt.

Allgemein definiert Holzkamp, Lernen sei »möglicher Zugang des Lernsubjekts zur sachlich-sozialen Welt gesellschaftlicher Bedeutungszusammenhänge« (1993, 181). Dafür wird zunächst die aus der kulturhistorischen Schule (Wygotski, Leontjew, Galperin) vorgeschlagene Begrifflichkeit, Lernen als Tätigkeit zu fassen, differenziert. Lernhandeln muss gegenüber sonstigem Handeln spezifiziert werden. Brennpunkt der Analyse wird die »Lernproblematik«. Wenn im Verlaufe eines Handlungsvollzugs die Problemsituation auf die gewählte und begründete Weise nicht bewältigt werden könne, sei das Subjekt genötigt, die widerständige Sequenz aus der Gesamthandlung herauszulösen und sie überhaupt erst zu einer Lernproblematik zu machen. Der Handlungsvollzug wird ausgesetzt, und die für das Erlernen der herausgelösten Sequenz nötigen Strategien werden probiert, verworfen, neu bestimmt, als wirksam ergriffen. Holzkamp nennt diesen Vorgang eine »Lernschleife« (183). Um Lernen auf diese bestimmte Handlungssequenz einzugrenzen, schließt er die verschiedenen Formen, die sich störend in die Analyse drängen wollen, von vornherein aus. Von Lernen in subjektwissenschaftlichem Sinn soll nicht die Rede sein, wenn man bei einer bestimmten Tätigkeit etwas lernt, die Tätigkeit auf die Fähigkeiten gewissermaßen einen qualifizierenden Einfluss hat – er nennt dies *Mitlernen* oder *inzidentelles Lernen* – und auch dann nicht, wenn das Subjekt zwar lernen will, dies aber ohne besonderes Problem als notwendigen Zwischenschritt einer Handlung schafft. Lernen als Gegenstand der subjektwissenschaftlichen Analyse setzt also voraus, dass ein Mangel dem Subjekt problematisch, die Überwindung des Problems intendiert ist, die entsprechende Lernhaltung eingenommen wird und das Ziel eine auf Dauer gerichtete Kumulation des Gelernten ist, sodass ein höheres Niveau an Handlungskompetenz erreicht wird (183). Das Problem in der Gesamthandlung wird ausgegliederte neue Bezugshandlung – also dass ich zum Beispiel bei der Erarbeitung eines sozialwissenschaftlichen Themas feststelle, dass mir die Grundlagen der Kybernetik unbekannt sind, ich sie aber für mein Thema benötige und jetzt meine Arbeit beiseite lege und anfange, Kybernetik zu studieren. Holzkamp verspricht sich aus dieser bewussten Heraussonderung einer Teilhandlung zu Lernzwecken eine Grundlage, die eigentlichen Lerntätigkeiten genau bestimmen zu können.

Einschub: Kritik der Handlungsregulationstheorie[1]

Diese Eingrenzung und spezifische Bestimmung der Lernproblematik mit der Aufforderung, die einzelnen Schritte der Lernhandlung analytisch herauszuarbeiten, bringt Holzkamp in die Nähe zur Handlungsregulationstheorie. Er referiert entsprechend die verschiedenen Schulen dieser praxisorientierten Analysen und Modelle von Lernhandlungen. Weil die Kenntnis der kritischen Anknüpfung an die Handlungsregulationstheorie für meine Kritik an Holzkamps Ausarbeitung der Lernproblematik wichtig ist, sollen einige Hauptbestimmungen, wie auch er sie referiert und kritisiert, skizziert werden.

---

1 Ich folge hier weitgehend der holzkampschen Darstellung, weil es mir darauf ankommt, seine Lernauffassung zu explizieren, um mich kritisch damit auseinander zu setzen. Zur umfassenden Kritik der Handlungsstrukturtheorie siehe Haug, Nemitz, Waldhubel 1980.

Handlungsregulationstheorie kann als eigener kybernetischer Zweig in der Lernpsychologie gefasst werden, als Verbindung zwischen Kognitivismus (etwa von Miller, Galanter, Pribram und ihrem Plankonzept) und Tätigkeitstheorie (Wygotski, Leontjew, Galperin u.a.).

Das Grundmodell der Handlungsregulation will nach Miller, Galanter & Pribram das »theoretische Vacuum zwischen Denken und Handlung überwinden« (1960, 13). Dafür muss das Reiz-Reaktions-Schema (SR) behavioristischer Lerntheorien überwunden und durch eine begriffliche Vorstellung von ›Weltkontakt‹ ersetzt werden. Anstelle des passiven Organismus ohne Erfahrung, wie er bei SR angenommen ist, schlagen sie das Modell der »Rückkoppelungsschleife« (bei Holzkamp 1993, 153) vor, ein Begriff, der in Holzkamps Lernschleife ein Echo findet. Bei Miller u.a. geht es um Sequenzen oder Einheiten von Operationen, die während der Ausführung kontrolliert und verbessert werden, wie man es etwa beim Nageleinschlagen beobachten kann. Auch die Vorstellung, diese Schleifen seien abgrenzbare Handlungsfolgen, Pläne, die mit dem geplanten Ziel enden, wird von Holzkamp in die Vorstellung von der Lernschleife übernommen. In diesen Einheiten ist ein Subjekt gedacht, welches bewusst antizipiert, bewertet. Intention und Evaluation sind daher wesentliche Bestimmungsmomente des Planens.

Hauptvertreter der Handlungsregulationstheorie in Deutschland sind der Ingenieurpsychologe Winfried Hacker (bis 1989 DDR), der Arbeitspsychologe Walter Volpert, die Bremer Psychologengruppe um Wolfgang Stadler u.a. in den 1980er und 90er Jahren. Das Modell von Miller u.a. wird von ihnen übernommen und zur sequenziellen (hintereinander) und hierarchischen Organisation von Rückkoppellungseinheiten ausgearbeitet. Der Schwerpunkt liegt bei Hacker auf Planung und Ausführung in der Produktion. Handeln wird streng als zielgerichtet angenommen, dies anders als bei Miller u.a., die auch etwa bei Lebensplänen von der Planlosigkeit des Lebens ausgehen und den Plan selbst nicht als eigenes Ziel fassen, sondern als Moment der Aufgabe, das Leben zu erhalten. Es geht bei Hacker um Rationalisierung des Arbeitshandelns, nicht so sehr um Alltag. Er übersetzt das Modell von Miller u.a. in: Veränderung/Vergleich/Rückmeldung, was von Volpert in das Modell: Zielantizipation/Planung von Handlungsschritten/Durcharbeiten der Schritte/Rückmeldung übertragen wird. Die Genese solcher Systeme verläuft als Verinnerlichung/Verbalisierung äußerer Handlungen, also umgekehrt als üblicherweise gedacht, wo die Idee dem Handeln vorweggeht (Volpert 1975, 148). Die Regulationsebenen sind vertikal nach kognitiven Struktur merkmalen gegliedert: perzeptive und begriffliche Regulation als kognitive Struktur am Objekt; intellektuelle Regulation von Produktionsarbeiten als übergeordneter Prozess und schließlich die sensumotorische Ausführungsregulation. Es geht also um die Ebenen des Perzeptiv-Begrifflichen, des Intellektuellen und des Sensumotorischen. An die Stelle des Bildes von Miller et al. treten operative Abbildsysteme, aus denen das Individuum Handlungspläne und Aktionsprogramme abruft. Die allgemeinste Richtgröße ist die »planende Strategie« auf der intellektuellen Ebene.

Lernen tritt in solchem Modell als reguliertes Lernhandeln auf. Miller u.a. interpretieren das Lernen von motorischen Fähigkeiten als »Automatisierung von Plänen« (bei Holzkamp 1993, 158). Dieser Prozess der Automatisierung, also der Verlagerung von der strategischen Ebene verbaler Instruktion zu einem Automatismus, ist selbst ein Lernprozess. – Volpert veranschaulicht dies am Lernen, ein Auto zu fahren, bei dem anfangs alle Befehle ans Handeln gedacht und abgerufen werden müssen, was einen auch mental vollständig beschäftigt, während nach einiger Zeit die notwendigen Handlungen des Gasgebens, Bremsens, In-den-Rückspiegel-Schauens, Winkens usw. automatisch ablaufen und man während des Autofahrens z.B. einen Vortrag konzipieren kann. – Solche Automatisierungen haben nach Miller u.a. die Funktion, »das Individuum von *mehr taktischen Planungen im Interesse weiter gespannter strategischer Planungen zu entlasten*« (zit. nach Holzkamp, 158). Volpert stellt Lernen ins Zentrum seiner Ausführungen. Er fasst die einzelnen Ebenen der Handlungsregulation so, dass die jeweils höheren als Steuer-, Überwachungs- und Kontrolleinheiten der niedrigeren Ebenen gedacht werden. Als Lernen gelten ihm Handlungen, die den Aufbau von Handlungskompetenz zum Ziel haben. »Lernen [ist] Handeln in zweiter Dimension: Handeln, dessen Ziel unmittelbar oder mittelbar die Verbesserung gegenständlicher Handlungen ist.« (Volpert, 1974, 106) Die Entlastung der Bewusstseinskapazität, damit sie zur Neuaufnahme von Informationen frei wird, ist ihm ein Spezifikum von Lernhandlungen.

Holzkamp stellt auch Dulisch vor, der Lernen definiert als

> ein Handeln […], das in bewusster Weise auf die Verbesserung der eigenen Handlungsvoraussetzungen gerichtet ist und auf das Bereitstellen von Dispositionen für das zukünftige Handeln zielt. (1986, 149, bei Holzkamp 159)

Ziel der Lernhandlungen sei eine dauerhafte Veränderung des Gedächtnisses: die Verfestigung von Handlungskompetenzen. Demnach gibt es das Lernen des Lernens und das Lernen von Handlungen, Letzteres nennt Dulisch die Bezugshandlung der Lerntätigkeit. – Holzkamp verschiebt gerade diesen einlinigen Zusammenhang zur Bezugshandlung, da für ihn die Lernhandlung einen neuen Bezug hat, gerade nicht den der Gesamthandlung, in der sie auftritt. – Bei Dulisch findet sich eine detaillierte Darstellung eines Lernprogramms, das sich etwa ein Prüfling für ein Prüfungthema macht (bei Holzkamp vorgestellt, 160). Hier unterscheidet er Taktiken und Strategien. Ein solcher Aufbau legt für ihn die Einschreibung des Lernens in die Handlungsregulationstheorie nahe. Drei Komponenten des Lernhandelns werden unterschieden: Antizipieren, Realisieren, Kontrollieren: also Zielbildung, Lernvollzug, Rückmeldung des Vollzugs – als Vergleich von Ist und Ziel. Ein Wissen um die Funktionsweise des Gedächtnisses und die Effizienz von Lernstrategien ermöglicht es der Person, Lernverläufe durchzuspielen. Wichtig wird für Dulisch die Konzeption des selbstgesteuerten Lernens – hier unterscheidet er zwischen Selbstregulation, Autonomie, Selbstbestimmung und kollektiver Selbststeuerung (Mitbestimmung). Jeder Lernprozess sei zunächst selbstreguliert, andernfalls sei er unmöglich. Autonomie bezöge sich auf die Benutzung von Hilfsmitteln, Lernhilfen, Informationen usw. Erst Selbstbestimmung sei Verfügung des Lernenden über den Lernprozess, das bezieht sich auf Wegwahl und Entscheidung. Kollektives Lernen wird als Einschränkung und Ausweitung gefasst und für die Ergänzung von Mitbestimmung plädiert.

Diese verschiedenen Zweige der Handlungsregulationstheorie werden von Holzkamp für seine eigenen Bestimmungen besonders intensiv studiert, zum Teil bis in die Begriffswahl übernommen. Er fasst positiv zusammen, dass die Vorschläge von Miller u.a. und ihrer Nachfolger die Wenn-Dann-Ebene der Mainstream-Psychologie verlassen und in Konzepten wie Pläne, hierarchisch-sequenzielle Handlungsorganisation usw. keine Allgemeinaussagen über tatsächliche Handlungen getroffen werden, sondern wie man unter bestimmten Prämissen vernünftigerweise handelt, also auch lernt. Als Ursprung der Handlungen werde kein System angenommen, sondern das empirische Subjekt selbst. Gleichwohl würden die methodischen Konsequenzen aus dem Subjektstandpunkt nicht gezogen, sondern weiterhin gedacht, Annahmen über Begründungszusammenhänge könnten empirisch objektiv geprüft werden.

Was bedeutet das für die Lerntheorie? Holzkamp kritisiert, zunächst stelle die Auffassung von Regulationsebenen eine verdinglichende Sichtweise vom »Außenstandpunkt« dar, gebe nicht die Erfahrung der Subjekte wider. Das ungeklärte Verhältnis zwischen mentalen und motorischen Prozessen des Handelns benötige aber nicht zwingend die schematische Unterscheidung in sensumotorisch, perzeptiv-begrifflich usw. Problematisch bleibe, ob die Zentralität des Kontrollstandpunkts nicht den Ansatz eher zu einer Handlungsreglementierungs- denn zu einer Regulationstheorie mache. Dem entspräche auch die eindeutige Gleichsetzung von Handlungsintentionen und Handlungszielen, die eine Durchrationalisierung erlaube. Dies könne allerdings nicht für das zugrunde liegende Modell von Miller u.a. behauptet werden, das nicht präskriptiv zur Rationalisierung von Arbeitshandlungen entworfen sei. Obwohl hierarchische wie sequenzielle Dimensionen von ihnen vorgesehen seien, wären ihre Annahmen eher lebenspraktisch auf Lebensführung bezogen – vgl. etwa die Tagesplanung eines durchschnittlichen Individuums. Ebenso versuche Volpert gegen die Starrheit der Ebeneneinteilung eine mehr episodische Unterordnung und Neuplanung zu setzen. Daher schlägt Holzkamp schließlich vor:

> Sofern man die Bestimmungen der Handlungsregulationstheorie in ihrem allgemeinen […] Charakter versteht, verdeutlicht sich, dass sie tatsächlich als *generelle Kennzeichen des Handelns vom Subjektstandpunkt* explizierbar sind. […] Demnach können derartige (von reifikativen oder normativen Verzerrungen befreite) Konzepte bei der Weiterentwicklung unserer begründungstheoretischen Lernkonzeption auf jeden Fall ihren Platz beanspruchen. (166f)

Allerdings ist die Nähe der skizzierten Auffassungen zu Taylors Analysen des Arbeitshandelns, tayloristischen Methoden der Betriebsführung und damit auch zur Industrialisierung sowjetischen Typs unverkennbar. Damit liegt zugleich auf der Hand, wie brauchbar die Handlungsregulationstheorie für die Regulierung und Reglementierung von Arbeitsschritten auf einer bestimmten Stufe der Produktivkraftentwicklung ist, wie zugleich der Verdacht bestärkt wird, dass menschliche Entwicklung in dieser Weise auch verfehlt wird.

Die Problematik wird u.a. literarisch verarbeitet. So findet in dem lesenswerten sowjetischen Roman *Schlacht unterwegs* (Nikolajewa 1962) beispielsweise der vernünftig-tayloristische Standpunkt eines Ingenieurs in die Durchrationalisierung des familiären Alltags Eingang. Während seine Frau die einzelnen Bestandteile des Mittagsmahls nicht nur Stück um Stück von der Küche ins Zimmer trägt, sondern zugleich auch noch jeweils eine von seinem Standpunkt überflüssige Tischumrundung vollzieht und darin offenbar glücklich ist, wird er an so viel vergeudeter Bewegung krank. Die Beziehung zerbricht.

In einem letzten Schritt seiner Kritik der Handlungsregulationstheorie prüft Holzkamp, wie die Beziehung des handelnden Subjekts zu den »sachlich-sozialen gesellschaftlichen Bedeutungstrukturen« (167) gedacht ist. Er fasst zusammen: Die Begriffe der Handlungsregulationstheorie beziehen sich auf intentionales Lernen; aber während der aktive Charakter menschlicher Lernhandlungen erfasst ist, ist der Weltbezug ganz offensichtlich nicht konzeptualisiert; Welt verstanden als Inbegriff von Bedeutungen und damit Handlungsmöglichkeiten, die zur Verfügung über individuell relevante gesellschaftliche Lebensbedingungen führen.

> Statt *gesellschaftlicher* Bedeutungen kommen hier vielmehr nur individuelle »Lernziele« in den Blick, die durch eine angemessene Organisation meiner Lernaktivitäten besser erreichbar werden sollen. Welche *inhaltliche Bedeutung* die jeweiligen Zielsetzungen für mich haben, bleibt dabei außen vor. (169)

Damit erhalten aber die subjektiven Begründungsmuster einen sekundären Charakter. Indem die Rückmeldung nicht in Begriffen der Eigenarten der wirklichen Welt, sondern als Resultat der Einwirkung des Individuums gefasst sind, bleibt man letztlich im ›Reiz‹-Denken befangen. Welt reduziert sich auf provozierte Antworten, dabei bleiben die Zusammenhangsstrukturen von Welt unerkennbar.

> Die »Welt« ist für derartige psychologische Grundansätze lediglich als soziologisch, ökonomisch oder physikalisch beschreibbarer Tatbestand außerhalb der Zuständigkeit der Psychologie [fassbar]. (170)

Indem die Handlungsregulationstheorie nur an den organisatorischen Vorkehrungen des Lernens interessiert ist, also »den Interessenbezug des Lernziels vom Standpunkt der Lernsubjekte nicht thematisiere« (172), bleibt sie für Holzkamp im Grunde vom Standpunkt der Lehre über die Lernsituation konzipiert, eigne sich daher besonders, wenn die Individuen nach fremdgesteckten Zielen effektiv lernen sollen. Die emanzipatorischen Absichten dieser Schule würden durch die eigene Theorie sabotiert (ebd.). Nach dieser grundsätzlichen Kritik kommt Holzkamp zu dem Schluss:

> Dabei muss es weiterhin von der Art der dabei zu erarbeitenden subjektwissenschaftlichen Konzeptualisierung des *lernenden Weltaufschlusses* (in Überwindung der benannten Weltlosigkeit traditioneller Lerntheorien einschließlich der Handlungsregulationstheorie) abhängen, wie das Verhältnis zwischen inhaltlichem und regulatorischem Aspekt des Lernens näher zu bestimmen ist. (173)

Sein Zweifel führt Holzkamps nicht dahin, das Tayloristisch-Rationalisierende dieses Handlungsregulationskonzepts in Zweifel zu ziehen. Auch stellt er sich nicht die Frage, ob die Regulierung von Lernprozessen angemessen als Lernen zu fassen ist und nicht etwa Lernen als die Aneignung von Neuem oder die Produktion von Wissen selbst ausschließt. Beiseite bleiben auch alle Überlegungen, welche eine Beteiligung von Gefühlen einschließen würden. Von Kultur und Ideologie ganz zu schweigen, es sei denn, man schlösse sie in die angemahnten »sachlich-sozialen gesellschaftlichen Bedeutungsstrukturen« selbstverständlich ein. Es ist, als ob der Mensch der Handlungsregulationstheorie als ein zu optimierender maschineller Prozess konzipiert sei. Kompliziertere Verhältnisse, wie etwa widersprüchliche Orientierungen, die wir doch als menschlich gewöhnlich annehmen, existieren auf dieser Ebene jedenfalls nicht. Gleichwohl steht außer Frage, dass bestimmte Übungen und die Aneignung bestimmter Fertigkeiten als sequenziell-hierarchischer Prozess mit automatisierbaren Ebenen abbildbar ist. Aber selbst hier bleibt die Frage offen, ob tatsächlich ebendie Fertigkeiten, deren Aneignung am besten zur Veranschaulichung der Handlungsregulationstheorie dienen – etwa das Erlernen von Fahrrad- oder Autofahren – ohne Vergegenwärtigung sequenziell hierarchischer Pläne nicht auch erlernbar wären bzw. dies sogar in den meisten Fällen so geschieht.

Lernhandlung und Weltbezug

Holzkamp sieht als entscheidenden Unterschied seiner Lernauffassung zu der der Handlungsregulationstheorie, die der seinen von allen diskutierten Theorien am nächsten kommt, in der Bestimmung des Bezugs einer Lernhandlung. Irreführend scheint ihm die Vorstellung, Lernhandlungen seien auf das Ziel der Verbesserung der Handlungsvoraussetzungen primär gerichtet. Vielmehr sollen Lernhandlungen sich von anderen Handlungen dadurch unterscheiden, dass sie eben nicht auf die Bewältigung der Handlung zielen, innerhalb derer sie auftreten, sondern eine Aussetzung der Bewältigung voraussetzen. Entscheidend für ihn ist also der Bezugswechsel, die Distanz, Dezentrierung (184). So haben wir das Subjekt, das sich selbstbewusst und selbstbestimmt an die Lernarbeit macht. Bei dieser Arbeit wird, was zuvor als Hindernis, Fehler, Unzulänglichkeit erschien, selbständiges Ziel von Anstrengung. Holzkamp bezeichnet dies als bewusste Übernahme der Handlungsproblematik als Lernproblematik. In dieser Zuspitzung kann von Lernen dann nicht mehr die Rede sein, wenn es bloß um geforderte Lernhandlungen geht (wie etwa in der Schule); Lernen setzt bewusste Übernahme voraus. Dies gilt ihm als der entscheidende Kritikpunkt gegen die Vorstellung, Rückmeldungen (wie z.B. gute Noten) könnten den Lernprozess regulieren. Desgleichen kann er so außer Acht lassen, dass »aus Fehlern gelernt« werde, weil auch diese Vorstellung die Einwilligung des selbstbewussten Subjekts nicht unbedingt enthält. Der vorgeschlagene Allgemeinbegriff ist der der »subjektiven Lernproblematik«, die die bestimmte Lernhaltung voraussetzt. Einfaches wiederholendes Üben lässt sich unter diesen Prämissen als ein Fall bezeichnen, in dem die Bezugshandlung und die Lernhandlung sich nicht bewusst genug voneinander unterscheiden, ja u.U. die Bezugshandlung – etwa den Schülern – nicht wirklich bekannt ist.

Bis hierher waren die Bestimmungen am individuell Lernenden orientiert. Für die kritisch-psychologische Theoriebildung zum Lernen bleibt die Frage, wie der Bezug zur Welt in die Theorie eingelassen wird. Holzkamps Antwort:

> Die jeweils besondere Art, in der ich im Resultat meiner distanzierend-umorientierenden Lernhaltung zur Überwindung einer Lernproblematik meine Lernhandlungen gegenüber den Bezugshandlungen »vernünftigerweise« qualifizieren muss, um mich im Lernen den jeweilig übergeordneten Bezugshandlungen annähern zu können, lassen sich als bestimmte Prinzipien, an denen ich meine Lernhandlungen orientiere, herausheben. (187)

Das heißt, dass sie nicht am Lernziel selbst orientiert sind, sondern an der »Bedeutungsstruktur [...] in der übergeordneten Bezugshandlung« (ebd.). Während also die Prinzipien der Handlungsregulationstheorie den ›operativen‹ Aspekt einseitig betrachten, empfiehlt Holzkamp, den ›thematischen‹ quasi als Oberinstanz, die Haltung, Distanz, Selbstbewusstsein bestimmt, unbedingt einzuschließen. Dies ist die Schnittstelle, an der sich die operativen Strategien des Lernens je spezifisch orientieren müssen, und zugleich die, an der der Weltbezug verdeutlicht wird. Schließlich geht es in der lernenden Erfassung von Welt darum, dass sich das Individuum die »gesamtgesellschaftlichen Bedeutungsstrukturen« erschließen muss, in eignem Lebensinteresse über seine Lebensbedingungen zu verfügen sucht, um subjektiv handlungsfähig zu sein (188). Die jeweiligen operativen Strategien sind gegenüber den umfassenden Bedeutungen sekundär. Lerngründe sind nur thematisch diskutierbar; sie setzen das Lerninteresse als Lebensinteresse voraus. Die komplizierte Darstellung soll darauf abzielen, den »emotional-motivationalen« (189) Bezug der Lernhandlungen zu verdeutlichen. Nur was man selbst als bedeutungsvoll für das eigene Leben einsieht, will man und kann man so in einen Lernvorgang überführen. Lernen in diesem Sinn erfordert Organisation und Planung. Es muss nicht selbst lustvoll, ja kann primär mühsam und anstrengend sein. Befriedigung erwächst aus zunehmender Kompetenz. Die Verbindung von subjektiver Lernhaltung mit den »sachlich-sozialen Bedeutungszusammenhängen« ermöglicht im Großen und Ganzen zwei Wege: den der Erweiterung des Weltaufschlusses und den der Abwehr von Bedrohungen des einmal Erreichten – Lernen wäre demnach entweder »expansiv« oder »defensiv«, wobei Letzteres zugleich mit der Intention auch die Lernproblematik verschiebt in Richtung auf den Versuch, der Lernanforderung zu entgehen.

Es ist unbezweifelbar, dass die Anbindung des Lernkonzepts an die selbstbestimmte subjektive Intention, sich Welt zu erschließen, analytisch fruchtbar ist. Diese Verschiebung erlaubt es, den kritisch-psychologischen Apparat zu mobilisieren, *restriktive* von *verallgemeinerter Handlungsfähigkeit* analytisch zu trennen, Zwecke und Begründungen herauszuarbeiten, ja in diesem Zusammenhang emotional-motivationale Befindlichkeiten mitzudiskutieren, kurz: Ich kann jetzt darangehen, operationale von thematischen Lernaspekten zu trennen, eine Anordnung durchdenken, das Lerninteresse dingfest zu machen, verschiedene Lösungswege für die Lernhandlung ausprobieren und so einen Vorschlag entwickeln, mit welcher Anstrengung und Muße mein Lernziel erreichbar wird. Ich bin als Lernsubjekt optimal einbezogen, auch in die Wahl der Zwischenziele und Lösungsalternativen.

Ich kann für diesen theoretischen Entwurf unmittelbar eine Reihe von Beispielen finden, ihre Richtigkeit bestätigen und so gewissermaßen theoriegeleitet die Wirklichkeit wahrnehmen als eine Sammlung von Beispielen, die »die theoretische Botschaft erst eigentlich überzeugend« (195) fassbar machen. Dies ist auch das Verfahren, das Holzkamp vorschlägt und anwendet. Und eben an dieser Stelle wird bei mir Beunruhigung verstärkt, die mich während der gesamten Lektüre begleitete, dass nämlich meine Fragen ans Lernen in dieser Weise nicht wirklich zur Sprache kommen. Oder anders: Die Vorstellung des begründet handelnden Subjekts, das sich seine eigenen Lernziele setzt und organisiert, erlaubt es als heuristisches Modell, Einschränkungen, Behinderungen von außen und die entsprechende Abwehrstrategie von innen erkennbar zu machen. Aber sie schließt aus, dass die massenhafte Weise, wie die herrschenden Verhältnisse gewissermaßen in die Poren der je Einzelnen sich einnisten, wie Medien, Traditionen, Kulturelles angeeignet werden, wie Gewohnheiten zustande kommen, unter Lernen fassbar wird. Die Logik von Abwehr oder Expansion, wie sie ans begründete Verhalten der interessegeleiteten Menschen gekoppelt ist, zielt in geradliniger Konsequenz über den widersprüchlichen Zusammenhang der in widersprüchlichen Verhältnissen sich abmühenden Einzelnen auf eine Weise hinaus, dass die unzähligen Wirren dessen, was wir Lernen zu nennen gewohnt sind, undurchdringbar bleiben, weil sie als spezifischer Analysegegenstand delegitimiert sind.

Die Eingrenzung, die Holzkamp für seine präzise Begriffsbestimmung vornimmt, gilt ja zugleich der folgenden Forschung. Es geht mir nicht darum, umgekehrt zu delegitimieren, was er einzig als Lernhandlung zu nennen vorschlägt. Vielmehr frage ich mich, ob es weiterführend ist, ein Modell von Lernen vorzulegen, dem gegenüber die meisten realen Lernvorgänge als defizitär erscheinen müssen, Lernen also normativ zu fassen, und ob ein solches Vorgehen nicht dazu führen muss, die Analyse der wirklichen Tätigkeiten der wirklichen Menschen als bloßes ›Noch nicht‹ und daher nicht wirklich der Durchdringung wert abzubilden. Dies ist nicht Holzkamps Vorhaben, er will vielmehr durch die Analyse der ›entwickeltsten Form‹ die Vorgänge in den anderen Lernformen erfassen, jedoch bleibt die Frage, ob es eine solche entwickeltste Form des Lernens geben kann, auf die sich ›Vorformen‹ entwicklungstheoretisch beziehen lassen.

In Holzkamps Lernbuch werden ›übrige‹ Lernformen jeweils mit abwertenden Zusatzworten als »bloßes Mitlernen«, »defizitäres Lernen«, »inzidentelles Lernen« »widerständiges Lernen« bezeichnet, wobei er nicht auf das Wort *lernen* verzichtet, sondern bloß angibt, dass es nicht das »eigentliche« sei. Ich möchte zunächst eher vorschlagen, umgekehrt zu verfahren und die subjektive Lernproblematik mit dem selbstbewussten Plan ihrer Bewältigung als Sonderfall allgemeiner, sich täglich vollziehender Lernprozesse zu denken. Dabei ist mir durchaus bewusst, dass ich mit meinem Interesse an ideologischer Vergesellschaftung, an Unterwerfung und blockierender Gewohnheit den Standpunkt der Subjektwissenschaft mit seiner Voraussetzung des begründet handelnden Subjekts zugunsten einer Subjektorientierung verlasse, die, wie Bertolt Brecht es ausdrücken würde, sich nicht nur dafür interessiert, wie der Fisch im Netz sitzt, sondern auch dafür, wie das Netz geworfen wurde und wie die Einzelnen sich an dieser Gefangennahme beteiligen. Man könnte auch dies noch in den von Holzkamp vorgestellten Rahmen einbringen, jedoch würde das, was ich an Lernprozessen besonders untersuchenswert finde, bei Holzkamp jeweils außerhalb der Analyse bleiben. So würde es mir auch nicht einfallen, wie er zu studieren, wie es mir gelang, Schönbergs Musik mir wirklich anzueignen, sondern ich würde z.B. erforschen wollen, warum Mädchen durchgängig so lernen, dass sie sich den Naturwissenschaften entziehen. Was heißt, dass mein Versuch der Verallgemeinerung massenhafte Lebensgewohnheiten fassen will, was, subjektwissenschaftlich gesprochen, nicht zulässig wäre. Beim Verfahren gibt es durchaus große Gemeinsamkeiten im methodischen (etwa mit Erinnerungen in Forschungsgruppen zu arbeiten) wie im analytischen Vorgehen und in der Verpflichtung, in der Perspektive ›einer befreiten Menschheit‹ zu denken. Daher werde ich auch im Folgenden so vorgehen, dass ich Holzkamps Vorschläge kritisch referiere und, wenn es mir notwendig scheint, neue Forschungsfragen entwickele.

So schließe ich dieses Kapitel zur Lernproblematik mit zwei Beispielen ab, an denen die Schwierigkeit, das selbstbewusste Lernsubjekt als »Intentionalitätszentrum« mit eigener Lernproblematik zum Ausgangspunkt der Analyse zu machen, deutlich werden soll.

Subjektive Lernproblematiken: Zwei Beispiele

Zunächst das Beispiel, das der holzkampschen Analyse zugleich als Theorieform (zur Frage theorieförmiger Beispiele Kapitel 9) zugrunde liegt: Schönbergs Orchestervariationen als Lernproblematik (1993, 194–205). Holzkamp spezifiziert sein gewähltes Beispiel als weder sozial-kommunikativ noch aus Lehrlernzusammenhängen stammend und bezeichnet seine Besonderheit als »autonomes Lernen« (nach Max Miller 1986). Mögliche Einwände, die individuelle Aneignung eines Musikwerks sei individualistisch, nimmt er vorweg und entkräftet sie, indem er das musikalische Werk als »hochentwickelte symbolische Bedeutungsstruktur« (197) charakterisiert, kurz damit, dass es sich ja bei Musik um gesellschaftliche Produkte handelt. Dem möglichen Urteil, sein Beispiel sei elitär, begegnet er mit dem Versuch der Einbeziehung aller als Lesende; auf die mögliche Behauptung, es sei fern liegend und nur für Kenner, entgegnet er, dass alle Kenner werden könnten. Kurz, er versucht den Umstand, dass sein Beispiel nicht der massenhaften Lebensweise der Menschen entspringt, vorweg dadurch zu rechtfertigen, dass an ihm gleichwohl exemplarisch allgemeine Prinzipien von Lernen erkannt werden können.

Ich erinnere mich, dass ich das Problem der Rechtfertigung subjektiver Erfahrungen als Ausgangspunkt von theoretischer Erkenntnis zu Beginn von Erinnerungsarbeit ebenfalls diskutierte (Haug, 1983, 14ff). Allerdings gab es auch dabei schon die Differenz zu Holzkamp, dass ich annahm, die Erfahrungsbeispiele seien zwar individuell und subjektiv, aber zugleich kulturell massenhaft, gewissermaßen ›durchschnittlich‹ und daher sogleich für viele verständlich, weil sie sich so selbst erkennen. Dabei wähle ich den Begriff Durchschnitt durchaus bewusst. In Anknüpfung an Marx (MEW 23, 53; MEW 42, 72) gehe ich davon aus, dass sich in allen Verhältnissen, so auch in den kapitalistischen, Durchschnittsweisen etwa auch des Lernens herausbilden und dass es darauf ankommt, die Bildungselemente solchen gewöhnlichen Lernhandelns herauszuarbeiten. Marx hat im Übrigen die Benutzung des Wortes Durchschnitt für Menschen als besonders verdinglichend, etwas, was sich hinter ihrem Rücken vollzieht und ihnen als Marktbedingung gegenübertritt, zunächst zurückgewiesen und es erst später für die Erkenntnis von Realbewegung genutzt (vgl. auch Haug, F., 2001, 573ff). Es ist damit zu rechnen, dass eine ganze Reihe der Bildungselemente des Lernens die Einzelnen hinterrücks treffen, sich als gesellschaftliche Gesetze (etwa des Marktes) geltend machen, auch dann und gerade dann, wenn man davon ausgeht, dass Lernhandeln subjektive Tat ist. Lernen tritt so als Effekt einer Reihe von Prozessen auf, als Koordinationshandeln und als Kompromiss.

Holzkamp geht genau entgegengesetzt vor. Sein Beispiel soll für die begriffliche Fassung von Lernproblematiken in Bezug auf

> einen möglichst entwickelten gesellschaftlichen Lerngegenstand taugen, um von da aus später immer konkretere Züge des Lernens bis hin zur Explikation der Lebenspraxis des wirklichen Lernsubjekts rekonstruieren zu können (Holzkamp, 1993, 196).

Er braucht also für sein methodisches Vorgehen »das höchste Entwicklungsniveau gesellschaftlicher Symbolwelten« (ebd.), um von der entwickeltsten Form als allgemeine Menschenmöglichkeit die Vorstufen in ihrem Zueinander bestimmen zu können.

Schönbergs Orchestervariationen

Holzkamp beginnt mit seinen Vorurteilen gegenüber der Schönbergschen Zwölfton-Musik als mathematisch konstruiert, die ihm den Zugang zum Musikerleben versperrten. Er beschließt, die genannten Orchestervariationen ernsthaft und unvoreingenommen anzuhören, erkennt in seinen ersten Versuchen, dass er vergeblich auf Wiedererkennbarkeit hört, nach Haltepunkten und Orientierungsmöglichkeiten sucht, und notiert zunächst den Eindruck, die Musik sei ein »Chaos« (200), provokativ und auf die Nerven gehend. »Von meiner angestrebten üblichen Bewusstseinslage musikalischen Genusses keine Spur« (ebd.). Die Ratlosigkeit führt nicht zum Abbruch mit allerlei Ausflüchten bezüglich der eigenen Fähigkeiten, der Qualität des Stücks, der Auswahl, sondern zur Erkenntnis, dass eine »subjektive Lernproblematik« vorliegt. Dies aus der Ahnung, dass »mehr an musikalischer Aussage enthalten ist, als mir (schon) zugänglich war« (201), die Anstrengung also lohnend wäre. Die erste Strategie bestand im Immer-wieder-Hören des Stücks, um das Hören zu entwickeln. (Holzkamp notiert dazu im Lernbuch so etwas wie seinen inneren Monolog zur Veränderung des Melodiebewusstseins etc., zur Verteilung von Aufmerksamkeit.) Er bemerkt einen allmählichen kumulativen Lernprozess, der die Zuwendung zum Stück umstrukturiert. Eine Änderung der Lernstrategie war es, einzelne Teile des Stückes zunächst einzeln und dann wieder im Kontext des Ganzen anzuhören. Auf diese Weise gelang ihm nach und nach, die Spezifik des Stücks zu erkennen und als Lernfortschritt das Thema in seinen verschiedenen Varianten – zersplittert, verteilt auf verschiedene Instrumente – wiederzuerkennen. So lernte er, das Stück »als eine streng polyphone Arbeit im überkommenen Sinn« (292) zu hören. Im Lernvorgang gab es zwei Stadien: das mit Selbstinstruktionen versehene mühevolle Wiederentdecken des Themas, »eine mehr am Einzelnen orientierte

> Bewegungsform« (203), und eine »qualitativ andere Gesamthaltung«, die das Musikgeschehen überwach in jeder Stimme und den Zusammenhang des Ganzen erfahren ließ. Holzkamp beschreibt seinen Eindruck, Musik nicht von außen anzuhören, sondern mitten in ihr zu stehen. Er bezeichnet dies als »qualitativ neues Lernprinzip«, das Stück von innen heraus kennen zu lernen. So gelang es, Schönberg als »entwickelnde Musik« zu erfahren (204), und danach, das neue Hören auch auf andere längst als bekannt gedachte Musik zu übertragen. Musikhören also als ein Stück Biographie.

Das Beispiel wird Ausgangspunkt, vom Lerngegenstand her das Lernsubjekt so zu bestimmen, dass es als Intentionalitätszentrum die »objektive Welt« erschließt. Zentrales Moment wird für Holzkamp der Strategiewechsel beim Hörenlernen, den er zur Notwendigkeit selbstbestimmten Lernens, welches er nach Galliker (1990) als »affinitiv« bezeichnet (326ff), verallgemeinert bis hin zur Kritik an reformpädgogischen Konzepten, dass sie dies Innehalten und Wechseln der Lernstrategie in ihren Vorschlägen nicht systematisch vorsähen, Schule gar von vornherein solch »affinitives Lernen« ausschlösse (dazu später, Kapitel 10).

Man wird kaum bezweifeln können, dass es sich beim dargestellten Beispiel um einen Lernprozess handelt. Man kann zugleich aufschlüsseln, dass die Haltung, Wissen, das einem nicht sogleich zugänglich ist, abzuwerten, eine Vemeidungsstrategie ist, die eine bewusste Anstrengung der Überwindung nötig macht. Man kann eigene Beispiele solcher Lernprozesse aufzuspüren suchen und beisteuern. Mein Versuch gelangte sogleich ebenfalls zu einer Erfahrung bei der Aneignung von Kunst, in diesem Fall Malerei von Breughel. Dabei ist mir einleuchtend, dass die lernende Aneignung von Kunst, welche selber spezifische Verdichtung von Welterfahrung ist, einen besonderen Zugang zu neuen Erfahrungen auf einer doppelten Schiene erlaubt. Welt, also gesellschaftliche Kämpfe, Geschichte können erfahrbar werden als geschähen sie unmittelbar, Geschichte wird also lebendig, und zugleich kann man die spezifische Weise entziffern, wie der bestimmte Künstler Welt vermittelt – als Befriedung, als Verkleisterung, als Sichtbarmachen von Oben und Unten. Merkwürdigerweise ist von solchen Fragen in Holzkamps Beispiel gar nicht die Rede. Noch fraglicher aber ist mir, ob die Aneignung von Kunst als Ausgangsmodell für allgemeine Lenprozesse tauglich ist, ob sie also, mit Holzkamp gesprochen, tatsächlich die Lernproblematik in aller Komplexität aufschließt oder hier nicht vielmehr ein Sonderergebnis besonderer Bildung und Entwicklung zu diskutieren ist. Schließlich setzt Kunstaneignung eine spezifische Verfeinerung der Sinne voraus, die mit der Weise, wie im Allgemeinen massenhaft gelernt wird, wenig zu tun hat. Zudem ist der geschilderte Selbsterziehungsprozess ein einem Bildungdsideal verpflichteter Entwurf bewusster Selbstveränderung, dessen ethische Dimensionen so wenig bestritten werden können wie sie umgekehrt kaum verallgemeinerbar sind.

Hinzu kommt eine Irritation, die ich bei Holzkamps Texten und Beispielen verspüre, solange ich ihn kenne – seit Beginn der 1970er Jahre. Wir diskutierten damals sein neues Buch *Sinnliche Erkenntnis* (1973), in dem es die Begriffsbildung *Gebrauchswertvergegenständlichung* gibt; gemeint ist, dass etwa ein Tisch, eine Axt usw. nicht beliebig gedeutet werden können (diese postmoderne Zuweisung jeglicher Wirklichkeit in die Bedeutungskonstruktion von Einzelnen kam damals gerade in Mode), sondern ihren Gebrauchswert durch die in sie gesteckte menschliche Arbeit als eine Art von Bestimmung, wozu sie eben gedacht und gemacht sind, erhalten. Holzkamp führt diese Überlegungen weiter, um den Bezug der Einzelnen auf Welt, auf gesamtgesellschaftliche Bedeutungen zu klären. Aber seine Beispiele sind so gewählt, dass da jeweils einzelne einsame Menschen auftreten, denen sich Kooperation, gesellschaftliches Miteinander z.B. in einer Axt darbietet, was zwar sinnlich-praktisch ist und historisch getane Arbeit, jedoch auch andere Menschen nur über solche Gegenstände vermittelt – eine Art Robinson mit Werkzeugen. Wir stritten schon damals darüber, weil ich wollte, dass auch Beispiele von Kooperation und Gesellschaftlichkeit von Menschen vorkommen, in denen sie direkt gemeinsam tätig sind, ihre sinnlich erfahrbare Anwesenheit sie in ihren Taten aufeinander bezieht und beflügelt. Aber er ließ sich nicht bewegen; man kann das in seinen Schriften weiterverfolgen. Jetzt, im Schönberg-Beispiel, tauchen die anderen Menschen auf als Noten bzw. als CD, was zwar unbestreitbar vielleicht nicht »das höchste«, doch ein hohes »Entwicklungsniveau gesellschaftlicher Symbolwelten« (196) darstellt, aber die Menschen füreinander eben nicht als sinnlich Anwesende, etwa im Dialog braucht. Für die Frage des Lernens insbesondere scheint mir das äußerst problematisch zu sein (vgl. dazu Kapitel 13).

Mein Lernbeispiel, das ich als aufschlussreich für ›durchschnittliche‹ Lernprozesse vorführen möchte, hat den Vor- und Nachteil, dass es mitten im Alltag steckt. Es braucht keine besonderen Vorkehrungen, um stattfinden zu können; es braucht keine Absicherungen, es sei womöglich elitär oder privilegiert. Denn obwohl es von gesicherten Verhältnissen und vom Studium handelt, möchte es genau dies: die gelebte Allgemeinheit von Lernerfahrungen, die Verkennungen, Gewohnheiten, die Parteilichkeit der Erinnerung zeigen. Der innere Monolog ist daher nicht zielgerichtet auf Aneignung und Lernen gestellt und insofern wäre dies gar kein Beispiel im holzkampschen Sinn. Es handelt aber genau von den Lernprozessen, die mich interessieren.

Ein Zimmer für mich

Eines der nachdrücklichsten und folgenreichsten Lernerlebnisse für mich war die plötzliche Einsicht, dass ich nicht ein Opfer der Machenschaften anderer war, sondern selbst mein Leben in einer Weise dirigierte, dass ich mir Bedingungen schuf, die mir ohne weiteres Nachdenken nachteilig vorkamen.
Das Lernerlebnis selbst war ebenso plötzlich, wie es sich langsam vorbereitete. Vielleicht kann man sagen: Es begann damit, dass ich Virginia Woolfs *Ein Raum für mich* las. Die Botschaft in diesem kurzen Essay traf auf ein heftiges Echo in mir. Sie schien eine ganze Reihe von mir bislang nicht wirklich bemerkter oder nicht ausreichend gefühlter und beklagter Dinge zusammenzufassen, die mir zugestoßen waren, ja die mir immer heftiger noch zustießen. Ich brauchte, so konnte ich mir den Aufruf knapp übersetzen, wie alle Frauen einen Raum für mich allein, um wahrhaft Mensch zu werden und zu sein. Dieses eigene Zimmer war mir bislang verwehrt. Es gelang mir schnell, eine entsprechende Biographie für mich zu erinnern. Es hat früh angefangen. Ich hatte eine zwei Jahre ältere Schwester, die wohl einmal ein Zimmer für sich gehabt haben muss, nicht aber ich. Siebzehn Jahre meines Lebens habe ich ein kleines Zimmer mit meiner Schwester geteilt; später, als ich an der Uni die erste kleine Wohnung hatte, zog ein Freund zu mir, schon wieder kein Zimmer für mich. Der Zustand blieb über die erste Ehe hinweg, wiederholte sich in der zweiten in einem kleineren Haus, später in einem großen. Da saß ich jetzt: Das Haus hatte sieben Zimmer, und ich hatte keines davon für mich allein.
Da ich zu dieser Zeit schon in der Frauenbewegung lebte, beschloss ich, diesen offenbar für Frauen allgemein gültigen Nachteil grundsätzlicher zu bearbeiten und zum Ausgangspunkt politischer Strategie zu machen. Ich setzte mich also hin und begann niederzuschreiben, wie dieser Zustand über mich gekommen war. Das Leben in dem großen Haus schien mir am günstigsten für eine genauere Besichtigung, weil es keine Möglichkeit gab, Raumknappheit oder Armut oder ähnlich einsehbare Bedingungen verantwortlich zu machen. Es musste hier die patriarchale Bosheit der weiblichen Ausschließung aus menschlichen Bedürfnissen am klarsten greifbar sein.
So leicht es mir gefallen war, meine gesamte Lebensgeschichte als Raumverweigerung zu erinnern, so schwierig war es zu erinnern, wie dies jetzt in dem neuen Haus dazu gekommen war. Ich saß an meinem Schreibtisch, der im allgemeinen Wohnzimmer stand. Hinter mir die Tür war offen, sodass ich jederzeit hören konnte, wer durchs Haus ging, wer in die daneben gelegene Küche marschierte, den Kühlschrank öffnete usw. Das war nötig geworden, weil die vielen Arbeitsgruppen, die in unser Haus kamen, die Gewohnheit hatten, sich am Kühlschrank zu bedienen, sodass etwa an Wochenenden plötzlich keine Milch mehr da war

für die Tochter. Diese hatte natürlich ein eigenes Zimmer, eine Treppe höher, jedoch hatte ich es lieber, wenn sie unten bei mir spielte, da konnte ich beiher ein Auge auf sie haben. Diese Nähe war auch der Grund, weshalb sie nicht das große Zimmer im zweiten Stock bekommen hatte, das jetzt leer stand, weil dann niemand hätte hören können, was sie eigentlich tat, ob sie tatsächlich im Bett war in der Nacht und schlief und überhaupt. Sie war ein sehr erfindungsreiches Kind und brauchte jetzt, in ihrem ersten Schuljahr, besondere Aufsicht.

Gleichwohl fuhr ich mitten in dieser Zurechtlegung und Nachforschung hoch. Es war mir, als hätte ich gerade jetzt erst durch Grübeln entdeckt, dass da noch ein ganzes Zimmer leer stand und also von mir bezogen werden konnte: endlich ein Zimmer für mich. Die Zeit für diese Ausdehnung war günstig. Ich wollte mein wegen der Geburt der Tochter abgebrochenes Studium durch eine Diplomarbeit abschließen. Um sie zu schreiben, stellte ich abends den Antrag, das obere Zimmer zu besetzen. Gegen Widerstandslosigkeit konnte es kein Durchsetzen geben. Ich besorgte einen kleinen Schreibtisch und ein Regal, nahm einige Bücher und die Schreibmaschine und wanderte nach oben.

Die erste Sitzung war die Hölle. Immerfort versuchten meine Ohren zu erlauschen, was unten vorging – schließlich hatten wir die *Zeitschrift* ins Haus genommen, da kamen Leute; und einen Studenten, der kam auch, und die Tochter war zwar an diesem ersten Tag in der Schule, aber sie würde irgendwann nach Hause kommen, und dann durfte sie natürlich nicht mein Zimmer betreten, in dem ich schrieb, denn sonst hätte ja die ganze Abschließung keinen Sinn gehabt. Ich ließ die Tür offen, aber es war nicht wirklich möglich, nach unten zu hören, sodass ich immer wieder einen Teil der Treppe hinunterschlich, um mich zu vergewissern. Endlich hörte ich den weithin gellenden Pfiff, mit dem meine Tochter ihre Heimkehr anzumelden pflegte. Ich sprang sofort auf und eilte nach unten. Ein halber Tag war fürs Erste genug. Schließlich hatte ich jede Menge Pflichten. Zudem war der untere Schreibtisch so einladend, wie der obere eine Stille absonderte, in der ich kaum denken konnte.

Aber ich wollte aus dem Zimmeranspruch immer noch eine Befreiungsstrategie machen, so sah mich der nächste Tag erneut in der Einsamkeit des oberen Zimmers. Es ging schon besser. Ich schrieb wie der Teufel, da ich nicht vorhatte, diese Absonderung sehr lange mitzumachen, zugleich aber dem Gedanken anhing, für kreatives Tun das Zimmer für mich zu brauchen. Das Härteste war die Gewöhnung. Ich übte jeden Tag das Alleinsein. Es gelang immer besser. Es gefiel mir nie. Nach wenigen Monaten war die Arbeit fertig, und ich zog erleichtert wieder ins gemeinsame Wohnzimmer, mit meinen Schreibtischtaten und auch sonst.

Aber ich hatte in der kurzen Zeit viel und Nachhaltiges gelernt. Der Gedanke von Virginia Woolf über das eigene Zimmer war nicht falsch, aber unzureichend. Niemand hatte mir ein Zimmer vorenthalten, sondern ich selbst hatte dafür gesorgt, dass ich wie eine Art Spinne im Netz überall zugleich sein konnte, überall Augen, alles unter Aufsicht hatte. Aber diese Allgegenwärtigkeit, die von Frauen als ›der Seele des Hauses‹ sprechen lässt, hat ihre objektive Notwendigkeit, in einem Haushalt mit Kindern zudem, wenn sonst keiner ganz zuständig ist. Das fehlende Zimmer ist so auch Symbol für geschlechtsspezifische Arbeitsteilung, die zur Gewohnheit einer Persönlichkeit wird. Ganz entscheidend, ja geradezu erschreckend war für mich die Einsicht, dass ich selber die Zuteilung der Räume, meine eigne Positionierung strategisch geplant und durchgesetzt hatte, es sich also nicht so sehr um eine Verweigerung von außen, sondern um eine selbstbewusste Tat von mir handelte. Jetzt erkannte ich im Rückblick, dass auch meine eigene Geschichte, wie ich sie als eine Aufeinanderfolge von Zimmerlosigkeit erinnerte, eine ziemlich baufällige Zusammenkleisterung war. Ich entdeckte die eigene Arbeit bei der Konstruktion der Erinnerung, wie ich großzügig die Zeit nicht registrierte, die meine Schwester schon an der Universität war, ich noch zu Hause, immerhin zwei Jahre, in denen ich ein Zimmer für mich gehabt haben muss. Ebenso hatte ich stillschweigend die ersten Studienjahre mit einer Vielzahl von Studentenbuden übergangen, lauter Zimmer für mich, und auch vergessen, dass ich selbst es war, die den Freund vom Zusammenwohnen überzeugte wie später ins mögliche Zimmer für mich das Büro der Zeitschrift organisierte, um alles besser unter Aufsicht zu haben, was mir nötig schien.

Ich behielt diese Konstellation bei. So sehr ich es genoss, eine eigene Wohnung nur für mich in der Stadt meiner Lehre zu beziehen, so sehr litt ich unter dem Alleinsein und lud sehr bald eine Freundin ein, zu mir zu ziehen, später meine inzwischen erwachsene Tochter, dann in einer größeren Wohnung wiederum ihren Mann und ihr Kind. Und dennoch. Ich brauche diesen Rückzugsort, das Zimmer für mich, wenn ich denken und arbeiten will; und ich möchte es zugleich nicht, um allgegenwärtig und vor allem unter Menschen zu sein.

Es ist mir gelungen, ein Zimmer für mich zu organisieren und es auch zu nutzen. Meine Tür steht immer offen. Ich habe gelernt, dass ich für meine Bedingungen zumindest mit verantwortlich zeichne, dass mehr auf dem Spiel steht als das vorenthaltene Zimmer und seine Besetzung; und darüber hinaus, dass Alleinsein auch gelernt werden muss.

Ich konnte die Erkennntisse in diesem Zusammenhang nicht nur für mich selbst nutzen, ich konnte sie ausbauen zu einer Methode, mit Erinnerung zu arbeiten.

Sieht man genauer hin, so entdeckt man in diesem Beispiel zusätzlich zu den während der Erzählung reflektierten weitere Dimensionen. Als Orientierung oder Botschaft der Geschichte wird vorweg notiert: nicht Opfer, sondern auch Täter sein. Darunter entfaltet sich als Zusatzbotschaft: Wenn dir etwas plausibel scheint, misstraue dir; und schließlich als eine Art Lerntheorie: Lernen ist ein sehr allmählicher Prozess, der, einmal begonnen, sich immer weiter und in verschiedene Richtungen und Schichten entfaltet; das Wichtige ist, das Eis des Selbstverständlichen zu brechen durch sorgfältiges Erinnern. Lernen setzt also Selbstkritik voraus bzw. ist diese. Als spezifisches Lernen ist in diesem Beispiel der Prozess gefasst, in dem die Gewohnheit der Eindeutigkeit, die Schuld bei anderen, Opfersein bei sich selbst zu verorten, in Gut und Böse zu denken, aufgegeben wird und die freigesetzte Energie es endlich erlaubt, sich selbst als widersprüchlich zu erfahren und also die Einsicht zu gewinnen, dass Selbstreflexion, Kritik, Balance ein ständiger Prozess des Lernens ist und dies Menschsein und in dieser Weise auch Glück wie Unglück, Alleinsein wie Zusammensein bedeutet. Fortschritt, der ohne Nachteil und Widerspruch immer weiter nach oben führt, ist in diesem Konzept kein mögliches Lernergebnis. Vielmehr zeigt der »zunehmende Weltaufschluss« neue Ebenen von Widersprüchen, Schwierigkeiten, neue Blockierungen.

Von diesem Beispiel her drängen sich als notwendige Forschungsfelder für die Untersuchung von Lernprozessen wirklicher Menschen ein ganzes Netz ineinander verwobener Dimensionen auf: Arbeitsteilung und Politik, die Frage der Gewohnheit als Dimension von Persönlichkeit, Ideologie, Kultur und die Konstruktionen von Erinnerung und Persönlichkeit, die im Laufe des Lebens entwickelten Methoden der Abwehr und Widerspruchseliminierung, die dazugehörigen Emotionen und vor allem die widersprüchliche Gemengelage, die aus alledem resultiert.

Man kann daraus schlussfolgern, dass meine Fragestellung und Forschungsabsicht sozialtheoretisch ist, nicht psychologisch-subjektwissenschaftlich. Zugleich geht es aber auch und vor allem um die lernenden Subjekte mit ihren Blockierungen und Bewegungen. Inwieweit solches Herangehen mit den holzkampschen Ausführungen arbeiten kann oder ob die unterschiedlichen Herangehensweisen sich wechselseitig ausschließen, bleibt zu prüfen.

Teil 2

Lehren

Kapitel 3

Die versteinerten Verhältnisse zum Tanzen bringen Erinnerungen an Lernen 2

Bei der Auswahl seines Beispieles als Grundlage für die Entfaltung der Bestimmungsdimensionen von Lernen schloss Holzkamp ausdrücklich einen Zusammenhang zum Lehren oder Belehrtwerden in Institutionen aus.

> Es dürfen in dem Beispiel keine Lernsituationen in konkreten institutionellen Kontexten von Lehrlernverhältnissen (i.w.S.) aufgegriffen werden, es darf sich also nicht auf Lernproblematiken in der Schule oder Hochschule, im Rahmen von beruflicher Ausbildung, Fortbildung, Weiterbildung, ebenso wenig auf solche in sozialpädagogischen oder therapeutischen Einrichtungen zur Förderung Lernbehinderter, Überwindung einschlägiger psychischer »Störungen« etc. beziehen, [weil dies die] argumentationsstrategische Funktion [der Analyse] sabotieren [würde]. (196f)

Ich möchte bei meiner Suche nach den Bildungselementen von Lernen genau umgekehrt vorgehen: Ich nähere mich dem Lernproblem von der Seite des Lehrens. Dies nicht, weil ich annehme, dass im Lehren die Grundelemente von Lernhandlungen ausreichend vorhanden wären, sondern weil ich mich meinem Gegenstand von allen Seiten annähern möchte, die er im wirklichen Leben einnimmt. Und obwohl es zweifellos richtig ist anzunehmen, dass institutionalisiertes Lernen eine besondere Form von Lernen ist und berufliches Lehren ebenso historisch spezifisch, suche ich als Lehrende nach Kontinuitäten und Brüchen in meinem Leben, die es mir auch erlauben, den Formwechseln von Lernen und Lehren auf die Spur zu kommen.

Solange ich mich zurückerinnern kann, war da diese Lust zur Belehrung. Dieses Wort selbst erfreut sich nirgends großer Beliebtheit, klingt nach Edukationismus, Besserwisserei, Strenge und disziplinarischen Maßnahmen. Ich brauche also zunächst ein anderes Wort, welches, ohne diesen negativen Beigeschmack, der den Lernverhältnissen anzukleben scheint wie etwas Anrüchiges, auszudrücken oder zumindest nicht zu versperren vermag, von was hier die Rede ist. Ich beginne ein weiteres Mal mit der Arbeit der Erinnerung.

Vorlesen

Ich war die Zweitälteste von vier Kindern. Eine meiner frühen nachdrücklichen und aufregenden Erinnerungen sind die kleinen Versammlungen, die ich mit meinen beiden jüngeren Brüdern abhielt. Wir zogen dafür in unser Versteck im

Wald. Dort setzten sie sich auf den Boden zu meinen Füßen, ich mich auf einen Baumstumpf und las ihnen die Geschichte von *Dick und Dünn* vor. Immer wieder zog ich mit ihnen auf die Insel, auf der viele Tiere in Eintracht und Freundschaft lebten, bis die Nahrung so knapp wurde, dass einige auswandern mussten, um Abhilfe zu suchen. Ich las von den Schrecknissen der Stadt, in der sich die Tiere als Lohnarbeiter oder gleich als angekettete Sklaven verdingen mussten, unter Hunger und Kälte litten, endlich einander wiederfanden und den Rückweg antreten konnten in die alte Heimat. Ich las und las, meinen Brüdern füllten sich die Augen immer an den gleichen Stellen mit Tränen, sie rannen die Backen hinunter und auch ich musste mit einer Rührung kämpfen, die mir die Stimme verstopfte, und doch sollte alles gleich wieder von vorn anfangen, kaum dass es geendet hatte. Sicher genoss ich die Möglichkeit, meine beiden Brüder dermaßen in den geheimnisvollen Bann zu führen, den so eine Geschichte schlagen kann. Aber da war noch viel mehr und anderes. Vor allem die Fragen, die immer erneut kamen und auf die ich Antworten wusste oder sie mir erarbeiten konnte. Warum gibt es plötzlich keine Nahrung mehr? Warum frieren die Tiere in der Stadt? Warum werden sie von bösen Menschen gefangen? Warum gibt es überhaupt böse Menschen? Ich übersetzte diese nicht enden wollenden Warum-Fragen in Anlässe für neue Geschichten über das Wie einer Missernte, die ich schon aus Erfahrung kannte; über die Unterschiede im Klima, von denen ich in der Schule gehört hatte; über die vielen Möglichkeiten, böse zu sein, von denen ich erfahren hatte. War das Belehrung? Meine Lust galt der Möglichkeit, eine Einführung in eine Welt voller Fragen zu geben, in der ich einige Antworten wusste und in der ich aufgefordert wurde, selbst stets neue Räume zu finden, auf Erkundung zu bleiben.

Wäre dies ein möglicher Begriff, der den negativen Beigeschmack des Lehrens und gar Belehrens nicht hat? Eine Einführung in die Welt geben wollen, die Erkundung als Anforderung an sich selbst mit sich führt? Von vornherein also Lehren und Lernen zusammenzudenken, und zwar anders als Holzkamp dies mit seiner pejorativen Rede vom »Lehrlernen« tut?

Auf den Spuren der Erinnerung weitersuchend, scheint mir auch diese Fassung unzulänglich und zu schön. Da war noch anderes. Als Widerhaken und auch wieder als Scheitern bleibt in meinem Gedächtnis die Geschichte mit meiner ersten Nachhilfeschülerin.

Nachhilfestunden

Ich war damals erst dreizehn Jahre alt, besuchte das Gymnasium in der Stadt und wurde von meiner Englischlehrerin beauftragt, einer Schülerin aus der zweiten Gymnasialklasse Unterricht zu geben, damit sie nicht sitzen bliebe. Ich war ganz und gar begeistert, nicht nur, weil ich so mein Taschengeld aufbessern konnte, sondern vor allem, weil ich ausersehen war, einer anderen, die nur zwei Jahre jünger war als ich, den Unterrichtsstoff nahe zu bringen. Das war so etwas wie ein Lob meiner Fähigkeiten und dies noch dazu von einer Lehrerin, die ich liebte. Ich stellte mir meine Aufgabe zugleich als leicht und schwierig vor. Ich ging nach der Schule zu ihr nach Hause, saß in einem Architektenheim zunächst der eleganten Mutter mit goldgetönten Locken auf der Stuhlkante ziemlich verklemmt gegenüber, um zum ersten Mal in meinem Leben Bedingungen der Arbeitszeit und Entlohnung zu verhandeln, wobei dieser Teil eigentlich ausschließlich aus einer Ansage von ihrer Seite bestand, und war dann endlich mit meiner Schülerin allein im Zimmer. Ich war von vornherein überzeugt, dass sie besonders intelligent sein müsse, gerade weil sie den läppischen Schulstoff nicht schaffte. Die Ausgangserwartung war also günstig für die Lernsituation. Die Befreiung von der mütterlichen Aufsicht hatte uns in meinen Augen auch schon auf gleicher Ebene aneinander gerückt. ›Meine‹ Schülerin aber hatte augenscheinlich für sich beschlossen, sich auf keinen Fall in diese Beziehung einzulassen. Sie antwortete nicht auf meine Fragen, sie weihte mich nicht in ihren Schulstoff ein, sie sprach überhaupt nicht. Zweimal in der Woche saß ich je zwei Stunden und versuchte, sie zum Sprechen zu bringen. Es war vergeblich. Ich versuchte es mehrere Monate lang. Die Stunden waren eine wahre Qual auch deshalb, weil ich immer fürchtete, die Mutter könne bemerken, dass hier gar nicht wirklich gelernt wurde. Schamvoll nahm ich gleichwohl jedes Mal das Geld, immerhin hatte ich die Stunden abgesessen und mich bemüht. Ihre Leistungen in der Schule besserten sich zunächst, sodass ihre Mutter keinen Verdacht schöpfte. In Wahrheit aber lernte sie bei mir nichts. Ich fragte, ich beschimpfte sie, flehte sie an, versprach ihr alles Mögliche – es war umsonst. Ich hatte mehr und mehr das Gefühl, etwas Verbotenes und fast Unzüchtiges zu tun, wenn ich ihr diese zwei Stunden gegenübersaß, zwischen uns diese Mauer des Schweigens. Am Ende blieb sie tatsächlich sitzen, ich verlor sie aus den Augen, nicht aber das Problem, an dem ich gescheitert war. Dass es Menschen gibt, die einen solchen Widerstand gegen jede Lernaufforderung ausgebildet haben, dass sie lieber alle Kommunikation abbrechen, als hier einen Einbruch zu erlauben.

Von da an widmete ich mich mit wirklicher und bewusster Leidenschaft der Vermittlung von Wissen und vor allem dem Versuch, Lernhaltungen zu verändern. Ich war, ohne das sorgfältig durchdacht zu haben, davon überzeugt, dass alle Menschen im Grunde und von ihrer menschlich-gesellschaftlichen Natur her selbstverständlich und mit Lust lernen. Sobald sie das nicht taten, hielt ich sie wie bei meiner ersten Schul-Lehrerfahrung für so etwas wie versteinerte Prinzessinnen oder Prinzen, die mir noch aus meiner Erfahrung mit

Märchen geläufig waren. Ich stellte mir die Aufgabe, die Lösung zu finden, sie aus ihrer Versteinerung zu befreien. Die Vorstellung lebt natürlich noch vom Rettergedanken; jedoch erlaubt es das Bild der Versteinerung, sobald wir es auf Verhältnisse ausdehnen, ein Befreiungsprojekt zu entwerfen, in denen alle Verhältnisse in Bewegung kommen.

Ohne mir Rechenschaft darüber abzulegen, arbeitete ich so zugleich an mir selbst, indem ich versuchte, den Ring aus negativen Gefühlen, der die Einzelnen bei ihren insbesondere schulischen Lernaufforderungen begleitete, zu durchdringen, sie dazu ermutigte, sich die Lust des Lernens als Neugier auf die Welt wieder anzueignen. Es gab kein Erlebnis eines vollständigen Scheiterns mehr, aber meine Erfolge waren auch nicht überwältigend. Meine Nachhilfeschülerinnen kamen durch.

Könnte ich jetzt also vorschlagen, dass meine Lust zu lehren als ständiger Versuch verstanden werden kann, Lernwiderstände gegen eine Einführung in die Welt abzubauen? Die Sache hört sich zu harmonisch an, geradlinig und unbelehrt von den Schwierigkeiten, Brüchen und Hindernissen auf dem tatsächlich gegangenen Weg. Auch komme ich nicht wirklich vor mit Glück und Verzweiflung, Anstrengung und Versagen, sondern selbst nur als Chiffre, eine Heldin des Lehrens. Ich mache einen Sprung nach vorn.

Schulungsgruppen

Ich begann meine aktive Zeit in der Frauenbewegung mit der Organisation von Lerngruppen, in denen ich als Lehrende eingeplant war. Ich hatte zu dieser Zeit mein Studium ohne Examen beendet, geheiratet, ein Kind bekommen, fast zwei Jahre als Hausfrau auf einem Dorf verbracht, war zurück in das Uni-Umfeld gekommen, hatte mich scheiden lassen, wieder geheiratet und war unsicher, fragend zu den ersten Treffen der neuen Frauenbewegung in Berlin gegangen. Schon nach dem dritten Treffen schien mir, dass die Weise, wie diskutiert und bestimmt wurde, die Art der geplanten Aktionen, die Form der Einbeziehung aller durch so etwas wie Führungspersonen nicht wirklich zur Befreiung von Frauen führen würde. Damit alle beteiligt sein konnten, mussten alle genug Wissen über die Welt haben, wissen auch, woher Frauenunterdrückung kommt, um wirksam an ihre nachhaltige Abschaffung schreiten zu können. Da ich selbst auch über dieses Wissen nicht verfügte, galt es, Lerngruppen als Forschungsgruppen zu gründen. Wieder folgte ich der Vorstellung, dass alle alles lernen könnten und wissen müssten, dass es nur darauf ankäme, den Rahmen zu finden, in dem solches möglich würde. In diesen wollte ich mein Vorsprungswissen aus dem Studium, vor allem das, was ich aus dem Marxismus als Wissenschaft von der Befreiung der Menschen gelernt hatte, einbringen. Ich überzeugte mich und die

> meisten der anderen Frauen, dass wir den Aktionsrat – wie die Berliner Gruppe sich genannt hatte – aufgliedern mussten in eine Menge von Schulungsgruppen und das wöchentliche Treffen umfunktionieren zu einer Versammlung, in der die Probleme der Gruppen ebenso wie die nächsten gemeinsamen Aktionen geplant wurden, Neuaufnahmen und neue Gruppen möglich wurden. Das Experiment war erfolgreich, es lief über zehn Jahre.

Für die Frage des Lehr-Lernens erkenne ich jetzt, dass es ganz unzureichend wäre, Lehren als Tat von oben, belehrt werden als Schicksal von unten zu fassen. Vielmehr lässt sich der Zusammenhang kaum begreifen, wenn nicht die Dimension des Politischen dazugenommen wird. Lehren kann jetzt auch als Versuch verstanden werden, nicht nur anderen Möglichkeiten für den Weg in die Welt vorzuschlagen, sondern vor allem auch als Versuch, für die Veränderung von Welt Mitkämpferinnen oder Mitgestalterinnen zu gewinnen. Lehren ist solcherart auch der Abbau von Unterschieden, auch jenen zwischen Lehrern und Schülern, und umgekehrt ist auch Lernen in diesem Feld das Einholen und Ausprobieren von Veränderungswissen und entsprechender Fähigkeiten. Es ist diese Dimension, welche die Kritische Pädagogik bestimmt und die in der holzkampschen Zurechtlegung erstaunlicherweise fehlt, bzw. an der Stelle, da er ihre Möglichkeit unter dem Begriff »partizipatives Lernen« (nach Lave u. Wenger 1991) vorsieht, grenzt er dies nachdrücklich vom Lehrer-Schüler-Verhältnis, vom schulischen Lernen ab (1993, 501ff).

Schließlich habe ich meine Dissertation im Bereich Lernen und Pädagogik geschrieben (1977). Auch hier wollte ich mich am lernenden Erforschen von Welt unterstützend beteiligen. Aber diese Arbeit ist vor allem eine Art Kampfschrift gegen eine Pädagogik, die die Überwindung von Lernwiderständen anzielt, ohne dabei die politische Dimension der Befreiung der Lernsubjekte, die gemeinsame Gestaltung von Gesellschaft zu verfolgen, sondern die eher eine einfachere und bejahende Haltung zur Gesellschaft, in der wir leben, zum Ziel hat. Knapp gesprochen verdächtigt die Schrift gegen das Rollenspiel diese pädagogische Technik zur Überwindung von Lernwiderstand, eine Einübung in vorhandene Gesellschaft so vorzunehmen, dass alle Kritikfähigkeit blockiert wird. Widerstand gegen Lernen wird nicht umgebaut in einen Widerstand gegen die verstellte Teilhabe an Gesellschaft, sondern er wird gleichsam überlistet und in Anpassung gewendet. Die spielerische Aneignung von Welt liefert den Schein, es sei Gesellschaft eben auch kaum mehr als ein Spiel, in dem die Rollen verteilt sind und man sich in der seinen einrichtet und sich darin perfektioniert. Es ging mir im Wesentlichen darum, Wege zu finden, auf denen der Widerstand gegen das Lernen genutzt werden könnte zur eingreifenden Kritik. Dabei habe ich angenommen, dass der Erkenntnis von Welt, die dem eingreifenden Handeln vorausgehen und dieses begleiten müsste, auf der Seite der Subjekte so etwas wie eine ›allgemeine Versteinerung‹ entgegenstehe und auf der Objektseite behindernde Strukturen und eine Reihe von Strategien, die Erkenntnis blockieren und umleiten. Nennen wir diesen Zusammenhang Ideologie und mit den später erst gebräuchlich gewordenen Begriffen von Antonio Gramsci eine Art kultureller Hegemonie von oben. In diesem schwierigen Gelände begriff ich Lehren also als eine Befähigung zur kritischen Erkundung von Welt und Gesellschaft und Lernen als den Weg zu solcher Erkenntnis, damit den Abbau von Widerstand bei gleichzeitiger Wendung desselben in eine kritische Haltung. Lehren also könnte ich jetzt als ein kooperatives Verhältnis bezeichnen, in dem versucht wird, Zusammenhänge so zu zeigen, dass Lernen zugleich als zunehmende Erkenntnis und Handlungsaufforderung vollzogen werden kann, die den eigenen Widerstand als Dummheit (aufgefasst als Handeln gegen eigenes Interesse), als Gewohnheit, als eigene Behinderung erhellt. Lernen bleibt so auf jeden Fall eine subjektive Tätigkeit, die durch Belehren nicht ersetzt werden kann. Lehren kann unter solchen Bedingungen kaum mehr sein als der stete Versuch, eine kritische Lernhaltung zu ermöglichen und Wissensbestände, Methoden der Aufschlüsselung von Welt vorzuschlagen. Lehren enthält so zweifellos vielfältige Informationen über die Welt, die sich dem Erfahrungs- und Lernvorsprung verdanken, jedoch sind diese kaum beschränkt auf Daten und Fakten, sondern in ihrer historischen und sozialen Anordnung wiederum selbst Gegenstände eingreifender Kritik. Meine Lehrbemühungen setzen offensichtlich nicht dort an, wo Lernwiderstände aufgebaut werden, sondern, um im Bild zu bleiben, dort, wo der Prinz schon versteinert ist. Freilich nehme ich, wie aus den anfänglichen Überlegungen hervorgeht, an, dass dies schon sehr früh geschieht und durch die Anlage unserer Erinnerung, die geglückte Lernerlebnisse zu vergessen scheint und Versagen schmerzhaft einschreibt, begünstigt wird. Unter dieser Voraussetzung ginge es beim Lehren und Lernen dann jetzt darum zu verlernen, um Lernen erneut als Lust zu lernen. Dies nicht, wie etwa im Rollenspiel praktiziert, durch eine Entlehnung von Lust aus spielerischen Zusammenhängen in den Ernst der Schule, sondern dadurch, dass Kritik, Eingreifen, Befähigung, Erkenntis, Denken selbst als Genuss und mögliche Leidenschaft erfahren werden. Lehren ist so auch eine Praxis gegen das Alleinsein. Es ist ohne selbst zu lernen nicht möglich, wie umgekehrt im Lernen schon Dimensionen des Lehrens enthalten sind.

In meinem Buch zur *Kritik des Rollenspiels* setze ich als Gegenpol zum Rollenspiel das brechtsche Lehrstück. Es faszinierte mich, wie hier das Theaterspiel, dessen Zauber für eine leichtere Aneignung von Zusammenhängen ja auch dem Rollenspiel zum Erfolg verhalf, eingesetzt wurde, um die Handlungs- und Denkfähigkeit der Akteure nicht zu überlisten und einzuschläfern, sondern in produktiven Zweifel zu stürzen. Die Hauptlinie schien mir darin zu liegen, die Schüler und Leserinnen zum Selberdenken anzuregen, nicht darin, ihnen zu empfehlen, die eigenen Köpfe an der Garderobe abzugeben. Das Theater also eingeführt als ständiger Runder Tisch zur Beratung über die Gesellschaft, an der die Einzelnen nicht bloß Zuschauende, sondern Beteiligte sind.

Lernen als Erziehungsziel

Im Juni 1998 berichtete die Frankfurter Allgemeine Zeitung von einer durch eine Computerfirma einberufenen neuen Tagungsreihe ›Erziehung für das 21. Jahrhundert‹. All die bekannten Erziehungsziele aus den ideologischen Kämpfen um die Pädagogik der letzten Jahrzehnte tauchen wieder auf: Es geht um die Ideale der Aufklärung, um Erziehung zur Mündigkeit und Selbstverantwortung, um ›Lebenskompetenz‹, darum, wie der Bundespräsident zur Eröffnung versichert, »unsere Kinder für die Freiheit im Informationszeitalter zu erziehen«. Die überraschende Verklammerung von Erziehung und Freiheit verdient es, dass die Ausführungen der Demoskopin Noelle-Neumann in diesem Kontext festgehalten werden. Sie beklagt, dass seit der Vereinigung der beiden Deutschlands die Wertschätzung von Freiheit gesunken sei und – seltsam in diesem Kontext – die Deutschen mehrheitlich starke Menschen als böse begriffen, welche umgekehrt für die Engländer gut seien:

> Wohl deshalb wollen die Deutschen nicht einsehen, dass mehr Freiheit zu weniger Gleichheit führt, und deshalb verehren sie auch die falsche Freiheit: fünfzig Prozent das Freisein von materiellen Sorgen, achtzehn Prozent die Möglichkeit zu tun, was man will. Nicht einmal jeder Dritte versteht Freiheit als Selbstverantwortung. (ebd.)

Und als neue (alte) Erziehungsziele werden zur Zustimmung angeboten: eben Selbstverantwortung, Ordnung, Pünktlichkeit, Präzision und Selbstbeherrschung. Oder, um mit Brecht aus den Flüchtlingsgesprächen (vgl. Kapitel 5) zu sprechen: Wir leben nicht nur in einem Land, in dem solch ambivalente Tugenden nötig sind, wir bewegen uns auch in eine Zukunft, die mit solchen Tugenden rechnen will. Sie werden moderner aufgemacht durch einige englisch gesprochene Beigaben wie die des Glücks im »flow«, worunter wir uns eine kontinuierliche Aktivität vorstellen sollen. Hohe Anforderungen schützen vor Müßiggang.

Die Frage nach dem Lernen, welches implizit im Zentrum solcher Überlegungen und Aufgabenzuweisungen steht, wird zugleich wichtiger und unsicherer. Es ist Zeit, uns bei Fachleuten sachkundig zu machen. Eine umfassende Auskunft geben Wörterbücher, die zumeist fachspezifisch Grundbegriffe abhandeln. Sie berichten über Definitionen, verschiedene Theorieschulen, kurz, man erhält eine Einführung in das zeitgenössische Denken zum Gegenstand.

Zwei Beispiele

Bei der Psychologie und bei der Pädagogik scheint mir die Frage des Lernens am besten aufgehoben, berichten doch die einen über das Subjekt, welches lernt, und seine Ausstattung, die anderen über diejenigen, die für den Prozess zuständig sind, über den Zusammenhang von Lernen und Lehren.

Psychologie

Im Psychologie Lexikon (1992) hat der Autor des Stichwortes Lernen (Wilhelm F. Angermeier) sich im Wesentlichen auf die Darstellung behavioristischer Lerntheorie beschränkt, ein Verfahren, welches sich liest, als sei hier eine Theorieschule angetreten, Verfestigungen herzustellen, Gewohnheiten zu erzeugen, unhinterfragbare Verhaltensweisen hervorzubringen. Zwar wird Lernen selbst als Beschreibung einer Verhaltensänderung (259) bezeichnet, die Gesetzmäßigkeiten – und solche werden in Experimenten und Tierversuchen ausfindig gemacht und systematisiert – jedoch beziehen sich auf den Erwerb bestimmter Verhaltensweisen weitgehend nach Maßgaben von Belohnung und Strafe. Die tragenden Begriffe sind entsprechend gebaut: Verhaltenshäufigkeit, Training, Verstärkung und geschickte Weisen, eine Verstärkung möglichst nachhaltig einzusetzen, etwa durch festgelegte Intervalle; Abschwächung eines Verhaltens erfolgt entsprechend durch Wegfallen der Verstärkung. Solche einführenden Texte in die Verhaltensmodifikation bzw. hier also ins Lernen lesen sich immer wieder so plausibel wie der gesunde Menschenverstand und zugleich inhuman wie Praxen von Fremdbestimmung. Der Gegenstand wird in einem Begriffsraster hin- und hergeschoben, welches Genauigkeit zu versprechen scheint und welches die jeweiligen Verbindungslinien wiederum nach Maßgaben des gesunden Menschenverstands zieht. So wird etwa gesetzt, dass »eine mittelstarke Motivation (besonders bei schwierigen Aufgaben) für die beste Lerneffizienz sorgt« (263f). Diese gilt es also durch in Experimenten erprobte Anregung und Dämpfung aufrechtzuerhalten. Den Gesamtprozess nennt man dann »operantes Lernen«.

Andere Lernvorgänge, etwa der pawlowsche bedingte Reiz, werden nachgezeichnet und entsprechend der Anlage peinlich genau mit Begriffen wie »Simultanreaktion« oder »simultankonditioniert« in eine wissenschaftsadäquate Sprache eingetragen.

Nach dieser Einführung in die Dressur von Tieren im Labor, etwa nichtzusammengehörende Reize zusammen zu erleben, um sodann auf den nichtschmerzhaften mit Schmerz zu reagieren etc., ist das Feld bereitet, ins schulische Lernen einzuschreiten. Die Methode lässt sich zur Wissensvermittlung, ebenfalls Lernen genannt, einsetzen. Man kann z.B. Paare zusammenstellen und so ein Auswendiglernen offenbar nicht sinnhaft zusammenstehender Paarteile ermöglichen bzw. befördern: 333 = Issos, 1776 = Staatsgründung USA usw. Es ist, als ob die Methode, je mehr sie den simpelsten vorhandwerklichen Verfahren ähnelt, desto elaborierter eigene Sprachschöpfung übt. »Verbales Diskriminieren« z.B. (272) heißt die genannte »Paarwortmethode«, wenn man die Sache umkehrt, also das Ereignis vor der Zahl aufruft. Ein anderes Lernproblem: Gedichte auswendig lernen oder das Einmaleins. In einer Reihe von Versuchen wurde herausgefunden, dass, wenn man eine ganze Reihe von Wörtern auswendig lernt, dasjenige, das in der Mitte stand, schneller vergessen wird als der Rest; also gilt es, diese Mitte mit besonderen haftenden Reizen zu versehen, sprich die Motivation der Lernenden assoziativ anzubinden. – Schließlich begegnen wir immer wieder dem Lernen am Modell, welches (vgl. etwa Bandura/Walters 1963) es Kindern ermöglicht, von Erwachsenen zu lernen, wie sie sich in der sozialen Welt zurechtfinden. Auch dieses Lernen hat Kontrollsysteme, wobei das eigene Denken interessanterweise als »symbolische Kontrolle« bezeichnet wird – gemeint ist auch lediglich, dass Verhaltenskonsequenzen antizipiert werden und entsprechend das Verhalten lenken.

> Das soziale Lernen braucht nicht auf Einzelheiten des Modellverhaltens beschränkt zu bleiben, sondern kann sich auf den ganzen Lebensstil eines solchen Vorbildes beziehen. Darin liegt seine Bedeutung für den Lernvorgang beim Menschen begründet. (275)

Nach einem ersten Erschrecken, welches wohl in der Hauptsache drei Dimensionen im Modell behavioristischen Lernens gilt, überprüfe ich die behavioristischen Verschläge noch einmal anders. Die genannten Dimensionen sind die umstandslose Ineinssetzung tierischer Dressur mit menschlichem Lernen, also das Fehlen einer an die historische Spezifik des Menschen anknüpfenden Überlegung; das Einverständnis, mit dem hier durch gezieltes Einsetzen von Belohnungs- und Strafmodellen Verhaltensweisen eingeübt werden, ohne irgendeine Diskussion ihres Sinns; und schließlich die Nähe, die all dies zu selbst geübten Alltags-Praxen gleichwohl hat.

Versuchen wir eine erste Bilanz: Es geht beim Lernen in diesem Fall nicht um Erkundung von Welt, nicht um eingreifende Erkenntnis, dass sie menschlicher werde. So geht es auch nicht darum, Verfestigungen in Bewegung zu bringen, bzw. genauer geht es nicht darum, solche Bewegung selbst als ein Ziel von Lernprozessen aufzufassen. Es spielt keine Rolle, in welchen historischen, kulturellen Verhältnissen jemand lebt; Lernen scheint eine ahistorische Größe zu sein. Der Behaviorist blickt von oben und prüft, wie ein bestimmtes Verhalten zur Gewohnheit wurde, in dieser Weise ähneln seine Überlegungen den unsrigen, wenn wir auf Lernblockaden blicken. Er studiert das Einüben von Verhaltensweisen, wie man eine Programmierung nachvollzieht, um die so erfahrenen Mechanismen allgemein einzusetzen, z.B. in einen pädagogischen Lehrplan. Hier scheiden sich die Wege, denn es geht mir nicht darum, Pläne durchzusetzen, sondern die Einzelnen zu befähigen, sich selbst kundig zu machen, also selbstbestimmte Handlungsfähigkeit zu erhöhen. Der behavioristische Lerntheoretiker könnte hier zu Recht einwenden, dass auch ihm daran gelegen sei/oder sein könnte, den lernenden Individuen das Wissen über ihre Art, Verhaltensweisen einzuüben, an die Hand zu geben, um sie handlungsfähiger zu machen. Der Unterschied bestünde hier jetzt darin, dass auch die selbstbestimmt eingesetzte behavioristische Lernstrategie auf Dimensionen der Selbstüberlistung aufbaut, sodass ein sinnvoll durchdachtes und Handlungsfähigkeit wirklich auf Dauer erweiterndes Lernen ein Zufallsergebnis wird. Gerade die Unabhängigkeit von gedachter Bestimmung, ihre Anbindung an Reaktionen auf Wohlbefinden und Missbehagen sichert behavioristischem Lernen einen schnellen Erfolg. Dabei wird ohne weiteres in Kauf genommen, dass Lernen auf einem Missverständnis beruht, wie bei den bedingten Reizen der pawlowschen Hunde. Wofern solche Lernarrangements den Einzelnen selbstbestimmt zur Verfügung gestellt werden, möchte ich sie daher als Selbstbestimmung in umfassender Fremdbestimmung bezeichnen. Die Einzelnen gehen in solcher Anordnung manipulativ mit sich um. Nicht Denken als vergnügliche Anstrengung, das kritisch sich aufs Gewohnte richtet, ist Weg und Ziel, sondern dass die Einzelnen Verhaltensweisen erwerben, mit denen sie möglichst gut leben können. Selbstverständlich bleibt die Frage außer Acht, ob es ein erstrebenswertes Ziel sein kann, in sehr schlechten Verhältnissen selbst gut zu leben, wie überhaupt der Umstand, dass Menschen in Gesellschaft leben, keine Rolle spielt. In dieser Hinsicht gleichen behavioristische Lernkonzepte, wo sie nicht einfach eine Art Dressur von oben sind, der Einübung eines schamlosen Egoismus. Diese Dimension hat u.a. Brecht interessiert als eine Art literarischer Code zur Entzifferung von Verhältnissen, in denen solches Verhalten angemessen ist.

Aber es gibt im Leben der einzelnen Gesellschaftsmitglieder gerade gesellschaftliche Lehren, um deren Aneignung sich behavioristische Ansätze besonders mühen, für die ihre Studien und Experimente nützlich sind: die so genannten Kulturtechniken – wie etwa das Einmaleins auswendig kennen, Lesen-Lernen, wie es im ersten Kapital als Problem formuliert wurde, das Alphabeth im Kopf haben, ohne das man in keiner Bibliothek, keinem Telefonbuch etc. zurechtkommt, oder später Schwimmen, Autofahren und Ähnliches mehr. Hier handelt es sich um den Prozess des Auswendiglernens bzw. der Automatisierung von Handlungen, bei denen im ersten Fall Denken wenig nützt, im zweiten gar hinderlich scheint. Die Lernhilfen betreffen im ersten Fall assoziative Motivationsanreize, die in ihrer Kopplung beispielsweise an sinnlose Silben oder Buchstaben oder Zahlen für nachhaltiges Einprägen sorgen sollen. Im zweiten Fall, dem Autofahren, Schwimmen etc. geht es um die Entlastung sensumotorischer Handlungen von denkender Aufmerksamkeit, als müsse jede Bewegung in ihrer Abfolge stets neu erfunden werden, es geht also um die Herausbildung von Gewohnheiten, die körperlich vermittelt sind. Solche Kompetenzen gehören zu den jeweiligen Zivilisationen, ohne sie kommen die Einzelnen schlecht zurecht, ganz unabhängig davon, wie sie sich ansonsten lernend in den Verhältnissen bewegen. Könnte man die Prozesse des Auswendiglernens und der Automatisierung von Handlungen aus den Überlegungen zum Lernen herauslösen und für sie die im Behaviorismus entwickelten Verfahren beibehalten? Es handelt sich offensichtlich um Lernformen und -ziele, für die eine Art Dressur oder Programmierung lebensentlastend sein kann, eine Art Hilfsstufe menschlichen Lernens. Erst ihre Verallgemeinerung auf menschliche Lernprozesse überhaupt vergibt die Chance, die Spezifik menschlichen Lernens als Welterkundung in verändernder Absicht auch nur zu denken. In praktischen pädagogischen Prozessen wird die Bedienung dieser Mechanismen aus den Vor- oder Hilfsstufen des Lernens für das Lernen überhaupt inhuman, zur bloßen Dressur.

Die sehr knappe und einseitige, weil nur den Behaviorismus referierende Einführung in psychologische Vorstellungen vom Lernen kann an dieser Stelle genügen, da ich in Kapitel 7, das der weiteren Vorstellung und Diskussion des grundlegenden Beitrags zum Lernen von Klaus Holzkamp gilt, auf psychologische Theoriebildung umfassend und daher gerechter zurückkomme.

Pädagogik: Paolo Freire

An dieser Stelle versuche ich weitere Vorstellungen zum Lernen durch eine kurze Stichprobe aus dem Hauptanwendungsbereich, der Pädagogik, zu prüfen. Anders als bei der Psychologie, bei der ich ein traditionelles Wörterbuch zu Rate zog, schlage ich für die Pädagogik in einem explizit kritischen Werk nach, dem Jahrbuch für Pädagogik (1998), das von einem »Grundbegriff Lernen« ausgeht, der umfassende Selbstbestimmung zum Ziel hat. Ich beginne mit einigen wenigen Überlegungen aus dem Vorwort von Paolo Freire, die in den Zusammenhang von Erziehung und Hoffnung gestellt sind, in der Annahme, einige Hinweise auf meine Fragen zur Problematik des Lehrens zu erhalten, und studiere dann den Vorschlag von Ulla Bracht, Lernen selbst kritisch zu umreißen.

Freire ringt um Erziehung in menschlicher Absicht. So befreit er den Begriff der Erziehung selbst von ihrem edukationistischen Klang. Er rückt zunächst die Hoffnung aus der Rolle, eine Eigenschaft des Erziehers zu sein, in die Form der erzieherischen Praxis selbst: Erziehung ist Hoffnung. Menschen als lebendige soziale Wesen haben Geschichte und ein Bewusstsein von ihrem Sein in der Welt. Insofern sei eine »Ethisierung« von Welt (7) unumgänglich, oder anders: Der Mensch könne gut oder schlecht sein, anders als andere Lebewesen.

> Und im Bereich der Entscheidung, der Bewertung, der Freiheit, des Bruchs, der Option tritt die Notwendigkeit der Ethik ein, ist Verantwortung erforderlich. (8)

Dazu gehöre, die Veränderbarkeit problematischer Zukunft zu erkennen, einzugreifen. »Die Matrix der Hoffnung« sei die »Unfertigkeit des menschlichen Wesens« (8).

> Weil wir aber zahllosen Begrenzungen unterworfen sind, schwierigen Hindernissen, die zu überwinden sind, den vorherrschenden Einflüssen fatalistischer Geschichtsentwürfe, der Macht der neo-liberalen Ideologie, deren perverse Ethik sich in den Marktgesetzen gründet – genau deshalb gab es für uns vielleicht niemals eine größere Notwendigkeit als heute, in der erzieherischen Praxis den Sinn der Hoffnung herauszustellen. [...] Veränderung ist schwierig aber möglich. (9)

Freire identifiziert zwei Arten von Erziehern, die »progressiven mit dem Traum, die Welt zu verändern« und die reaktionären mit dem »fremdbestimmten Projekt, die Geschichte stillzulegen.« (9) Über der gegenwärtigen Geschichte hänge wie eine graue Wolke der Diskurs des Neoliberalismus:

> Es ist die Ideologie, die die Ideologie tötet, die den Tod der Geschichte, das Verschwinden der Utopie, die Vernichtung des Traums anordnet. Eine fatalistische Ideologie, die die Erziehung entpolitisiert, sie zur puren Übung im Gebrauch von technischen Fähigkeiten und wissenschaftlichem Wissen reduziert. (9)

Für diesen Vorgang schlägt er statt des Begriffes Bildung den der Schulung vor.

Paolo Freire starb im Mai 1997. Ich habe ihn wegen seines Engagements für eine Pädagogik der Unterdrückten, wegen der vielen Geschichten über seinen außergewöhnlichen Einsatz bei der Alphabetisierung seines Volkes gleich im Anschluss an behavioristische Lernmodelle zu Wort kommen lassen, gerade weil ich den Behavioristen in Fragen der Erlernung des Alphabets ein pädagogisches Recht einräumen wollte. Aus diesem kleinen Exkurs gewannen wir für solche Vorgänge den Begriff der Schulung, der mir zur Absonderung und zum Begreifen solcher Prozesse geeignet scheint, auch weil er im Wort selbst schon die Institution anspricht, in der solches Lernen gewöhnlich stattfindet. Für Freire ist die Einbindung von Lernprozessen in Projekte zur Veränderung und Verbesserung der Welt so selbstverständlich, so natürlich menschlich, dass er sie umstandslos für eine natürliche ethische Haltung des guten Menschen hält. Wir lernen, dass wir mit unseren kritischen Überlegungen zum Lernen bereits in einer Welt leben, in der, ungleich der des Paulo Freire, die verschiedenen Tugenden Bündnisse mit der Verknechtung der Menschen eingegangen sind. Es genügt nicht mehr die einfache Empörung, wiewohl es sich besser leben und arbeiten ließe, wenn es mehr Menschen gäbe, die sich angesichts von schreienden Ungerechtigkeiten und namenlosem Elend empörten. So ziehen wir gestärkt in Hoffnung auf Veränderung, aber weiterhin mit vielen Fragen in die Problematik von Lernen als Grundbegriff der Pädagogik.

Lernen als Aneignung von Wissen

Ulla Bracht verzeichnet in ihrem kritischen Grundlagentext (1998) allein einunddreißig deutschsprachige Lexikonartikel zum Begriff Lernen seit 1970. Sie diskutiert einschlägige Literatur, bei der die Schriften aus kritischer Pädagogik und Psychologie überwiegen. Sie beginnt mit einer doppelten Problemstellung, in die sie ein gewachsenes Interesse an Lernprozessen verortet: der Veränderungsnotwendigkeit von Welt angesichts zunehmend katastrophaler Entwicklung und der tatsächlichen Veränderungsforderung angesichts der »Entwicklung neuer Technologien, der Globalisierungsprozesse sowie der Wandlungen im Verhältnis von Individuum und Gesellschaft« (85) – für

Letzteres zitiert sie den Club of Rome (1975) und die UNESCO (1996). Von strategischer Bedeutung wird ein Wissen um menschliches Lernen, um das sich unterschiedliche Wissenschaften bemühen: Sie erwähnt Forschungen über die Funktion des Gehirns und das Verhältnis von genetischer Determination und Umwelteinflüssen; humanethologische, die nach einer stammesgeschichtlichen Programmierung des menschlichen Verhaltens suchen; informationstheoretische lerntheoretische Konzepte, welche die Grenzen menschlicher Lernprozesse als Teil der Natur behaupten; die neueren Entwicklungen der behavioristischen Lerntheorie, die sich auf moralische Lernleistungen ausdehnt; soziologische und politische Modelle, die Veränderungsprozesse nicht ausreichend als Lernprozesse thematisierten. Sie formuliert als tradierten pädagogischen Lernbegriff: »Lernen des Subjekts als abhängige Variable des Lehrens im Lehrer-Schüler-Verhältnis zu begreifen« (86) und konstatiert damit eine Lücke, wo eine Theorie des Lernens in den Erziehungswissenschaften formuliert werden müsste, die den Zusammenhang von Lehren und Lernen reflektiert.

In einer im Allgemeinen wenig am Lernbegriff interessierten Pädagogik zitiert sie als herausragend die Formulierungen Klafkis (1971), den Begriff der »Sinnerfahrung« für die Pädagogik fruchtbar zu machen und damit anzunehmen, dass die je Einzelnen sich den vorgegebenen Sinnhorizont der Kultur entdeckend neu aneignen müssten. Sie selbst formuliert als erziehungswissenschaftliche Perspektive Lernen als

> in besonderer Weise durch die Dialektik von individueller und kollektiver (sozialer) Dimension der Erweiterung von Erfahrungs-, Wissens- und Handlungskontexten bestimmt, die durch selbsttätige individuelle Aneignung des kollektiv hervorgebrachten und bereitgestellten akkumulierten Wissens- und Kulturbestandes der Menschheit ermöglicht wird. (87)

Lernen bezieht sich so auf das Generationenverhältnis, auf die Einzelnen und ihre Persönlichkeitsentwicklung, auf Gesellschaftsentwicklung und auf die Gattung. Mit diesen Koordinaten bezieht sie Lernen auf Wissen und auf die Haltung dazu.

Mit dieser umfassenderen Einordnung spezifisch-menschlichen Lernens kann sie behavioristische Vorstellungen, die das Spezifisch-Menschliche unterschlagen, zurückweisen und im Wesentlichen auf die Arbeiten Piagets und Wygotskis orientieren (beide im gleichen Jahr, 1896, geboren, veröffentlichten ihre Hauptwerke in den 1920er und -30er Jahren). Während Piaget die Entwicklung der menschlichen Intelligenz fasziniert, die er als einen Prozess der Anpassung an die Umwelt denkt, wonach Lernen durch den Zwang des

Sozialen geschieht, stellt Wygotski den menschlichen Entwicklungsprozess genau umgekehrt vor. Lernen und Entwicklung sind bei ihm weder allein Reifungsprozesse oder biologische Anpassung noch Aneignung durch Erziehung und Bildung noch soziale Zusammenarbeit in Sozialisationsprozessen. Sein im marxistischen Denken verankertes Modell denkt die Entwicklung des Menschen von der Arbeit her, die im umfassenden Sinn durch Werkzeuge (vom Faustkeil zum Computer, vom Begriff bis zu artifiziellen theoretischen Systemen) vermittelt ist. Zentral wird die Bedeutung der Geschichte für Entwicklung und Lernen. Der Einzelne wird in ein gesellschaftlich-historisches System von Werkzeugen, Kultur, Wissenschaft geboren, in das er sich nicht einfach anpasst, sondern das er eingreifend verändert. Letzteres wird Ziel menschlicher Lernaktivität (vgl. Kapitel 13 in diesem Buch). Wygotski historisiert Bewusstsein. Den Prozess der Bewusstseinsbildung stellt er als eine Bewegung von außen nach innen vor. Mit dem Begriff der Interiorisierung fasst er, dass alle höheren psychischen Funktionen zunächst äußerlich, weil gesellschaftlich waren, ehe sie innere psychische Funktion wurden. Anders als Bracht muss man hier kritisch einwenden, dass, wiewohl Wygotski die marxschen Thesen gegen Feuerbach in eine psychologische Theorie übersetzt, er in seinen wesentlichen Intentionen selbst Feuerbachianer bleibt. Die These vom menschlichen Wesen, das »kein dem Einzelnen innewohnendes Abstraktum sei, sondern das Ensemble der gesellschaftlichen Verhältnisse« (These 3), transferiert er folgendermaßen:

> Wir formulieren das genetische Grundgesetz der kulturellen Entwicklung wie folgt: Jede Funktion tritt in der kulturellen Entwicklung des Kindes zweimal, nämlich auf zwei Ebenen, in Erscheinung – zunächst auf der gesellschaftlichen, dann auf der psychischen Ebene (Wygotski 1931, 1992, 236, zit. nach Bracht 89).

Später formuliert er:

> Die Fähigkeit zur Begriffsbildung, phylo- wie ontogenetisch und in ihrem dialektischen Zusammenhang betrachtet, gilt als komplexeste und schwierigste Errungenschaft von Menschen. (Wygotsky 1987, Bd. 2, bei Bracht, 91)

Diese Konzentration auf Kopfarbeit, Abstraktion, Wissen, über die Marx sich lustig machte, weil in ihr alle sinnlich-praktische Tätigkeit verschwunden ist, wird von Elias (1992, 5, 36) wie von Luria (1986) aufgenommen und bildet auch die zentrale Achse für das erziehungswissenschaftliche Konzept von Bracht. Sie folgert zunächst: Der Rahmen, in dem Lernen stattfindet, müsste gebildet werden aus der Analyse des Standes der sozialen Beziehungen, die recht allgemein gedacht sind als Stamm, Nation, Staat, Welt, und aus der Analyse des Wissenstandes. Die Formulierung erlaubt es, menschliches Lernen spezifisch und als selbstreferenziell potenzierbar zu fassen. Diese Grundlagen Wygotskis werden zunächst für die Pädagogik erweitert durch die Lektüre von Norbert Elias, dessen Untersuchungen zum kollektiven Lernen als Grundlage menschlicher Entwicklung davon ausgehen, dass es eine Diskontinuität des Lernens zwischen den Menschen und der übrigen Natur gebe; diese wird wie bei Wygotski durch die Methode der Historisierung fassbar. Die Fähigkeit zur Begriffsbildung gilt auch ihm als die schwierigste Errungenschaft des Menschen.

So folgert auch Bracht aus diesen Vorgaben, dass »Wissen als System der begrifflichen Beziehungen unter erziehungswissenschaftlicher Perspektive den entscheidenden Bezugspunkt für Lernprozesse darstellt« (91). Es ginge jetzt zum einen darum, die Fortschritte des Wissens zu vermitteln einschließlich der kognitiven und emotionalen Disziplinierung, welche die Aneignung des Wissens erlaubt und ihm entspricht; zum zweiten den Sprung vom Vorwissenschaftlichen ins Wissenschaftliche zu organisieren, also die Ebenen des »Alltagswissens« und »Alltagshandelns« zu verlassen. Mit Elias denkt sie den Übergang von der vorwissenschaftlichen zur wissenschaftlichen Denkweise als widersprüchlich. Da sie aber nicht in Rechnung stellt, dass diese Widersprüche im Individuum stets aufs Neue produziert werden und es zudem sein Alltagsdenken niemals aufgibt, gerät ihr Lernen und Lehren selbst eher als ein nicht-widersprüchlicher Vermittlungsprozess, der zwar auf die Selbsttätigkeit der Lernenden baut, der aber nicht in sich selbst stets mit den verschiedenen Widersprüchen ringt. Es klingt, als müssten die Einzelnen im Wesentlichen angeleitet werden, vorwissenschaftliche Denkebenen zu verlassen und sich den wissenschaftlichen zuzuwenden und nicht, wie dies etwas bei Antonio Gramsci eindrücklich beschrieben wird, dass sie lernen müssen, die verschiedenen Schichten ihres Alltagsbewusstseins, die teils vorwissenschaftlich, je verschiedener Massenkultur entsprechend, teils wissenschaftlich geformt sind, kohärent zu arbeiten. Ein widersprüchlich zerreißender, ein zerstörender und zusammenfügender Prozess also, der sich im Entwurf von Bracht wie eine zwar anstrengende, doch – pädagogisch angeleitet – mögliche erfolgreiche Besteigung eines Berges anhört. Sie formuliert als einen dritten Grund für die Relevanz der Kategorie des Wissens, dass sie Haltung, Erleben, Fühlen, Wahrnehmen, ja den ganzen Menschen tangiere und daher planmäßig organisiert werden müsse, als Aufgabe der Pädagogik eben. Das wissenschaftliche Wissen wird für die Kinder des wissenschaftlichen Zeitalters notwendig, also braucht es Institutionen, die sich dieser Aufgabe annehmen, und Personen, die darin tätig sind, Lehrende.

In einem knappen Exkurs wird solches als Erziehungsziel seit der Aufklärung skizziert, in der Auffassung vom Lernen des Lernens als Überwindung der Bezogenheit des Lernenden auf einen Lernstoff unterstrichen, als Aufgabe eines öffentlichen einheitlichen allgemeinbildenden Schulwesens gesprochen und schließlich als Schlussproblematik formuliert:

> Wenn [...] gegenwärtig [...] von »Krise des Wissens« und »Krise der Schule« die Rede ist, müsste nachgedacht werden über Wissen als Menschenrecht [...], um im Globalisierungsprozess und seinen Systemimperativen und Widersprüchen die Dimension der Humanität für kollektive und individuelle Lernprozesse zu sichern. (95)

Eigenartigerweise bleiben in dieser erziehungswissenschaftlichen Transkription der Lernproblematik so gut wie alle Fragen unberührt und also offen, die sich in Lernprozessen stellen. Indem so etwas wie »Wissen« als neutrales und im historischen Prozess lediglich wachsendes Potential als zu erreichendes Lernziel formuliert wird, fallen sämtliche Kämpfe, die doch in der lerntheoretischen Gesamtanlage durch die Anbindung von Lernen an die gesellschaftlichen Verhältnisse hätten studiert und problematisiert werden müssen, zugunsten der Positivität von Wissen weg. Man wird sich jedoch erinnern, dass dieses Wissen selbst umkämpft, Ergebnis von Klassenkämpfen und in einem Prozess steter Verwerfung und Erneuerung ist. Die Dialektik in der Geschichte macht vor dem Wissen keinen Halt; so gibt es keine einfache Wahrheit, die pädagogisch zu vermitteln wäre. Ebenso wenig gibt es ein Wissen, das für alle gleich gültig, allen zur gleichen Zeit unproblematisch angeboten werden könnte. Das betrifft nicht nur die Ungleichheit der Menschen und also auch der Kinder in der Schule. Es betrifft weit mehr noch die Schwierigkeit, einen Standpunkt zu finden, von dem aus Welt erkundbar gemacht werden könnte und der die Neugier auf sie nicht frühzeitig erstickt. Aber da gibt es Verwerfungen, Brüche, interessierte Verstellungen und Blockierungen auf der objektiven Seite, wo Wissen über Zusammenhänge ermöglicht werden soll; und es gibt sie umgekehrt in den Subjekten, die ebenso Kinder dieser Verhältnisse sind. Müsste also kritische Pädagogik statt sich mit einer Anordnung der Lernproblematik in die Frage nach Wissenserwerb und seiner Ermöglichung zufrieden zu geben, nicht eher dort anfangen, wo nicht gelernt wird, subjektiv nicht, und objektiv strukturelle Blockaden die handlungsrelevante Erkundung von Welt behindern – zusätzlich zur Vorenthaltung von Wissen durch Armut und fehlende Schulen. Die Entlastung von der Anbindung an Ethik und Tugenden, wie sie die Konzentration auf bloße Wissensvermittlung brachte, hat zugleich auch die Erziehungsaufgabe als selbstgewählte Praxis vom kämpferischen Suchen nach Gerechtigkeit und Befreiung entlastet, die im Zentrum der Überlegungen Paolo Freires stand. Das Ergebnis scheint mir zu leicht geworden. Kurz, bräuchte kritische Pädagogik nicht eine Vorstellung der Lernverhältnisse im umfassenden Sinn, objektiv und subjektiv, selbst ein Wissen von Ideologie und Moral, sich verändernden Klassenkämpfen, Verkehrungen in der Welt, und müsste sie also nicht eine stets wachsende Menge von listenreichen Methoden entwickeln, welche zur Erweiterung von Handlungsfähigkeit beitragen? Dabei ist doch die Anknüpfung an den Alltagsverstand keinesfalls aufzugeben, sondern elementar wichtig. Er ist zugleich der Grund, von dem aus die Einzelnen sich bewegen, wie das gefährliche Durcheinander, das geordnet werden will, ohne seine sinnliche Kraft und Bodenhaftung zu verlieren.

Im Übrigen verlässt auch diese kritische Pädagogik in der Explikation eines Lehr-Lernverhältnisses, welches die Vermittlung von Wissen ins Zentrum stellt, nicht den Blick und Standpunkt von oben, für den die Lernenden das zu bildende Material sind.

Kapitel 4

Erfahrungen in die Krise führen, oder: Was Lehrende Lernenden nutzen können

Im Jahre 1980, also gegen Ende einer längeren Phase von Bildungsreform und Aufbruch in pädagogischer Praxis, erhielt ich den Auftrag, auf der Woche der Wissenschaft bei den Ruhrfestspielen in Recklinghausen, die dem Thema *Demokratie lernen – demokratisch handeln* gewidmet war, einen Vortrag zum Thema *Die Rolle des Lehrers in demokratisch bestimmten Lernprozessen* zu halten. Die Frage war für mich eine Provokation. Das Beiwort ›demokratisch‹ schien mir irgendwie unpassend zur Bestimmung von Lernen, und zugleich ›wusste‹ ich zu dieser Zeit als jemand, die durch die antiautoritäre Bewegung gegangen war, dass Lehrer Schüler beim Lernen nur behindern, also zugunsten von Selbstbestimmung abgeschafft gehören. Dabei war ich selbst, was ich immer sein wollte: Lehrerin, und zwar schon acht Jahre mit einer einjährigen Unterbrechung an der Universität. Wiewohl an diesem Ort die Schüler Studenten genannt werden, was einen qualitativen Unterschied auf dem Weg der Aneignung von gesellschaftlichem Wissen bezeichnen soll, kann es wohl kaum einen Zweifel geben, dass auch an der Universität die Lehrenden Lehrer sind. Es wurde Zeit, mir in der Gemengelage von trotziger Ablehnung und begeisterter Durchführung von Lehren Rechenschaft abzulegen.

Bei der Arbeit am vorliegenden Buch habe ich das Ergebnis damaliger Auseinandersetzung noch einmal gelesen und mich entschlossen, den Text in überarbeiteter Form[1] hier einzuschieben, weil er – immerhin dreizehn Jahre vor Holzkamps Lernbuch – auf eine für mich selbst überraschende Weise sehr viele Fragen und Diskussionen sowie ihren gesellschaftlichen und politischen Hintergrund, der zumeist in Vergessenheit geraten ist, vorführt und zugleich eine eigensinnige Kontinuität in meinen Arbeiten zeigt, wie auch die offenen Fragen markiert, an denen in diesem Buch weitergearbeitet wird.

Reformen

Reformen sind zumeist auch staatliche Beschwichtigungen, Zugeständnisse an vielstimmig vorgetragene Forderungen, Kanalisierung von Bewegungen. Was in die Bildungsreform der 1960er Jahre einging, waren nicht nur Not-

1 Der Vortrag ist veröffentlicht in: Argument Sonderband 58: Die Wertfrage in der Erziehung. Berlin-West 1981, S. 67–77.

wendigkeiten des Arbeitsmarktes, sondern damit auch – durch staatliche Maßnahmen unterstützt, genährt und zugleich gebremst – Hoffnungen auf Demokratisierung der Schule, der Lernprozesse. Diese Kraft ›von unten‹, von Schülern, Lehrern, Eltern, gegen die Erlasse ›von oben‹ entwickelte vielfältige Formen, in denen sich Lernprozesse demokratisch vollziehen sollten, Lernziele anders erreicht werden könnten. Eine Flut von Angeboten mehr oder minder gut begründeter neuer Erziehungsstrategien überschwemmte den Büchermarkt. Viel diskutiert wurden z.B. der Projektunterricht, das Planspiel, das Rollenspiel, das Kinder- und Jugendtheater.

Inhalt und Form

Fragen wir zunächst nach dem Gemeinsamen der genannten Erziehungsstrategien, das man u.U. als ihr demokratisches Element bezeichnen könnte. Ein Blick zurück auf die Hochzeiten der Bildungsreform belehrt uns: Zunächst verstand man unter Demokratisierung in schulischen Lernprozessen die Veränderung der *Inhalte*. Weggeräumt werden sollte inhaltlicher Müll. Das hieß: verspätete Entfaschisierung der Schulbücher, neue Inhalte in Deutsch, Biologie, Erdkunde usw. sowie Einführung neuer Fächer wie z.B: Arbeits- und Gesellschaftslehre. Junge Lehrer traten mit viel demokratischem Wollen an und trafen auf weitgehende Unlust bei den Schülern, diese kritischen Inhalte sich nun so ohne weiteres anzueignen. Ein weitgehendes Misslingen dieser inhaltlichen Reformen ist eindringlich, wenn auch ein wenig pauschal, von Hartmut von Hentig ausgesprochen worden:

> Die heutigen Kinder sind ganz offensichtlich die Kinder *ihrer Zeit* und *ihrer Umwelt,* sie sind ihr entlarvendster Spiegel. Sie sind nicht nur nervös, ungeordnet […], vital »gestört« – sie terrorisieren einander, sie streiten sich ununterbrochen (um Gegenstände, als lebten sie in tiefer Armut; um Rangplätze, als lebten wir vor Leviathan; um Zuwendung von Erwachsenen, als lebten sie in einer besonders lieblosen Welt), sie vandalisieren das Gemeingut, sie sind weitgehend unfähig, anderen und sich selbst Freude zu bereiten, sie scheinen unfähig, tiefere anhaltende Beziehungen zu Menschen oder Sachen einzugehen – und sie müssen ununterbrochen schreien. (Einleitung zu Ariès 1975)

Bald rückte in den Mittelpunkt des Reforminteresses das *soziale Lernen.* Es richtete sich auf die Form des Lernens statt nur auf die Inhalte, verlangte z.B. mehr demokratische Beteiligung der Schüler anstelle des Frontalunterrichts. Lernformen wie die oben genannten (Rollenspiele, Projektunterricht usw.) schossen wie Pilze aus dem Boden. Sie reichten von der Einbeziehung der

Kinder als aktiv Handelnde in einzelnen Unterrichtsstunden bis hin zu Vorstellungen der Alternativschulbewegung (vgl. dazu die Diskussion um die Alternativschule in AS 21, 1978 und Päd Extra 1979). Der Streit um die verschiedenen Lernformen und ihren Bezug zu den Schulinhalten, ihren Erfolg, ihr mögliches Versagen hat seither die Diskussion beherrscht. Besonders umstritten ist bei allen Auseinandersetzungen die *Rolle des Lehrers* in den neuen Arrangements. Welche Aktivität wird eigentlich von ihm erwartet, wenn der Unterricht auf der Aktivität des Schülers beruhen soll? Wo soll er eingreifen, was soll er vorgeben, um nicht autoritär zu sein oder tyrannisch oder sonst wie Herrschaft ausübend? Verstößt er nicht schon gegen ein selbstbestimmtes Lernen, wenn er Lernprozesse bloß anleitet? Was soll er überhaupt tun? Die Frage nach der Bedeutung des Lehrers, nach seinem spezifischen Beitrag im Unterricht bringt uns auch zurück zu den Inhalten. Was ist nun mit diesen zunächst als undemokratisch befundenen Inhalten? Kommt es auf Inhalte überhaupt noch an?

Wir können festhalten: Die ursprüngliche Kritik an den Inhalten war berechtigt. Der Bildersturm musste sein – rassistische Erblehre, die Rede von minderwertigen Völkern, von großen Männern in der Geschichte, enger Nationalismus mussten überwunden werden. Inhalte können also sehr wohl undemokratischen Gehalt haben. – Die Annahme undemokratischer Formen unterstellt selbst schon eine wichtige lerntheoretische Einsicht: Lernen ist eine Tätigkeit, ist Handlung, deren Durchführung nicht folgenlos für die Haltung ist, die man hinterher einnimmt. Ich behaupte an dieser Stelle (näher dazu Nemitz 1981), dass das schulisch institutionalisierte Lernen normalerweise ausdrücklich in einer Form veranstaltet wird, dass Unterwerfung unter schulische Normen resultieren soll. Schulisches Lernen ist in erster Linie Erziehung von Mitgliedern der bestimmten Gesellschaft, in der sie geschieht. Es vollzieht sich gewissermaßen ohne Einsicht in die Ziele des Lernens, ohne Beteiligung bei der Zwecksetzung, in den Formen des Vorsagens und Nachsprechens, des Auswendiglernens, Wiederholens, Auf-Abruf-Sprechens usw. Gelernt wird, sich anzupassen und sich einzurichten. Man könnte in diesem Sinne das übliche schulische Lernen undemokratisch nennen, wenn man demokratisch als Teilhabe und Mitbestimmung am gesellschaftlichen Prozess begreift. Schulisches Lernen, welches in dieser Form abläuft, scheint gewöhnlich ohne aktive Beteiligung der Schüler auszukommen, die schulische Institution ausdrücklich für Schüler-Passivität eingerichtet. Tatsächlich ist ein solches passives Lernen ein Widerspruch bzw. eine Unmöglichkeit. Lernen ist immer nur als Selbsttätigkeit möglich. Soweit die Form der Lernprozesse also auf den ersten Blick ohne die Aktivität der Schüler auskommt, kann man davon ausgehen, dass die tätige Aneignung, die Lernpraxis, hier in der Übernahme solcher ›undemokratischer‹ Strukturen besteht. Insofern ist auch jeder Protest gegen diese ›passivierende‹ Art des Eintrichterns, des Frontalunterrichts, des Auswendiglernens berechtigt. Noch aber haben wir das Verhältnis dieser Formen, die wir als undemokratisch auffassten, zu den Inhalten, denen wir dieses Attribut ebenfalls zuerkannten, nicht bestimmt. Zur Kritik an der Lernform begriffen wir Lernen als Tätigkeit, als eine Art Arbeitsprozess. Diese Annahme richtet den Blick auf den ›Gegenstand‹, der bearbeitet wird, und den Prozess seiner Bearbeitung. So ausgesprochen zeigt sich, dass das in Inhalt- und Formüberlegungen auseinander gelegte Problem falsch formuliert war, so etwas wie eine falsche Abbildung schuf. Die Form ist nicht bloße Verpackung des Inhalts. Sie ist selbst die Art, in der bearbeitet wird. Selbsttätige Aneignung lässt dabei keinen so großen Spielraum in Bezug auf Inhalte oder Formen. Vielleicht können wir in der passiven Weise, in der hier aktiv gelernt wird, in der Struktur des unhinterfragbaren Bildungsvermächtnisses die Art und Weise entziffern, in der Erkenntnis und Wissen zugleich weitergegeben und in seiner wirksamen Aneignung beschränkt wird.

Lehrer und Schüler

Kommen wir nach diesen Überlegungen zurück auf die vorweg als demokratisch eingestuften Erziehungsstrategien Projektunterricht, Rollenspiel, Jugendtheater usw. Sie alle bauen auf Eigenaktivität, auf mehr oder weniger große Selbstbestimmung beim Lernen. Aber bieten solche Bestimmungen allein schon eine Garantie, dass auf diese Weise nicht auch undemokratisches Verhalten gelernt wird? Schließlich ist es auch eine Aktivität. Meines Erachtens verdanken sich diese Lernformen und ihr massenhafter Einsatz in den Schulen ebenfalls einer fragwürdigen Problemstellung. Sie sind eine Antwort auf die Frage, was die Lehrer tun müssen, damit die Schüler demokratisch oder wenigstens motiviert lernen. Sie setzen damit eine Eigentümlichkeit in schulischen Prozessen (das Desinteresse) als natürliche Grundlage, auf der Lösungen gebaut werden müssen. Wäre es nicht vernünftiger, umgekehrt zu fragen, wozu Schüler eigentlich Lehrer brauchen, und von daher Lösungen zu suchen? Wir unterstellen, dass nicht das schulisch institutionalisierte Lernen mit seinen Begleiterscheinungen des Motivationsverlusts und der Lernunlust das ›Natürliche‹ ist, ebenso wenig die sich darin ausdrückende Trennung von Arbeit und Lernen oder von Familie, Arbeit und Lernen. Stattdessen gehen wir davon aus, dass umgekehrt ›natürlicherweise‹ geradezu mit einer Lernleidenschaft zu rechnen ist, die in den heute üblichen Lernprozessen zum Erlöschen gebracht wird. Gelingt es uns, unter diesen Voraussetzungen zu bestimmen, wozu Kinder mit ›natürlichem‹ Lerneifer Lehrer brauchen, können wir versuchen, ebendiese Anforderung als Aufgabe für demokratisches Lernen in den Schulen zu formulieren.

Auch für diese neue Problemstellung gilt es noch die Ausgangsfrage zu erörtern, ob pädagogische Strategien, die auf Momenten vorinstitutioneller Aktivität beruhen – wie etwa das Rollenspiel – selbstbestimmtes Lernen garantieren.

Das Rollenspiel

Ich habe mich an anderer Stelle umfassend mit der theoretischen Begründung und der Praxis des Rollenspiels befasst (Haug 1977) und beschränke mich hier auf eine zusammenfassende Kritik, dies allerdings um den Preis einer rigorosen Zuspitzung und auch Einseitigkeit. Der Einsatz von Rollenspiel war mir aus mehreren Gründen fragwürdig. Zunächst, weil das Arrangement praktisch mitmachen muss, was zuvor theoretisch begründet wird, dass nämlich die Einzelnen in der Welt als Träger von Rollen agieren. Dann werden Eigentümlichkeiten menschlichen Umgangs miteinander in bestimmten gesellschaftlichen Verhältnissen durch verdoppelndes Spiel umstandslos verallgemeinert. Aus der anschaulichen Beschreibung von menschlichen Beziehungen im Rollenspiel wird durch den Einsatz zu Lehrzwecken die gültige Erklärung: So wie sich die Einzelnen im Spiel verhalten, verhalten sich Menschen immer und überall. Die Verdoppelung im Spiel erschwert oder verunmöglicht es, Beziehungen anders zu denken, kritisch oder gar subversiv zu sein. In diesem Sinn kann man von einem Effekt der Anpassung und Widerspruchseliminierung durch das Rollenspiel sprechen. Es geschieht dies durch die Methode der Verdoppelung und durch die Verlagerung gesellschaftlicher Prozesse in die Privatsphäre menschlicher Beziehungen. Zugleich scheint Rollenspiel geeignet, tatsächliches Rollenspiel – also die Inszenierung seiner selbst – in der Gesellschaft als natürlich zu verankern und durch Einüben zusätzlich zu befestigen. Pädagogisch eingesetztes Rollenspiel verzichtet auf Vorgaben und lehrstückhafte Anordnung; es beruht zumeist auf der Wiedergabe von Alltag durch die Kinder. Die Methoden der Weltaneignung durch Rollenspiel sind im Wesentlichen Identifikation und Imitation. Mit der Wahl des Spiels als Lernform rücken aber auch zwei wichtige Dimensionen in den Vordergrund: dass Lernen Spaß machen kann und dass die Handlungen der Einzelnen ein Ziel und eine vernünftige Begründung haben. Aber diese Vernünftigkeit des Verhaltens im Spiel hat auch den eigentümlichen Effekt, dass geglaubt werden kann, Gesellschaft im Ganzen funktioniere nach Regelkonsens,

Selbstbestimmung, Einsichtigkeit der Ziele, Widersprüche seien hier und jetzt lösbar und Einfühlung sei eine geeignete Methode der Lebensbewältigung. Das heißt: Es wird nicht gelernt, sich in Widersprüchen zu bewegen, sondern diese glatt zu bügeln. Durch die Vorstellung, das Leben sei wie eine Theatervorstellung, in der die Mitspieler alle gleich sind, sowie durch die Personalisierung von Konflikten usw. entsteht die Illusion, herrschaftsfreie Kommunikation sei sogleich möglich, ohne dass gesellschaftliche Herrschaftsstrukturen überhaupt in den Blick kommen.

Die Rolle der Erfahrung

Wesentlich ist das in allen Rollenspielen grundlegende Element persönlicher Erfahrung. Erfahrung ist zugleich Element aller Lernprozesse, nicht nur in der Schule. Ohne Erfahrung kann man nicht lernen; aus Erfahrung muss man nichts lernen. Die beiden noch alltagsvernünftig gesprochenen Sätze scheinen einander zu widersprechen. Der Widerspruch umreißt das Problem von Lernen und Erkenntnis. Erfahrungen sind schließlich nicht einfach wahrheitsgemäße Abbilder und daher solide Grundlage von Erkenntnisprozessen. In den Erfahrungen finden sich ja bereits die Strukturen der Gesellschaft wieder – also, soweit sie z.B. undemokratisch ist, entsprechende Verarbeitungen von Herrschaft. Das unhinterfragte Aufnehmen solcher Erfahrungen, wie es den meisten Rollenspielen zugrunde liegt, wird also das Vorhandene einfach verdoppeln und befestigen. Die bislang schon als Anpassung und Sich-Einrichten gelernten Verhaltensweisen werden noch einmal bestätigt. Normen können, solcherart durch Aktivität unterstützt, noch besser verinnerlicht werden. Zugespitzt könnte man formulieren: Das einfache Einbringen und Spielen von Erfahrungen aus dem alltäglichen Leben durch die Schüler befördert weder demokratisches Lernen noch Lernen im Sinne einer Erweiterung von Handlungsmöglichkeiten überhaupt; es steht solchem Lernen vielmehr entgegen.

Hintergrund einer solchen provozierenden Aussage sind folgende Annahmen über das Lernen: Lernen ist Konfliktverarbeitung, es bedeutet das Verlassen einer als sicher aufgefassten Position, einer schon erreichten Handlungsfähigkeit, und damit eine Verunsicherung, um auf einer höheren Stufe neue, erweiterte Handlungsfähigkeit zu erwerben (vgl. Holzkamp-Osterkamp 1976, 326 ff). Das bedeutet für die schon gemachten Erfahrungen und ihre Verankerung in der Persönlichkeit der Lernenden, dass sie und ihre bisherige Interpretation grundsätzlich in Frage gestellt werden, um Raum für neue Sichtweisen und Erfahrungen zu geben. Der Einwand, dass Lernen doch immer mit Kompetenzzuwachs zusammenhinge und dass auch der Lernvollzug eben aus diesem Grunde Spaß mache, greift zu kurz, indem er vorausgreift. Er blickt auf das Lernergebnis, nicht auf den Prozess der Aneignung. Wo das Lernen selbst als Lust gedacht wird, bedarf es wiederum einer dynamischeren Auffassung von Lust, die dann nicht im Gegensatz zu Risiko und Unsicherheit gefasst wird. Man muss gar nicht so extreme Beispiele wie das des Bergsteigens wählen, um zu erkennen, dass Genuss und Anstrengung, Risiko und Spaß miteinander verwoben sind. Da das gesamte Lernen auf die Meisterung der eigenen Lebensbedingungen gerichtet ist, also auf wachsende Befreiung von Abhängigkeit und Auslieferung an unbekannte Mächte, muss in einer von Herrschaft bestimmten Gesellschaft damit gerechnet werden, dass diesem Befreiungsstreben auf allen Ebenen Schranken gesetzt sind, die notwendige Lebenskompetenz verhindert wird. Aber Inkompetenz erzeugt Angst. Mit dauerhafter Angst lässt sich schlecht leben. Daher werden die Einzelnen versuchen, eine Handlungsfähigkeit zu erreichen, die durch Verdrängung, Verleugnung, Illusion, Widerspruchseliminierung bestimmt ist. Oder anders gesprochen: Um handlungsfähig zu sein, werden unterschiedliche Strategien ergriffen, auch solche, sich in den Schranken einzurichten, sich anzupassen, selbst solche, widerständig die eigene Unterordnung zu bestätigen (vgl. dazu Willis 1979). Was jetzt als Erfahrung gespeichert wird, um im möglichen Rollenspiel wiedergegeben zu werden, sind damit vorurteilsvolle, interessierte, verdrängende, die Schranken umdeutende Abbilder. Schließlich sind die Schüler Kinder dieser Verhältnisse. Ich erinnere auch an Beispiele, in denen als »spontanes Rollenspiel aus dem Erfahrungsschatz von Kindern« zunehmend das Fernsehen den Erfahrungshintergrund abgibt (vgl. u.a. Heiner 1974, 541).

Die von den Schülern schon einseitig aufgenommene und bearbeitete Erfahrung steht auf doppelte Weise ausgreifendem Lernen entgegen: als Position, die sie nicht verlassen wollen, um handlungsfähig zu bleiben und auch die schon gewährten Privilegien zu erhalten, und als besondere Deformation, als Einpassung in die Verhältnisse, deren demokratische Umgestaltung zur Aufgabe anstand. Daraus ergibt sich das Paradox, dass mit den Erfahrungen nicht gelernt werden kann und mit ihnen gelernt werden muss. Zu diesem Problem werde ich im Folgenden einige Thesen formulieren, die zugleich die vorher aufgeworfene Frage nach der Rolle des Lehrers in selbstbestimmten Lernprozessen mitbeantworten sollen.

Einen Lernprozess organisieren heißt Erfahrungen in die Krise führen. Dafür benötigen Schüler Lehrer, die Verunsicherung herausfordern und das Sich-Einrichten immer wieder in Frage stellen. Lehrer werden die harmonische Koexistenz widersprüchlicher Erfahrungen der Schüler stören. Sie richten Erfahrung gegen Erfahrung. – John Dewey befasst sich in seinem Essay,

Wie wir denken (1910) auf sehr aktuelle Weise mit dem Doppelcharakter von Erfahrung, die einerseits Gleichförmigkeiten notiert und bei jedem Neuen eine Haltung empfiehlt, deren Begleiter »geistige Trägheit, Faulheit, Konservativität« sind.

> [Der] allgemeine Effekt [solcher Erfahrungsaufnahme] auf die geistige Einstellung ist wesentlich ernster als die speziellen falschen Schlussfolgerungen, auf die er sich versteift hat. Wo immer die Hauptabhängigkeit bei Schlussfolgerungen in Schlüssen begründet ist, die in der Vergangenheit beobachtet worden sind, wird ein Nichtzutreffen mit der gewohnten Ordnung gern übersehen, während Fälle von erfolgreicher Bestätigung übertrieben werden. Da der Geist natürlich ein Prinzip verlangt, irgendein Verbindungsglied zwischen auseinander liegenden Fakten und Ursachen, werden zu diesem Zweck beliebige Kräfte erfunden. [...] Erfahrung schließt aber die Reflexion ein, die uns von den beschränkenden Einflüssen der Sinne, des Appetits und der Tradition befreit. [...] Tatsächlich kann man die Erziehung definieren als eben die Emanzipation und Vermehrung der Erfahrung. (Dewey, [1910] 1951)

Die Formen, in denen Lehrer die Erfahrungen der Schüler aufgreifen können, sind vielfältig. Wichtig ist, dass an den Erfahrungen etwas gezeigt wird, dass sie selbst als etwas auftreten, das bearbeitet werden muss.

> Ohne Ansichten und Absichten kann man keine Abbildungen machen, ohne Wissen kann man nichts zeigen, wie sollte man da wissen, was wissenswert ist. (Brecht 1974, 40)

Dafür, dass man etwas lernen kann, bedarf es einer Art reflektierten Erfahrungsvorsprungs des Lehrers, sodass er die Erfahrung aus ihrer Selbstverständlichkeit im Leben herausholt und unselbstverständlich werden lässt. Er wird Illusionen zerstören und damit Kompetenzen zum Umbau ermutigen. Für solche Prozesse sind Lehrer in vielfacher Weise nötig. Sie können nicht nur Verunsicherung herbeiführen, sie müssen zugleich die Absicherung der Lernprozesse gewährleisten. Dabei werden sie emotional gefordert als Menschen, die sich selbst ebenso ständig in Frage stellen. Zugleich ist die Erfahrung der Lehrer notwendig als Wissen um die besonderen Fähigkeiten der Abwehr und Verdrängung. Hier ließe sich formulieren, dass ein Mensch ein umso besserer Lehrer ist, je reflektierter er den Umgang mit eigenen Erfahrungen vorgenommen hat, d.h. ein bewusstes »Inventarverzeichnis« anlegt – wie Gramsci das nennt –, ohne dabei den Eindruck zu vermitteln, dies sei ein abschließbarer Prozess. Wesentlich ist die Erkenntnis, dass der Gegenstand, der zur Bearbeitung ansteht, der ›Stoff‹, nichts den Einzelnen Äußerliches ist. Über ihn herrscht eine aus praktischem Umgang gewonnene Auffassung, die einseitig ist, sich abfindet, tabuisiert, umwertet, nicht eingreift. Aus dieser Einsicht folgt, dass »Erziehung zu demokratischem Verhalten« einen Umgang mit sozialem Verhalten – auch im Spiel – verlangt, welcher dieses immer nur als eine Möglichkeit zeigt und zur Diskussion stellt und also zunächst Distanz schafft, nicht Einfühlung. Dabei sollte ein solcher Lernprozess kollektiv organisiert werden, da die Möglichkeit, einmal eingenommene Positionen zu verlassen, eine Art kultureller Zustimmung im gemeinsamen Lernprozess verlangt.

Forschendes Lernen richtet sich also in solchen Fällen auf eigene Erfahrung und eigenes Verhalten im Umgang mit Gegenständen und Personen. Da Verhalten Resultat von Konfliktverarbeitungen ist, gilt es, die Konflikte zu zeigen, die zu dem jeweiligen Verhalten führten, um den Raum für andere, entwickeltere Konfliktlösungen bzw. -verarbeitungen zu schaffen, denen man selbst zustimmen kann. Ein solches Vorgehen sollte es ermöglichen, Wirklichkeit anders, differenzierter und widersprüchlicher wahrzunehmen oder, anders gesprochen, relevantes Wissen zu vermehren.

Dass Lerninhalte Teil der Persönlichkeiten sind, mag abstrakt einleuchten, aber konkret nicht vorstellbar sein. Angesichts der zu ›bewältigenden‹ Schülermengen hört sich das Pathos vom kollektiven Lernprozess seltsam unbelebbar an. Daher gebe ich im Folgenden ein Beispiel aus einem solchen massenhaften Lernprozess, der Wissen als Teil der Persönlichkeiten zeigt und Erkenntniszuwachs als Änderung der Haltung im kollektiven Lernprozess.

Die Opfer-Täter-Diskussion

Allgemein bekannt und weithin akzeptiert ist die Aussage, dass Menschen die Verhältnisse, in denen sie leben, selber mit herstellen. Die gleichen Menschen aber, die diese Auffassung vertreten und öffentlich verkünden, denken in ihrem eigenen Alltagsleben spontan anders. Die Bedingungen sind schuld, wenn wir dieses oder jenes nicht können, die häusliche Enge oder die Eltern, später die Lehrer. Wir finden uns ab mit unserem gewöhnlichen Verhalten, als wären sie unser Schicksal. Wir denken spontan in Kategorien wie ›die da oben‹ und ›ich da unten‹. Rückblickend erscheint uns unsere Kindheit als Wald von Verbotsschildern. Jedes theoretische Angebot, das uns Unverantwortlichkeit für uns selbst bescheinigt, kommt uns gerade recht. Dennoch sprechen wir im Allgemeinen davon, dass die Menschen ihre Verhältnisse reproduzieren. Der Satz hat also mit unserer Erfahrung, so wie wir uns die Dinge privat zurechtlegen, nichts zu tun. Die abstrakte Kenntnis berührt nicht die Haltung, andere für das, was einem zustößt, verantwortlich zu machen, wie dies in dem ironisch zugespitzten Satz zum Ausdruck gebracht wird: »Ist doch mein Vater selber schuld, wenn ich kalte Hände habe, warum kauft er mir keine Handschuhe.« Der Gedanke von den tätigen Menschen, die ihre eigenen Verhältnisse und damit sich selber machen, ist also äußerlich gelernt und hat keine Relevanz für die eigene Praxis. Wenn die eigene Erfahrung gegen ihn spricht, könnte er falsch sein. Dass er dennoch für richtig gehalten werden kann, bezieht seine Kraft aus der Perspektive. So kann man denken, dass die Verhältnisse uns ganz und gar formen, und zugleich, dass wir uns dafür einsetzen müssen, dass die Menschen ihre Verhältnisse selber machen, und dies als das ganz Andere der gegenwärtigen alltäglichen Praxis annehmen. Das Einsetzen für die Veränderung bleibt aber damit als Politik ebenso abstrakt, bloße Parole ohne konkrete Vorstellung.

Der Widerspruch zwischen dem spontan Gedachten und dem theoretisch Gewussten ist nicht bloß einer zwischen Theorie und Praxis. Er verweist vielmehr darauf, dass wir uns im Hier und Jetzt irgendwie eingerichtet haben. Unsere Handlungsfähigkeit erhalten wir u.a. durch eine interessierte einseitige Wahrnehmung und Verarbeitung von Erfahrung. Alle Vorgänge, in denen wir nicht bloße Opfer prägender Strukturen und unterdrückender Eltern sind bzw. waren, sondern uns und unsere eigene Persönlichkeit und die Haltung, die wir in der Gesellschaft einnehmen, tätig bauten, werden verleugnet und verdrängt. Ich habe Thesen zu diesem Zusammenhang zum ersten Mal auf der Westberliner Volksuni 1980 unter dem Titel: *Opfer oder Täter? Über das Verhalten von Frauen* vorgestellt. Dabei habe ich Erfahrungen gezeigt, in denen die Wege, die wir gegangen sind, als eine von mehreren Alternativen deutlich werden und unsere jeweiligen Entscheidungen als solche erkennbar, zu denen wir nicht nur gezwungen wurden, sondern die wir vielleicht verlockend fanden, jedenfalls möglich. Die Absicht war, uns als Frauen aufzurufen, uns selbst als produziert zu begreifen und also änderbar durch uns selbst. Diese Änderung sollte gleichzeitig erkannt werden als Beitrag zur Vermenschlichung von Gesellschaft wie zur Verminderung eigener Blockierungen, unter denen wir litten.

Der spontanen Empörung der Zuhörenden gegen die Zumutung, die eigene Lage und die als ungenügend empfundene Bewältigung des Lebens nicht bloß als Zugefügtes zu begreifen, folgten Unruhe und Verunsicherung. Wie, wenn wir uns wirklich selbst so hergestellt hätten? Zwar gesellschaftlichen Erwartungen gemäß handelten, von Elterninstanzen unterstützt wurden, aber doch selber gewirkt hätten an den Strukturen, die uns bedrücken? Der kollektive Lernprozess verlief mit großer Geschwindigkeit. Erinnerungen, die für die These sprachen, wurden zusammengetragen. Es entwickelte sich noch im

Vorlesungssaal ein Forschungseifer, möglichst umfassend und weitreichend die Strukturen aufzudecken, wo wir als Einzelne aus Angst, eine Schwäche zuzugeben, sonst ein Geheimnis aus unseren Erinnerungen gemacht hätten. Dass die Erkundung allen nützte, dass jede praktisch mit ihrer Erinnerung – wie sie es gemacht hatte – Änderungsmöglichkeiten für alle anbahnte, schuf ein Klima begeisterter wechselseitiger Unterstützung. Gleich im Anschluss entstand eine große Zahl von Arbeitsgruppen.

Die Diskussion wurde im Laufe des Jahres in verschiedenen Städten weitergeführt[2]. Eine wichtige Lehre aus ihr war: Wo immer Einzelne sich mit der Zumutung allein konfrontiert sahen, ihre Erfahrungen zu hinterfragen, sie durch andere in ihrer unbezweifelten Bedeutung entkräften oder ergänzen zu lassen, mussten sie meine Thesen als Schuldzuschreibung auffassen, als Angriff auf ihre Person, statt umgekehrt als Versuch, Handlungsräume zu erweitern und die Person im Kollektiv und dabei dieses zu festigen.

Der Exkurs sollte den Zusammenhang von Wissen, Persönlichkeit und kollektivem Lernprozess vorführen. Dabei zog sich die Frage nach der Rolle einer Lehrenden in der Gruppe wie ein roter Faden durch den Text, der fast schamhaft unsichtbar gemacht wurde. Kann man auf selbstbestimmtes Lernen setzen, auf das Lernkollektiv, und gleichzeitig an der Rolle des Lehrers als wichtiger, ja unentbehrlicher Gestalt festhalten? Solange diese Frage nicht ausreichend beantwortet ist, zieht sie sich weiter durch die Forschungen zum Lernen wie durch die eigene Lehrpraxis.

Der Vortrag von 1980 endet mit folgenden zusammenfassenden Thesen: Zwar muss man aus Erfahrung nichts lernen, jedoch gibt es kein Lernen ohne Erfahrung. Aber Lernen ist zugleich auch – und dies verbindet die beiden widersprechenden Thesen – die Krise der Erfahrung. Demokratisches Eingreifen – eine andere Formulierung für Demokratie lernen – setzt eine Veränderung der Persönlichkeiten voraus bzw. ist sie. Dieses Eingreifen geschieht über die Umorganisierung von Erfahrungen, das Infragestellen ihrer Bedeutung, das Erkennen von Widersprüchen. Hier tritt der Lehrer mit eigenen Erfahrungen auf, als Wissenschaftler, der einiges über Persönlichkeitsentwicklung und mögliche Verarbeitungen gelernt hat, der mithin Theorien über die Vorgänge kennt, und als einer, der Lernprozesse emotional absichert. Die Verunsicherung, die jeder Lernprozess bedeutet, ruft Widerstand hervor. Der Vorgang scheint auf den ersten Blick einem emotional freundlichen Lernen abträglich und kann zudem dem Bedürfnis der Lehrer,

2 Ein Teil der öffentlich heftig geführten Diskussion ist veröffentlicht in den Studienheften 46 (1981) und 56 (1982) im Argument Verlag.

von ihren Schülern – sofern sie ihnen nicht gleichgültig sind – geliebt zu werden, widerstreiten. Tatsächlich ist die spontane Zuneigung, die aus der Abhängigkeit der Schüler entspringt, keine Haltung, die durch solche Lernprozesse erhalten bleiben kann. Im Gegenteil werden wir als Lehrer, wenn unser Interesse die Entwicklung der Schüler ist, der aus Abhängigkeit geborenen Anhänglichkeit gegensteuern müssen, auch weil sie die Zementierung des Lehrer-Schüler-Verhältnisses bedeutet. Nach meinem Dafürhalten aber heißt Lehrer-Sein auch, beständig an der eigenen Abschaffung zu arbeiten. Die Beziehungen, die sich auf höheren Stufen von Handlungsfähigkeit entwickeln, haben zwar nicht den blind-anhänglichen und so auch schrankenlosen Charakter der spontanen Lehrer-Schüler-Beziehungen, sie erweisen sich aber als auf lange Sicht tragfähig, weil sie auf das gemeinsame Projekt von Weltveränderung gerichtet sind.

Kapitel 5
Brechts Flüchtlingsgespräche als Lernanordnung[1]

Brecht bleibt für mich ein hervorragender Lehrmeister. Ich lese ihn als Lehrenden, prüfe seine Stücke als Anordnung oder Dispositiv, als bewusste Herstellung einer Landschaft, in der eingreifend gelernt werden kann. Ich will also von ihm mehr über das Lehren erfahren, um Genaueres über die Möglichkeiten des Lernens unter schwierigen Bedingungen herauszufinden. Ich erarbeite eine Mikroanalyse seines Lehrepos *Flüchtlingsgespräche*[2] jeweils ausschließlich unter der Fragestellung des inszenierten Lernarrangements, der verwendeten Methoden, der eingenommenen und empfohlenen Haltungen, des Lernvergnügens und der möglichen Handlungsfähigkeit. Obwohl ich mich dem bekannten Argument nicht verschließen kann, dass Menschen von Natur aus lernfähig und daher lernende Lebewesen sind, es also nicht darum gehen kann herauszufinden, unter welchen Bedingungen sie eigentlich zu lernen in der Lage sind, verschiebt sich mir nach den vorangegangenen Überlegungen der ersten Kapitel diese Sicherheit eines unproblematischen Zustandes in eine andere Problematik. Unter subjektiv und objektiv schwierigen Bedingungen gerät es Menschen zur Gewohnheit, lernwiderständig zu sein. Dies ist für die Konservierung menschenunwürdiger Zustände eine praktische Haltung, die ich Versteinerung genannt habe. Solche versteinerten Haltungen zum Tanzen zu bringen bedarf vielerlei Anstrengungen, die allesamt die Lernsubjekte selbst ergreifen müssen. Es hat für mich den Anschein, als ob sich Brecht genau dies in den *Flüchtlingsgesprächen* zur Aufgabe gemacht hat. In diesem Sinn stelle ich zum einen Fragen an den Text, die ich im Vorhinein entwickelte, aber ergänze sie um diejenigen, die sich aus dem Textmaterial selbst anbieten, wie dies bei Materialanalysen am besten ist.

Der Text

Die von Brecht als *Flüchtlingsgespräche* bezeichneten Unterhaltungen – die Dialogform als eine Schreibweise, die ihm »gefiel« (Arbeitsbuch, 1.10.1940) – wurden erst nach seinem Tod im Jahre 1961 veröffentlicht. Sie sind großenteils in Finnland 1940/41 entstanden; es sind recht unterschiedlich ausge-

1 Ein Auszug aus diesem Kapitel erschien in *Das Argument 237,* 42 Jg., H. 4, 2000, 517–32.

2 Die Wahl dieser Prosa verdanke ich einer beiläufigen Bemerkung von Kurt Lenk auf der Inkrit-Tagung zum 100. Geburtstag von Brecht, Eisler und Marcuse, in dem er die Flüchtlingsgespräche als ein hervorragendes Lernarrangement bezeichnete. Da ich mich seit vielen Jahren mit ungelösten Problemen von Lernen und Lehren herumschlage, ging ich dem Verweis nach.

arbeitete Stücke von insgesamt ca. 130 Seiten. Ich diskutiere die für meine Zwecke methodisch weniger ergiebigen Passagen weniger intensiv, wiewohl sie unter anderen Gesichtspunkten, etwa in Bezug auf den Faschismus, gehaltvoller sein können.

Der Ort

Das Arrangement ist eine Art Stammtisch, diese plebejischste aller Formen, also ideal, wenn man sich das Ziel setzt, etwas über gang und gäbe Meinungen und Gewohnheiten der Bevölkerung, zumindest der männlichen, zu erfahren. Die Anordnung wird sogleich gebrochen, indem dem Stammtisch das Dauerhafte in Raum und Zeit genommen wird. Er befindet sich auf einem Bahnhof im Ausland, die Stammtischbesucher sind auf der Flucht. Der Ort ist also zugleich die Ablösung vom Vertrauten, vom Sesshaften, von Heimat, Zugehörigkeit. Das Feste gerät in Bewegung: »Die schärfsten Dialektiker sind die Flüchtlinge«, lässt Brecht den einen der beiden, den Physiker Ziffel, sagen. »Sie sind Flüchtlinge infolge von Veränderungen und sie studieren nichts als Veränderungen [...] Die beste Schul für Dialektik ist die Emigration.« (1462) – Rosa Luxemburg hat in ihrem kleinen Text *Die Proletarierin* ([1914], 1980) ein ähnliches Arrangement zum Ausgangspunkt genommen. Sie stellt die Proletarierin als heimatlos, als ständige Emigrantin von West nach Ost und umgekehrt vor, aufrührerisch, mittellos, unangebunden, familienlos. Indem sie alle Sicherheiten verloren oder erst gar nicht besessen hat, hat sie keine Ketten von Gewohnheit und Eigentum an ihren Füßen und kann so der Möglichkeit nach zu neuen Ufern aufbrechen. Da sie unbeständig ist, kann man auf sie setzen, wofern man Veränderung will. – Man erkennt sogleich die Produktivität einer solchen Anlage, welche die Krise als große Unordnung, die einer anderen als der gewohnten Ordnung vorhergeht, als praktische Erkenntnis nutzt. Die Flüchtlinge haben nichts, auf das sie Rücksicht nehmen müssten, also können sie rücksichtslos Maß nehmen und denken. Diese Aufstellung macht zugleich die spontane Mitleidshaltung gegenüber den Flüchtenden unmöglich und gibt eine erste dialektische Lektion über den unpraktischen Einsatz von Gefühlen.[3]

---

3 Diese Lehren über die Produktivität von Krisen ist eines der Leitthemen im *Kommunistischen Manifest:* »Alle festen eingerosteten Verhältnisse mit ihrem Gefolge von altehrwürdigen Vorstellungen und Anschauungen werden aufgelöst, alle neu gebildeten veralten, ehe sie verknöchern können. Alles Ständische und Stehende verdampft, alles Heilige wird entweiht, und die Menschen sind endlich gezwungen, ihre Lebensstellung, ihre gegenseitigen Beziehungen mit nüchternen Augen anzusehen.« (MEW 4, 465) Rosa Luxemburg zieht diese Argumentation selbst auf Kriege, die neben Reichtümern und Besitz auch alte Begriffe zerstören *(Die Krise der Sozialdemokratie,* GW 4).

Das Zwiegespräch

Ziffel und Kalle, von denen wir zunächst nur die Namen erfahren, aber aus der Beschreibung der Hände entnehmen können, dass Ziffel Intellektueller, Kalle Arbeiter ist, sind nicht in einer Lehr-/Lernsituation. Keiner der beiden hat die Position des Lehrenden, in ihren Erzählungen und Bemerkungen lehren sie beide. Sie übertrumpfen einander nicht, sondern sie fügen hinzu. Das Hin und Her des Dialogs wird u.a. genutzt, um verblüffenden Aussagen durch einfache Anknüpfung und einverständiges Beispiel den Anschein alltäglicher Einfachheit zu geben.

Kalle, hier noch der Untersetzte genannt, sagt in seinem ersten Satz (1383): »Der Pass ist der edelste Teil des Menschen.« Er benutzt die Redeweise vom edelsten Teil für einen so unedlen Gegenstand wie einen Pass und reizt zugleich höher, indem er ihn im gleichen Atemzug als Teil des Menschen behauptet. Bevor man Zeit hat aufzufahren, gibt er die Begründung: »Er kommt auch nicht auf so einfache Weise zustand wie ein Mensch.« Noch während man willfährig die Stätte der schwierigen Herstellung von Pässen verlässt, um in die befriedigenderen des Sexes zu folgen, zieht Kalle unvermittelt in eine andere Richtung:

> Ein Mensch kann überall zustande kommen, auf die leichtsinnigste Art und ohne gescheiten Grund, aber ein Pass niemals. Dafür wird er auch anerkannt, wenn er gut ist, während ein Mensch noch so gut sein kann und doch nicht anerkannt wird.

Eine der Methoden, mit denen Brecht hier Verblüffung mit Erkenntnis verknüpft oder besser verhakt, ist die Weise, landläufige Gedanken und Bilder anzufangen, um ihnen sogleich die Möglichkeit zu nehmen, in alter Weise zu enden, sondern sie stattdessen mit anderen wiederum sprichwörtlichen Anfängen zu konfrontieren. Die Verblüffung macht es dringlich, einen neuen Sinn zu erstellen, den Kalle selbst schon durch bescheidenes Einverständnis vorgebahnt hat. Noch sind wir im Bündnis mit dem beklagenden Urteil, dass Kinder oft allzu leichtsinnig zustande kommen, ja grundlos in die Welt gesetzt werden, da wird unser zufriedenes Einverständnis genutzt, über die Gründe des Zustandekommens von Pässen nachzudenken – ohne Leichtsinn, also mit wohlerwogener Absicht? Die Wendung bewirkt zweierlei: Sie deutet Unheil an, und indem sie das tut, stellt sie das vorhergehende Einverständnis mit der Verurteilung des Leichtsinns in Frage. Aber Kalle bleibt dabei nicht stehen, sondern nutzt die entstandene Unruhe für die Formulierung einer weiteren Redewendung: Der noch so gute Mensch wird nicht anerkannt. Es gibt keine Möglichkeit, sich auf diesem Satz einverständig kopfnickend auszuruhen, denn er steht nicht allein, vor ihm der bedrohliche Satz über die Anerkennung eines gut hergestellten Passes, dessen Aberkennung das Leben kosten kann – eine Zusammenstellung, die zugleich die Geschichte von der Nichtanerkennung des guten Menschen fragwürdig banal macht wie Anerkennung allgemein in ein so schiefes Licht bringt von staatlicher Obrigkeit und polizeilicher Gewalt, dass man sie jedenfalls nicht mehr einfordern wollen kann. Das Einverständnis mit dem Gewussten fällt damit ins Nichts. Übrig bleibt eine allgemeine Unruhe, eine Art Vorsichtshaltung gegenüber dem Arsenal des gesunden Menschenverstands.

Man erwartet, dass der andere, Ziffel, der jetzt noch der Große heißt, etwas von der Unruhe aufnimmt, Zweifel anmeldet am unziemlichen Vergleich zwischen Mensch und Pass oder gar der Zumutung, den Pass als edlen Teil des Menschen zu sehen, am Satz über die Anerkennung, kurz, dass er irgendwie aufnimmt, was bei uns in Unruhe geraten ist.

Doch Ziffel antwortet:

> Man kann sagen, der Mensch ist nur der mechanische Halter eines Passes. Der Pass wird ihm in die Brusttasche gesteckt wie die Aktienpakete in das Safe gesteckt werden, das an und für sich keinen Wert hat, aber Wertgegenstände enthält.

Die Antwort ist keine, wie die erste Ausführung keine Frage war, sondern eine Fortführung mit noch weiter führenden ungeheuerlichen Vergleichen. Ziffel treibt das vorher Gesagte durch eine Subjekt-Objekt-Verkehrung auf die Spitze. Das menschliche Subjekt wird nurmehr Personifikation des Passes, der darum zum großen Subjekt erhöht ist. Von Bedeutung ist der Pass, dem gegenüber der Mensch bloßes Behältnis ist, passiv, was zusätzlich durch die Bewegung, dass ihm etwas in die Brusttasche gesteckt wird, vereindeutigt ist. Der Mensch ist wie ein Safe, der Pass wie ein Aktienpaket – unter der Hand wird in der Form einer weiteren Gleichung, durch bloße Anreihung, die Stellung von Aktien als wichtig eingeschoben. Ziffel nimmt mit dieser Fortführung eine Themenverschiebung vor, weg von alltäglichen Gewissheiten zu Finanz- und Polizeigeschäften. Kalle setzt mit den Worten »Und doch« offenbar zu einer wirklichen Entgegnung an, führt aber in Wahrheit die Zusammenfügung von unpassenden Bauelementen fort durch die Behauptung, der Mensch sei für den Pass auch notwendig, eine Vorlage, die ihn durch eine Art Aufwertung des Menschen zu allgemeinen Aussagen über das Wechselverhältnis von Arzt und Patient und von dort umstandslos von Führern und Geführten bringt; Letztere »müssen dafür aufkommen, sonst geht es nicht« (1384). In die Reihe der Subjekte geraten Pass, Arzt und Führer, in die der Objekte der Mensch, der Kranke, das Volk.

In dieser Weise fungiert die Form des Zwiegesprächs wie eine Art Schachspiel. Jede Rede stellt einen Zug dar; der andere antwortet nicht einfach, sondern nutzt die neue Situation für einen weiteren Zug, der wiederum einen Gegenzug ermöglicht. Allerdings ist Ziel des Spiels nicht zu gewinnen, sondern die Anlage und die verschiedenen Zugmöglichkeiten zu zeigen, die allesamt aus bekannten Bewegungen bestehen, die, ungewöhnlich zusammengefügt, einen Blick auf eine Ordnung freilegen, die unheilvoll ist.

Die Ordnung

Die Vorstellungen von Ordnung in Unordnung zu bringen ist in den Flüchtlingsgesprächen zentral. Ordnung gerät in Verruf durch den Kontext, in dem sie auftritt oder indem sie direkt angegriffen wird. Dabei wird sie desto unheimlicher, je einverständiger Kalle und Ziffel über sie sprechen. Ihr Einverständnis macht, dass wir unser Verhältnis zur Ordnung überprüfen müssen. Es beginnt mit einem stammtischgemäßen Allgemeinplatz: »Ordnung ist in solchen Zeiten absolut notwendig.« Von diesem einverständigen Ausgangspunkt wird die Ordnung sodann von Bereich zu Bereich geschickt. Unter der Devise *Ordnung muss sein* und mit dem Gestus *Ich kannte mal einen, der ...* erfahren wir von der Ordnung im Liebesleben – da duldet einer das Hinternschwenken bei seiner Freundin nur am Samstag –, bis zur Ordnung im Krieg und zu seiner Vorbereitung. Die Ordnung wird immer bedrohlicher. Das In-Ordnung-Sein wird lesbar als eine Haltung, die, für sich genommen als individuelle Tugend, in allgemein unordentlichen Verhältnissen inhuman ist.

Ein Satz wie: »Ein Pass muss ein Pass sein, damit sie einen ins Land hereinlassen« schiebt die Ordnung der Dinge ins Bürokratische und zeigt zugleich: Wo Ordnung herrscht, herrscht auch Gefahr. Ziffel und Kalle tauschen immer weiter Geschichten über Ordnung aus (1385 ff): Ihretwegen gibt es die Pässe, sonst passierte es, »dass man uns nicht finden kann, wenn wir abgeschoben werden sollen«; es wird der Vergleich zur Anatomie gezogen, da man den Blinddarm nicht entfernen kann, wenn er wegziehen würde. »Das wird ihnen jeder Ordnungsfreund bestätigen.« Der wohlwollende Freund wird, sobald er sich der Ordnung zuneigt, zu einem, der ja sagt, wenn Menschen wie eine Krankheit behandelt werden. Ordnung als solche wird gezeigt als eine Methode, die sich mit übelsten Foltermethoden verträgt. Da peitscht einer, dass die Striemen »ein Muster ergeben haben, das jeder Untersuchung mitm Millimetermaß hätt standhalten können«. Dieser SS-Mann aus dem Lager Dachau ist ein Fanatiker der Ordnung: Er hätte lieber nicht geprügelt als unordentlich.

Die Ordnung ist in bestimmten Zwangsverhältnissen zu Hause: im Gefängnis, im Militär, wo gekämpft wird »bis zum letzten Blutstropfen«, wo die Armee bereit ist »bis zum letzten Knopf«. Kalle und Ziffel durchdenken die Ökonomie, jeweils bis »zum Letzten« zu gehen, und kommen zu dem Ergebnis, dass in der Ökonomie selbst, im Geschäftsleben, die Ordnung keine so große Rolle spielt, sondern hauptsächlich da, wo Verluste gemacht werden, wo »mit dem Material geaast wird«. Die Belege häufen sich, dass auf Ordnung geachtet wird, wo die Verhältnisse in Unordnung sind. Wir werden aufgerufen, nicht gegen die Ordnung zu sein, sondern auf notwendige Eingriffe zu sinnen, wo in ihrem Namen etwas geschieht. Ein möglicher Eingriff ist die Flucht. Ziffel sagt:

> Aber der Hauptgrund, dass auf Ordnung gesehen wird, ist ein erzieherischer. Der Mensch kann bestimmte Verrichtungen überhaupt nicht ausführen, wenn er sie nicht ordentlich ausführt. Nämlich die sinnlosen. (1388)

Die Ordnung hat also selbst den Platz eingenommen bzw. wurde an ihn gesetzt, an dem die Taten der Menschen ihren Grund haben; sie ist nicht allein verselbständigt, sondern erhoben zum Zweck an sich. In dieser Funktion macht sie, dass der Mensch funktioniere. Ziffel gibt Beispiele sinnlosen Tuns, wie einen Graben ausheben und wieder zuschütten, bei denen der Mensch, wenn er es unordentlich macht, wahnsinnig oder rebellisch wird – »was dasselbe ist« – und wie er wie »am Schnürchen« funktioniert, wenn er alles nach peinlicher Ordnung macht. Die einzelnen, relativ festen Bestimmungen geraten in unaufhörliche Bewegung: »Andererseits ist Menschlichkeit in unseren Zeitläuften kaum zu erhalten ohne Bestechlichkeit, auch eine Art Unordnung.« Die Erwartung, dass der bloß funktionierende Mensch unmenschlich sei, ist der Grund, auf dem Untugenden menschlich werden, einfach weil sie der Ordnung nicht dienen. Gerechtigkeit, Güte sind nicht zu haben ohne ein wenig Bestechung; aus Schlamperei im Krieg kann man überleben. Bestechung, Ungehorsam und Schlamperei werden darum nicht selbst in einfacher Negation zum Guten erhoben, sondern das Denken wird gezwungen, in sich ändernden Verhältnissen stets in Bewegung zu sein: Wo Ordnung eine Methode von Herrschaft ist, kann Unordnung zum Raum werden, in denen man als Mensch überlebt. Was von der Ordnung geahndet wird, ist das Humane; dagegen findet es in der Unordnung Schlupflöcher – etwa in der Beamtenbestechung. Die Ordnung ist selbst am falschen Ort. Bzw. wie Ziffel ergänzt:

> Dass die Menschen für eine Tugend wie die Ordnungsliebe nicht reif sind. Ihr Verstand ist nicht genügend ausgebildet für diese Tugend. Ihre Unternehmungen sind idiotisch. (1389)

Die Geschichten über die Ordnung regen dazu an, über eine große Ordnung nachzudenken, in der es menschlich und sinnvoll wäre, ordentlich zu sein. Solange die Verhältnisse in Unordnung sind, kehrt sich die Ordnung wie ein Beschleuniger gegen die Menschen, sodass sie darin umkommen. Als Beleg folgt an dieser Stelle die Geschichte vom Laboratoriumsdiener Zeisig, der jeweils durch peinliches Aufräumen die Experimentvorbereitungen vom Vorabend zunichte machte, bis herauskam, dass er lange schon bei der NSDAP war. Als Hitler an die Macht kam, sagte er: »Herr Doktor, jetzt wird in Deutschland Ordnung geschafft«, und Ziffel zieht die Konsequenz: »In einem Land, wo eine besondere Ordnung herrscht, würd ich nicht gern bleiben.« (1390) Ziffel und Kalle ergänzen einander in Wortspielen. Wo am rechten Platz nichts ist, ist Ordnung. Ordnung ist, wo nichts ist; Ordnung ist eine Mangelerscheinung.

Der Vergleich

Die von den beiden Flüchtlingen gesprochenen Sätze verführen zum Nachdenken durch Verblüffung. Eine Methode, eine solche Verblüffung zu organisieren, ist der Vergleich. Er ist ein alltäglich gebräuchliches Mittel, etwas zu erklären, das man, wäre es bloß abstrakt gesprochen, nicht so leicht verstehen könnte, eine Erklärung, die gewissermaßen jedem Kind einleuchtet. Der Vergleich ist nicht nur ein didaktisches, er ist auch ein gebräuchliches poetisches Mittel: Ihre Augen leuchten wie zwei Sterne, sind tief wie das Meer und blau wie der Himmel. Die Momente, die zum Vergleich stehen, werden aufeinander bezogen, sodass sie an Ausdruck gewinnen oder überhaupt verständlich werden. Der Baum ist so dick, dass zehn Paar Arme gebraucht werden, um herumzulangen. Der Vergleich erlaubt es, den Durchmesser, der nicht sogleich sichtbar ist, zum Umfang in ein überprüfbares Verhältnis zu setzen. Er erscheint als nützlich und bereichernd, solange das Verglichene das andere nicht herabsetzt. Als König Lear die Liebe seiner Töchter abmessen wollte, verjagte er die Jüngste, die für das Ausmaß ihrer Liebe zum Vergleich das Salz angegeben hatte. Auch verbannte er das Salz aus der Hofküche. Der Vergleich war nicht passend, weil er den König herabsetzte, so wenigstens erschien es ihm, bis er die Unentbehrlichkeit des gewöhnlichen Salzes durch salzlose Kost erfahren musste. Der Vergleich war also nur auf den ersten Blick unpassend und selbst in dieser Form ein Lehrstück.

Wie setzt Brecht den Vergleich in den Flüchtlingsgesprächen ein? Die erste Szene beginnt mit einer Denunziation in der Form des Vergleichs: »Das Bier ist kein Bier, was dadurch ausgeglichen wird, dass die Zigarren keine Zigarren sind, aber der Pass muss ein Pass sein, damit sie einen in das Land hereinlassen.« (1383) Der Satz organisiert auf den ersten Blick Unsinn. Etwas ist nicht, was es zu sein vorgibt, was seinen Ausgleich darin findet, dass etwas anderes ebenso wenig ist, was es zu sein beansprucht. Beides sind offenbar Ersatze, deren gleichzeitiges Auftreten die Empörung, die bei einem Ersatz hätte aufkommen können, ›beruhigt‹ zu einem Allgemeinsatz: Nichts hier ist, was es zu sein vorgibt, außer dem polizeilichen Kennzeichen des Menschen. In ihrer Gleichfalschheit werden jene beiden Gebrauchswerte und Genussmittel in einen weiteren Vergleich geschickt:

> [Der] Führer oder Duce [sind] führende Marken [...], das Beste, was hier zu haben ist [...]. Sie brauchen den Vergleich miteinander nicht zu scheun und können Seit an Seit die ganze Welt herausfordern, keiner von ihnen find einen bessern Freund, und ihre Zusammenkünfte verlaufen harmonisch. Anders, wenn der Kaffee z.B. ein Kaffee und nur das Bier kein Bier wär, möcht die Welt leicht das Bier minderwertig schimpfen. (1384)

Der erste Vergleich, das Bier ist so schlecht wie die Zigarren, wird zum Fundament, auf dem eine schwierige politische Lehre gezogen werden kann. Die Warenfälschung, die ein jeder aus eigener Erfahrung kennt und daher leicht versteht, erinnert an zwei Diktatoren, die in ihrer Vergleichbarkeit aus der Kritik geraten. Anders: Wo alles wenig Wert hat, kommt der Anspruch auf Besseres nicht mehr auf. Die Kritik braucht die Erfahrung des Nicht-Vergleichbaren.

Adorno hat in seiner *Negativen Dialektik* die Identitätslogik als eine Denkweise von Herrschaft vorgeführt, dazu angetan, das Nicht-Gleiche als auszusondernde oder anzupassende Abweichung zu denunzieren. Brecht geht auf dieser Ebene praktisch eingreifend vor. Er nutzt ebendiese Logik, indem er sie nicht leidend beschreibt, sondern subversiv einsetzt, um die Verhältnisse erkennbar zu machen und zugleich in Bewegung zu bringen. Der Vergleich wird also eingesetzt als ein Mittel praktischer Kritik. Wo er herrscht, wo alles Mögliche verglichen werden kann, ist die unterscheidende Kritik außer Kraft gesetzt. Würde es ausreichen, ein Wahres gegen das Falsche zu mobilisieren? »Der Pass muss ein Pass sein, damit sie einen in das Land hereinlassen.« Die neue Aussage steht in einem weiteren Vergleich: Wäre der Pass eine Fälschung wie alle Ess- und Genusswaren, wäre das existenzbedrohend. Er muss dem Vergleich durch Negation entkommen. Die neue Bestimmung der Echtheit ist selbst ein Befehl. Der Befehl erst wird diesen Ausnahmezustand herbeiführen, in dem nicht mehr alles gleich falsch ist. Diese Wendung zwingt in eine neue Denkfigur: Nicht die Aussetzung der Vergleichbarkeit durch Befehl und Ordnung wäre die Lösung für die eingriffs- und kritiklose Lage, das Vergleichen ist vielmehr selbst auch eine Denkpraxis, die mit Lust und Genuss, also mit der Gestaltung der Lebensverhältnisse zu tun hat. Der Vergleich wird zum Mittel, das Vergleichen zu üben als Mittel der Erkenntnis der Verhältnisse, in denen verglichen werden kann.

Andere Vergleiche: Der Mensch hat selbst keinen Wert, ist aber Halter eines Passes, wie der Safe Wertgegenstände enthält. Der Vergleich scheint wieder ganz unpassend zu sein. Er gewinnt zunächst Einsichtigkeit dadurch, dass die zweite Seite einer einfachen bekannten Information gleicht: Ein Safe enthält Wertgegenstände. Dadurch, dass dieser Fakt in den Vergleich zum wertlosen Menschen gebracht ist, der als Passhalter erst wahrhaft Mensch wird, breitet sich die Unruhe aus dem ersten Stück des Vergleichs mittels Ansteckung aus. Ein allgemeines Verdachtsklima entsteht: Wieso haben Menschen keinen Wert? Aber sollten sie Wert haben, wenn Wert ein Gegenstand im Safe ist? Wer hat Werte im Safe? Wer sind die wertlosen Menschen ohne Pass? Wie viel Werte braucht man im Safe, um einen wertvollen Pass zu erhalten? Der Vergleich löst eine Lawine an Fragen aus, die allesamt sich auf Verhältnisse richten, in denen nicht nur die Dinge sich über Menschen erheben, sondern in denen es offenbar andere Menschen gibt, die solche Verdinglichung beherrschen und sich zunutze machen können. Selbst Verdinglichung ist kein Zustand, sondern eine Praxis. Der Vergleich wird auch in seinem negativen Einsatz als Unvergleichbarkeit zur eingreifenden Denkpraxis. Er tut dies, indem er eine gewohnte Meinung – »der Mensch hat einen Wert« – mit einer Erfahrung verneinend konfrontiert, die selbst zugleich als Skandal empfunden wird wie in ihrer Naivität überführt werden muss. Er setzt ineins auf das Einverständnis wie auf die Empörung darüber. Die eigene Haltung wird damit als richtig und falsch zugleich vorgeführt, weil etwa die Beruhigung über den guten wertvollen Menschen davon abgehalten hat, sich rechtzeitig über die Verwandlung des Werts in ein Ding und damit die Wendung gegen die Menschen zu empören. Der Vergleich ermöglicht in diesem Fall auch, an etwas festzuhalten und es zugleich loszulassen: dass man weiß, dass der Mensch tatsächlich ohne Pass ohne Wert ist, dass dies ein Beleg von Unmenschlichkeit ist und dass es zugleich eine Lehre über Werte sein kann, die den Menschen nicht innewohnen, sondern in den Praxen sind, mit denen sie sich aufeinander und auf ihre Welt beziehen.

Der Vergleich ist also auch ein Mittler, verkehrte Verhältnisse vorzuführen. »Unpassende« Vergleiche zeigen Abhängigkeiten, die verändert werden müssen.

Der Vergleich dehnt sich aus in die angrenzenden Worte – Gleichheit und Gleichgültigkeit. Warum muss man gerade jetzt genau registrieren und zählen, »als obs nicht völlig gleich wäre, wens verhungern lassen« (1385)? Die

Harmlosigkeit des ersten Satzteils – als obs nicht völlig gleich wäre –, als ob es also nicht darauf ankäme, wird konfrontiert mit dem Tod. Die Beliebigkeit gilt dem Leben bzw. seinem Ende. Die Unangemessenheit der Methode des besonderen Registrierens hat selbst Methode. Sie zeigt sich in der Besonderung als bedeutungsvolle Schikane in der Gleichheit des Verhungerns. Dadurch wird zugleich denkbar, dass auch das Denken solcher Zusammenhänge nicht auf gewöhnlichem Wege erfolgen kann, sondern selbst unpassend sein muss wie die Ordnung der Dinge. Indem die herrschende Ordnung zugleich Ordnung und Unordnung ist, muss das Denken Sprünge machen, um solche Ordnung als Bedrohung, als Mord, als Tod zu explizieren. Eine Methode also ist der Vergleich, der zugleich verneint, was er tut.

Der Alltagsverstand arbeitet mit einer Menge von Vergleichen. Als Sprichwörter und Allerweltsweisheiten sind Erfahrungen von unten ebenso eingetragen wir Herrschaftswissen von oben. Da kennt zum Beispiel jeder, der einmal ein Gymnasium besuchte, noch aus dem Lateinunterricht, wo er für die widerstrebenden Schüler besonders vonnöten schien, den Satz: »Nicht für die Schule, für das Leben lernen wir.« Brecht bringt diesen Satz zum Tanzen. Er zwingt ihn in den Vergleich – die damalige Schule gleicht dem Leben –, aus dem er als unbedingte Einsicht in die Notwendigkeit umfassender Veränderung hervorgeht. Ziffel berichtet in lobenden Worten von den Gemeinheiten der Schule und der Lehrer, denen er ausgesetzt war. Besonders eines Lehrers erinnert er sich mit Dankbarkeit:

> Von keinerlei stofflichem Interesse fortgerissen, vermochte er sich darauf zu konzentrieren, die Seelen der jungen Leute auszubilden und ihnen alle Formen des Unterschleifs beizubringen. So bereitete er sie auf den Eintritt in eine Welt vor, wo ihnen gerade solche Leute wie er entgegentreten, verkrüppelte, beschädigte, mit allen Wassern gewaschene. (1404)

Er malt aus, was eine Schulreform, nach der Kinder »gerecht und verständig« behandelt würden, für Folgen hätte.

> Alles, was sie in der Schule, im Verkehr mit den Lehrern, gelernt hätten, müsste sie draußen im Leben, das so sehr anders ist, zu den lächerlichsten Handlungen verleiten [...] sie würden ganz und gar unerzogen, ungerüstet, hilflos der Gesellschaft ausgeliefert sein.

Der neue Ausgangspunkt, die Schule ist nicht wie das Leben, aber sie bereitet irgendwie darauf vor, wird vergleichend mit Realität konfrontiert: Wenn Schule vorbereiten soll, muss sie sein wie das Leben. Dies gilt insbesondere dann, wenn das Leben nach ungerechten, üblen Prinzipien verfährt – diese sind so menschenwidrig, dass, um in ihnen zu bestehen, Übelkeit gelernt werden muss von klein an, durch eine Angleichung der Schule zum Beispiel an die Verhältnisse des Lebens.

Brecht interessierte sich für den Behaviorismus, dessen zynische Sequenzen von ihm geradezu mit Lust eingesetzt werden. Da gibt es z.B. das *Lernen am Modell*[4]. Aus dem Munde von Ziffel hört sich das so an:

> Groß tritt dem jungen Menschen in der Schule in unvergesslichen Gestaltungen der *Unmensch* gegenüber. Dieser besitzt eine fast schrankenlose Gewalt. Ausgestattet mit pädagogischen Kenntnissen und langjähriger Erfahrung erzieht er den Schüler zu seinem Ebenbild. – Der Schüler lernt alles, was nötig ist, um im Leben vorwärts zu kommen. Es ist dasselbe, was nötig ist, um in der Schule vorwärts zu kommen. Es handelt sich um Unterschleif, Vortäuschung von Kenntnissen, Fähigkeit, sich ungestraft zu rächen, schnelle Aneignung von Gemeinplätzen, Schmeichelei, Unterwürfigkeit, Bereitschaft, seinesgleichen an die Höherstehenden zu verraten usw. usw. (1402)

Der Vergleich hat hier mehrere Funktionen: Er stellt den Ausgangssatz – »nicht für die Schule, für das Leben« – in Frage bzw. macht ihm die Rechnung. In einer Gesellschaft, in der man mit den gewöhnlichen Fähigkeiten und Haltungen, die man in einer guten Schule lernen würde, scheitert, muss man eine Schule nach dem Muster des Lebens einrichten, um für das Leben zu lernen. Der Vergleich lässt ein so schreckliches Bild von der Schule entstehen, dass die Lesenden schließlich gezwungen werden, mit Verbesserungsaugen nicht auf die Schule, sondern auf die Gesellschaft zu blicken. Die Lehre, die die Lesenden selbst ziehen: Um eine einigermaßen vertretbare Pädagogik durchzusetzen, braucht es eine andere Gesellschaft. Das ist nicht einfach der Allgemeinsatz von der Notwendigkeit der Veränderung, der immer gilt, sondern er besagt: Eine bessere Schule unter gleichbleibenden Verhältnissen würde aus den Schülern lebensuntüchtige Menschen machen. Aber die Tüchtigkeit, die sie in der für die Gesellschaft passenden Schule lernen, ist die der Unmenschen. Die Bejahung des Vergleichs von Schule und Leben macht den Vergleich wiederum haltlos. Wer dafür ist, muss den Unmenschen bejahen. Der Vergleich hat den Effekt, dass nach einem Ausweg gesucht werden muss, in dem er wieder auf humane Weise stimmen könnte. Auch hier wird das Denken zu größter Lockerheit angehalten, es gibt keine feste Lösung. Es kann

---

4 Diese Denkfigur entstand zwar vor dem Behaviorismus, ist jedoch üblicherweise in behavioristische Pädagogik integriert.

der Vergleich, der stimmig war, was die Inhumanität von Schule und Leben anging, unstimmig werden, ohne dass dabei eine Besserung eintritt, durch Änderung der gesellschaftlichen Bedeutungen dessen, was wertvoll ist z.B.

Ziffel sagt:

> Ich hatte [...] Grund zu der Erwartung, dass ich mit einigen mittleren Untugenden ausgestattet und einige nicht allzu schwere Scheußlichkeiten noch erlernend, halbwegs passabel durchs Leben kommen würde. Das war eine Täuschung. Eines Tages wurden plötzlich Tugenden verlangt. (1405)

Man ahnt, dass das Gleichgewicht der mittleren Schweinereien durch Ausrufung von Tugenden ungleichgewichtig und daher erst wirklich bedrohlich wird. Der Vergleich und seine Bewegung machen zur Denkerfahrung, dass es um komplizierte Wechselverhältnisse geht, die in großen Praxiszusammenhängen gedacht werden müssen und wo die Änderung eines Moments – selbst wenn sie auf den ersten Blick gut aussieht – eine größere Störung anzeigt.

In diesem Kontext wird auch die für Lehr- und Lernüberlegungen bedenkenswerte Geschichte vom Lehrer Herrnreitter erzählt, der die Schüler am ersten Schultag jeden einen Platz suchen lässt in einem Raum, in dem ein Platz weniger als Schüler vorhanden war. Der, der keinen Platz fand, bekam eine Ohrfeige. »Das war für uns alle eine sehr gute Lehre, dass man nicht Pech haben darf.« (1405) Die Leser lernen, dass Pech nicht ein Zustand oder eine Lage, sondern eine Praxis ist.

Dann wird das ständige Vergleichsdenken der Lesenden auf andere Weise beansprucht. Der Lehrer Herrnreitter, mit so genialen erzieherischen Fähigkeiten ausgestattet, indem er nur die Wirklichkeit widerspiegelte, ist einfacher Volksschullehrer geblieben. Als verblüffender, lakonischer Kommentar kommt: »Er muss einen Feind in der Schulverwaltung gehabt haben.« (1406) Die Denkübung setzt wieder auf die durch Erfahrung gespeiste Erwartung, dass eine Lehrpraxis, die den Praxen der gesellschaftlichen Verhältnisse entspricht – sie widerspiegelt –, durch Aufstieg belohnt wird. Wo diese Gleichung nicht aufgeht, ist keinesfalls eine Verbesserung von der Art einer höheren Gerechtigkeit zu mutmaßen, sondern eine andere Schweinerei, gewissermaßen eine innerbetriebliche Störung.

Versuchsweise wird der Vergleich, das Aufstellen von Gleichungen, als literarische Form eingeführt. Ziffel schreibt seine Memoiren als Aneinanderreihung von Aussagen von der Art:

> Singend in den Tod. Die Vöglein im Walde, die sangen so wunderschön. Nie sollst Du mich befragen. Ist Shakespeare Engländer? Wir Deutschen sind das gebildetste Volk. Faust. Der deutsche Schullehrer hat den Siebziger Krieg gewonnen. Gasvergiftung und mens sana [...] Bismarck usw. (1412)

Was zunächst als sinnlose Aufreihung von Satzfetzen erscheint, setzt im Kopf eine ungemütliche Flut von Kontexten frei. Sie beziehen sich auf eine stickige Normalität, Biertischnationalismus, herrschende Sexualmoral, schwülstigen Alltag. Das zieht sich über Seiten hin, zwingt ins Erinnern von Schwierigkeiten des Aufwachsens, zeigt in Redewendungen transportierte Anzüglichkeiten, Möglichkeiten des Einverständnisses mit den Oberen, belegt das Mitmachen am alltäglichen Faschismus in Worten.[5] Der durch Reihung hervorgerufene Vergleich von so Unterschiedlichem wie Volksliedern, Sprüchen, Stammtischmeinungen, Schimpfworten, Befehlen, einfachen Informationen bringt, was als harmlos im Gedächtnis gespeichert sein mag, in einen Kontext sich langsam aufbauenden Unheils, an dem man beteiligt ist. Die Gleichung in der Form der Aneinanderreihung hat den Effekt, sich überhaupt zu erinnern und nichts für bloß so dahergeredet zu halten. Alles gerät unter Verdacht. Die Lesenden werden zu Erinnerungsarbeit verlockt. Daher wird eine so lange Aufzählung von Wort- und Satzfetzen, von Alltagssprüchen auch nicht einfach langweilig wie ein Branchenbuch. Es setzt eine unaufhörliche Gedankenarbeit bei den Lesenden ein, die darum die Geschichte des alltäglichen Faschismus selbst zu schreiben beginnen. Es ist dies Experiment im Grund eine aufs Sparsamste gebrachte Fortsetzung der aneinander gereihten Geschichten, die die Flüchtlinge einander erzählen.

Kalle und Ziffel unterhalten sich über die Form, Memoiren als Satzfetzen zu schreiben.

> Meinen Sie, ich soll es doch in Kapitel bringen?« »Wozu?« »Es sieht zu modern aus. Modern ist veraltet.« »Danach können Sie sich nicht richten. Der Mensch als solcher ist auch veraltet. Denken ist veraltet, Leben ist veraltet, Essen ist veraltet. Ich mein, Sie können schreiben, was Sie wollen, weil Drucken auch veraltet ist. (1413)

Formal ist wieder der Vergleich die Herausforderung, die zum Denken anregt. Er wird gestiftet durch die Reihung einer Menge von Qualitäten, die allesamt unter die Gleichartigkeit des Veraltens fallen: das Moderne, der Mensch, das Denken, das Leben, das Essen, das Drucken. Die Verblüffung über

---

5 Christa Wolf ist in ihrem Roman Kindheitsmuster in literarisch ganz anderer Form der Schlüpfrigkeit von Worten und Redewendungen nachgegangen, auch in ihrem Fall als Studium der Einübung des Einverständnisses mit alltäglichem Faschismus.

diese Zusammenstellung kommt aus der gleichen Benennung von kulturell Inszeniertem, biologisch eher Faktischem, Produktivkraftabhängigem. Die Gleichsetzung macht, dass eine Aufregung über das Urteil des Veraltens entsteht. Sie verhindert allzu bereitwilliges Einverständnis und stiftet an zum eigensinnigen Nachdenken über die Produktion kultureller Bedeutungen.

Der Vergleich ist schließlich noch ein durchgehendes ordnendes Prinzip für eine Reihe von Lehrsätzen über die Verhältnismäßigkeit der Verhältnisse. Wo Adorno von oben diagnostiziert:

> »Es gibt kein richtiges Leben im Falschen« sagt nichts anderes, als dass alle Versuche, inmitten der Realität der Forderung der Gerechtigkeit nachzukommen, notwendig terminieren im Unrecht gegen einzelne andere oder im Unrecht, das der Einzelne gegen sich selbst begeht (Probleme, 1956, zit. nach Schweppenhäuser, 1996, 182),

sagt Ziffel bei der Diskussion um die Gefängnisreform praktisch: »Ich bin gegen geordnete Zustände im Schweinestall.« (1416)

Der Alltagsverstand und die Erfahrung

Brecht überführt die Fragen, ob man aus Erfahrung lernen kann, ob man ohne sie lernen kann oder aus welcher Erfahrung man lernt, in die Untersuchung und Vorführung dessen, wie man aus Erfahrung lernen kann. Maßstab des Lernens ist das Erreichen größerer Handlungsfähigkeit. Eine Ebene, auf welcher der Vergleich sich praktisch entfalten kann, ist der Alltagsverstand. Der Vergleich setzt darauf, dass zumindest eines der beiden verglichenen Elemente bekannt ist, besser noch beide. Die Lesenden müssen Erfahrungen damit gemacht haben. Aber die Erfahrung ist zugleich der Raum, in dem Lehren angeordnet sind, die gegen weiteres Lernen immunisieren. Man weiß, dass etwas so und so ist, es war von jeher so, es wird immer wieder so sein. Der Alltagsverstand sammelt Erfahrungen auf mehreren Ebenen, ja, er vermag sie zu tradieren. Antonio Gramsci ging davon aus, dass im Alltagsverstand die Erfahrungen aus verschiedenen Zeiten und Bewusstseinen kritiklos angehäuft werden und je nach Bedarf die eine oder die andere zur Legitimation und Erklärung eigener Handlungen und Entschlüsse hervorgeholt werden können. Der Alltagsverstand ist so die Basis, von der her die Einzelnen sich die Welt zurechtlegen und zu ihrem Nutzen Handlungen durchzuführen suchen, und zugleich die Behinderung emanzipierter Handlungsfähigkeit. Der Alltagsverstand ist widersprüchlich, zumindest inkohärent. Je nachdem, zu welchem Kollektiv die einzelnen Praxen und ihre Zurechtlegungen gehören, werden die Begründungen kulturell verankert. So kann einer zugleich abergläubisch sein in vielen Alltagsentscheidungen, eine wissenschaftliche Weltanschauung haben, sich die Dinge zum Wohle aller zurechtlegen und die Abgabe aller Handlungsfähigkeit an einen Führer in einer anderen Dimension seines Alltagsverstandes für richtig halten. Gramsci zog daraus den Schluss, dass jeder Einzelne sich Rechenschaft ablegen müsse, in welcher Schicht seine Urteile jeweils abgelagert sind, ob er selbst sie mit seinem fortgeschrittensten Bewusstsein für angemessen halten könne; dass er ein Verzeichnis von seinem Alltagsverstand anlegen müsse, dessen Besichtigung und Neuordnung ihm mehr Handlungsfähigkeit in einem von ihm selbst bejahten Sinn ermögliche. (Gef 6, H. 11, § 12, 1376)

Brecht nutzt diese Anlage des Alltagsverstands zu aktiver Lernerfahrung. Er mobilisiert die verschiedenen Erfahrungsebenen und richtet sie gegeneinander, damit sie einander richten.

Nehmen wir einen Satz vom Anfang (der am besten durchgearbeitet ist): »[...] die Hauptsach ist der Führer oder Duce, aber sie brauchen auch Leut zum Führen. Sie sind groß, aber irgendjemand muss dafür aufkommen, sonst gehts nicht.« (1384) Der Satzteil »jemand muss dafür aufkommen« setzt auf alltägliche Erfahrungen im Ökonomischen, der zweite, »sonst gehts nicht«, auf Erfahrung in der Mechanik. Die Zusammenfügung zeigt das Mechanische als ökonomisch, das Ökonomische als mechanisch und vermittelt in vereinter Stärke die Notwendigkeit, die wiederum auch einer möglichen Alltagslogik entspringt: Ohne Geführte gibt es keinen Führer. Es muss nicht mehr ausgesprochen werden, sondern wird von den Lesenden gedacht, dass das Ringen um die Geführten gehen muss und uns dabei einschließt; dass sie sich und wir uns nicht länger führen lassen. In Unruhe gerät das Einverständnis, Worte wie Führer zu sprechen und zu denken, ohne dabei an sich selbst zu denken als jemanden, der geführt wird.

In der oben angeführten längeren Passage über die Höherwertigkeit des Passes und seiner Notwendigkeit und bedeutsamen Wahrheit gegenüber dem Menschen werden wiederum Erfahrungen auf eine Weise ausgesprochen, dass Lehren gezogen werden müssen über die Veränderungsnotwendigkeit der Gesellschaft. In solchem Fall wird eine Erfahrung, die jeder Mensch, da jeder einen Pass besitzt, gemacht hat, durch den Bezug auf den unedlen Menschen, den der Pass repräsentiert, in produktive Unruhe gebracht. Mit Stammtischsätzen, wie *es ist wichtig, dass du einen gültigen echten Pass hast,* ertappt man sich bei Aussagen, die in den neuen Verhältnissen bedrohlich sind. Die Anordnung der Satzstücke und der Kontext der Worte wird so gewählt, dass man die neue Erfahrung machen muss, dass man selbst ein Wissen besitzt, das unheimlich ist.

Begriffe im Zwielicht

Kalle sagt:

> Das Wort »Volk« ist ein eigentümliches Wort [...] Es hat eine ganz andere Bedeutung nach außen als nach innen. Nach außen, nach den anderen Völkern hin, gehören die Großindustriellen, Junker, höheren Beamten, Generäle, Bischöfe usw. natürlich zum deutschen Volk, zu keinem andern. Aber nach innen hin, wo es sich also um die Herrschaft handelt, werden Sie diese Herrn immer vom Volk reden hören als von »der Masse« oder »den kleinen Leuten« usw.; sie selber gehören nicht dazu. (1479)

Die Passage tut nichts anderes als zwei Aussagen, die ein jeder aus eigener Erfahrung kennt, so aneinander zu rücken, dass selbsttätig Lehren gezogen werden müssen über die Flexibilität des Klassencharakters von Worten und damit über ein Element von Herrschaft. Ziffel lehrt über Hegels Logik:

> Sie behandelt die Lebensweise der Begriffe, dieser schlüpfrigen, unstabilen, verantwortungslosen Existenzen; wie sie einander beschimpfen und mit dem Messer bekämpfen und sich dann zusammen zum Abendessen setzen, als sei nichts gewesen. Sie treten sozusagen paarweise auf, jeder ist mit seinem Gegensatz verheiratet, und ihre Geschäfte erledigen sie als Paare [...] Sie können weder ohne einander leben noch miteinander. (1461)

Aber die Begriffe »sind die Griffe, mit denen man die Dinge bewegen kann«. Diesen dialektischen Zusammenhang, »den Witz einer Sache«, das Gegeneinander, die unaufhörliche Veränderung und Bewegung, für die Erkenntnis und also Veränderbarkeit von Gesellschaft zu nutzen, die versteinerten Auffassungsverhältnisse zum Tanzen, die Worte und Begriffe in Bewegung zu bringen, uns sie in dieser Bewegung zu zeigen, dem dienen die *Flüchtlingsgespräche*.

An anderer Stelle wird Alltagserfahrung in der Form einer einfachen, verständlichen Erzählung mit einem ›philosophischen‹ Satz so zusammengebracht, dass Letzterer in seinem Klassencharakter wiederum auch als Herrschaftssatz gedacht werden muss. Ziffel eröffnet: »Alle großen Ideen scheitern an den Leuten.« (1425) Kalle stimmt mit einem Beispiel zu:

> Mein Schwager würd Ihnen beistimmen. Er hat den Arm in die Transmission gekriegt und die Idee gehabt, er könnt einen Zigarrenladen mit Nebenverkauf von Nähzeug, Nadeln, Zwirn und Stopfgarn aufmachen, [...] aber die Idee ist daran gescheitert, dass er die Lizenz nicht gekriegt hat. Es hat nicht so viel gemacht, weil er das Geld doch nie zusammenbekommen hätt.

In Kalles Beispiel wechselt die Bedeutung von den »Leuten« zweimal Kontext und Stellenwert – einmal sind es die, welche die Lizenz nicht geben, also die Oberen, einmal der Schwager, der das Geld nicht zusammenkriegt, also ein Unterer – aber es ist seine eigene Idee, die an seinem Unvermögen (wobei auch dieses Wort seine unheimliche Nähe zum Geldbesitz zeigt) und an den Oberen scheitert. Kalle missversteht also und mogelt in den ganz offensichtlich vom oberen Standpunkt gesprochenen Ziffel-Satz eine Lehre über das Unglück der kleinen Leute. Natürlich muss Ziffel widersprechen, doch wieder werden die Leser im Zickzack geführt, d.h. in Bewegung gehalten. »Das ist nicht, was ich eine große Idee nenne«, wendet Ziffel ein und wiegt damit die Lesenden sehr kurz im Einverständnis über ihr vorgängiges Wissen von großen Ideen. »Eine große Idee ist der totale Krieg.« Der mögliche Einspruch, dass es sich hier nicht um eine Idee, schon gar keine große, sondern um blutige Praxis handele, wird als unzureichend von einigen Nachrichten übertroffen, welche die Rolle einer neuen Erfahrung übernehmen. Ziffel berichtet, dass im totalen Krieg die Leute, »die Zivilbevölkerung«, die Pläne der Heeresleitung zunichte machten, weil sie aus dem Land fliehen und so die Aufmarschwege für Truppen und Material störten, den Soldaten die Vorräte wegäßen und so den »Kriegsschauplatz unsicher machten«. Der Satz über die Störung der großen Ideen durch Leute wird als eine Verkehrung im Dienste von Herrschaft entzifferbar. Die Verkehrung setzt sich geradezu lustvoll fort in den Gebrauch der einzelnen Worte: »Rücksichtslos«, sagt Ziffel, »haben sich die Bewohner zur Flucht gewandt« (1426). Man kann ergänzen, dass dem reibungslosen Funktionieren der Pläne der Heeresleitung als Sachwalterin großer Ideen hätte Rücksicht geschuldet werden müssen, und verfolgt einverständig Ziffels Lösung:

> Man hätt rechtzeitig an die Evakuierung des Kontinents denken müssen. Nur die restlose Entfernung der Völker könnt eine vernünftige Kriegführung mit voller Ausnützung der neuen Waffen ermöglichen.

Die Leser können diese Geschichte jetzt ohne große Mühe weiter mit fortspinnen, in der auch Worte wie *vernünftig*, aus dem gewohnten Kontext genommen, unter Verdacht geraten und in der Redensarten wie »etwas muss Zukunftsmusik bleiben« ihrer anrüchigen Komplizenschaft überführt werden. Schließlich soll als Entscheidung getroffen werden: »Entweder wird die Bevölkerung abgeschafft, oder Krieg wird unmöglich.« (1428) Da die Lesenden aus Erfahrung wissen, dass die Bevölkerung im Krieg mitmacht, zwingt die nachvollziehbare Logik in dem Gespräch von Kalle und Ziffel zu eingreifendem

Denken über die Notwendigkeit, diesen Gegensatz von Krieg und Bevölkerung auf gute Weise praktisch werden zu lassen.

In einem weiteren Stück versuchen Ziffel und Kalle die Erfahrungen, die als solche als ›unschuldig‹ wahrgenommen werden, als praktische Komplizen von Herrschaft vorzuführen und dabei eine Lehre in den Zusammenhang von Wirtschaft und Krieg zu geben, der so radikal wird, dass die kleinen Taten der kleinen Leute als Bestandteil von Kriegen erkennbar werden. Es gibt also keine Lösung, die davon ausgeht, dass sich die Bevölkerung teilen ließe in gute Kriegsgegner und schlechte Mitmachende und man also nur die Menge der Gegner vermehren müsste. Wieder beginnt es mit einem einfachen Beispiel, in dem das ebenso einfache schnelle Urteil als nicht weitreichend genug überführt wird. Kalle berichtet von einem Kriegsgegner, der beruflich Giftgas hergestellt hat und der Auffassung war, dass er mit der Verwendung seines Produkts nichts zu tun habe. Mit knappen Strichen überführt er eine Haltung als bigott, die diesen Produzenten von Militärgütern verurteilen und ihm keinen »privaten« Pazifismus zubilligen will. Auch die Fahrradproduzenten arbeiten am Krieg, denn wenn die Fahrräder nicht über die Grenzen können, weil die Märkte besetzt sind, müssen die Tanks über die Grenzen. Wieder werden die einzelnen Worte wie *besetzt* und *Grenzen* durch den Kontext zum Schlüssel für andere Zusammenhänge. Kalle zeigt, dass die Wirtschaft zum Kriege führt und also die Produzenten etwas mit der Wirtschaft »zu tun haben« müssen, um die Zwangsläufigkeit von Kriegen zu verhindern – der Fahrradhersteller so gut wie der Giftgasproduzent. »Die Barbarei kommt schon von der Barbarei, indem der Krieg von der Wirtschaft kommt.« (1431)

Die Erfahrungen werden so zur Erkenntnis gebracht, dass sie in ungewohnten Zusammenstellungen neue Urteile erlauben. Positive Gefühle in einzelnen Worten – wie etwa Zukunftsmusik, human, Vertrauen, vernünftig etc. – blamieren sich durch die Probe aufs Exempel. Die Lesenden müssen in eine Unruhe geraten, die ihnen eine Veränderungshaltung abnötigt, welche zu grundlegenderen Einsichten und Handlungen führt. Nicht den privaten Pazifisten verdammen, nicht die Wirtschaft für human halten und nur den Krieg nicht, nicht einen vernünftigen Plan als solchen gutheißen, in schlechten Verhältnissen nichts ungeprüft lassen usw. Das Lese-Publikum kommt zu dem Ergebnis, dass es aus eigener Erfahrung genug weiß, dass es die eigenen Köpfe endlich zum eingreifenden Denken benutzen könnte.

Tugenden

Die hartnäckigsten Blockierungen gegen Veränderungsdenken finden sich in den Werthaltungen der Menschen. Was sie für gut und richtig halten, was für ablehnens- und bekämpfenswert, wo sie sich zur Ruhe setzen und wo sie zum Aufbruch bereit sind, bestimmt herrschende Moral, in die sie sich einfinden, der zuzugehören zu ihrer Handlungsfähigkeit gehört. Die versteinerten Verhältnisse zum Tanzen zu bringen bedingt daher, die installierte Moral in Bewegung zu bringen. Moral ist Fremdbestimmung gesellschaftlicher Regelungskompetenz. Wo die Menschen nicht aus Einsicht handeln, handeln sie nach Werten. Diese sind darum mit Misstrauen zu betrachten. Der Angriff auf die normalen Tugenden, die in Geltung sind, gehört daher zu den wichtigen Lernarrangements in den *Flüchtlingsgesprächen.* Alle bislang vorgeführten Methoden von Brecht vereinen und entfalten sich in der Auflösung und Zersetzung der Werte. Im Abschnitt über die Alltagserfahrung gehörten zu den vorgeführten Elementen der Darstellung Beispielgeschichten, die so erzählt waren, als hätte man sie selbst erfahren oder könne sie eines Tages erleben. Mitten in den Sätzen finden sich Worte, die schlecht zu sitzen scheinen und darum zunächst auf einen unfähigen Sprachschneider schließen lassen. Sie aber zeigen, dass auch Worte nicht einfach unschuldige Satzteile sind, sondern aufladbar mit bestimmter Bedeutung. Dieses Verfahren kommt insbesondere zur Geltung, wo es um die Tugenden geht.

Der Mensch ist gut

Kalle eröffnet das Gespräch mit einer Provokation: »Das Wort ›gut‹ hat einen hässlichen Beigeschmack.« (1434) Soeben noch bereit, uns beim Klang des Wortes *gut* wohlig und beifällig zurückzulehnen, spüren wir ihn sofort auch, den hässlichen Beigeschmack, wie bei einem Essen, in dem ranziges Öl verwendet wurde. Die Störung kommt keinesfalls als Erkenntnis oder als Wissen, vielmehr stellt sie sich ein auf der Ebene der Gefühle, der Unreinheit des Geschmacks. Brecht wählt strategisch das Wort Beigeschmack; es trifft uns in einem Raum, wo wir uns noch erinnern können, aber noch nicht gedacht haben. Wir geraten in eine Forschungshaltung. So lässt er den Ziffel auch keineswegs diese Aussage als falsch hinterfragen oder bezweifeln, sondern Material zusammentragen, das diesen ersten Satz unterstützen kann. Im Amerikanischen heiße ein guter Mensch »sucker«, was einen auf den Leim Gegangenen, einen Hereingefallenen bedeute, »das, was ein Bauernfänger sucht, wenn er Hunger hat«. Die nachgeschobene Ergänzung rückt die Frage in soziale Verhältnisse. Als ein guter Mensch taucht einer auf, der das Opfer derer wird, die nichts zu essen haben. Kalle schlägt als Methode vor, Zusammensetzungen des Wortes ›gut‹ bzw. seiner alltäglichen Bedeutung mit der arbeitenden Klasse zu versuchen, um den Klassencharakter des Wortes zu erkennen: Etwa ein »gütiger Bäckergeselle«, ein »leutseliger Metallarbeiter«. Das Wort *gut* verwandelt sich in eine Tugend der Oberen, wirkt dort aber als eine, die diese zu Opfern macht. Ist Gutsein also nichts Erstrebenswertes? Kalle entziffert, dass Gutsein keine Eigenschaft oder Tugend ist, sondern in der Wirklichkeit eine Praxis der Unteren: »Die Textilarbeiter kleiden uns, die Bauernknechte nähren uns, die Brauer tränken uns, die Setzer bilden uns.« Aber auch dieser Satz bleibt nicht einfach optimistisch und lehrhaft stehen wie ein Volkslied, in dem er hätte gesungen werden können, sondern wird sogleich verwandelt in eine Empörung über gesellschaftliche Verhältnisse. Sie tun dies nämlich gegen »ein bekannt schäbiges Entgelt«, sie sind selbstloser als in der Bergpredigt. Der Zweifel der Leser, ob das Wort *gut* in Lohnarbeitsverhältnissen angebracht und gut aufgehoben sei, wird sofort von Ziffel aufgenommen und auf eine Weise verneint, dass die mögliche Bejahung als Aufforderung an die Moral, wie sie aus Geschichten, die zur Tugendhaftigkeit erziehen wollen, bekannt ist, ins schiefe Licht gerät. Ziffel sagt nämlich:

> Zum Gutsein fehlt ihnen, dass sie damit einverstanden sind, wenn das Entgelt schäbig ist, und erfreut, dass wir angenehm leben. Das sind sie aber *nicht.*

Der Klassencharakter der Moral vom guten Menschen wird umfassender. Gutsein kann nicht nur eine Eigenschaft der Oberen sein und dort eine fragwürdige, die nur diejenigen trifft, die aus Dummheit gefressen werden; sie ist offenbar eine Praxis der Unteren, aber sobald sie als Aufforderung an deren Moral auftritt, einfach eine Anforderung, nicht gegen schlechte Zustände zu rebellieren. Kalle schlägt noch ermäßigend vor, das Gutsein folgenlos auf den Feierabend zu verschieben, eine Wendung, welche die beiden zur Überlegung anstiftet, ob nicht auch das Leben auf den Feierabend geschoben sei. Ziffel interveniert, dass Menschlichkeit überhaupt, welche jetzt als Synonym für Gutsein auftritt, ein gewaltiges Risiko sei, eben eines, gefressen zu werden, wie das Kalb, das schmackhaft sei.

Am Ende geschieht, was am Anfang behauptet wird: Das Wort *gut* bekommt einen überaus hässlichen Beigeschmack. Das gelingt nicht über seine Konfrontation oder Verbindung mit einer einfachen Negation, etwa durch Parteinahme fürs Hässliche oder Böse, also nicht auf dem Feld der Moral und der entsprechenden Haltungen selbst als mögliche positive Eigenschaften des Menschen. Eine mögliche Suchbewegung, die zu Erkenntnissen führt, ist dagegen eine andere Gegensatzbildung auch auf der Ebene der

Sprache. Gut wird der Gegensatz von widerständig und damit zum Synonym für willfährig und unterwürfig. Das Wort wird damit zunächst in einen Klassenkontext überführt, danach in Praxen und ihre gesellschaftliche Nützlichkeit. Diese Bewegung offenbart, dass Gutsein keine passende Bezeichnung für solche guten Praxen ist, sondern nur dann, wenn es gepaart mit einer bestimmten Haltung auftritt. – Hier bereitet Brecht die Thematik aus den *Sieben Todsünden* und aus dem *Guten Menschen von Scechuan* vor. Gutsein heißt, einverstanden sein mit dem Unrecht, mit der ungerechten Verteilung des Reichtums. Das Hin und Her zwischen zugesprochenen Eigenschaften und Tugenden, einsichtigen Praxen, Klassenverhältnissen hat nicht zum Ziel, auf das Gutsein zu verzichten, vielmehr es aus falschen Verhältnissen, schlechtem Umgang zu befreien. Die Sache wird zu dem Schluss getrieben, den in diesem Fall die Lesenden selbst ziehen müssen: Ich bin für ein Land, in dem es einen Sinn hat, gut zu sein.

Das Einverständnis und kleinere Tugenden: Fleiß, Gehorsam, Dankbarkeit, Nächstenliebe, Selbstbeherrschung, Keuschheit, Opfersinn, Würde

Brecht verfolgt also die Methode, Worte wie Bausteine in ungewohnte Kontexte zu setzen oder mit ebenso ungewohnten Urteilen zu versehen und sie durch die Klassenverhältnisse zu schicken, sodass sie anders zu sprechen beginnen, kantig werden, unpassend etwas über die Verhältnisse sagen, in denen sie passend waren, und also eingreifendes Denken aufzurühren. Daneben setzt er bei der Denunziation der Tugenden auch das Mittel der kleinen Geschichten und Beispiele ein, die selbst in der einfachen Form der Erinnerungs- oder Lehrgeschichte so gebaut sind, dass sie im Tone des Einverständnisses über armselige Verhältnisse berichten. Auf diese Weise stiften sie zum Misstrauen gegen die zuvor gewohnheitsmäßig als rein und erstrebenswert gedachten Tugenden an. Kalle hat den Part, solche Erinnerungen in dieser Form zu berichten. Er beginnt:

> Wir in den ärmeren Vierteln sind viel tugendhafter erzogen worden als Sie. Wie ich sieben Jahr alt gewesen bin, hab ich in der Früh vor der Schul Zeitungen austragen müssen, das ist Fleiß, und das Geld haben wir uns von den Eltern wegnehmen lassen, das ist Gehorsam. Wenn der Vater […] uns durchgeprügelt hat, so haben wir lernen können, Schmerz zu ertragen, und wenn wir nur Kartoffeln gekriegt haben und zu wenig, haben wir »danke« sagen müssen, der Dankbarkeit wegen glaub ich. (1413f)

Ziffel hat in den Gesprächen u.a. den Part, die Schlussfolgerungen, die die Lesenden schon gezogen haben, ein weiteres Mal in Bewegung zu bringen durch einen über das bisher Gelernte hinausgehenden Neubeginn, zumeist durch einen überraschenden Terrainwechsel, der in diesem Fall vor dem vorschnellen Einverständnis mit der Empörung über das Elend der Unteren schützt bzw. dieses nicht erst aufkommen lässt. Er spricht hier nicht über die Lage der Unteren und auch nicht über die Tugenden, sondern über die Weise ihres Zustandekommens: Sie wurden erpresst. »Aber ich bin überzeugt, ihr habt doch immer noch zu wünschen übrig gelassen« (1414). Er leitet sogleich über in die nächste Geschichte, in der man von den Listen eines Dienstmädchens erfährt, die, obwohl im Rufe reinlich und fleißig zu sein, dabei ertappt wurde, dass sie mit den Kindern »allerhand Spiele« gespielt hat,

> z.B. dass wir kleine Gegenstände, einen Radiergummi an ihr haben suchen müssen, sie hat ihn irgendwo an sich versteckt, oben, wo der Strumpf anfängt, oder zwischen den Brüsten oder wo die Beine aufhören (1414),

worauf die Mutter ihr die Tugendhaftigkeit absprach und der Vater ihre Unvollkommenheit ihrer Abstammung aus dem Volke zuschrieb. Das Gespräch wird weitergeführt über die Lücken in der Moral, die Abhängigkeit der Unteren von der Tugend und den Transfer der Unkeuschheit in die Kunst bei den Oberen und endet nach einer kurzen Bemerkung über die Schwierigkeiten der Unkeuschheit, wenn die Lebensweise schlecht ist, mit dem Satz, der häufig wie eine Art Kehrreim mit je anderer Eigenschaft gebraucht wird: Ich bin für ein Land, wo es einen Sinn hat, unkeusch zu sein. (1417)

Ziffel liest eine unheimliche Geschichte vor, in der es dem Arzt, den wir analog aus anderen Zusammenhängen kennen, als Flüchtling nicht erlaubt ist, sein Wissen und seine Fähigkeiten anzuwenden, kurz, in der einer nützen könnte, es aber nicht darf. Die Erzählung ist so montiert, dass die jeweiligen mit Werthaltungen zusammengedachten Praxen genau verkehrt herum verfahren, dass die moralischen Haltungen jeweils am verkehrten Platz sitzen bzw. Unmoral zur geforderten Moral wird. Verrat wäre es, zu berichten, dass einer einem geholfen hat. Der Arzt hilft nicht, um sich sein Einkommen zu verdienen, sondern er bringt sich um seine Existenz, wenn er heilt. Er tut es dennoch gegen »seine eigenen Interessen« (1472). Er gerät unter weitere Verfolgung und vereinbart immer heimlichere Verstecke, um seine Kunst anzuwenden. Zuletzt treffen sich Arzt und Patient auf einer Hoteltoilette. Ziffel und Kalle bezeichnen das ärztliche Verhalten als *Nächstenliebe*. Die Geschichte liefert den Kontext, dass diese gefährlich ist für den, der sie ausübt, wie für den, der auf sie angewiesen ist. Die Nächstenliebe gerät so zu einer

Tugend, die äußerst fragwürdige Verhältnisse zur Grundlage hat. »Sie sind sicherer in einem Lande, wos keine Nächstenliebe braucht, damit Sie kuriert werden«, sagt Kalle und rückt wie immer die Notwendigkeit anderer gesellschaftlicher Verhältnisse in den Blick. Heine hat den denkwürdigen Satz formuliert: »Moral ist Zahlungsfähigkeit.« Ziffel benennt als Ausweg: »Wenn Sie zahlen können, sind Sie nirgends auf Nächstenliebe angewiesen.« (1472)

Im Zwiegespräch werden immer weitere Tugenden demontiert, aus ihren Halterungen gerissen, in ihr Gegenteil gewendet, in Haltungen überführt, die untragbar sind, aber nicht nur als individuelle, sondern vor allem als Haltungen, die auf eine große Unmoral der Verhältnisse verweisen, die darum ihr jeweiliges Funktionieren als selbstschädigende und unnütze Haltung den Einzelnen abverlangt. Dabei werden unter der Hand Positionen aus der Moralphilosophie in jeweilige Herrschaftsverhältnisse überführt und in unsere Verhältnisse weitergetrieben.

Ziffel führt als eine der bedeutenden Tugenden die *Selbstbeherrschung* vor. Er zitiert antike Philosophen, die er als sorgfältige einverständige Formulierer von Klassenverhältnissen achtet. Wer andere beherrschen will, muss lernen, sich selbst zu beherrschen. Er kritisiert diese Aussage sofort und überführt sie in moderne Klassenverhältnisse: »Es muss heißen: wer andere beherrschen will, muss ihnen lehren, sich selbst zu beherrschen«. Durch die Auseinanderziehung in zwei Gruppen, die im ersten Satz ein wenig verdeckt waren, wird zugleich entzifferbar, dass es in der Frage der Herrschaft eine Art von Zusammenarbeit von Herrschenden und Beherrschten gibt, »was Demokratie genannt wird« (1473f). In weiteren Beispielen wird mangelnde Selbstbeherrschung als gefährlich, weil als abweichendes Verhalten erkennbar, entziffert und schließlich für eine Verallgemeinerung der Unbeherrschtheit gesprochen, dass sie nicht mehr auffällt. Diese Methode, eine bestimmte Haltung durch allzu viele Beispiele unhaltbar zu machen, um sodann ihr Gegenteil als allgemein vorzuschlagen, wird immer wieder angewandt. Sie dient in allen Fällen dazu, scheinbar individuelles Verhalten in politisch-soziale Verhältnisse einzulassen und diese so vorzuführen, dass sie das Unhaltbare sind. – In dieser Weise erledigt Ziffel im Handumdrehen das *Heldentum*, indem er es als Wirkung eines Drills bei Eingelassenheit in bestimmte Verhältnisse, z.B. im Krieg als Tugend von willenlosen Automaten zeigt. (1492f) Die Methode ist hier, die Folgen bestimmter Strukturen für die Handlungen und Haltungen der Einzelnen einverständig ins Extrem zu treiben.

In ihrer Schrift zur *Krise der Sozialdemokratie* hat Rosa Luxemburg die Verhältnisse so beschrieben, dass »der Schutzmann an der Ecke [...] der einzige Repäsentant der Menschenwürde« blieb; Brecht führt solche verkehrten Verhältnisse weiter und erledigt durch Übertragung die Tugend des *Opfersinns.*

> Die einzigen Geschöpfe, die keinen Opfersinn kennen, sind Tanks, Stukas und überhaupt Motoren [...] sie streiken sofort, wenn es kein Futter gibt [...] Diesen Geschöpfen fällt es am leichtesten im Land, ihre Würde zu bewahren. (1494)

Vielfach geht es um einzelne Worte, die auf den ersten Blick »einfach« ausgesprochen werden, dann aber als solche erkennbar werden, die an bestimmter Stelle festsitzen. Sie gilt es zu lockern. Das geschieht zum Beispiel so: Kalle »ermannte sich jedoch dann und blieb sitzen« (1385). Durch die unerwartete Konsequenz wird die Haltung im *Ermannen* fragwürdig und im Anschluss verkehrt. Indem gewissermaßen die falsche Schlussfolgerung gezogen wird, wird die Haltung im Wort ›ermannen‹ zugleich lächerlich und auf neue Weise sprechbar. Sie gerät in Bewegung. – Oder es werden die Worte *Sorge* und *sich kümmern* und ein *Interesse am Menschen* so in einen Kontext mit staatlichem Kriegsinteresse gebracht, dass diejenigen sich glücklich schätzen können, um die keine Sorge getragen wird. Man lernt: Als einseitige Beziehungen sind diese Tugenden fragwürdig für die, denen sie gelten. Sie künden von Verhältnissen, in denen die meisten keine handlungsfähigen Akteure sind. Im schlimmsten Fall sind sie Vorbereitungen für ihre Tötung. – Kalle verwandelt das Wort Arbeiterschaft in Bettelschaft (1479). Die Umbenennung drückt eine reale Bewegung aus und zeigt, anders als das Wort *Arbeitslose*, die durch die Rationalisierung der Fabriken erfolgte Verwandlung einer aktiven Kraft in eine Gruppe, die nichts mehr zu erwarten hat. Es ist wirklichkeitsnäher und deutlicher, weil es Akteure benennt, nicht Zustände.

Freiheit

Neben der Ordnung ist die Freiheit eines der Felder, der Freiheitsdurst eine der Tugenden, auf die sich in den Flüchtlingsgesprächen vieles zuspitzt. Freiheit ist auch meines Wissens in den historischen Klassenkämpfen am meisten missbraucht, gegen die freiheitsliebenden Kämpfer gewandt worden und gehört immer wieder – etwa in der Perspektive der Befreiung – zu den bewegenden Zielen, zu denen Menschen aufbrechen. Es betrifft sie als Individuen schon von klein an. Wenn sie der Kontrolle und dem Schutz der Älteren entwachsen wollen, wird Freiheit der magische Ort, zu dem es sie zieht. Es betrifft uns als Einzelne und kollektiv, wenn wir uns gegen Unterdrückung und Zwang auflehnen. Freiheit und Befreiung werden zu Synonymen von Menschlichkeit und Glück. Wir wissen aus politischer Erfahrung Freiheit als das am meisten Missbrauchte, insbesondere im Kalten Krieg in diesem Jahrhundert, in den kolonialen Unterwerfungen überall auf der Welt. Selbst noch im ›Kampf gegen den Terror‹ geht es den Worten nach um Freiheit. Das

Studium der Freiheitskämpfe in der Geschichte gehört zu den atemlos betriebenen Studien; die Literatur, insbesondere die klassische, ist voll von Helden der Befreiung.

Wie also ringt Brecht mit dem Begriff, dem Kontext, den Gefühlen von Freiheit?

Kalle und Ziffel setzen sogleich mitten im medial verstärkten Volksvorurteil an, ziehen uns also an den Ort, wo die Gefühle um das Wort noch eindeutig und sein politischer Einsatz zugleich so offensichtlich wird, wie er allgemein Zustimmung findet: »Sie werden mir zugeben, dass der Kommunismus die Freiheit des Individuums vernichtet.« (1480) Wie immer greift der andere nicht wirklich zur Entgegnung, sondern, da es Kalle ist, zum Einverständnis, wodurch die erste Position vorübergehend gestärkt ist. Das Einverständnis ist allerdings sogleich subversiv und hebelt den anderen an unvermuteter Stelle aus. Kalle fragt einfach: »Fühlen Sie sich besonders frei?« Das erste Urteil wird zur Überprüfung im eigenen bekannten Kontext in eigenen Verhältnissen herausgefordert. Es muss demnach praktisch werden. Ziffel ist ein besonderer Gesprächspartner. Er bleibt niemals auf dem gleichen Niveau, auf dem ein Gespräch anfing, und zwingt damit die Lesenden, ebenfalls ihre Gedanken nach vorn zu bewegen. Er behauptet also nicht, dass es sich im Kapitalismus frei leben lasse, eine Behauptung, die in ein Gezänk aus Beispielen führen würde, sondern bedenkt schon die nächste Anstrengung: »Aber warum soll ich die Unfreiheit im Kapitalismus mit der Unfreiheit im Kommunismus eintauschen?« Der Satz ist so logisch und nüchtern, dass er die Gefühle, die eben noch wie Bleigewichte an der fehlenden Freiheit des Individuums im Kommunismus gehangen haben, freilässt und stattdessen den Lesenden eine vergnügliche Haltung erlaubt, wie bei einem sportlichen Match. Der kurze Dialog ist eine Übung in der Befreiung der Gefühle aus einer Art ideologischem Klebstoff, der mit falschem Mitleid am Schicksal »der anderen« hing, in der Lust am Denken. Man ist jetzt wirklich gespannt, was Kalle antworten wird. Dieser unterwühlt das eben noch sichere Gelände mit unvermuteten Einverständnissen auf allen Ebenen zugleich, in die er lauter Denkwiderhaken einbaut, die den gewöhnlichen Fluss, das gewohnheitsmäßige Denken, durch kleine Eingriffe und scheinbare Zugeständnisse aus der Bahn werfen. »Absolut frei ist niemand, der die Herrschaft hat, auch das Volk nicht.« (1480) Die Freiheit wechselt unversehens den Standpunkt, erscheint als eine Dimension von Herrschaft und also der Oberen und wird im gleichen Atemzug wieder allgemein – Freiheit in Gestalt von Volksherrschaft. Noch bevor man den unvermuteten Einsatz und die Verbindung von Herrschaft und Freiheit denkend und gefühlsmäßig entspannt nachvollziehen kann, gibt Kalle als Beispiel für die Unfreiheit der Kapitalisten, dass sie nicht so frei seien, einen

Kommunisten zum Präsidenten einzusetzen. Das Beispiel setzt noch auf konsensuelles Vorwissen und deutet auf Mord und Kämpfe aus der Geschichte unterdrückter Völker – da wechselt Kalle beiher ein weiteres Mal die Ebene des Argumentierens und zieht ins Ökonomische. Die Kapitalisten sind nicht so frei, dass sie »so viele Anzüge herstellen können als gebraucht werden, nur so viel als gekauft werden«. Was soeben noch auf der Ebene der politischen Moral hätte nachempfunden werden können, wird so auf die Ebene des ökonomischen Zwangs geschoben. Die einfache Formel ist, man kann nicht zugleich wegen des Profits produzieren lassen und dies ganz vom Gebrauch, also auch dem zahlungsunfähigen, abhängig machen. Die Freiheit und die Unfreiheit der Kapitalisten sind keine Tugenden, es taugt daher nicht, ihnen mit besonderen Gefühlen anzuhängen. Und Kalle schließt seine erklärenden Sätze mit einem Beispiel, das dazu auffordert, Freiheit überhaupt nicht abstrakt und absolut zu betrachten, sondern wiederum als Praxis, deren Ziele eigens zu hinterfragen wären. Im Kommunismus ist die Freiheit, sich ausbeuten zu lassen, gestrichen.

Während Kalle die Verkörperung des subversiven Volksdenkens ist, personifiziert Ziffel die Leidenschaft des Denkens. Und selbst dieses wird im Kontext von Freiheit noch einmal in die dazugehörigen Verhältnisse eingelassen und entkommt so ebenfalls der Verführung, absolut gesetzt zu werden. Ziffel sagt abschließend:

> Scharfes Denken ist schmerzhaft. Der vernünftige Mensch vermeidet es, wo er kann. In Ländern, wo es in solchem Umfang nötig ist wie in den mir bekannten, kann man wirklich einfach nicht leben. Nicht, was ich leben heiße. (1481)

Aber es ist auch unbequem, sich nicht zu entwickeln (1422).

An anderer Stelle führen Ziffel und Kalle eine Art Kabarett über die Freiheitsliebe der Schweiz auf. Es ist eine Montage subversiver Pointen, die aber nicht in der gleichen Sorgfalt und provokativen Verrückung und Radikalisierung geschrieben sind wie der Beginn der Flüchtlingsgespräche. Die ›einverständigen‹ Sätze reihen sich aneinander, sodass man nachdenkt über die Abhängigkeit der Freiheit vom Leben in einem Hotel oder dem Besteigen von Bergen oder dem sprichwörtlichen Freiheitsdurst in einem Land, das von Erobermächten umgeben ist. Freiheitsdurst wird so die Antwort auf eine Bedrängnis, also zu einer Mangelanzeige. Die Vorlagen dienen zur erwarteten Sequenz: »Raus aus jedem Land, wo Sie einen starken Freiheitsdurst finden. In einem günstig gelegnen Land ist er überflüssig.« (1444)

Lehren vom Lernen

Fügen wir die einzelnen Schritte und Ergebnisse zusammen. Unter der Voraussetzung, dass Lernen Veränderung meint und seine wesentliche Bedingung also die Fähigkeit ist, Altes loszulassen, um Neuem Raum zu geben, erfahren wir in den Flüchtlingsgesprächen eine ganze Reihe von geradezu idealen Anordnungen, die solches Lernen freisetzen. Da ist zunächst die Vorbereitung von Raum und Zeit. Der Versuch, Gewohnheiten aufzulösen, dies im Denken und Fühlen, in den Haltungen, wird erleichtert durch das Experiment, sich selbst an einen Ort zu versetzen, in dem nichts Gewohntes mehr gilt: im Ausland, auf der Flucht, im Krieg, auf dem Bahnhof. Brecht nutzt hier ethnosoziologische Verfahren und treibt sie weiter. In seiner Anordnung wird das Eigene nicht fremd, dadurch dass das Fremde mit eigenen Augen bemessen wird – wie in der Ethnosoziologie –, sondern das Eigene wird als flüchtig, als in Bewegung zur Verfügung gestellt, dadurch dass alle persönliche Sicherheit verloren ist. Gerade weil praktisch nichts mehr festzuhalten ist, ist große Veränderung denkbar.

In solchem Losgerissensein werden zugleich erste Verknüpfungen erkennbar zwischen Werthaltungen und Tätigkeiten, zwischen Gefühlen, Gewohnheiten und dem Denken und Machen von Veränderung, zwischen dem Denken und Wollen der Einzelnen und ihrer Eingebundenheit in soziale Verhältnisse. Kurz, das Denken in Verhältnissen statt in Wesenheiten wird vorbereitet. Dies geschieht durch ein Verfahren, das in dem ganzen Text angewandt wird, durch etwas, das ich Bereichswechsel genannt habe. Die einzelnen Aussagen, Beobachtungen, Denkformen und Gefühle, die Haltungen im Denken werden in einem ersten Bereich erzählt und sodann in einen anderen überführt, in dem sie sich zumeist blamieren. Der Weg geht zurück in die Kritik der Verhältnisse in beiden Bereichen, nicht zu den Individuen, die Akteure in der Geschichte waren.

Die ideale Form für eine solche Lernanordnung scheint das Zwiegespräch zu sein. Das Schwierige an Brechts Lehren ist, dass er dem, was die Lesenden zu wissen meinen, immer eine zusätzliche, eine tiefere, eine viel weitreichendere Bedeutung gibt. Das hat den Effekt, dass man zugleich beruhigt ist, das eigene Wissen so sorgfältig angewandt zu sehen, und zutiefst beunruhigt, die Konsequenzen des selbst Gewussten nicht selbst radikal genug durchdacht zu haben. Die Weiterführung und Revolutionierung des eigenen Wissens geschieht also zumeist durch Überführung des in einem Bereich separiert gehaltenen Wissens in einen anderen Bereich, wo es plötzlich unheimliche Einsichten ermöglicht. Freilich gelingt dieses Verfahren nur, wo überhaupt schon Wissen vorhanden ist. So lässt Brecht Ziffel darüber sprechen, dass der Forscher in Experiment und Beobachtung das Feld, das er untersucht, verändert, dass er also selbst Teil des Forschungsfeldes ist. Er lässt ihn sogar den Namen für diese Erkenntnis nennen: den heisenbergschen Unsicherheitsfaktor (1420). Brecht geht es aber nicht einfach um diesen Zusammenhang, sondern sogleich darum, wie er für bewusste Veränderung nutzbar zu machen ist. Er kehrt Frage und Ergebnis gewissermaßen in umgekehrte Richtung. Wenn wir durch Beobachtung ein durch sie »verstörtes Leben« vorfinden, nicht das normale, dann gilt in der sozialen Welt:

> Die Untersuchung der sozialen Vorgänge lässt diese Vorgänge nicht unberührt, sondern wirkt ziemlich stark auf sie ein. Sie wirkt ohne weiteres revolutionierend. (1420)

Es ist nicht möglich, soziale Verhältnisse zu begreifen, ohne sie nicht zugleich in Frage zu stellen, sie umzuordnen, sie anders zu denken; da man selbst Teil von ihnen ist, im Denken ihre und die eigene Veränderung beginnend. Die Untersuchung der sozialen Vorgänge ist dabei nicht einfach die Tat einzelner Intellektueller, sondern selbst eine Beschäftigung der vielen (auch Marx hat dies in seiner *Arbeiterumfrage* praktisch und dabei übliche Umfrageforschung zersetzend vorgeführt, indem er gegen die meisten ihrer Regeln verstieß). Die Anordnung von Ziffel, dem Physiker, und Kalle, dem kommunistischen Arbeiter, beide auf der Flucht, führt zugleich vor, wie die Erkenntnisse aus dem normalen Alltag und die aus dem physikalischen Laboratorium und anderer Abstraktion sich wechselseitig in Frage stellen, weitertreiben, neue Lichtungen schlagen. Eine der wesentlichen Vorgänge dabei ist der genannte ständige Wechsel von Bereichen, die gewöhnlich getrennt wahrgenommen werden und deren Zusammenführung eine »revolutionierende Wirkung« zeigt. Obwohl sie von Ort und Lage her dies keinesfalls sein können, weil sie nicht oder nicht mehr in Gruppen wirken, sprechen Ziffel und Kalle Erfahrungen so, wie es »organische Intellektuelle« im gramscischen Sinn täten, d.h. sie drücken die Erfahrungen von Gruppen von Menschen in weitergebbaren Lehren aus.[6] Brecht führt diese programmatische Analyse fort, indem er die eingreifende Erkenntnis als Zusammenwirken zweier Denkpraxen zeigt. Der Gesamtzusammenhang lässt weitere Erkenntnisse über die Funktion

---

6 Insofern sind die *Flüchtlingsgespräche* ein Text, der in Gruppen gelesen und diskutiert werden sollte, um seine Möglichkeiten zu entfalten. Ich habe dies in einem Seminar zum Lernen in Hamburg begonnen. Es war ein großer Erfolg: Verblüffung, Aufregung, Lust am Denken waren fast mit Händen greifbar.

von Intellektuellen zu bzw. auch über ihre Einbindung in den Staat. Ziffel ergänzt:

> Dies [die revolutionäre Wirkung der Forschung, FH] ist wahrscheinlich der Grund, warum die maßgebenden Kreise tiefer schürfende Untersuchungen auf dem sozialen Gebiet so wenig ermutigen. (1420)

In den gleichen Kontext gehört die herrschende Behauptung einer plötzlichen »Unübersichtlichkeit« der Welt, insbesondere der Wirtschaft, ihrer Krisen, der Unerklärbarkeit plötzlicher Arbeitslosigkeit usw. (1419f), und die an anderer Stelle von Kalle gegebene Einführung in die Analyse der Intellektuellenfunktion:

> Es ist eine ganze Kaste geschaffen worden, eben die Intellektuellen, die das Denken besorgen müssen und dafür eigens trainiert werden. Sie müssen ihren Kopf ausvermieten an die Unternehmer wie wir unsere Hände. (1482)

Unter den Bedingungen des Verkaufens ist Denken kein Genuss. Die Sequenz endet mit einem Lob auf die Genusssucht.

Die Konstellation von Intellektuellen, die ihren Verstand verkaufen müssen und dafür ein bestimmtes Training, genannt Bildung, brauchen, führt zu einer Passage über marxistische Bildung. Ziffel versucht, sie dem gängigen Kurs probehalber anzupassen:

> Eine halbwegs komplette Kenntnis des Marxismus kostet heut, wie mir ein Kollege versichert hat, zwanzigtausend bis fünfundzwanzigtausend Goldmark und das ist dann ohne die Schikanen. Drunter kriegen Sie nichts Richtiges, höchstens so einen minderwertigen Marxismus ohne Hegel oder einen, wo der Ricardo fehlt usw. Mein Kollege rechnet übrigens nur die Kosten für die Bücher, die Hochschulgebühren und die Arbeitsstunden und nicht, was Ihnen entgeht durch Schwierigkeiten in Ihrer Karriere oder gelegentliche Inhaftierung, und er lässt weg, dass die Leistungen in bürgerlichen Berufen bedenklich sinken nach einer gründlichen Marxlektüre; in bestimmten Fächern wie Geschichte oder Philosophie werdens nie wieder wirklich gut sein, wenns den Marx durchgegangen sind. (1440)

In dieser Einführung in den Marxismus als Ware wird zugleich beiher darauf angespielt, dass er Ware in verschiedenen Kontexten ist und auch die entsprechenden Macken hat, und ebenso, dass in die Analyse der Verkäuflichkeit von Wissen mehr gehört als die bloße Anklage, dass es verkäuflich sei. Zur Diskussion steht die eigene Position als Intellektuelle in Gesellschaft, bei denen die Frage, ob sie nach Auftrag oder aus Lust an befreiender Veränderung denken, eine existenzielle Entscheidung ist. Selbstverständlich bleibt es nicht bei einer Heroisierung solcher Menschen, die den Auftrag in diesen Verhältnissen zurückweisen. Kalle und Ziffel überführen in Wechselgeschichten die bürgerliche Ethik eines Wissensdrangs, der um seiner selbst willen, also keinesfalls wegen des Geldes sich bilden will, in den Rang einer jener verkehrten schädlichen Tugenden und schließen:

> Wenn der Bildungsdrang in einem Land einen so heroischen und selbstlosen Anstrich kriegt, dass er allgemein auffällt und für eine hohe Tugend gehalten wird, wirft das ein schlechtes Licht auf das Land. (1433)

Brechts Kunst ist darauf gerichtet, Anordnungen zu schaffen, in denen die Einzelnen sich verändernd denken müssen, nicht sie zu belehren. Methodisch geht es um Verrückungen im Alltagsverstand. Daher nehmen die einzelnen Denkmuster hier ihren Ausgang; es werden ganz unterschiedliche Mittel benutzt, das gewohnte Muster zunächst in Unordnung zu bringen, Staunen zu erzeugen, um sodann die spontane Empörung aus ihrer gefühlsmäßig gestützten Haltung moralischer Verurteilung oder Heroisierung in eine kühle Analyse der Verhältnisse zu schicken. Den Zusammenhang zwischen den schlechten Taten der Einzelnen und den sie hervorbringenden Verhältnissen zu denken ist so entlastend und vergnüglich wie umgekehrt die Freilassung gefühlsmäßig gestützter Urteile peinigend war. Daher ist das Buch, wo es am ernsthaftesten auf einen Umsturz der Gesellschaft hinausläuft, am humorvollsten.[7]

Das am häufigsten gebrauchte Mittel ist der Vergleich, der ineins seinen herrschaftssichernden Sitz im Verstand preisgibt wie er subversiv unterlaufen und für Erkenntnis genutzt wird. Ein anderes Mittel ist es, gang und gäbe Denkformen, die zur Erleichterung von Kommunikation im Alltagsgespräch meist nur stichworthaft begonnen werden und auf deren Weiterführung in den Köpfen der Einzelnen ohne weiteres gerechnet werden kann, unverhofft mit der zweiten Hälfte einer anderen sprichwörtlichen Redensart zu konfrontieren – eine Methode, die Karl Valentin meisterhaft einsetzte; dem

7 Dies gilt ja auch für die Geschichten Hašeks, der Brecht ein Lehrer war, über *Den braven Soldaten Schweyk* (vgl. dazu Haug, W.F., 1973), die hier zu erzählen leider zu weit führen würde; lehrreich auch in unserem Lernkontext Haugs Studie über Till Eulenspiegel als einem, der dazulernt, indem er die Formen der Gesellschaft so bestätigt, dass ihre Widersprüche, ihre Unhaltbarkeit sichtbar werden (vgl. Haug, W.F., 1976).

verblüfften Leser – Mann wie Frau[8] – bleibt nichts anderes als beide Redensarten, die sie nicht mehr durchdenken mussten, weil sie allzu geläufig waren, neu zu denken, mehrere Ausgänge für möglich zu halten, die alte Aussage in Frage zu stellen, kurz, sich in Bewegung zu setzen und die nur halbbewusste Komplizenschaft von Teilen des Alltagsverstands mit Herrschaft und Unterdrückung für sich zu entdecken.

Didaktisch wird das Einverständnis mit dem Unerhörten eingesetzt, wobei die Erzählungen sich auf diese Weise den Eingang bahnen, überhaupt gehört zu werden, wo sonst vorzeitige Abwehr den Verstand auf Blockierung gestellt hätte. Zugleich werden die einverständigen Sätze ins Extrem getrieben, sodass sie dennoch unhaltbar werden, dieses Urteil jedoch ein Leserurteil wird.

Ein allen Ausführungen gemeinsames Prinzip ist es, das Denken dermaßen in Bewegung zu bringen, dass zunächst alles in Zweifel gerät. Das beginnt schon beim Befragen einzelner Wörter, dann bei ihrem Einsatz in einem bestimmten Kontext, ihrer Umkehrung, wieder beim Festhalten an ihnen, jetzt auf neue Weise. Die losgemachte Energie wird neu einsetzbar, Verhältnisse zu denken, in denen die Wörter passen könnten. (Es ist übrigens diese letzte Dimension, auf die in den postmodernen Destruktionen verzichtet wird, die also Brecht, der ihnen in vielem Anleitung ist oder sein könnte, mit ihnen unvergleichbar macht.)

Eine Anstrengung gilt der Befreiung der Gefühle. Solche Befreiung ist nicht Erziehung als eine Formung und Zurechtstutzung der Gefühle selbst, die als zu groß oder zu klein beurteilt würden, sondern eine Art Umlenkung oder Verschiebung. Die Gefühle sitzen an der falschen Stelle und blockieren Erkenntnis. Sie haben sich mit unserem Gegner verbunden und beruhigen uns im schlechten Hier und Jetzt, dass es gut sei. Zentraler Angriffspunkt wird die Verkoppelung von Gefühl und Vernunft, die Brecht eine Haltung nennt.[9] In die Linie der Kritik gerät die Moral mit allen Tugenden. Sie sollen in ihren Halterungen gelockert und mit dem Gehen zu Zielen verbunden werden, die den Menschen gemäßer sind, mehr Befreiung, Entfaltung, Glück ermögli-

---

8 Man wird feststellen, dass ich mich den üblichen Formen politisch korrekten Umgangs mit dem Geschlecht in der Sprache nach rückwärts, hinter den Zeitgeist entzogen habe. Es war in den meisten Fällen nicht möglich, beide Geschlechter mit dem zusammenfassenden großen I zu vermerken, ohne die Aussagen und Thesen unerträglich zu verflachen bzw. sie zu soziologisieren, wo die Botschaft in eine andere Richtung zielte. Ich versuche also, diese neuen Sprachregelungen einfach zu ignorieren, und setze dabei auf Leser und Leserinnen, die mir einen hohen Kredit an praktiziertem und theoretisch erarbeitetem Feminismus einräumen.

9 Vergleiche dazu die Studie über die Entkoppelung von Gefühl und Vernunft: Als mich ein Film berührte, den ich schlecht fand. Schlaflos in Seattle, in: Haug/Hipfl, 1995, 15–51.

chen. Dabei ist Brecht nicht gegen Moral an sich, sondern für eine Moral, bei deren Einsatz mehr Menschlichkeit die Folge ist.

So heißt es am Ende, nachdem wir ein Land nach dem anderen hinter uns gelassen haben, in dem die eine oder andere Tugend nötig war und von uns verlangt wurde, nachdem wir sahen, wie uns gerade diese Tugend im geforderten Kontext zum eigenen Schaden geriet und wir gleichwohl Schwierigkeiten hatten, uns mit ihrem Gegenteil so einfach zu verbünden:

> Sie haben mir zu verstehen gegeben, dass Sie auf der Suche nach einem Land sind, wo ein solcher Zustand herrscht, dass solche anstrengenden Tugenden wie Vaterlandsliebe, Freiheitsdurst, Güte, Selbstlosigkeit so wenig nötig sind wie ein Scheißen auf die Heimat, Knechtsseligkeit, Roheit und Egoismus. (1498)

Nachdem also in der Gegenüberstellung noch einmal deutlich wird, dass die Infragestellung der Tugend nicht ihre einfache Negation meint, sondern ihren falschen Einsatz, fährt Kalle fort:

> Gleichzeitig mach ich Sie darauf aufmerksam, dass für dieses Ziel [des Sozialismus] allerhand nötig sein wird. Nämlich die äußerste Tapferkeit, der tiefste Freiheitsdurst, die größte Selbstlosigkeit und der größte Egoismus.

Noch in der Schlusssequenz werden die Lesenden nicht aus dem Selberdenken und unaufhörlichen Infragestellen in einfache Zustimmung entlassen, da jetzt noch der Egoismus als eine Art Tugend in gleichem Rang wie die Selbstlosigkeit auftaucht. Nur wer wirklich mit sich selbst im Bündnis ist, sich selbst gut will, kann alle Selbstlosigkeit aufbringen, um dieses Ziel zu erreichen. Nichts geht in einfacher Negation.

Das Lernen bezieht sich auf das Leben in Gesellschaft und die Regelung desselben – darin auf die Haltung der Einzelnen. Es ist individuelles Lernen von der Weise, wie man den Verstand einsetzen kann und muss, und von der daraus gespeisten Haltung zur Welt. – In dieser Weise ist es individuelles Lernen für das Kollektiv der umordnenden Menschen, solche, die an der Veränderung der Welt ein Interesse haben und dies auch wissen.

Für die Suche nach der Problematik des Lernens lese ich Brecht auch als Kritik an Versuchen, ein Wesen von Lernen festzulegen. Lernen ist menschliche Praxis, nicht Eigenschaft. Als historische Subjekte mit Blockierungen und einem Einsatz der Gefühle lernen Menschen aus Gewohnheiten, die sie den Verhältnissen entsprechend handlungsfähig halten. Jeder Versuch, mehr Lernen zu ermöglichen, hat es mit gesellschaftlichen Strukturen und ihrer Verankerung in Verstand und Gefühl der Menschen zu tun, sobald Menschen sprechen und handeln. Erfahrung und Erinnerung sind strategische Dimensionen von Lernprozessen. Eine Hauptsache beim Lernen ist demnach, das Denken in Bewegung zu bringen, Selbsttätigkeit zu ermöglichen. Feinde des Lernens sind die herrschende Ordnung, der gleichschaltende und ausgrenzende Vergleich, die Tugenden, also die Moral, vor allem die Freiheitssuche, die Ordnungsliebe, der Alltagsverstand und die Erfahrung. Sie sind zugleich Material und Perspektive, Grundlage des Lernens. In diesem Widerspruch heißt es, sich humorvoll und vergnüglich bewegen, sodass Lernen eine Lust und ein Vergnügen wird. Lernen heißt demnach, sich in Widersprüchen zu bewegen, ohne die Balance zu verlieren, ohne zerrissen zu werden, ohne sich bequem auf eine Seite zu schlagen, ja die Widersprüche selbst als Fortbewegungsmittel, als Erkenntnis zu nutzen. Dazu geben uns Brechts *Flüchtlingsgespräche* eine Reihe von Mitteln an die Hand, die immer weiter auszubauen und zu vermehren selbst ein Denkvergnügen und eine Lernbewegung sein kann.

Kapitel 6
Frageräume. Lernen von Virginia Woolf

Das Privileg des Wohllebens

Brecht lässt Ziffel in den *Flüchtlingsgesprächen* linken Schriftstellern vorwerfen, dass sie mit moralischen und philosophischen Lehrsätzen die Empörung der Unteren zu erregen suchten, statt ihnen vom Wohlleben der Oberen zu berichten. Ohne sich moralisch über den Lebenswandel der Oberen zu entrüsten, geht es ihm darum, den Überfluss der einen als Mangel der anderen erfahrbar zu machen. In den *Drei Guineen*[1] ([1938], 1978) schreibt Virginia Woolf über die Schwestern und Töchter der »educated men«, der gebildeten Männer. Deren Lebensweise, ihre Erziehung, ihre Gewohnheiten sind der Luxus, der Überfluss und zugleich die Folie, vor der der Mangel der Frauen aus gleichem Stand erzählt wird. Brechts Beschreibung vom früheren Leben des Physikers Ziffel liest sich wie eine Passage aus Woolfs politischer Erzählung:

> Ich stammte aus einer »guten Familie« und wurde von meinen Eltern durch erhebliche Geldaufwendungen in den Besitz einer Bildung gesetzt, die mir ein ganz anderes Leben verschaffte, als die Millionen armer Teufel um mich herum es führen konnten. Ich war unbestritten ein Herr und konnte als solcher mehrmal am Tag warm essen, dazwischen rauchen, am Abend in ein Theater gehen und so viele Bäder nehmen, als ich Lust hatte. Meine Schuhe waren leicht, meine Hosen keine Mehlsäcke. Ich konnte ein Bild genießen, und ein Musikstück brachte mich nicht in Verlegenheit. Wenn ich mit meiner Eingehfrau über das Wetter sprach, wurde es mir als Menschlichkeit angerechnet. (1418f)

Während Brechts Frage dem Zusammenhang von eingreifendem Denken und der Entwicklung von Gefühlen und von Genuss in Klassenverhältnissen gilt, entgeht ihm die Geschlechtsspezifik der Anordnung völlig. Dagegen fragt Virginia Woolf nicht nur, ob das Geld, das in die Erziehung der Söhne gesteckt wurde, sinnvoll verwendet ist, sondern zeigt auch, dass es die Kehrseite des Mangels ist, dem die Töchter ausgesetzt sind. So schafft sie eine Anordnung, in der die besten Möglichkeiten in einer Gesellschaft, was Bildung, Erziehung, Lebensweise angeht, zugleich an ihren Resultaten gemessen werden

1 Die Übersetzung der Zitate ist von mir. Ich gebe die Seitenzahlen der veröffentlichten deutschen Übersetzung in Klammern an.

und daran, dass sie Vorenthaltungen für andere sind. Es geht um Ungleichheit in der Frage der Lebensmöglichkeiten insbesondere zwischen den Geschlechtern. Der Standpunkt bleibt in der Klasse der Bildungsbürger – das gibt Woolf die Möglichkeit, die Ungleichheit der Geschlechter schärfer herauszuarbeiten; der Standpunkt ist zugleich einer, der vom Sinn und Nutzen gesellschaftlicher Mittel spricht – das gibt ihr die Möglichkeit, das Patriarchat als privatförmig eigennützig vorzuführen.

Die Kunst des Fragens

Ich halte *Die drei Guineen* für ein hervorragendes Beispiel eines literarischen Feminismus[2]. Es ist eine lehrreiche Studie, ein Vorschlag, wie politische Aufklärung geschehen könnte, die es den Zuhörenden und Lesenden ermöglicht, ihr bisheriges Denken so zu verändern, dass sie anders handlungsfähig werden. Dabei werden sie nirgends direkt belehrt und ziehen doch dauernd Lehren. Es gibt keine moralischen Verurteilungen, und doch arbeitet der Text auf den Ebenen der Moral so gut wie auf denen des Verstandes und der Gefühle. Er ist vor allem ein Werk, welches in Geschlechterverhältnissen für Frauen streitet, dabei aber romantische Zuschreibungen an das weibliche Geschlecht ganz vermeidet. Obwohl viele der gewählten Beispiele, Gesetze, Zustände inzwischen für Frauen bessere sind, bleibt Woolfs Verfahren, die Weise der Argumentation, der Einbindung von Erfahrung und Gefühl gültig. Ich werde daher im Folgenden eine Reihe von Vorgehensweisen in diesem politischen Essay herausarbeiten, die für die Gesamtfrage von Lehren und Lernen relevant sind.

Der Form nach handelt es sich um einen Brief, der zwei weitere Briefe umfasst. Alle drei geben Antwort auf eine einfach gestellte Frage: Wie kann man den Krieg verhüten?[3] Die Frage kommt allgemein daher, jedoch erscheint sie als Frage eines gebildeten Mannes an eine Frau, ein Arrangement, das es notwendig macht, von Anfang an über die unterschiedliche Beteiligung der beiden Geschlechter an Krieg, Bildung, Fragen und Antworten, an den Möglichkeiten von Alternativen nachzudenken.

---

2 Man lasse sich nicht dadurch verwirren, dass Virginia Woolf sich in diesem Text gegen die Aktualität von *Feminismus* äußert; sie verbindet das Wort mit der Erkämpfung des Wahlrechts, das inzwischen errungen sei. In unserem heutigen Verständnis, in dem feministisch ist, was die Einschreibung der Frauen in Geschichte, Gesellschaft, Theorie im Namen eines erst zu erstreitenden Allgemeinen meint, ist ihr Text geradezu der Beginn eines aktuellen Feminismus.

3 Der Text ist im Winter 1936/37 geschrieben.

Woolf arbeitet im gesamten Essay an der Kunst, Fragen zu stellen, sie ernst zu nehmen, sie durch Anerkennung zu überwältigen, ihre heimlichen Unterstellungen herauszuarbeiten, sie mit ihrem Gegenteil zu konfrontieren, sie in die Ecke zu drängen, wo sie preisgeben müssen, dass sie andere, weiterreichende Fragen verdecken, um sie dann durch neue Fragen zu ersetzen. Kurz, indem sie eine umfassende Fragensuche eröffnet, lehrt sie Erstaunen, Verwunderung, zeigt, wo man zu kurz gedacht hat, wo man weiterfragen müsste. Dabei gibt es keine Frage, die als zu dumm zurückgewiesen wird, denn in jeder, so lässt sie uns erkennen, steckt ein Stück Alltagsverstand, mit dem es zunächst zu ringen gilt, dem der Spiegel seiner Konsequenzen vorgehalten werden muss, ehe zu neuen Fragen vorangeschritten werden kann. Diese Methode macht, dass der Essay ohne jeden Edukationismus auskommt, obwohl er von Erziehung handelt und lehren will; sie macht ihn undogmatisch, obwohl Woolf ein sehr klares Urteil zu den verschiedenen Punkten hat, mit dem sie auch nicht zurückhält. Und es macht ihn spannend, selbst wo er nur über Zahlen informiert oder Geschichtsdaten, weil die Fakten in einem Modus vorgestellt werden, dass sie Antworten geben können auf längst geahnte Fragen und zu neuen Fragen ermutigen. Auch zeigt er, dass man keine Frage einfach akzeptieren und auf Antwort sinnen sollte, ja dass vorschnelles Antworten Erkenntnisse blockiert. So geht es ihr darum, den gesunden Menschenverstand, der sich bei jeder dahergelaufenen Frage meldet, in Bewegung zu bringen, indem er diese Frage nicht etwa verwirft, sondern zunächst wirklich ernst nimmt, das heißt, an ihre Wurzeln – sie hat meist mehrere – geht.[4]

Die Erzählung beginnt also mit der Frage eines gebildeten Mannes an die Autorin als Frau, ob sie helfen könne, den heraufkommenden Krieg zu verhindern. Woolf nimmt diese Ausgangsfrage und konstruiert daraus zunächst eine Art Fragetreppe, auf deren verschiedenen Stufen je andere Ausschnitte des sozialen Lebens gezeigt werden können. Wieso fragt ein Mann von universitärer Ausbildung, mit einem wohldotierten Beruf, also mit Macht und Einfluss, sie, eine Frau, die in all den Punkten zurückstehen muss? Wieso weiß er nicht weiter, und was wüsste sie, das hier helfen könnte? Welchen Einfluss hat sie, welche Macht, welch andere Möglichkeit als Frau aus der gleichen, aus der gebildeten Klasse? Und ist es nicht ein Fortschritt, von einem Manne mit Bildung um Rat gefragt statt verachtet zu werden? Aber woher kommt eigentlich Krieg, über dessen Ursachen man etwas wissen müsste, wollte man

4 Man kann Virginia Woolfs Methode mit der ›Hebammenkunst‹ des Sokrates vergleichen, der der Auffassung war, dass es im Alltagsverstand eine Menge an nicht erkanntem Wissen gebe, das es herauszuarbeiten und ans Licht zu bringen gelte.

ihm Einhalt gebieten? Dass sie als einzelne Frau gefragt wird, müsste doch bedeuten, dass sie zur Verhinderung beitragen könnte, dass also am Zustandekommen von Kriegen auch alle Einzelnen als selber Handelnde und Denkende beteiligt wären? Sie nutzt alle diese Fragen, um an ihnen weitere Fragen zu entwickeln, die es ermöglichen, solche Problematiken wie die der Bildung und Erziehung von Frauen, die Fragen nach der Rolle von Bildungszielen überhaupt und der dafür verwendeten Ausgaben zu diskutieren, über sie zu informieren und sie in den Kontext einer angenommenen Gleichstellungspolitik, die der gesamten Erzählung untergelegt ist, zu bringen.

Die Fragekette rückt sofort unter die Haut. Woolf fragt nämlich nicht nach der Bildung und Stellung von Frauen an sich, als wäre dies etwas, das man fern von sich wohlwollend interessiert oder gleichgültig betrachten könnte. Sie fragt danach, was die gebildeten Väter und Brüder ihren Töchtern und Schwestern zugeteilt haben. Die überraschende Intimisierung einer so allgemeinen Frage, ihre Einbeziehung in Familienangelegenheiten hat keineswegs den Effekt, das Problem weniger allgemein zu machen, als ginge es hier eben bloß um die inneren, privaten Probleme einer Familie; im Gegenteil schafft sie unmittelbar eine Verbindung zwischen der Lage und Stellung, dem Schicksal von Frauen in einer patriarchalen Gesellschaft und dem Verhalten der je einzelnen Männer, die es zu etwas gebracht haben, also der Repräsentanten der herrschenden Kultur. Man erhält den Eindruck: Es ist noch viel schlimmer, als wir gedacht haben. Sie investieren kaum Geld in ihre Töchter, sie lassen ihre Schwestern arm und ungebildet leben, während sie selbst ein herrschaftliches Leben führen; wie wenig erst können wir von ihnen für die Verbesserung der Lage von Frauen überhaupt erwarten, eine Problematik, die im Übrigen noch nicht einmal so groß und allgemein ist wie die Frage nach der Verhinderung von Krieg, die als Leitfrage durch den gesamten Essay erhalten bleibt.

Die Dummheit des Krieges

Woolf beginnt mit der Überprüfung der Frage, ob Kriege in der Psyche der Menschen einen Rückhalt finden. Sie führt als Quellenmaterial Autobiographien vor und kommt zu dem Ergebnis: »Krieg ist ein Beruf; eine Quelle von Glück und Aufregung; und er ist auch ein Tummelplatz für männliche Eigenschaften, ohne die Männer verfallen würden.« (11) An keinem Punkt stellt sie derartige Funde hohnvoll aus; in ihrer Schreibweise wird all solches interessiert und unvoreingenommen betrachtet und zur Kenntnis geboten wie Berichte aus einem fremden Land. Sie beobachtet, aber sie zweifelt an dieser Stelle, ob sie genügend Informationen gesammelt hat. Sie sucht Gegenbeispiele, die sie leicht findet. Ihre vorläufige Antwort führt zur nächsten Frage: Ist das männliche Geschlecht also uneinheitlich und vermutlich ein Produkt von Kämpfen wie vieles? Aber nicht alles ist womöglich entgegengesetzten Bedeutungen und Konstruktionen unterworfen, es gibt etwas, auf dessen objektive Stimmigkeit sich all dies beziehen muss. Dieses ist die Entsetzlichkeit, die Ekelhaftigkeit, die Dummheit des Krieges. Diese klare, nicht zu hinterfragende Eindeutigkeit wird durch das gesamte Buch hindurch immer wieder befestigt durch Rekurs auf ein Foto, welches die spanische Regierung damals um die Welt schickte. Woolf beschreibt das Foto, »ein Faktum«, anscheinend ohne Emotionen, peinlich genau, wie man eine Bildbeschreibung macht:

> Die Leiche eines Mannes oder einer Frau; sie ist so verstümmelt, dass es andererseits auch ein totes Schwein [sein könnte,] tote Kinder […] ohne Zweifel ein Stück von einem Haus […] Eine Bombe hat die Seite aufgerissen; ein Vogelkäfig hängt noch in dem, was vermutlich das Wohnzimmer war, aber der Rest des Hauses sieht am ehesten aus wie ein Bündel mitten in der Luft stehender Holzstäbe (u.a. 15f).

Die Bezahlung von Ausbildung

Zwei weitere Daten ziehen sich wie Leitthemen, wie unerledigte Erinnerungen durch den Text: aus dem Leben einer Tochter aus gutem Hause, dass sie 50 Pfund im Jahr zusätzlich zu Kost und Logis hatte (während ihr Bruder mehr als 1000 Pfund ausgeben konnte), es ihr aber nicht erlaubt war, Unterricht gegen Geld zu geben, um ihrer tatsächlichen Armut (ein löchriger Unterrock z.B.) ein wenig abzuhelfen; und ein Satz, der ebenso für die Töchter und Schwestern gebildeter Männer überhaupt gilt: »Dass mir zugestanden wurde, Deutsch zu lernen, war bereits meine *gesamte* bezahlte Ausbildung« (u.a. 7, 32). – An dieser Stelle setzt Woolf beiläufig ein weiteres Frageverfahren ein, das Verallgemeinerung verdient. Die Rede von der bezahlten Ausbildung lässt vermuten, dass dahinter eine andere, eine unbezahlte ist.[5] Diese gilt es zu einem Forschungsgegenstand zu machen. Die weitere Forschung bezieht

---

5 Diese Methode, hinter dem Gesprochenen das Ungesprochene herauszufinden, also hinter und unter den Zeilen zu lesen, wurde später als Hermeneutik des Verdachts insbesondere in der feministischen Theologie weiterentwickelt. Auch die Diskursanalyse arbeitet mit diesem Verfahren, ebenso Erinnerungsarbeit. Vgl. auch Althussers Rede von der symptomalen Lesweise und Holzkamps Suche nach dem verlorenen Subjekt in den Lerntheorien – vgl. Kapitel 2.

sich also nicht nur auf die Resultate der Erziehung der Söhne und Brüder in den Schulen und Universitäten als etwas, das den Töchtern und Schwestern vorenthalten ist, sondern ebenso auf die Ergebnisse eines Daseins in den Elternhäusern des Bildungsbürgertums. – In dieser Weise führt sie auch die Besichtigung differenzierter Berufsstatistiken zu der Frage, wieso eigentlich ein Beruf wie Mutter, der so massenhaft ausgeübt wird, nicht unter den Berufen verzeichnet ist.

Bildung oder Ausbildung ist nicht bloß ein Wort oder ein Recht, das die Schwestern und Töchter in ihrem Hunger nach Wissen erwerben wollen, Bildung, so zeigt Woolf mithilfe von Zahlen, autobiographischen Zeugnissen, Pressemeldungen etc., ist eine Lebensweise; sie eröffnet den beiden Geschlechtern, denen, in deren Bildung unglaublich viel Geld investiert wird, wofern sie aus der gebildeten Klasse kommen – man erhält die genauen Zahlen und Daten für die Universitäten, die Colleges, die Schulen –, und denen, die bestenfalls eine Fremdsprache lernen und im Übrigen zu Hause bleiben müssen, eine vollkommen andere Erfahrung von Gesellschaft und entsprechende Besetzung von Worten. Worte erscheinen so auch als Fühlworte. Vaterlandsliebe etwa kann für die Schwester, die im Übrigen ihr Vaterland ablegt wie einen Mantel, wenn sie einen Ausländer heiratet, unmöglich das Gleiche bedeuten wie für den Bruder, der zu seiner Verteidigung gerufen wird, weshalb sie die Verpflichtungen, die ihm daraus erwachsen, nicht versteht. (11) Das gilt auch für den Anblick ehrwürdiger Colleges, die den Schwestern wie eine wirre Ansammlung alter Gemäuer, Kapellen, Rasen erscheinen müssen, während die Brüder Schulerfahrungen assoziieren und die entsprechende Lebensweise. Und die staatlichen Gebäude und viereckigen Höfe in London können für eine Frau gleichbedeutend sein mit löchrigen Unterröcken, kalter Hammelkeule und einer Eisenbahn, die im Schiffsbauch ins Ausland abfährt, während der Schaffner ihr die Tür vor der Nase zuschlägt (8). Das Gleiche aber gilt nicht für den Anblick von toten Leibern, zerbombten Häusern; die Tatsache ihres Grauens trifft die Geschlechter gleich. Also ergibt sich als weitere Frage, welche Erfahrungen dazu führten, dass sowohl die Konferenz der gebildeten Männer wie die der Arbeiter jährliche Kriegskredite von 300 Millionen Pfund bewilligten (12). Der Grund kann nur ein ›allgemeiner‹ Patriotismus sein, der die Männer bei der Idee der Verteidigung Englands an Liebe, an Freiheit, an Demokratie glauben lässt, aber es ist ganz und gar unwahrscheinlich, dass Frauen ähnlich Motive haben, England zu lieben (13f). Ihre Fragestreifzüge zeigen Zusammenhänge von Bildung und Macht, vor allem von Bildung und Geld, beide verbunden mit einer Lebensweise, zu der Heim, Frau und Kind als verteidigbare Güter gehören. Es geht also um bemerkenswerte Geschlechterverhältnisse.

Der Wert des Berufs

Zwei neue Frageräume müssen eröffnet werden: Was ist eigentlich Bildung, was ist eine gute Erziehung, sodass wir sie für die Schwestern und Töchter ebenso erstreiten wollten, und was ist ein guter Beruf, mit dem man seinen Lebensunterhalt verdienen kann?

Hundert Jahre brauchten die Frauen, das Wahlrecht zu erkämpfen, seit sechzig Jahren haben sie ein wenig an Bildung teil[6], während die Brüder und Väter auf Jahrhunderte akkumulierten Wissens zurückblicken, welches sie je ererben und weitergeben mit den dazugehörigen Anerkennungen und Lebensweisen; seit fünfzehn Jahren können Frauen in England einen Beruf ergreifen. Was steckt in diesem Zusammenhang von Bildung, Macht und Eigentum, das es verunmöglicht, Kriege zu verhindern, ja vielleicht diese gar befürwortet, – und sollten Frauen überhaupt hier gleichziehen wollen, bzw. was könnten sie sonst zur Verhinderung von Krieg beitragen, wollen sie nicht entsprechend ihrem jahrhundertealten Beruf Ehefrau und Mutter ihren Männern, Vätern und Brüdern lediglich Anerkennung und Zuspruch erweisen, was wiederum den Krieg stützt?

Eine der Erkundungen beginnt mit der Frage: Welches sind die Bedingungen erfolgreicher Berufe, die wir ja akzeptieren müssen, wenn wir das gleiche Einkommen, den gleichen Einfluss in den gleichen Berufen erreichen wollen? Woolf lässt eine Reihe von Männern mit Macht, Bildung, Eigentum darüber sprechen, wie sie dieses Leben erfahren. Das Ergebnis:

> Du wirst das Haus um neun Uhr verlassen müssen und um sechs zurückkehren. Den Vätern lässt das sehr wenig Zeit, ihre Kinder kennen zu lernen. Das wirst du täglich tun müssen, etwa von einundzwanzig Jahren an bis ungefähr zum Alter von fünfundsechzig. So bleibt sehr wenig Zeit für Freundschaften, Reisen oder Kunst. (97)

Anstrengende und barbarische Pflichten, Uniformen, Treueeide, ein Medaillon wie ein Hundehalsband tragen. Was ist das für ein Leben? Sie zitiert aus der Biographie eines Rechtsanwalts: »Er nahm Schriftstücke mit nach Hause [...] sodass er sich glücklich schätzte, wenn er gegen ein oder zwei Uhr morgens ins Bett kam.« Das erklärt, warum es so langweilig ist, neben einem erfolgreichen Rechtsanwalt beim Abendessen zu sitzen – er gähnt unaufhörlich. Aus der Biographie eines Politikers: »Seit 1914 habe ich das Schauspiel der Obst-

6 Die Zahlen errechnen sich vom Schreibjahr 1937.

blüte nicht mehr zur Gänze genossen, wenn das kein Opfer ist«. – Sie folgert: ein Opfer, das die Gleichgültigkeit der Regierung gegen die Kunst erklärt und warum diese Gentlemen blind sind. Aus der Biographie eines Bischofs: »Dies ist ein schreckliches, Geist und Seele zerstörendes Leben [...] wichtige Arbeit bleibt unerledigt« (98); – ihr Kommentar: Das bestätigt, dass unsere Bischöfe ohne Seele predigen und ohne Geist schreiben. Ein Arzt, der sehr viel verdient: Es stört ihn, dass er an Sonntagen und Weihnachten von Weib und Kind getrennt ist, was erklärt, dass er nichts vom ganzen Körper versteht, da er sich zum Sklaven seines Einkommens macht. Ein Journalist, der seine Arbeiten nach Wortmengen zählt, was deutlich macht, warum Lob und Tadel aufgehört haben, eine Bedeutung zu haben (98f). Ihre Schlussfolgerung: Der Wert des Berufslebens ist, was den Verdienst angeht, in Ordnung, aber nicht sein geistiger, moralischer und intellektueller Wert.

> Sie machen uns glauben, dass Menschen ihre Sinne verlieren, wenn sie beruflich sehr erfolgreich sind. Das Sehvermögen schwindet. Sie haben keine Zeit, sich Bilder anzusehen. Das Gehör schwindet. Sie haben keine Zeit, Musik zu hören. Die Sprache schwindet. Sie haben keine Zeit für Unterhaltung. Sie verlieren den Sinn für das Maß – die Beziehungen werden beliebig. Die Menschlichkeit schwindet. Geld zu machen wird so wichtig, dass sie Tag und Nacht arbeiten müssen. Die Gesundheit schwindet. Und sie werden so ehrgeizig, dass sie ihre Arbeit, von der sie übergenug haben, nicht mit anderen teilen wollen. Was bleibt von einem menschlichen Wesen, das sein Sehvermögen, sein Gehör, sein Maß verloren hat? Nur ein Krüppel in einer Höhle. (100f)

Sie zitiert Aussagen von einflussreichen Menschen (eine Marquise, Churchill), die eine Beziehung zwischen den eben beobachteten Phänomenen und den Kriegen bzw. der Bewilligung ihrer Kredite herstellen. Es scheint daher ganz unsinnig, solche Lebensbedingungen für die Schwestern und Töchter erstreiten zu wollen. Und doch kann der Anspruch auf gleiche oder wenigstens etwas gerechtere Teilhabe an Bildung, Eigentum, Gesellschaft nicht fallen gelassen werden. Wie dann?

Die Beschränktheit des Heims

Trotz scharfer Besichtigung des Patriarchats insbesondere in der herrschenden und gebildeten Klasse und des Unrechts, das diese ihren weiblichen Mitgliedern zufügt, ist Woolf an keiner Stelle versucht, dem weiblichen Geschlecht ein besseres Wesen zuzuschreiben. Bei eindeutiger Parteinahme für die Frauen, gerade im Namen der Verhinderung von weiteren Kriegen, von Konkurrenz, Neid, Machtgier, Eigentum, setzt sie nicht auf das Weibliche schlechterdings. Ihr Weg ist widersprüchlicher, komplizierter. Sie schickt sich an, die Berufsbiographien von Frauen zu studieren, mit dem nicht verwunderlichen Resultat, dass es kaum welche gibt, da die Berufstätigkeit nicht zu den Praxen der Frauen zählte. Sie geht nicht in die Falle, die häusliche Tätigkeit der Frauen an dieser Stelle hochzuloben, im Gegenteil. Schonungslos besichtigt sie die Tatsache, dass gerade die Beschränkung auf Ehe und Haus die Frauen keineswegs zu friedfertigen Menschen, sondern zu bewussten und unbewussten Unterstützerinnen des Krieges gemacht hat, sodass sie bei Kriegsbeginn in die Hospitäler eilten, um den Verwundeten zu sagen, ihr Kampf sei heroisch, und zuvor den einflussreichen Männern in Uniform und Robe nach dem Munde redeten, um womöglich einen Ehepartner zu finden. Noch schlimmer fällt ihre Beurteilung der weiblichen Lebensweise aus: Hier ist »das private Heim, mit seiner Nichtigkeit, seiner Unmoral, seiner Heuchelei, seiner Unterwürfigkeit« (103), und zur Wahl steht stattdessen seit kurzer Zeit auch für Frauen:

> Die Welt der Öffentlichkeit, das Berufssystem, mit seiner Besitzgier, seiner Eifersucht, seiner Feindseligkeit und Habsucht. Das eine sperrt uns ein [...] das andere zwingt dazu, uns wie Raupen Kopf an Schwanz [rund um] den heiligen Baum des Eigentums zu winden (103f).

Selbstmord scheint der einzige Ausweg aus zwei solchen Übeln. Mit dieser Verzweiflung wird die Frage dringlicher: »Wie können wir einen Beruf ergreifen und doch anständige menschliche Wesen sein?« (103)

Diese Übel werden begleitet von zwei weiteren, zwischen denen die Frauen ebenfalls gefangen sind: Bildung und Erziehung führen ganz offensichtlich nicht zur Verhinderung von Kriegen, ihre Resultate scheinen im Gegenteil Konkurrenz, Eifersucht, Gewalt und Besitzgier. Aber ohne Bildung und Erziehung ist das Leben der Frauen nichtig, vertan, sinnlos. Der Kampf um Gleichberechtigung führt in jedem Punkt, der geprüft wird, in eine ausweglose Klemme. Frauen können nicht die gleichen Vorteile, Privilegien, Macht erringen wollen, die dieses kriegerische System hervorbringen, welches sie ebenso stützen, wenn sie es nicht tun, wenn sie unterwürfig in Abhängigkeit bleiben.

Für die Entfaltung und Weiterführung dieser Widersprüche erfindet sie zwei neue Briefe, Bitten um Geld für den Wiederaufbau eines Frauencolleges und für einen Verein zur Förderung weiblicher Berufstätigkeit, beides Ziele, die in einem ganz unzweifelhaft bejaht und ebenso heftig verneint werden müssen. Sie stellt Frage um Frage an die Bittstellerinnen, die gleichzeitig dazu dienen, die fertigen Urteile im gesunden Menschenverstand zu lockern und eine gnadenlose Skizze der herrschenden Zustände zu zeichnen mit belegenden Zahlen, Zeitungsinformationen (»die Tagespresse – Geschichte im Rohzustand«) (10), Nachrichten, die, eingespannt in solch dringliche Gesamtfrage, ein ganz ungewohntes Leben bekommen.

Der Nutzen des Frauencolleges

Die »ehrenamtliche Schatzmeisterin«, die Geld für die Renovierung des Colleges sammelt, klagt sie beispielsweise an, außerordentlich töricht und außerhalb der Zeit zu sein, wenn sie dafür 100.000 Pfund erzielen möchte. Das Einverständnis, dass dies tatsächlich ein wenig unverschämt sei angesichts der Unbedeutendheit des Vorhabens und der schwierigen Zeiten, wird verurteilt mit einer Information: Das Land gibt jährlich 300 Millionen Pfund für Heer und Marine aus; Cambridge verfügt über 212.000 Pfund jährlich. Die Frage verschiebt sich: Wie will die Schatzmeisterin mit so wenig etwas ausrichten? Die Frage wird durch weitere Informationen gestützt und zugleich unterlaufen: Cambridge bekommt viele Schenkungen von reichen Fabrikanten, weil es »nützliche Resultate« erbringt. Und das Frauencollege? Probeweise nimmt Woolf den Standpunkt der Fabrikanten ein, um deren Geldbörse für die Schenkung es ja geht: Nimmt das College »eine führende Rolle in der Erfindung von Kriegsgeräten ein? Wie erfolgreich sind Ihre Studenten in ihren Geschäften als Kapitalisten?« (45) Die Arbeit mit den sich immer rascher vermehrenden Fragen wird radikalisiert. Würde das College in gleicher Weise verfahren wie Cambridge u.a., gehörte es vom Standpunkt der Ausgangsfrage nach der Verhinderung von Kriegen nicht wiederaufgebaut, sondern abgebrannt. Auf der Leerstelle gedeiht der Traum von einer anderen Erziehung: Nicht für Kapitalismus, Markt, Krieg, sondern zur Vervollkommnung von Geist und Körper, Leben und Gesellschaft soll ausgebildet werden. Die Durchführung ergibt sich zunächst aus einfacher Negation des bisherigen, vor allem aus der Zurückweisung von Eigentum, Macht und Herrschaft, Gewalt, ritualisierter Ehrerbietung, Zwang usw. (46ff). Konfrontiert mit dem Foto aus dem Krieg und der harten Frage, ob die so alternativ Gebildeten den Krieg verhindern könnten, bleibt die unbarmherzige Antwort: Sie würden keine Anstellung finden, sie würden abhängig bleiben von Vätern und Brüdern, Ehemännern, d.h. diese Form würde sie *für* den Krieg, nicht *gegen* ihn erziehen. Angesichts dieses Ergebnisses bleibt dennoch: Wir müssen uns für die Frauencolleges entscheiden, denn ohne sie geht nichts, aber wir können von ihnen wenig für die Vermenschlichung der Gesellschaft erwarten. Das bescheidene Ergebnis ist zugleich eine Lehre gegen zu hohe Erwartungen.

Die Förderung weiblicher Berufstätigkeit

Entsprechend führt die Beantwortung/Infragestellung der zweiten Bittschrift für die Förderung weiblicher Berufstätigkeit in schwieriges Gelände. Es beginnt wieder mit der Infragestellung der Frage, die dieses Mal, da es um Berufstätigkeit geht, noch viel armseliger begründet ist: Die Spende schließt Gaben wie »Bücher, Obst oder abgelegte Kleider, die auf einem Bazar verkauft werden können« (57), ein. Diese Bescheidenheit führt für Woolf keineswegs zu dem nahe liegenden Ergebnis, solches Verlangen sogleich zu befriedigen, zumal sie dem Ergebnis von vornherein zustimmen könnte, denn sie stimmt niemals von vornherein zu. Sie fragt: Warum ist die Vertreterin berufstätiger Frauen so arm, dass sie betteln muss? Schließen wir aus diesem Umstand, dass diese Frauen ohne Macht sind und also gegen den Krieg gar nicht helfen können? Andererseits hat große Armut für den um Spenden Gebetenen Vorteile, er kann Bedingungen stellen. Zuvor gilt es zu prüfen, ob diese Armut auch wahr ist. Woolf nutzt dies, um weitere Informationen über die Lage von Männern und Frauen zu geben und die der Frauen zugleich als Verletzung der allgemeinen Menschlichkeit zu skandalisieren. Wieder wird dies nicht einfach in eine anklagende und daher wenig wirksame Aussage verwandelt, sondern es kann nur wahr sein, wenn der gesunde Menschenverstand zugleich ins Unrecht gesetzt wird. Sie selbst macht sich zum Sprachrohr dieses Philisters und ruft:

> Sicher liegt da ein grobes Versehen in der allgemeinen Menschlichkeit, der allgemeinen Rechtsprechung oder im gesunden Menschenverstand. Oder ist es nur so, dass Sie ein langes Gesicht ziehen und uns eine fantastische Geschichte auftischen wie die Bettlerin an der Straßenecke, die zu Hause unter ihrem Bett in einem Sparstrumpf viele Guineen gehortet hat? (58)

Sie nutzt den Zweifel an der Rechtmäßigkeit solch gewöhnlichen Verdachts zur Dechiffrierung von Politikerreden und Sätzen von Philosophen und namhaften Romanschriftstellern (etwa H.G. Wells), die den Frauen empfehlen, lieber eine Gesellschaft für den Frieden zu gründen und das viele Geld dafür zu nutzen, das sie noch aus dem Kampf ums Wahlrecht hätten, das auch den Krieg nicht abgeschafft, also nichts Rechtes gebracht hätte, woraus folge, dass die Frauen besser zu Hause bleiben und die Männer wenigstens beköstigen sollten, bevor sie in den Krieg gingen. Ihr Verfahren ist die Übernahme der haarsträubendsten und widersinnigsten Unterstellungen und ihre Zuspitzung als eigene Anklage an die Frauen, ein Verfahren, das den winzigen literarischen Vorteil nutzt, den Leserinnen nicht zu sagen, was sie davon halten sollen, sondern noch die Chance eignen Urteils in der Form des Gelächters gibt. Die Frage nach der Rechtmäßigkeit der Armutsklage endet wie zu erwarten in ihrer Bestätigung, dient noch dazu, einen Vergleich zum Vermögen der Frauenbewegung zu ihren Hoch-Zeiten im Verhältnis zum Rüstungsetat vorzulegen und die Höchsteinkommen der qualifiziertesten berufstätigen Frauen zu verzeichnen, um sie den Einkommen der verschiedenen Regierungsangestellten gegenüberzustellen (ein Verfahren, welches wir viel zu selten anwenden; könnten wir doch die weiblichen Durchschnittsrenten mit den Abfindungen von vorzeitig ausgeschiedenen Regierungsvertretern oder gar Vorsitzenden in Unternehmen wie der Telecom vergleichen). Woolf zeigt uns zugleich noch die Lüge der Gleichberechtigung in der Sprache, wenn die Regierungsvertreter höchst demokratisch immer Damen und Herren heißen, aber in der Praxis nur aus Herren bestehen, bzw. wo wirklich Frauen – hier noch Fräulein genannt – auftreten, dies gleichbedeutend mit einer niedrigen Stellung sein muss. Dieser Befund führt wieder nicht einfach zu einer Kenntnisnahme ungleicher Behandlung der Geschlechter, sondern wird ausgeweitet auf die Frage, ob eigentlich Intelligenz und Qualifikation und die Stellung im Beruf tatsächlich einen Zusammenhang haben, mit dem erwarteten Ergebnis – das wiederum eine Menge Informationen über das Wirken von Seilschaften gibt –, dass dies keineswegs der Fall ist. Woolf folgert ironisch, dass es unter diesen Umständen ein Glück sei, dass die Fehlbarkeit von Unpersönlichem (wie Bürokratien) durch so Persönliches wie Freundschaften und Sympathien ausgeglichen werde (70)[7]. Immer noch auf der Suche nach Frauen in gut bezahlten Berufen, deren Abwesenheit nicht mit der Qualität ihrer Leistungen beantwortet werden kann – diese wird zuvor dokumentiert –, geht sie den Konnotationen des Wortes Fräulein in den öffentlichen Berufen im Spiegel der Presse nach. Wir erfahren vom täglichen ideologischen Geschlechterkampf, der wie der Klassenkampf geführt wird. Frauen haben zu viel Freiheit, sie nehmen Männern die Arbeitsplätze weg und damit ihre Heiratsmöglichkeiten usw. Das Resultat: Die Feinde der Berufstätigkeit der Frauen und ihrer entsprechenden Bezahlung sind viel schwieriger zu bekämpfen als jeder handfeste materielle Gegner, sie sind gleichsam atmosphärisch.

7 Brecht bedenkt in den *Flüchtlingsgesprächen*, geschrieben etwa zur gleichen Zeit und ebenfalls im Kontext von Faschismus und Krieg, den Zusammenhang von Fehlverhalten in der Bürokratie und wachsender Überlebenswahrscheinlichkeit.

Die Verteidigung der Kultur

Der so wenig greifbare Grund des täglichen ideologischen Geschlechterkampfes ist ihre neue Ausgangsbasis, diese »Atmosphäre« als totalitär, als allgegenwärtig, als diktatorisch, als aus dem gleichen Geist wie der faschistische Krieg geformt zu begreifen: aus der Anmaßung, über das Leben anderer zu verfügen (74). Aus dieser überraschenden allgemeinen Totalitarismuskritik folgen politische Strategien und eine Wendung in der Methode der fragenden Analyse.

In einer Tageszeitung liest sie: »Gestern wurde auf der Direktorenkonferenz beschlossen, dass Frauen keine geeigneten Lehrerinnen für Knaben über vierzehn Jahren sind.« (122) Man könnte hier eine Klage gegen immer weiter vorenthaltene Gleichberechtigung erheben; man könnte die Aussage als bigott bezeichnen und voller Hohn in andere Bereiche ziehen und fragen, ob Frauen denn dort geeignet seien für die Pflege der Knaben; man könnte eine Recherche über die Versammlung und ihre geschlechtliche Zusammensetzung machen. Was tut Woolf? Sie nimmt diesen Satz als eine realitätsnahe Auskunft über die unterschiedlichen Kulturen und Welten der Männer und Frauen und schlussfolgert als eine aktuelle politische Lehre: »Wir können [...] Kultur und geistige Freiheit« nur »verteidigen [dies war der Wortlaut aus dem Brief des gebildeten Mannes, der zur Verhinderung des Krieges aufrief], wenn wir unsere eigene Kultur und unsere eigene geistige Freiheit verteidigen« (123)[8]. Die Erkundungen der Möglichkeiten von Frauen, Schwestern, Töchtern, solche Unterstützung zur Rettung von Kultur und geistiger Freiheit zu bringen, haben die Frage ihres Glanzes beraubt und in die notwendige Bescheidenheit gestellt. Die Töchter können ihren Brüdern nicht raten, wie geistige Freiheit zu schützen ist, sie müssen allererst lernen, ihre eigene Sprache so zu lesen und zu schreiben, »dass sie durch ihren Sprachgebrauch jene recht abstrakten Göttinnen selbst schützen können« (123f). – An anderer Stelle warnt sie die »Töchter der gebildeten Männer« davor, die Sache der Arbeiter zu der ihren zu machen; nicht weil diese Sache nichts Gerechtes hätte, sondern weil es bloßes Gerede ist, solange sie nicht für ihre eigene Sache kämpfen. – Die Frauen, die also im eigenen Land um ihr Recht auf Berufstätigkeit, auf Bildung usw. streiten, arbeiten so auch an der Verhütung des Krieges; sie tun zugleich das Gegenteil, weil das einzig Mögliche, das Ergreifen der gleichen Berufe, wie sie die Männer haben, die bestehenden Verhältnisse reproduziert.

---

8 Es ist in ganz ähnlichen Worten die Lehre, die aus den Aufrufen der Zapatisten, im je eigenen Land gegen den Neoliberalismus zu kämpfen, zu hören ist.

Die Funktion der Kleider

Der Blick, den Woolf auf die von den gebildeten Männern besetzten Berufe und ihre Ausübung wirft, ist ethnologisch geschult. Sie beschreibt die Kleidung, die Zeremonien, die Orden, die Titel, wie man Stammesriten erzählt. Da ist ein Richter, der eine Ladendiebin verurteilt und sie dabei ermahnt, nicht so viel auf Äußerlichkeiten wie Kleidung zu geben. Dabei trägt er ein rotes Samtgewand mit einem weißen Hermelinkragen, auf dem Kopf eine Perücke mit langen weißen Locken, um den Hals eine große goldene Kette. Vor der Tür marschieren Männer mit Jacken, auf denen unterschiedlich breite goldbunte Streifen angebracht sind, auf dem Kopf tragen sie eine Art »Messingeimer« usw.

Sie sieht die Funktion solcher Kleider im Zusammenhang des Marktes, von Kauf und Verkauf:

> Eure Gewänder erfüllen, wenn Sie das bescheidene Bild entschuldigen wollen, den gleichen Zweck wie die Schildchen zum Auszeichnen der Waren in einem Lebensmittelgeschäft. Nur heißt es hier nicht »das ist Margarine; das reine Butter; das beste Markenbutter«, sondern »das ist ein gescheiter Mann – er ist Magister Artium; dieser Mann ist sehr gescheit – er ist Doktor der Literatur; dieser Mann ist über die Maßen gescheit – er ist Träger des Verdienstordens«. Es ist diese Funktion – die Reklamefunktion – eurer Kleidung. (29)

Der fremde Blick geht zurück ins Vertraute und verfremdet dort: »Eine Frau, die ihre Mutterschaft durch ein Büschel Pferdehaar auf der linken Schulter kundtun würde, gälte wohl kaum […] als Gegenstand der Verehrung« (ebd.).

Wiewohl die Zeremonien und Rituale, die Insignien der Macht in den meisten Ländern an Pracht und Aufdringlichkeit verloren haben, bleibt der ethnologische Blick eine nachahmenswerte Methode. Er eignet sich besonders in Geschlechterverhältnissen, weil die Geschlechter aus einer Art sekundärer Natürlichkeit einen fremden Blick füreinander haben. Dieser ist nicht zu beklagen, sondern als Erkenntnismittel zu nutzen.

Die Eigenarten der Frauen

Wenn die Berufe der Männer und ihre Ausübung nicht die erhoffte Freiheit, nicht Menschlichkeit, nicht die Sehnsucht nach Frieden, sondern im Gegenteil Hass, Neid, Eifersucht, Besitzgier usw. bringen, gäbe es dann die Möglichkeit, auf diese Art Gleichstellung zu verzichten und doch auf die Eigenschaften, welche die Frauen im Laufe ihrer häuslichen Erziehung, ihres Ehelebens, in ehrenamtlicher Pflege von Alten und ähnlichen Tätigkeiten erwerben, zu hoffen? Woolf beschreibt ›männliche Eigenarten‹, ihre Lebensweise, ihre Privilegien als vormenschlich; wenn sie zu den Eigenarten und Tätigkeiten der Töchter und Schwestern der gebildeten Männer kommt, spricht sie keineswegs mit Nachsicht und Hoffnung, sondern mit Zorn und Verachtung – dies im Namen ihres Rechtes, menschlich zu leben. Sie zitiert aus einem Tagebuch einer solchen Tochter, die ihre Zeit vertreibt mit Warten, Langeweile, Versuchen, der Einengung durch Beschwerden und Ressentiments zu entkommen[9], und kommt zu dem Resultat, dass »die Töchter der gebildeten Männer eine unbezahlte Ausbildung erhielten durch Armut, Keuschheit, Geringschätzung und Freiheit von hohen Verpflichtungen« (109), also nichts, aus dem Hoffnung zu schöpfen wäre. Und das Zusammenspiel dieser beiden, die Erziehung beider Geschlechter, die durch die ständigen Schwangerschaften der unbezahlten Ehefrauen und das ständige Geldverdienen der Ehemänner erfolgt, bringt schreckliche Resultate für Geist und Körper; nämlich »Sinnlosigkeit, Kleinlichkeit, Bosheit, Tyrannei, Heuchelei, Unmoral« (110).

Der Streifzug durch die unterschiedlichen Zeugnisse, Lebensgeschichten, Statistiken, Zeitungen und die Durcharbeitung der sich auf diesem Wege auf je neuen Ebenen stellenden Fragen brachte einen Blick in die Zivilisation der englischen ›besseren‹ Gesellschaft kurz vor Beginn des Zweiten Weltkriegs, der, vom Standpunkt der gebildeten Klasse und ihres Potentials an Menschlichkeit geschrieben, ein vernichtendes Urteil über die Bourgeoisie insgesamt und damit das Schicksal solcher Länder fällt. Der Blick ist zugleich auf den abhängigen Teil dieser herrschenden Klasse gerichtet, die Ehefrauen, Töchter, Schwestern, und ermöglicht es daher, die Problematik der Geschlechterverhältnisse als Produktion beider Geschlechter, wenn auch mit ungleichen Machtmitteln, Besitz und Möglichkeiten, vorzuführen. Indem die Erkundung in den Fluchtpunkt der Frage nach der Verhinderung des Krieges gestellt ist, rücken die Geschlechterverhältnisse in die Grundlagen dieser profitgierigen, gewalttätigen, nicht-menschlichen Gesellschaft ein. Ohne ihre Bearbeitung und Veränderung wird es keine nachhaltige Veränderung von Gesellschaft

9 Woolf arbeitet diese Gestalt zu einem der tragenden Charaktere in ihrem großen Roman *The Years* aus (1937, dt. Die Jahre, Frankfurt 1959). Das Leben dieser Figur wird preisgegeben und zugleich als tragisch vorgeführt. Es scheint verfehlt, weil der mühsam eroberte Ehemann ihr das mit ihm erhoffte Leben nicht gewähren kann, wenn er seinen Arztberuf seinen Hoffnungen entsprechend ausübt, statt bloß, um ein möglichst hohes Einkommen zu erzielen. Am Ende verliert er seinen Lebenssinn und stirbt; mit seinem Tod gewinnt sie durch die Heirat mit einem anderen Mann den ihr ›zustehenden‹ Lebensstandard.

geben. Gleichstellung und gleiche Vorteile und Privilegien, die selbst ja schon als verantwortlich für diese kapitalistische Gesellschaft erkannt sind, für Frauen zu erstreiten, kann nicht der Weg sein. Und dennoch muss die Gleichberechtigung der Frauen erkämpft werden, um überhaupt eine Möglichkeit zu eröffnen, dass sie anders handeln, denken, fühlen könnten denn als Abhängige dieser Herren aus der Bourgeoisie. Die Chancen sind gering, aber es sind die einzigen, und sie sind erst ein Anfang. Am Ende prüft Woolf, ob nicht diese verächtlichen Lehrmeister der unbezahlten Erziehung – die Armut, die Keuschheit, die Geringschätzung, die Freiheit von hohen Verpflichtungen – in den Dienst der notwendigen Veränderung der Gesellschaft gestellt werden könnten.

Von der Armut zu lernen hieße, nicht den Reichtum um seiner selbst willen anzuhäufen; eine ermäßigte Armut zu leben, gerade so viel zu besitzen, dass man unabhängig ist, davon leben kann, und ein Mindestmaß an Gesundheit, Vergnügen, Wissen erwerben kann, ausreichend, dass Körper und Geist sich voll entfalten können. »Schüttelt den Baum [des Eigentums] mit Gelächter« (112).

Keuschheit – nicht die kleinliche, die sich auf den Körper bezieht, aber angewandt auf den Geist – hieße, seine Fähigkeiten nicht zu verkaufen, sondern sie um der für sie möglichen Ziele willen, wegen der Forschung, der Kunst, des Gebrauchswertes von Wissen (115) einzusetzen, keine »geistige Korruption« zu betreiben (130).

Geringschätzung wiederum kann auch eine Haltung ermöglichen, die sich nicht mit Ehrenzeichen, Orden, Titeln brüstet und auf diese Weise nicht durch äußeres Ansehen bestechlich ist.

Schließlich kann die Freiheit von hohen Verpflichtungen meinen, sich zu nichts bereit zu finden, das aus jenen feindseligen Haltungen des Stolzes kommt, auf die Nation, die Familie, das Geschlecht usw.

Die Töchter der gebildeten Männer haben immer nur »von der Hand in den Mund gedacht […] während sie im Kochtopf rührten, während sie die Wiege schaukelten« (87). Jetzt geht es darum weiterzudenken, in Büros, in Omnibussen, eingekeilt in der Menge: »Wir wollen nie aufhören zu denken – in welcher Art von ›Kultur‹ leben wir?« (87)

Frauen haben über Jahrhunderte von ihren Brüdern Geringschätzung, Tadel und Verachtung erfahren, so bleiben ihnen noch für Jahrhunderte die großen Sünden »Überheblichkeit, Egoismus und Größenwahn« (114), erspart; sie sind aus ihrer Tradition gefeit gegen den mächtigsten Verführer, das Geld (115), das sie nie hatten bzw. über das sie nicht verfügen konnten, und wo sie die Verfügung als Witwen doch hatten, es in Wahrheit auch nicht konnten wegen der Abhängigkeit ihres Willens vom Ehemann. Woolf bringt

Beispiele, in denen Witwen viel Geld für Männercolleges u.a. stiften, nie für ein Frauenprojekt. – So könnten sie ihre unter jetzigen Verhältnissen so kläglichen Eigenarten einsetzen, um Veränderung im Ganzen zu beginnen. Wie ihre Zeitgenossin Alexandra Kollontai besteht Woolf auf der Möglichkeit und Fähigkeit, unabhängig zu leben, d.h. den eigenen Lebensunterhalt zu verdienen, dem die psychische und geistige Unabhängigkeit folgt. Dass sie also überhaupt »Kritik üben kann« (24), ist unabdingbare Voraussetzung der Sprengung jener unheilvollen Geschlechterverhältnisse, nicht aber das Ziel selbst. Noch geht es um die Erkämpfung des »Vorraumes«, den wir für die Aushandlung und Durchsetzung der notwendigen Veränderungen, eines neuen Projektes brauchen.

Die Lehren der Literatur

Eingreifende Literatur als Lernanordnung, als Lehre zu studieren sollte die Frage nach dem Lernen weitertreiben. Literarische Werke berichten in der Form der Kunst u.a. über gelingende Lernprozesse. Darin kann Lehren als Kunst entziffert werden, die aus Lernvorgängen selbst Lehren zieht. Das Studium von Virginia Woolf zeigt wie das von Brecht die Notwendigkeit, den Alltagsverstand ernst zu nehmen, mit ihm zusammenzuarbeiten, in ihm Möglichkeiten der Erkenntnis freizusetzen. Insofern kann bei beiden Autoren nicht die Rede davon sein, dass sie etwa von oben, aus besserem Wissen, die Unteren als Unwissende belehrten. Der Prozess ist komplizierter. Es geht in beiden Fällen darum, die Einzelnen zum Bündnis mit sich selbst zu bringen. Einsichten, die man schon hat, Erfahrungen, die man machen kann, so auszusprechen, dass die Einzelnen bereit sind, die täglichen Begebenheiten widersprüchlicher und zusammenhängender zu sehen, sodass sie überhaupt die Möglichkeit für Eingriffe gewinnen, die ihnen nicht selbst bloß zum Schaden gereichen. Insofern geht es um die Vorbereitung des Bodens, auf dem geglücktes Lernen beginnt, das Handlungsfähigkeit erweitert. Es geht damit zugleich um Haltungen, um Verlernen des Gewohnten, um einen neuen Blick.

Die Arbeit mit den literarischen Zeugnissen lehrt, das Lehr-Lernen nicht (wie Holzkamp) für einen Sonderfall von Lernen zu halten, das hauptsächlich nicht selbstbestimmt »kurzschlüssig« ist, und es aus der Analyse auszuklammern, sondern es als notwendigen und genuinen Bestandteil von Lernen zu studieren. Es verbindet die Einzelnen mit Geschichte und ist als Ermöglichung von Lernprozessen zu analysieren, was freilich schlechte Lehrmeister und Misslingen nicht ausschließt.

Teil III

Die lernenden Subjekte

Kapitel 7

Das lernende Subjekt Zweite Holzkamp-Diskussion

Kritische Psychologie

Ute Osterkamp gibt in ihrem einführenden Buch zur Motivationsforschung (1975) eine knappe Fassung kritisch-psychologischer Annahmen zum Lernen. Sie beginnt mit der Unterscheidung von tierischem und menschlichem Lernen, wobei sie die Annahmen zu den gängigen Vorstellungen von angeborenem vs. gelerntem Verhalten verschiebt. Der Gegensatz ist nicht der zwischen gelernt und angeboren, sondern angeboren ist, dass ein Wesen überhaupt lernfähig ist. Diese Möglichkeit, auf geänderte Umwelten mit Erfahrung zu reagieren und entsprechend das Verhalten zu ändern, erhöht die Überlebenswahrscheinlichkeit der lernenden Wesen ebenso wie sie sie verringert. Wo die Festigkeit automatischer Verknüpfungen fehlt, wird Lernen zur Notwendigkeit, schließt aber immer die Möglichkeit der Verfehlung ein. Auf der anderen Seite erhöht sich die Möglichkeit, auf geänderte Umwelten durch Verhaltensänderung zu antworten. Mit dem Wechsel zum Menschen, der Geschichte hat und also sein ›menschliches Wesen‹ außerhalb, in den gesellschaftlichen Verhältnissen findet und sich aneignen muss (Marx, Feuerbachthesen, MEW 3), gewinnt Lernverhalten eine dringlichere Dimension von viel tieferen Ausmaßen. Wieweit man sein menschliches Wesen entfaltet, hängt nahezu ausschließlich von Lernprozessen ab, die allerdings in bestimmten gesellschaftlichen Verhältnissen stattfinden, gefördert oder behindert werden. Ins Zentrum rücken Überlegungen zum Verhältnis von subjektiver Ausstattung und sozialer Umgebung. Lernen setzt die Bereitschaft zur Verhaltensänderung voraus, die wiederum eine bewusst in Kauf genommene Verunsicherung bedeutet. Wie auf einer Treppe, bei der jeder Stufenwechsel ein Moment des Aus-der-Balance-Seins bedeutet, bis man auf höherer Ebene neue Festigkeit erzielt, verlangt auch der Lernprozess die Einwilligung in die Preisgabe bisheriger Sicherheit unter dem vagen Versprechen, auf neuer Stufe eine größere, weil den Raum von Handlungsfähigkeit erweiternde Sicherheit zu erlangen. Dieser Prozess ist ein gesellschaftlicher, ein sozialer. Insbesondere beim kindlichen Lernen wird vorausgesetzt, dass Elterninstanzen die aufkommende Unsicherheit emotional absichern. In späteren Stadien sind es gesellschaftliche Anerkennungen vielfältiger Art, welche die emotionale Seite des stets immer weiter verunsichernden Lernprozesses begleiten. Das Szenario ist m.E. so gebaut, dass das Misslingen, das nur Unzulängliche auf der Subjektseite und das Verhindernde in den gesellschaftlichen Strukturen, jeweils in eine Untersuchung zum Lernen eingebracht werden kann; zugleich sind die möglichen Lernstörungen vom Standpunkt der Subjekte modellhaft vorstellbar: als Fehlinterpretation, als emotionales Bedürfnis, das nicht befriedigt wird, als Zurückschrecken, da der Vorteil größerer Handlungsfähigkeit nicht einsehbar ist bzw. erreichte Handlungsfähigkeit aus erklärbaren Gründen nicht aufgegeben werden möchte.

Die Untersuchung von Lernprozessen braucht also beides, eine Kenntnis der objektiven Lernbedingungen sowie eine Vorstellung von subjektiver Befindlichkeit.

Klaus Holzkamp hat sechs Jahre vor dem Grundlagenwerk zum Lernen (1993) erste Skizzen zu einer subjektwissenschaftlichen Lerntheorie (1987) veröffentlicht. Hier entwickelt er u.a. die These, dass die familiäre Situation, die Anordnung von überwachenden Eltern und lernenden Kindern so verfahren gebaut ist, dass Lernwiderstand das Normalverhalten Heranwachsender darstellen muss. Lernwiderstand ist daher keine Problematik, die nur selten oder gar als eine Art Krankheit auftritt und ›geheilt‹ werden kann. Die Eltern-Kind-Konstellation ist per se eine Entwicklungsbehinderung; entsprechend ist Widerstand eine gewöhnliche Form, in der Entwicklung dennoch stattfinden kann. Dies wiederum bringt die Eltern, die ja nicht notwendig als Gegner der Kinder gedacht werden müssen, in eine schwierige Situation. Je mehr sie intentional den Kindern etwas Wichtiges und Voranbringendes ›beibringen‹ wollen, desto wahrscheinlicher ist, dass sie gerade das Gegenteil erreichen. Umgekehrt wird man ihnen kaum zumuten können, genau das Gegenteil dessen vorzutragen und als Erziehungsprogramm durchzuführen, was sie für gut halten, um das gewünschte Resultat wie in einer Lotterie unter Umständen über einfache Negation durch ihre Kinder zu erreichen.

Von Anfang an beschäftigt sich Kritische Psychologie mit den vielfältigen Tücken und Fallen, die die gesellschaftlichen Subjekte in ihren Lernprozessen behindern, voranbringen, verleiten. Lernen wird zugleich als Lebensnotwendigkeit und als unwahrscheinlicher Prozess konzipiert. Die Psychologie ist gehalten, die vielfältigen Widerstände subjektiver und objektiver Art zu beleuchten und eingreifend tätig zu werden.

Die subjektwissenschaftliche Grundlegung

In der Einsicht, dass Lernen ein Gegenstand so vielzähliger theoretischer Bemühungen ist, dass es fast als erschöpfend behandelt gelten kann, positioniert Klaus Holzkamp seinen Forschungs-Gegenstand im Lernbuch von 1993 zunächst in einige Vorannahmen des gesunden Menschenverstands, die, ins Erstaunliche gehoben, eine neuerliche Untersuchung zum Lernen begründbar machen. Lernen nämlich gilt allgemein als eine Praxis von Kindern und Heranwachsenden, ist institutionell verankert (etwa in der Schule) und kommt irgendwann zum Abschluss, man hat ausgelernt. Insofern, so schließt er, erscheint Lernen für Erwachsene als Zumutung, ist negativ besetzt; ausgelöscht ist,

> dass Lernen keine Beeinträchtigung, sondern im Gegenteil eine Form der Realisierung meiner Selbständigkeit als Erwachsener und deswegen in meinem genuinen Lebensinteresse sein könnte (12).

Diese negative Besetzung des Lernens nötigt zur Untersuchung der Prozesse, in denen gelernt wurde, zur nochmaligen Lektüre der Theorien, die sich mit Lernen befassen, und begründet, dass die Lernsubjekte in das Studium vom Lernen auf jeden Fall Eingang finden müssen. Holzkamp skizziert als Rahmen der Lernuntersuchung eingangs die Instanzen, die dafür als zuständig angenommen werden müssen; als solche Instanzen nennt er die Familie, die Medien, die Schule. Die in diesen und durch sie stattfindenden Lernprozesse nennt er »kontrolliertes Lernen« (12) und schafft sich damit die Möglichkeit der Unterscheidung im Lernen selbst. Zugleich begründet sich so der Verdacht einer groß angelegten institutionalisierten Zurichtung der Lernenden – diesen Prozess nennt er »Beschulung«. Er nimmt entsprechend an, hier schon den ersten Schlüssel für die Haltung, Lernen als Zumutung zu empfinden, ausgemacht zu haben:

> Durch die ideologische Verquickung von Lernen und Beschulung, Zwang, Reglementierung, Vereinnahmung »von oben« enthält der Protest gegen Gängelung, Entmündigung, Fremdbestimmung des Lernens häufig auch einen Protest gegen das Ansinnen zu lernen überhaupt. (12)

Diese Anordnung verlegt die Widersprüche in den Lernprozessen von vornherein in die Außenwelt, die sich mit Begriffen wie Fremdbestimmung, Gängelung, Kontrolle den Subjekten gegenüber verfügend, »herrschaftssichernd« verhält, und verstellt auf diese Weise die bedeutend kompliziertere

Frage, durch welche kulturellen historischen Prozesse solche Lernwidersprüche u.U. in die Individuen selbst gelangen, ihre Weise gesellschaftlicher Aneignung durchkreuzen, ja blockieren. Es wären dies Untersuchungen zur subjektiven Lernerfahrung, zur Erinnerung, zum Unbewussten, zum Spannungsverhältnis von Gefühl und Verstand, zu Kultur und Ideologie und damit nicht zuletzt zur Frage der Geschlechtsspezifik von Lernprozessen. Aber machen wir uns die Sache nicht zu leicht, sondern überprüfen, inwieweit dieses Fragenbündel oder Dimensionen davon dennoch Eingang in Holzkamps Untersuchung finden, bzw. auch umgekehrt: wo sie hätten eingetragen werden müssen, wie sie umgangen wurden.

Schließlich geht es bei Holzkamps Lernbuch ausdrücklich um eine »subjektwissenschaftliche Grundlegung« und dabei zunächst um den gegen bisherige Lerntheorien gerichteten Verdacht, dass sie in ihren Begründungen die Subjekte, welche lernen, nicht explizit einbezögen, weil sie den Widerspruch »von Lernen und Verschulung« nicht zur Kenntnis nähmen. Holzkamp hat sich die Aufgabe gestellt, das »Lernsubjekt« wieder »diskursfähig [...] zu machen« (15). Nach seiner Auffassung ist der Standpunkt der traditionellen Lerntheorien selbst der fremdbestimmte der Lerninstitutionen; die Einführung des Standpunkts der Lernsubjekte als wissenschaftlicher Standpunkt müsste demgegenüber einen Umsturz in der wissenschaftlichen Grundlegung von Lernen erbringen und die Enteignung des Lernens zu fassen erlauben.

Unter solchen Voraussetzungen erwartet man, dass subjektive Lernerfahrungen das zentrale Forschungsmaterial werden. Dies geschieht jedoch höchst eingeschränkt: Lernerfahrungen werden weitgehend aus eigenen theoretisch gewonnenen Vorannahmen abgeleitet, teilweise selbst erinnert. Hierfür kann Holzkamp auf zuvor Erarbeitetes zurückgreifen (1983, 1986 u. 1987).

> Die Menschen machen ihre eigene Geschichte, aber sie machen sie nicht aus freien Stücken, nicht unter selbst gewählten, sondern unter unmittelbar vorgefundenen, gegebenen und überlieferten Umständen, aber sie machen sie selbst. (Marx, MEW 8, 115)

Diese Bestimmung gibt uns eine Anordnung, in der eine kritische Psychologie sich als marxistische Subjektwissenschaft entfalten kann. Marx spricht antideterministisch und zeigt doch die gesellschaftlichen Verhältnisse als Bedingungen, in denen sich die Menschen selbsttätig zurechtfinden müssen. Sie machen ihre eigene Geschichte, die darum selbst als der Prozess der Entfaltung menschlicher Wesenskräfte gelesen werden muss; dabei ist das Leben der je einzelnen Menschen historisch konkret im Verhältnis zur kollektiven Geschichte zu untersuchenden Verhältnis.

Wiewohl er dies nicht explizit tut, kann man annehmen, Holzkamp entfalte aus solchen Bestimmungen einige Grundannahmen für eine kritische Subjektwissenschaft. Gegenstand seiner Lernuntersuchung wird das Subjekt, das sich bewusst auf Welt bezieht (1993, 21), das Möglichkeiten des Verhaltens zu seinen Bedingungen hat; damit wird es gefasst als Intentionalitätszentrum, ein sinnlich-körperliches, bedürftiges, interessiertes Subjekt mit Absichten, Plänen, Vorsätzen, Stellungnahmen, Handlungsentwürfen vom Standpunkt seiner Lebensinteressen: »Entsprechend nehme ich den anderen als intentionales Zentrum seiner Lebensinteressen, die zu den meinen in einem bestimmten Verhältnis stehen, wahr.« (21) – Welt wird – dies ist schon in seiner frühen Schrift (1973) entwickelt – als objektiv bedeutungsvoll entzifferbar, dies wegen der in den Arbeitsprodukten erkennbaren »sachlich-sozialen Gegenstandsbedeutungen, auf die sich sprachlich-symbolische Bedeutungen verallgemeinernd und verdichtend beziehen« (1993, 22). Das ›Subjekt‹ bezieht sich aktiv-gestaltend auf Welt, die für ihn Lebensbedingung ist. Damit wird die Bedeutung der Welt Teil seiner Handlungsbegründungen. Erfahrungen, so folgert Holzkamp, werden also in der Sprache subjektiver Handlungsbegründungen artikuliert und kommuniziert. Der Einbezug subjektiver Begründungen wird folglich grundlegend für jede Lerntheorie – sie muss vom Standpunkt des begründenden Subjekts konzipiert sein. Das macht subjektive Begründungen zugleich intersubjektiv verständlich und nachvollziehbar als »vernünftig«, soweit die jeweiligen Prämissen nachvollziehbar angegeben werden. Diese Setzung eines subjektiv begründbaren Handlungsmusters argumentiert gegen die gewöhnliche Verurteilung von Verhalten als irrational, sowie es einem selbst fremd ist und man es nur von einem Außenstandpunkt betrachtet. Holzkamp führt vor, dass auch in den freudschen Annahmen des Unbewussten der Subjektstandpunkt der vernünftigen Begründung vorausgesetzt ist:

> Freuds Theorie ist [...] gerade indem sie die Widersprüche und Brüche des Bemühens um ihre Verwirklichung begreifbar und [...] überwindbar machen will – der menschlichen Vernunft als zentralem Lebenswert unauflösbar verpflichtet: »Die Stimme des Intellekts ist leise, aber sie ruht nicht, ehe sie sich Gehör verschafft hat [...] auf die Dauer kann der Vernunft und der Erfahrung nichts widerstehen«. (Freud, GW 14, 377f; Holzkamp 1993, 30)

Holzkamp versucht sein Theorem gegen mögliche Kritik, es sei rationalistisch, abzusichern, indem er einschärft, die Vernünftigkeit des Handelns nicht normativ, sondern bloß subjektiv aufzufassen, und kommt zu dem kategorischen Imperativ: »dass niemand bewusst seinen eigenen Interessen zuwiderhandelt« (27). Mit diesem Apriori kann er den Standpunkt der dritten Person, der üblichen psychologischen Theorien eignet, ebenso zurückweisen wie die Darstellung und Beobachtung von Personen und ihren Beziehungen von außen und oben. Der Standpunkt der subjektiven Begründung braucht eine eigene Wissenschaftssprache; nur von Ersterem aus und in Letzterer kann sinnvoll subjektwissenschaftlich geforscht werden. Diese Sprache nennt er eine »Sprache auf der Diskursebene der Handlungsbegründungen« (27).

> Schließlich lässt sich der benannte standpunktbezogene intersubjektive Beziehungsmodus von »Intentionalitätszentrum« zu »Intentionalitätszentrum« im Kontext der subjektiven Handlungsbegründungen kategorial konkretisieren als *intersubjektive Begründetheit/Verständlichkeit* von Handlungsintentionen: Ich mache mich einem anderen dadurch verständlich, dass ich ihm die Gründe für mein Handeln, genauer: Prämissen, unter denen für mich mein jeweiliger Handlungsansatz begründet (d.h. in meinem Interesse »vernünftig«) ist, nachvollziehbar mache; und entsprechend »verstehe« ich den anderen, soweit ich nachvollziehen kann, aufgrund welcher Prämissen, wie sie für *ihn* gegeben sind bzw. von *ihm* wahrgenommen werden, sein Handlungsvorsatz für ihn aus seinem Interesse begründet, d.h. vernünftig ist. (25) (Vgl. dazu etwa Grundlegung 1983, 349ff und 1986, 218ff.)

Aus den bislang zitierten Textstellen konnte man folgende Begriffe als tragend entnehmen: Subjekt und Subjektstandpunkt, Interesse, Begründung und begründetes Handeln, der »gute Grund«, vernünftig, verständlich, bewusstes Handeln, Absicht, Intentionalität, Intentionalitätszentrum, Handlungsvorsatz, Bedeutung. Diese Begriffe stammen teils aus der Bewusstseinsphilosophie, aus Vernunftdenken, aus der Phänomenologie, zu einem weiteren Teil aus Theorien über den Homo oeconomicus, teils aus dem juridischen Diskurs, aus der Staatsrechtslehre. D.h., diese Begriffe sind allesamt theoretisch außerordentlich aufgeladen. Holzkamp benutzt sie, als seien sie unschuldige und eindeutige Worte, die man in einen beliebigen Kontext einsetzen und belasten kann. Keiner der Begriffe wird diskutiert. Dabei haben ja die meisten Begriffe auch noch eine alltägliche Besetzung – insbesondere etwa »einen guten Grund haben« oder »vernünftigerweise so oder so handeln« usw. –, die ebenfalls von Holzkamp nicht nur nicht kritisch aufgenommen, sondern auf fragwürdige Weise in Dienst genommen wird für die Kritik bürgerlicher Theorien. Seine Darstellung springt auf diese Weise hin und her zwischen der Ebene von Kategorien, die aus diesen theoretisch umstrittenen Begriffen kommen (wie Interesse, Intentionalität, bewusst,

Begründung), und Alltagssätzen wie »ich mache mich verständlich« oder »ich permanent mit mir aushandle, was ich in meiner jetzigen Lage tun oder lassen sollte, wenn ich mir nützen, wenigstens aber nicht schaden will« (25). Dies erschwert es außerordentlich, Holzkamp nicht misszuverstehen. Lange Zeit muss man annehmen, dass seine Redeweisen vom vernünftigen Handeln, vom guten Grund, vom Subjekt als Intentionalitätszentrum usw. ein überaus rationalistisches Denken repräsentieren. Dagegen sollen aber auch die Begründungen nur kategorial zu verstehen sein – »die von uns kategorial herausgehobene Theoriesprache der ›subjektiven Handlungsgründe‹ (28); »reale Verhältnisse sind also kein irgendwie gearteter Prüfstein für die Begründungsannahmen, sondern eben mögliche *Anwendungsfälle* oder *Beispiele*« (29). Die Kritik am Rationalitätskonzept scheint mithin kategoriale und phänomenale Ebene zu verwechseln. Das Vertrauen in das ›bloß‹ Kategoriale der Begründungen wird hart auf die Probe gestellt, wenn man den kritischen Einsatz dieses »Begründungsmusteransatzes« bei der Überprüfung der bürgerlichen Psychologie jeweils nach den »vernünftigen Gründen« in den geschilderten Experimenten fragen sieht, was in jedem Fall auf der phänomenalen Ebene verhandelt wird (dazu später). Aber es nützt für das Verständnis des holzkampschen Entwurfs, zu dem marxschen Ausgangssatz über die Menschen, die ihre Geschichte selber machen, wenn auch nicht aus freien Stücken, zurückzukehren. In diesem Raum scheint Holzkamp Kritische Psychologie entfalten zu wollen, ein Vorhaben, das auch meinen Studien zum Lernen zugrunde liegt. Also verschiebe ich die Kritik der Begriffe in der Kritischen Psychologie auf später und versuche im Folgenden Holzkamps Kritik der Mainstream-Psychologie so nachzuvollziehen, dass aus ihr gelernt werden kann.

Holzkamps Vorannahmen führen ihn zu einer geradezu paradoxen Fragestellung in Bezug auf gängige Lerntheorien: Diese sind a) ohne subjektive Begründungen quasi mechanisch-kausal verfasst; sie können b) aber zugleich so gar nicht operieren; also ist c) anzunehmen, dass sie den subjektiven Begründungsstandpunkt zugleich implizit enthalten und verdecken. Er nennt dies ein »Selbstmissverständnis«, welches das eigene Vorgehen mystifiziere (31). Sein Projekt ist es, in einem ersten Schritt diese Verstellung rückgängig zu machen, das Handlungssubjekt in die jeweiligen Theorien einzuschreiben und auf diese Weise zusätzliche Informationen über den Herrschafts charakter der bürgerlichen Psychologie zu gewinnen. Methodisch wird so das Unausgesprochene sprechbar und sichtbar gemacht und in einen Funktionszusammenhang gestellt. Forschungstechnisch werden in die vorhandenen üblichen Wenn-Dann-Hypothesen, die eine Verbindung zwischen Bedingungen und Ereignissen schaffen, implizite subjektive Begründungen eingetragen, beispielsweise durch Einschiebung des Wortes »vernünftigerweise« in eine solche Wenn-Dann-Hypothese oder durch deren einfache Negation, ein Verfahren, das offenbar macht, dass immer dann Vernunft implizit unterstellt war, wo die Negation unsinnig wird – etwa: Wenn es kalt wird, zieht man sich nicht warm an usw. Die Außenperspektive, die jeder Wenn-Dann-Überlegung zugrunde liegt, soll grundsätzlich durch eine Subjektperspektive als Forschungsstandpunkt ersetzt werden. Mit dieser Wendung will er zugleich gegen das bekannte Phänomen arbeiten, dass Subjekthaftes jeweils nur als Beispiel auftritt, dem andere Beispiele entgegengehalten werden können. Vom Standpunkt subjektiver Begründung gibt es keine Beispiele und Anwendungen, sondern je verschiedene Begründungszusammenhänge.

Auf knapp hundertfünfzig Seiten werden die vier relevanten lerntheoretischen Grundkonzepte, die behavioristischen, die kognitiv erweiterten, gleichsam moralisch argumentierenden aktuelleren behavioristischen, die kognitiven und schließlich die dem Computerzeitalter angepassten handlungstheoretisch erweiterten Lernmodelle in der angegebenen Weise reinterpretiert. Diese Ausführungen können zugleich als eine stringente Einführung in Lerntheorien gelesen und genutzt werden, wie auch die einfache Anwendbarkeit der Forschungsprämisse, dass nämlich in allen Theorien, die von einem Außenstandpunkt sprechen, ein heimlicher Subjektstandpunkt implizit ist, einleuchtend vorgeführt wird.

Im Folgenden gebe ich die holzkampsche Darstellung sehr verknappt wieder, dies nicht so sehr, um auch diesem Buch einen Exkurs in übliche Lerntheorien zu verschaffen und so seinen Gebrauchswert zu erhöhen, sondern in der Hauptsache, um die holzkampsche Darstellung und Methode zu prüfen und meine Fragen in seine Kritik einzutragen sowie die später folgenden eigenen Untersuchungen zum Lernen vom Subjektstandpunkt vorzubereiten.

Behavioristische Lerntheorien

Holzkamps Referat zu den behavioristischen Lerntheorien, die seit den fünfziger Jahren die Theorien vom Lernen überhaupt bestimmten, ist auf zweifache Weise kritisch. Er geht von vornherein der Frage nach impliziten begründungstheoretischen Annahmen nach, und er beleuchtet die vorhandenen Theorien unter ihrem eigenen Entwicklungsaspekt. So macht er den Bericht über die inneren Brüche und Korrekturen zum Darstellungsprinzip. Das macht das Referat zum Argument und die Lektüre zu einer Art Diskussion. Man erfährt die Grundannahme, »die Gesetze des Lernens seien universellorganismischer Natur« (41) – eine Annahme, die es erlaubte, die Entwicklung lerntheoretischer Konzepte auf der Basis von Tierexperimenten im Labor mit kontrollierten Bedingungen durchzuführen, um sie im Anschluss als für alle Lebewesen gültig zu behaupten –, zugleich als eine Annahme, welche die von Holzkamp vorgesehene Suche nach impliziten Begründungsmustern von vornherein als aussichtslos zurückweisen könnte. Da diese universelle Gültigkeit von Lerngesetzen als für alle Lebewesen gleiche aber ohnehin »brüchig« geworden sei, insbesondere durch ethologische Untersuchungen die Schlussfolgerung einer Artspezifik des Lernens gezogen werden musste, kann auch Holzkamp im Folgenden sich auf die (etwa seit 1984) allgemein anerkannten modifizierten Konzepte beziehen, die unter die Hegemonie der kognitiven Psychologie gerieten und Begriffe wie den des Gedächtnisses ins Zentrum rückten. Er stützt sich auf die zusammenfassende Kritik von Brewer (1974), nach der die allgemeinen Konditionierungsgesetze bei Menschen nur dann funktionieren, wenn sie sich ihrer »bewusst« sind, ihrer »gewahr« werden. Holzkamp schließt daraus, dass u.U. die Gleichheit von tierischem und menschlichem Lernen eher als eine Ähnlichkeit »oberflächlicher« Art aufzufassen sei, und dreht die Frage kurzerhand um: »Dass menschliches Lernen unter bestimmten experimentellen Bedingungen als ›Konditionierung‹ erscheint, wäre umgekehrt selber erklärungsbedürftig« (45). Diese Fragestellung erlaubt es ohne weiteres, das vorgesehene Prüfverfahren einleuchtend einzutragen. Die Kritik an der universellen Gleichheit tierischen und menschlichen Lernens erbringt so zugleich die Möglichkeit, die Frage nach der Begründbarkeit zu legitimieren und ihre Anwendbarkeit auf SR-(stimulus-response)theoretische Ansätze, die anscheinend ohne Annahmen von Vernunft und Bewusstsein auskommen, vorzuführen. Die Reformulierung der Frage lautet jetzt:

> Unter welchen Prämissen [lernen] Individuen mit »guten Gründen«, also »vernünftigerweise« in einer Weise [...] die von außen, also vom Drittstandpunkt, als Konditionierung erscheint (46).

Diese Frage kommt unmittelbar aufklärerisch daher. Sie bezieht ihre Plausibilität aus dem angenommenen Subjektstandpunkt ebenso wie aus dem gesunden Menschenverstand. Sie verhilft gleichzeitig dazu, noch einmal zurück in die Grundannahmen klassischer SR-Theorie zu gehen, um selbst diese mit der impliziten Annahme eines menschlichen Bewusstseins zu konfrontieren. Der Nachvollziehbarkeit halber seien hier ebenso die einfachen Grundlagen wiedergegeben.

Grundannahme ist, dass kleinste Einheiten des Verhaltens als Reize (stimuli) und Reaktionen (responses) angenommen werden; wichtig wird die Art der Verknüpfung zwischen diesen beiden Elementen, die als Konditionieren (klassisches und instrumentelles) gefasst ist. Klassisches Konditionieren (Watson aufbauend auf Pawlow) geht auf das Konzept des bedingten Reflexes zurück. Man ersetzt einen Reiz, auf den ein unbedingter Reflex folgt, durch einen anderen, den man so mit dem ursprünglichen verknüpft, dass er, wiewohl er eigentlich mit der Reaktion nichts zu tun hat, diese ebenfalls auslöst – im pawlowschen Experiment war es die Ersetzung des Hundefutters durch einen Glockenton, der dann ebenfalls zur Speichelabsonderung führte. Es werden Begriffe der *Verstärkung* (abhängig von der Häufigkeit der gleichzeitigen Darbietung etwa von Futter und Glockenton), der *Löschung*, wenn die gleichzeitige Darbietung mehrfach wegbleibt, und des *Signallernens* gebildet. Anlage, Experiment und Ergebnis sind so plausibel, dass man sich ohne weiteres eine Menge von solchen Konditionierungen, etwa als Dressurnummern im Zirkus, vorstellen kann, wie auch der Phantasie, solches im Strafvollzug und in Pädagogik und Therapie einzusetzen, kaum Grenzen gesetzt sind. – Als eine gelungene Veranschaulichung sei der Film *Clockwork Orange* empfohlen, in dem ein krimineller Jugendlicher vorgeführt wird, dem vermittels SR-Lernen der Geschmack an Frauen, an Musik, an Alkohol abdressiert wird.

Holzkamp reformuliert das SR-Muster zunächst in eine Wenn-Dann-Hypothese: Wenn auf einen bestimmten Reiz ein unspezifischer folgt, dann erfolgt Reaktion x; die in der Versuchsanordnung enthaltene Annahme einer Versuchsperson, die auf die Ankündigung, das Signal reagiert, lässt ihn ein unvermeidliches, wenngleich minimales Zugeständnis an den Subjektstandpunkt des »konditionierten« Individuums annehmen. Die sich daraus ergebende Frage nach den »guten Gründen«, die das Individuum hat, in solcher Weise zu reagieren, zeigt ihm, dass die Hinweise nicht ausreichend sind, nicht alle Bestimmungen expliziert bzw. nicht alle theoretisch abgebildet sind. Es wird also notwendig, eine solche »Geschichte« aus einer Konditionierung nachzuzeichnen, um die entsprechenden Leerstellen aufzuspüren. Die Wiedergabe an dieser Stelle verdeutlicht sein methodisches Vorgehen. Er erzählt die Geschichte einer »Angst vor weißen Schürzen« als eine Abwandlung einer watsonschen Konditionierung, in der ein eineinhalbjähriges Kind bei einem Arztbesuch, auf dem Schoß seiner Mutter festgehalten, vom behandelnden Arzt eine schmerzhafte Injektion bekommt und von da an beim Anblick einer weißen Schürze in einem Arztzimmer auch dann zu schreien und zu strampeln beginnt, wenn gar keine Spritze ansteht. Das Experiment gilt als Fallbeispiel klassischen Konditionierens, eben weil ja die Schürze ›neutral‹ ist und zudem, da eine Wiederholung der Behandlung nicht ansteht, die Angst und die dazugehörige Reaktion irrational scheint. Holzkamp expliziert, dass selbst bei einem so kleinen Kind die Suche nach Begründungen eher einfach sei und es erlaube, die Bedingungen zu kennzeichnen, unter denen Menschen sich anscheinend wie konditioniert verhalten. Das Kind hatte nämlich keine Handlungsalternative, war nicht sprachmächtig, wurde bewegungsunfähig auf dem Schoß und in Unwissenheit gehalten. Folglich treten als letzte Handlung unter »extrem eingeschränktem Realitätszugang« (51) Konditionierungserscheinungen auf. Statt einer Erfolgsmeldung in Sachen Konditionierung hätte man vernünftigerweise Kritik an derart einschnürenden Bedingungen erwartet. Geglückte Verhaltenskonditionierung ist mithin als Alarmzustand zu betrachten.

Die Suche nach der Leerstelle, wo von Begründungen hätte gesprochen werden müssen, erweist sich als heuristisches Kritikmittel; freilich, so könnte man auch hier einwenden, liegen diese Entdeckungen noch auf der Ebene des gesunden Menschenverstands, dem selbst in quasi automatischen Handlungen, etwa wenn jemand ein Kind ohrfeigt, damit es nicht ein zweites Mal das Essen herunterschmeißt, klar ist, dass von diesem Zeitpunkt an die erhobene Hand ausreicht, das Kind in Schrecken zu versetzen, und dass dieser Schrecken begründet ist. Verwunderlich bleibt eher umgekehrt, wie so genanntes klassisches Konditionieren so lange Zeit (über dreißig Jahre) als eine Art gelungene Programmierung theoretisch begründet und praktisch angewandt werden konnte, ohne nennenswert Empörung hervorzurufen, während eben die Alltagshandlungen, aus denen sie Plausibilität bezieht, lange schon in Verruf geraten waren (etwa die Prügelstrafe, die Folter).

Das holzkampsche Prüfverfahren der nachzutragenden Begründungsmuster scheint zu überallgemein, als dass es genauere Differenzierungen, gar Widersprüche oder wirkliche Ungereimtheiten herausarbeiten könnte, und es scheint auf der anderen Seite zu selbstverständlich und gefestigt, als dass es durch Krisen in der Wirklichkeit zu neuen Entdeckungen, Belehrungen, Kritik an den eigenen Grundannahmen geführt werden könnte. Kategorisch formuliert, wie es ist, scheint es geeignet, die Rolle eines Naturgesetzes anzunehmen, nicht die einer kritischen Sonde, die für Veränderung auch im Theoriebereich gebraucht wird. Holzkamp nennt sein Projekt jetzt: »eine umfassende Begründungstheorie des Lernens« (54) ausarbeiten zu wollen, eine Formulierung, die selbst in dieser vorläufigen Form an die Errichtung eines Monuments erinnert, nicht an eine Bewegung, an Kritik, an einen Prozess.

In einem zweiten Schritt überprüft Holzkamp die in Pädagogik und Therapie häufiger eingesetzten erfolgreichen Formen des »operanten bzw. instrumentellen Konditionierens«. Diese Formen, die wir alltäglich etwa in der

Erteilung von Noten für schulische Leistungen kennen[1] oder selbst einsetzen und die zusammenfassend als Lernen am Erfolg gekennzeichnet werden, sind ebenso in umfangreichen Tierversuchen ausprobiert worden und geeignet zu zeigen, wie alle möglichen Tiere auf allen möglichen Erfolg oder auf Belohnung hin ihr Verhalten korrigieren.

Kritisch ist hier von mir sogleich einzuwenden: Wiewohl vom klassischen Konditionieren getrennt durch eine Bewegung hin zu gütlichen Formen und auch zur Möglichkeit des Individuums, sich zur Belohnung aktiv zu verhalten, bleibt das zugrunde liegende Menschenbild zynisch und entspricht zugleich massenhaft tatsächlichem Verhalten bzw. seinen Änderungen. Es ist, als ob das gewöhnliche Verhalten von Konsumenten in einer reizvollen Warenwelt einfach verdoppelt und dann als Theorie des Lernens verallgemeinert würde. Dies nicht in der scharfen, in der Beobachtung zugleich kritischen Form, wie etwa Brecht ein Freudenmädchen davon sprechen lässt, dass »Geld sinnlich macht«, dass beim Anblick von Geld die Knie schwach werden und von Liebe die Rede ist, sondern affirmativ, dass Menschsein heißt, auf Reize mit einem Verhalten zu reagieren, dass eine möglichst häufige Wiederkehr ebendieser Belohnungen gegeben ist.

Aber es ist nicht Holzkamps Anliegen, seine Kritik an den behavioristischen Lerntheorien auf dieser Ebene zu führen; vielmehr geht er wieder den umständlichen Weg, gewissermaßen von unten die vergessenen Begründungsmuster nachzutragen. Er reformuliert die unterlegte Wenn-Dann-Hypothese mit den vorher angekündigten Worten »vernünftigerweise« und formuliert: »Wenn jemand für eine bestimmte Handlung mehrfach eine Belohnung erhalten hat, [...] dann führt er vernünftigerweise diese Handlung« wegen der neuerlichen Belohnungen wieder aus. Die Gegenprobe als einfache Negation – wenn jemand eine Belohnung erhält, dann unterlässt er in der Folge diese Handlung (55) – soll zeigen, dass die behavioristischen Sätze in jedem Fall Annahmen zur Begründetheit von Handlungen enthalten, weil etwa in diesem negativen Fall »Gründe für das abwegige Verhalten« (55) gesucht werden. Allerdings wird inauf diese Weise der Begründungsbegriff auf eine so kleine Größe heruntergebracht, dass die Möglichkeit, eine Lerntheorie zu kritisieren, weil sie mit so einfachen Begründungen als existenziellen Aussagen über ›den‹ Menschen arbeitet, auf diese Weise verschenkt, wenn nicht gar unterlaufen wird.

---

1 Zwar gab es vor dem Behaviorismus Schulnoten usw., gleichwohl gehören diese Praxen zu den Grundlagen behavioristischer Theorie und verhaltensmodifizierender Praxis, sodass sie hier erwähnt werden sollen.

Holzkamp wendet sich den komplizierteren Formen der »intermittierenden Verstärkung« und den entsprechenden Verstärkerplänen zu, die aus der wiederholten Beobachtung, dass die unregelmäßig verabreichte Belohnung das Verhalten nachhaltiger verändert und befestigt als die stete, eine eigene Theorie und entsprechende Anleitung für die pädagogische Praxis macht. Er erzählt ein Beispiel aus einem entsprechenden Lehrbuch (Lefrançois 1986) von zwei Anglern, bei denen der eine, von stetem Erfolg gekrönt, plötzlich bei zunehmender Verschmutzung keinen Fisch mehr fing und also das Angeln aufsteckte, während der andere zweiundzwanzig Jahre fischte, mal mit, mal ohne Erfolg, bei zunehmender Verschmutzung auch keine Fische mehr fing, aber mit Angeln fortfuhr (56). Holzkamp zeigt, dass dieses Beispiel keineswegs als Schulexempel für den Erfolg intermittierender Verstärker genutzt werden kann, sondern im Gegenteil Veranschaulichung ›vernünftigen‹ Verhaltens bei residualer Prämissenlage ist. Der stets erfolgreiche Angler musste annehmen, dass etwas geschehen war, das die Fische vertrieb, der andere war an Unregelmäßigkeit gewöhnt und konnte daher am Wegbleiben der Fische nichts Besonderes finden. Beide haben alltäglich ›vernünftig‹ gehandelt und für beide gilt, dass der Experimentator ihnen nicht einmal einräumt, beim Fischereiamt nachzufragen, kurz, die Unzulänglichkeit des »Weltaufschlusses« zum theoretischen System macht. Als allgemeine These kann Holzkamp formulieren, dass Menschen immer dann ein Verhalten zeigen, welches konditioniert scheint, wenn sie über eingeschränkte Denk- und Handlungsmöglichkeiten verfügen. In den Experimenten der behavioristischen Lerntheorie sind diese zudem ein Produkt der Forschungsanordnung selbst. Diese Beobachtung führt Holzkamp zu der abschließenden Einsicht: dass die Reduzierung des Bedeutungszusammenhanges der Welt in den Experimenten des Behaviorismus dazu dient, Bedeutungen als zufällige Gegebenheiten und willkürliche Verknüpfungen künstlich herzustellen. Sie scheinen zwar aus dem Alltag gewonnen, stellen aber für diesen selbst höchstens Grenzfälle dar und wurden sogar zumeist in dieser Reduziertheit eigens konstruiert. So etwa die Vorstellung, dass das Bremslicht eines vor einem fahrenden Autos durch häufiges unregelmäßiges Aufleuchten die Bremshandlung konditioniere, statt einfach davon auszugehen, dass der Autofahrer weiß, dass ein Bremslicht bedeutet, dass der Fahrer vor einem bremst, und also die entsprechende Handlung vernünftig durchführt. Problem werde hier die rechtzeitige Umsetzung des Handlungsvorsatzes, was wiederum nicht in den Bereich der Konditionierung, sondern der Automatisierung von Handlungen gehöre (vgl. die Ausführungen zur Handlungsregulationstheorie in Kapitel 2).

An dieser Stelle kommt Holzkamp zu der Kritik, dass die Reduzierung der Bedeutungen in der Welt auf Gegebenheitszufälle durch die behavioristischen

Lerntheorien auch bedeutet, Handlungen als determiniert statt als möglich und vielfältig zu fassen. Wofern die Versuchspersonen einwilligen, entsprechend der Versuchsanordnung zu lernen, sei dies zudem unter der Rubrik »Lernen unter äußerem Zwang« (62) abzuhandeln und könne keinen wirklichen Aufschluss über menschliches Lernen bringen und vor allem nicht über die emotionalen Wertungen, die beim Lernen im Spiel sind. Die Anweisung an die Praktiker im Sinne der Behavioristen würde lauten, solche Zwangslagen herzustellen, in denen entsprechendes Verhalten gelernt wird. Er nennt verarmte Umgebungen, Schulräume, in denen nichts Befriedigendes »ablenkt«, sodass alles und jedes zur Verstärkung genutzt werden kann. Implizit werde von einem Widerspuch zwischen Lehrer und Schüler, Experimentator und Versuchsperson ausgegangen, in dem der eine »Strategien«, »Taktiken« anwendet, um den anderen zu überlisten und seinen Zielen zu unterwerfen. Demnach, so schlussfolgert Holzkamp, ist im Begriff der Verstärkung enthalten, dass das Individuum gegen seine Interessen und gemäß den Plänen eines Gegners handelt. Für die Einsetzung von allerlei Süßigkeiten bis hin zu den später umtauschbaren »Tokens« sieht er jetzt den Begriff der Bestechung vor (66).

Sein methodisches Vorgehen brachte Holzkamp zu der Erkenntnis, dass Verhaltensänderungen, die wie Konditionierungen aussehen, auf ihre subjektiv ›vernünftige‹ Begründung untersucht werden müssen und sich dabei als Ausnahme, als Lernen unter Zwang, als Lernen unter residualen Weltaufschlüssen, u.U. als manipulative Maßnahme des Experimentators aufschlüsseln lassen. Das Vorfahren brachte die Einsicht, dass Selbstmissverständnisse in Bezug auf die verschwiegenen Begründungen allgemein vorhanden sind. Es verhalf also zur Kritik der behavioristischen Theorien, verschloss sich aber dem Verdacht, dass u.U. diese Anlage, die der Experimentator nachbaut, ihren Grund in der Welt selbst hat, mithin real ist, und dass sich also Menschen tatsächlich auch im wirklichen Leben nach den unterstellten Maßgaben verhalten. Anders gesprochen: Dass ihr Verhalten für sie selbst begründet ist, soll hier nicht bezweifelt werden, vielmehr gilt der Zweifel dem »Weltaufschluss«, den uns diese Annahme erlaubt. Schließlich können wir davon ausgehen, dass die über Konsumreize funktionierende Warengesellschaft ein Verhalten verstärkt, wie es im Behaviorismus als allgemein-menschlich vorausgesetzt ist. Das Problem scheint mir dabei nicht, dass Menschen sich entsprechend wie dressiert oder besser programmiert verhalten können, sondern dass der realitätsverdoppelnde behavioristische Ansatz den Blick versperrt auf die kritische Alternative, unter welchen Umständen nämlich Menschen *nicht* funktionieren wie dressierte Tiere. Diese Frage wird nach meinem Dafürhalten im holzkampschen Entzifferungsverfahren durch Überallgemeinheit des Begründungsmuster-Ansatzes zugedeckt.

Kognitive Erweiterungen des SR-Konzepts

Die Durchsetzung kognitiver Vorstellungen seit den 1960er Jahren ließ auch das klassische SR-Konzept vom Lernen nicht unverändert. Holzkamp referiert den in den 1930er Jahren nicht einflussreichen, aber in den 1980er und 1990er Jahren wieder aufgegriffenen Tolman (1932), der zwar ausschließlich mit Ratten experimentierte, aber auch diesen schon Handlungsalternativen einräumte, auf diese Weise nicht zu einer unbedingten Determination von Lernhandlungen durch Verstärker kam und die Begriffe »latentes Lernen« bzw. »inzidentelles Lernen« prägte (Holzkamp 1993, 70). Darunter versteht Tolman ein bei einer anderen Aktivität beiläufig Gelerntes, für dessen Motiv er ein allgemeines »Explorationsverhalten« denkt. Wichtig wird es in diesem Konzept, Lernen von der üblichen Ausführung von Handlungen zu trennen. Dies wurde später von Bandura (1979) für menschliches Lernen spezifiziert. Unter der Voraussetzung eines allgemeinen Neugier- und Explorationsverhaltens wird Lernmotivation als äußerlich (extrinsisch) und innerlich gegeben (intrinsisch) unterscheidbar. Die Konzepte werden ausdifferenziert. So führt etwa Heckhausen (1989) folgende Zusatzbestimmungen ein: Intrinsisch motiviertes Lernen könne aus Neugier, aus Zweckfreiheit (spielerisch), selbstbestimmt, aus Freude an eigner Handlung geschehen (Holzkamp 1993, 72). Man sieht hier ohne weiteres, dass die für jedermann auf der Hand liegenden, also leicht beobachtbaren wirklichen Verhaltensweisen dem lerntheoretischen Konzept einfach hinzuaddiert wurden. Heckhausen fügt noch ein intrinsisch motiviertes Handeln hinzu, welches aus der »Gleichthematik« von Mittel und Zweck herrühre, wobei er ausgerechnet Leistungshandeln darunter zählt, weil hier kein Mittel im Dienst eines anderen Zweckes erfolge wie etwa »einem anderen zu helfen oder ihm zu imponieren oder um eine Geldsumme für einen bestimmten Zweck zu verdienen« (1989, 459), sodass hier – wie kritisch einzuwenden ist – die mögliche Sinnlosigkeit einer Leistungshandlung als intrinsisch motivierte Tugend solchen Verhaltens interpretierbar wird.[2] Holzkamp schließt aus den bei Heckhausen weiterentwickelten Bestimmungen, dass hier offenbar gezeigt werde, dass außengesetzte »Belohnungen nur dann leistungs- bzw. lernfördernd wirken, wenn die jeweiligen Aktivitäten eben nicht schon in sich belohnend« (73) sind. Konsequent heiße das, dass Belohnungen bei interessanten Aufgaben sogar hinderlich sein könnten (73) (vgl. auch McGraw 1978). Aus seinem Prüfverfahren, die »begründungstheoretischen« Voraussetzungen nachzutragen, gewinnt Holz-

2 Zur Kritik am Leistungsbegriff vgl. Haug/Wollmann 1993.

kamp Unterstützung, Lernen als eigene Handlung hervorzuheben und damit die mögliche Unterscheidung der Lernhandlungen von anderen Handlungen und im Lernen die von beiläufigem und intentionalem Lernen. Er kritisiert aber zugleich, dass die Überlegungen zur eigenen Lernmotivation wiederum in Trieb und Natur verlegen, was einen Frageraum zu den menschlichen Begründungen hätte eröffnen müssen (75); die Unterscheidung in extrinsisch und intrinsisch gar die Frage nach den jeweiligen Gründen des Handelns versperre. Er nutzt diese Kritik zur Zurückweisung des gängigen Begriffs der Lernmotivation:

> Der analytische Begriff, durch welchen unserer Auffassung nach im gegenwärtigen Kontext der Deckbegriff der »Lernmotivation« ersetzt werden muss, ist das Konzept der »Lernbegründungen«, in welchem die Notwendigkeit immer weitergehender Prämissen- bzw. Intentionsaufklärung und -differenzierung impliziert ist. (78)

Damit sind die im Begriff der Lernmotivation unterstellten inneren Haltungen, die auch im Volksvorurteil und in der Pädagogik allgegenwärtig sind, aufgegeben zugunsten der Vorstellung eines vielschichtigen Prozesses, in den die Bedeutungen der Lebensbedingungen und deren subjektive Verarbeitung/Verrechnung eingehen. Lernmotive bekommen so ihren Sitz gewissermaßen außerhalb und wohnen den Einzelnen nicht von vornherein inne. Freilich handelt man sich so auch einen unendlichen Suchprozess ein, der letztlich doch vor die Frage kommt, warum unter bestimmten Bedingungen die einen lernen, die anderen nicht, warum Erfahrungen den einen nützen, den anderen nicht, und was das schließlich für eingreifendes Handeln bedeutet.

Holzkamp prüft die unter der Hegemonie der kognitiven Lerntheorien erweiterten behavioristischen Ansätze und diskutiert die neu hinzugekommenen Begriffe: Erwartung, Modelllernen und Selbst, die allesamt von der Auffassung einer bloßen Außendetermination wegkommen und so die Einfügung von subjektiven Begründungen erlauben müssten.

Erwartungen: Nach der kognitiven Wende in den frühen 1970er Jahren wurde bei einigen Behavioristen das Verstärkungs- durch das Erwartungskonzept ersetzt – Erwartung als elementare Einheit des Orientierungslernens (Tolman). Damit wurden kognitive Aktivitäten grundlegend und analog wissenschaftlichen Verfahren als das Bilden und Testen von Hypothesen bei Explorationsaktivitäten angenommen. In dieser Weise werden die einzelnen Gegebenheiten nicht länger als zufällige gleichzeitig auftretende Reize angenommen, sondern wichtig wird, dass sie Information über die zukünftigen Effekte des Verhaltens sind. Grundlegend ist der Gedanke, dass die Einzelnen handeln, weil sie sich von den Wirkungen ihrer Handlungen einen ›Wert‹ erhoffen. Dieser einfache, wiederum aus dem Alltag stammende Grundsatz wird Grundlage für Motivationsstudien. Unter der Annahme, dass die Einzelnen den Erfolg suchen und Misserfolg zu vermeiden trachten, werden umfangreiche Experimente durchgeführt mit dem Resultat, dass eine mittlere Erfolgswahrscheinlichkeit am meisten motiviert, oder anders: dass es günstig ist, die Einzelnen weder zu über- noch zu unterfordern. Dieser schlichte Gedanke wird aufgebaut zu einer Theorie der Leistungsmotivation (vgl. etwa McClelland 1953, Heckhausen 1989). Heckhausen prägt hierfür in dieser an marktgängigen Begrifflichkeiten erfinderischen Theorieschule zusätzlich den Begriff der »Nettohoffnung« (1989, 82).

Da aber diese Theoreme – der Erwartung, des sozialen Kontexts (Modelllernen), des Selbst –, die allesamt geeignet scheinen, interpretierende Überlegungen des Subjekts in einer Welt voller sozialer Bedeutungen aufzunehmen, in den alten Theorierahmen von Reiz und Reaktion eingebaut und daher als objektive, gesetzmäßige in Experimenten verifiziert werden, bleiben die Vorstellungen von Determination und Außensteuerung im Prinzip erhalten. Die Vorstellung, es sei möglich, ein Verhalten unbedingt vorherzusagen, wenn man die Fragen der Erwartung nur differenziert genug an den Wert des Verstärkers binde, führt in den vielen Fällen, in denen dies misslingt, zur üblichen Einführung von immer neuen zusätzlichen Variablen, bis schließlich die Aussage wiederum flach wird wie eine bloße Binsenweisheit. Holzkamp resümiert: Die konsequente Durchhaltung des Erwartungskonzepts als objektivierbar, eliminiert es praktisch im gleichen Zug (85). Wieder versucht er die Theoreme durch Einführung von Begründungsmustern (»mit gutem Grund«, »vernünftigerweise«) zu reartikulieren, mit dem Resultat, dass die gleichen Begründungsmuster, die schon beim klassischen Konditionieren implizit vorhanden waren, unangetastet wieder zugrunde liegen; dass, kurz gesprochen, alles beim Alten geblieben ist. Für diese Prüfung folgt er den Lerntheoretikern auf ihre Alltagsebene und – dies entspricht ja seinem Prüfverfahren – stellt so fest, das dieser Commonsense des »guten Grundes« in jedem Fall zu allseits geteilten Aussagen kommt, eben jenen, dass man eine Handlung mit »gutem Grund« oder »vernünftigerweise« beginnt und durchführt, wenn man sich einen Erfolg davon verspricht, und je mehr Erfahrung man mit sich und den Ergebnissen seines Handelns hat, umso sicherer Entsprechendes tut. Und umgekehrt: Vor zu hohen Zielen wird man zurückschrecken aus gutem Grund. Die Plausibilität der Beispiele bzw. der Sequenzen, die bis zu Stichwörtern heruntergekocht scheinen, verdeckt, dass die schwierigen Fragen jetzt erst anfangen. Verschenkt wird von Holzkamp, das unheimliche Terrain des massenhaften Gegenhandelns überhaupt zur Kenntnis zu nehmen. Wie weise muss man sein, dass man das »Gehen zu Zielen, die man zu Fuß nicht erreichen kann, aufgibt« (Brecht,

Meti)? Und wie erklären wir uns das massenhafte Rennen nach einem Glück, das den Rennenden hinterherläuft (Brecht, Dreigroschenoper)? Warum wird die Geschichte vom Tellerwäscher, der Millionär wird oder Präsident der Vereinigten Staaten, geglaubt und für eine Möglichkeit gehalten, das eigene Leben zu orientieren? Und was ist mit den vielen, die die Veränderung der Gesellschaft weiter für möglich halten und ihre Leben dem unterwerfen? Warum lernt man aus vielen Erfahrungen nichts und doch auch aus Erfahrung? Zu sagen, dass die Rolle des Ideologischen im Begründungsmusterdenken unterbestimmt ist, bleibt selbst zu vage. (Ich komme darauf zurück.) Aber die Annahme, man könne ja für alle solche Fälle von Handlungsorientierungen, die der einfachen Formel nicht folgen, dass die Ziele als erreichbar angesehen werden müssen, wiederum leicht Gründe finden, die eben das Erreichbare ins Imaginäre und Geträumte verschieben, würde selbst die Frage der Begründungsmuster dermaßen ausdehnen, dass alle interessanten und lebenspraktisch wichtigen Unterschiede davor verschwinden. Kurz: Wir hätten es mit einer Theorie zu tun, mit der zu wenig begreifbar würde. Da Holzkamp selbst die Fragen nach dem massenhaften Verhalten nicht stellt, sondern sie in den sprichwörtlichen Antworten der verhaltenstheoretisch inspirierten Beispiele für inexistent halten muss, wissen wir allerdings nicht, ob er so weit gegangen wäre, die Begründetheit allen Verhaltens auch in diesen Fällen selbst für vernünftig zu halten.

Es ist gleichwohl, gerade wegen der Alltagsevidenzen, interessant, den Wendungen der Lerntheorie und auch der holzkampschen Kritik zu folgen. Alltagsrelevant ist, d.h. zum Bestand eines allgemeinen Volksvorurteils gehört die Vorstellung, die Einzelnen lernten am Modell, kurz: sie übernähmen die Verhaltensweisen von anderen. Solche Annahmen sind wieder so überallgemein, dass sie gleichermaßen für die gegenteiligen Wirkungen stehen können. Jemand ist, wie er ist, weil schon sein Vater so war, oder er ist gerade umgekehrt, weil der Vater ein so schlechtes Beispiel bot. Brecht schrieb die zu seiner Zeit gängige Theorie in die Überlegungen zum Lehrer als Unmenschen, der darum ideal für die Schüler im heraufkommenden Faschismus war, weil sie so am Modell lernten, ebenfalls Unmenschen zu werden (vgl. dazu Kapitel 5). In der SR-Lerntheorie wird der Grundgedanke als Sachverhalt experimentell ausgebaut und mit entsprechenden Begriffen versehen, weniger angreifbar gemacht. Miller & Dollard formulierten (1941) Vorstellungen von Lernen als Imitationshandlung. Mit der Einbeziehung von Kategorien der Wahrnehmung wird der Zusammenhang differenzierter: Nicht nur die direkte eigene Verstärkung zählt, sondern auch die Wahrnehmung der positiven oder negativen Verstärkung anderer (etwa, wenn sie gefoltert werden) bestimmt die Bereitschaft, das eigene Verhalten dem der anderen anzugleichen bzw. durch anderes Verhalten die Lage vorbeugend zu vermeiden. Holzkamp bringt das

Beispiel eines Experiments, in dem drei Kindergruppen je anfänglich gleiche, in den Konsequenzen unterschiedene Filme gezeigt wurden. Eine Puppe wurde verhauen und das schlagende Kind in einem Fall belohnt, im anderen bestraft, im dritten wurde gar kein Bezug auf die Tat genommen. Experimentprüfung war zu zeigen, dass die jeweiligen Folgen relevant für das anschließende Verhalten beim wirklichen Spiel mit einer gleich aussehenden Puppe war. Holzkamp kritisiert, dass die Prämissen, die im Experiment gemacht wurden, keineswegs alle geklärt waren, sodass überhaupt nicht ausmachbar sei, warum die Kinder für sich verständlich handelten. Er führt als zusätzlichen Gedanken ein, dass die Handlungen anderer verstanden und das heißt auch die eigenen Gründe verständlich sein müssen, bevor aus solchen Interaktionen Schlussfolgerungen gezogen werden können. Eigenartigerweise erkennt und hinterfragt er nicht, dass die Kinder sich nicht einzeln, sondern in der Gruppe verhalten, ein Umstand, der sicher zu einer gewissen Gleichförmigkeit eines nachahmenden Spiels beiträgt.

Die dritte Kategorie, das Selbst, kam mit der kognitiven Wende ebenfalls in zahlreichen Zusammensetzungen wieder in die Diskussion – etwa: Selbstverstärkung, Selbstkontrolle oder Banduras Selbstwirksamkeitserwartungen (99). Aber selbst dieser Bezug, der Bewusstsein voraussetzt, wird in den verschiedenen Lernexperimenten und theoretischen Begründungen so zu einer außengesteuerten Determinante definiert, dass Holzkamp mit Recht von einer Aufforderung zur »Selbstmanipulation« spricht (95). Vorstellungen vom Selbst werden wichtig in therapeutischen Kontexten, in denen weggelernt werden soll, was als fehlgelernt angenommen wird: Schlangenphobien etwa bzw. Phobien überhaupt, gelernte Hilflosigkeit usw. Holzkamp berichtet ausführlich von den verschiedenen Experimenten, in denen z.B. Hilflosigkeit eingeübt/gelernt wird dadurch, dass die Experimentalsituation ausdrücklich so ist, dass die sozial-bedeutungsvolle Welt als unbeeinflussbare Umwelt erscheint, in der man nichts ausrichten kann. Seine Kritik aus dem Begründungsmusteransatz läuft darauf hinaus, dass die Experimentalbedingungen gewissermaßen nicht weltförmig sind, sondern extrem, unterbestimmt, residual, und also darauf abzielen, Vorurteile einfach zu verdoppeln, und im Falle von Phobien die Symptome mit psychischen Schwierigkeiten, die ihnen zugrunde liegen, undiskutiert gleichsetzen. Das Resultat:

> In keiner dieser durch das »Selbst«-Konzept erweiterten »Erwartungstheorien« sind begriffliche Möglichkeiten enthalten, die jeweilige *Lernbehinderung durch eigene Lernaktivitäten zu überwinden,* d.h. die Prämissen, unter denen die dargestellten Verkürzungen des Realitätszugangs als einzig verbleibende, also »vernünftige« Urteilsbildung erscheinen, zu verändern. (110)

Er formuliert beiher als wesentliche Dimension eigener Lerntheorie, dass Lernen heiße, die Ebene von Zufällen und Wahrscheinlichkeiten in Richtung sachlich-sozialer Zusammenhangseinsicht zu überschreiten (113). Noch ist nicht einsichtig, wieweit dieser Gedanke mit der Theorie der Begründungsmuster zusammenbringbar ist, da er eine Entwicklungsrichtung gesellschaftlicher Aneignung voraussetzt, die in der Frage der subjektiven Begründungen bislang zumindest auf liberale und sehr allgemeine Weise ausgeklammert scheint.

Entsprechend seiner Vorstellung vom Lernen kommt Holzkamp zu der zusammenfassenden Kritik, dass alle drei Erweiterungen des SR-Konzepts sachlich-soziale Weltzusammenhänge ausklammern und damit menschliches Handeln kategorial verfehlen (113). Fehlorientierungen, Vorurteile und Realitätsverkennungen und damit die Auslieferung der Subjekte an fremdgesetzte Bedingungen seien praktisch Grundlage der SR-Lerntheorien geblieben.

> Die Mächtigkeit des Subjekts als Ursprung seiner eigenen Handlungen ist hier zurückgestutzt auf die subjektive Veränderbarkeit von *Erwartungen* hinsichtlich dieser Mächtigkeit. (116)

Als beunruhigende Frage an Holzkamp erhebt sich diejenige nach der Begründung des Erfolgs der behavioristischen Lerntheorie nicht nur als Theorieschule, sondern auch als pädagogische und therapeutische Praxis. Darüber hinaus bleibt die schon zuvor formulierte Problematik, dass Menschen ja nicht nur in Sondersituationen (110) so handeln, dass es den Anschein hat, ihr Lernen sei konditioniert, sondern dass den behavioristischen Annahmen eine Massenpraxis[3] entspricht, die freilich hinter unseren Vorstellungen vom »Menschlichen« zurückbleibt.

Müsste eine Auseinandersetzung mit dem Behaviorismus, statt den Blick im Wesentlichen auf die Theorien und ihre Konstruktion zurückzulenken, nicht auch ausschreiten in die Analyse der Gesellschaft, die den Stoff abgibt,

---

3 Der Behaviorismus stiftet auch zu literarischen Verdichtungen an, die man einverständig und mit Genuss lesen kann. Eines der frühen humorvollen Stücke über einen Jongleur behavioristischer Strategien ist Tom Sawyer von Mark Twain, der eine Strafaufgabe, einen Zaun zu streichen, angesichts der Demütigung, die dies vor seinen Freunden bedeutet hätte, bei ihrem Herannahen sich schnell in einen hingebungsvollen und begeisterten Anstreicher verwandelt, der als Privileg ausgibt, was Strafe war. So gelingt es ihm, einen schwunghaften Tauschhandel zu beginnen. Während er sich zur Ruhe setzt, vermietet er das Recht, einige Bretter streichen zu dürfen, und erwirbt so alle Schätze, die seine Freunde in ihren Taschen tragen. Verblüfft entdeckt die Tante am Abend, dass der Zaun nicht einfach, sondern gleich viele Male gestrichen ist.

dass Behaviorismus als Weltanschauung und als Theorie und eingreifende Praxis Erfolg hat? Nehmen wir den knappen vom Behaviorismus inspirierten Satz, dass »Geld sinnlich macht, wie uns die Erfahrung lehrt«, den Brecht dem Freudenmädchen in den Mund legt. Da ist massenhaftes Vorkommen ausgesprochen (durch die Erfahrung) und ein offenbar widersinniger Zusammenhang, der sich auch dem gesunden Menschenverstand als ›falsche‹ Verknüpfung preisgibt. Sinnlichkeit hat, wie jedermann weiß, mit Geld nichts zu tun. Dieses ›Wissen‹ beginnt schon bei seiner selbstbewussten Behauptung erste Risse zu zeigen. Schließlich kann man Sinnlichkeit kaufen, wenigstens die Befriedigung derselben durch andere. Man nennt das Prostitution, wenn es um den Ankauf von Liebesdiensten geht, Feinschmeckertum, wenn man sich in einem Viel-Sterne-Restaurant bekochen lässt, ein Hörvergnügen, wenn man in ein Konzert geht. Die ganz ungleichen Befriedigungen der Sinne verweisen noch ungenau auf Klassenverhältnisse. Allen ist gemein, dass man Geld haben muss, um seine Sinne zu befriedigen. Dies gilt nicht immer und überall, jedoch gibt es einen erklärungswürdigen Zusammenhang zwischen Geld und Sinnengenuss. Die sinnliche Haltung braucht also zu ihrer Entfaltung Bedingungen, die u.a. käuflich, d.h. mit Geld zu haben sind. Selbst wenn man den Zusammenhang so auseinander legt, bleibt der Stachel, dass die Käuflichkeit von Sinnlichkeit nicht das von uns angestrebte Ziel menschlicher Entwicklung ist. Zugleich wird man einräumen, dass in unseren Gesellschaften elementaren Bedürfnissen ihre Befriedigung in der Form von Waren zuteil wird und dass darüber hinwegzusehen einer Ausblendung von Realität gleichkommt, was in der Folge zu bloßen Moralsätzen über ›richtiges‹ Verhalten auffordert. Diese Einsicht, dass die Menschen ihr Leben in bestimmten Formen realisieren, die etwa das Gegenteil des Angezielten annehmen können – so wenn Tauschwert zum Vehikel des Gebrauchswerts wird –, lässt sich auf menschliches Verhalten durchweg anwenden. So können wir den Lohn als Form der Anerkennung gesellschaftlicher Nützlichkeit, die Familie als Form, in der solidarische Gemeinschaft gelebt wird, wie das neuerlich Karriere machende Selbst-Unternehmertum als Form entziffern, in der produktives Handeln und Verändern der eigenen Lebensbedingungen zusammenwächst, wobei in allen Formen zerreißend Widersprüchliches zusammengebunden ist. Das erklärt die Wirkmächtigkeit behavioristischer Theorien und Praxen, und es zeigt, dass eine Kritik solcher Annahmen ohne eine Formanalyse nicht wirklich eingreift. Diese öffnet das Feld, in dem erfahren und rekonstruiert werden kann, wie das Einfinden in den jeweiligen Formen Gewohnheiten herausbildet, deren auch selbsttätiges Aufbrechen ein eigener Verlernprozess ist, der das Rückgreifen auf Geschichte wie das Voranschreiten in gewünschte Zukunft braucht, was ebenso wenig einzeln leistbar ist wie ohne Lehrer – die wiederum nicht ausschließlich als Schullehrer, sondern auch als Bücher, kulturelle Traditionen usw. erfahren werden.

Wenngleich ein linkes Projekt wie die Kritische Psychologie kaum entwickelt werden kann, ohne die schon bei Aristoteles vorhandene Voraussetzung mitzumachen, dass Menschen vernünftige Wesen sind, die auch entsprechend zu handeln vermögen, scheint mir der Ausgangspunkt, Lernen unter Voraussetzung eines erwachsenen Einzelnen in seiner begründeten Handlungsweise zu rekonstruieren, geradezu mit Notwendigkeit das Historische in den Lernprozessen selbst, die vielfältigen Schichten von Lernvorgängen sowie die gesellschaftliche Eingelassenheit der Formen, in denen sich menschliches Leben vollzieht, zu verfehlen.

Das Gedächtnis-Konzept als kognitive Fassung des Lernproblems

Die Anforderungen der Computerentwicklung treiben die Ablösung der behavioristischen Lerntheorie durch Forschungen zur Informationsverarbeitung voran. Nicht nur die Begriffe der neu belebten kognitiven Theorie entstammen der Computerlogik – wie Input, Output, Encodierung, Abruf, Speicher –, auch die Forschungen richten sich auf künstliche Intelligenz, also auf leistungsfähige Hilfsmittel zur Problemlösung und Wissensakkumulation. Holzkamp berichtet, dass die liegen gebliebenen Ansätze – etwa von Ebbinghaus (1885) – wieder aufgenommen und mit dem zusätzlichen Bonus einer womöglich exakten Naturwissenschaft versehen werden. So treten kognitive Prozesse ins Zentrum der Psychologie. Dabei ging es zunächst nicht um Lernprozesse, ja es scheint, als hätte die Besetzung des Lernkonzepts durch die SR-Psychologie dieses für die kognitive Wende zumindest zunächst uninteressant gemacht:

> Dies ging so weit, dass in dem […] Manifest der kognitiven Wende von Neisser (1967) der Terminus »Lernen« als in irgendeinem Sinne systematischer Begriff praktisch nicht mehr vorkommt. (119)

Dafür gerät ein relevanter Begriff für jedes Lernen, der des Gedächtnisses, ins Zentrum kognitivistischer Forschung; Holzkamp fasst dies als »Spezifizierung des SR-theoretischen Lernkonzeptes« (120). Er skizziert die verschiedenen durch Experimente gestützten Stufen und Annahmen zur Frage des Gedächtnisses. Der Phase der Untersuchung von Gedächtniselementen, um dessen Funktion und Aufbau zu erforschen, durch das Experimentieren mit »sinnlosen Silben« (zunächst durch Ebbinghaus) und der dabei entwickelten Methoden von Erlernen, Behalten und Vergessen, folgten theoretische Konzepte, die das Vorhandensein unterschiedlicher Speicher annahmen (Kurz- und Langzeitspeicher etwa bei Atkinson und Shiffrin, 1968). Allen ist der Bezug zum symbolischen Material (Sprache) gemeinsam. Wichtig werden Fragen des unterschiedlichen Wiedererinnerns (des Abrufs), die später (etwa von Bredenkamp und Wippich, 1977) als Kontext-bezogen, also vom Prozess der Einübung/Speicherung abhängig, ausgemacht werden. Die Unterscheidung der Gedächtnisarten wird verfeinert. Holzkamp hält die von Tulving (1972) gemachte Differenzierung zwischen episodischem und semantischem Gedächtnis für die relevanteste (124). Sie erlaube es, Gedächtnisteile, die an bestimmte Ereignisse/Orte gekoppelt sind, von solchen zu unterscheiden, die sich semantischen Netzwerken (sprachliche, logische und axiomatische Ordnungen) verdanken. In dieser Weise sollen unterschiedliche Wissenssysteme in ihrer Bindung an Gedächtnisleistungen erforschbar sein.

Die Bezüge zur Linguistik schließlich brachten die Unterscheidung in propositionales (gewusst, dass) und prozedurales (gewusst, wie) Gedächtnis, eine Differenz, die es schließlich erlaubte, die Gedächtnisarten nicht nur hierarchisch anzuordnen, sondern auch das Erlernen von Bewegungen wenigstens ansatzweise in das Gedächtniskonzept aufzunehmen. Eine weitere Forschungsannahme, die »der alternativen Modellierung von Gedächtnisprozessen« (126f) (durch Craik und Lockart, 1972) schlug schließlich vor, die Gedächtnisleistung als abhängig vom Verarbeitungsprozess zu untersuchen. Die Art, wie der Gegenstand ins Gedächtnis kam (sensorisch, phonetisch, semantisch und wie intensiv), und nicht, in welchem Behälter er landete (Kurzzeit oder Langzeit), soll die Gedächtnisleistung bestimmen.

> Demnach wäre die Verarbeitungstiefe eher ein Kontinuum mit qualitativen Umschlägen von einer Ebene zur nächst höheren. Generell wird dabei angenommen, dass es von der so gefassten Tiefe der Informationsverarbeitung abhängig sei, wie stark sich die jeweilige Gedächtnisspur ausprägt, wie lange also die entsprechende Information behalten wird. (128)

Wichtig wird in diesem Kontext schließlich auch der Faktor der Aufmerksamkeit und ihrer Zuwendung fürs Behalten sowie die Frage der Wiederholung. Craik schlägt 1985 vor, das Gedächtnis nicht als strukturelles System, sondern als Prozess des Sich-Erinnerns aufzufassen, der von Reiz, Kontext und Vorwissen geleitet sei.

> Dieser Erinnerungsprozess sei als eine Rekapitulation der ursprünglichen Erfahrung aufzufassen, wobei es von der Art der *jeweiligen Erinnerungsaufgabe* abhänge, wieweit sich diese Rekapitulation in einem relativ »wörtlichen« Durchgang durch die erfahrenen Ereignisse oder als Rekonstruktion aufgrund von Information höherer Ordnung, die aus der Erfahrung abstrahiert worden ist, vollziehe. (130)

Sich-Erinnern sei aktiver Vollzug mit Rekonstruktionsstrategien zur Bewältigung der Erinnerungsaufgabe. Diese Forschungsannahmen zeigten sich als den Mehrspeicher-Modellen zunächst überlegen. Da aber die Versuche, das Gedächtnis in Schichten der Verarbeitung zu denken, wiederum die Probleme der Mehr-Speichertheorie insofern nicht überwinden konnten, als sie ebenso wie dieses die immer differenzierter werdenden Datenmengen wenig einheitlich erklären konnten, wurde seit Beginn der achtziger Jahre praktisch das Mehrspeicher-Modell aktualisiert (vgl. etwa Anderson 1983).

Im Zusammenhang mit der Computersimulation psychischer Prozesse entstand eine neue Arbeitsrichtung – der Konnektionismus (vgl. etwa McClelland u.a. 1986). Der Grundgedanke ist die Annahme von Netzwerken, welche Daten empfangen, und anderen, die sie aussenden, also eine Interaktion mit jeweiligen Umgebungen. Fehlerminimierung wird in diesem Kontext als Lernen bezeichnet (132).

Holzkamp überprüft die kognitivistischen Gedächtnistheorien mit seinem »Begründungsmuster-Konzept« und kommt zu dem ersten Ergebnis, dass alle diskutierten Ansätze, da sie zur Bewältigung bestimmter Aufgaben konstruiert wurden, entsprechend über Begründungsmuster verfügen; andererseits eine Überprüfung schwer falle, da sie allesamt ohne Subjekte (Akteure) formuliert seien. Dies nachzutragen wird erster Kritikschritt. Er entdeckt, dass Lösungen, die Subjekte in das System zu denken, das »wirkliche individuelle Subjekt mystifizieren« (135). Er zitiert die Eliminierung des Handlungssubjekts aus der Wissenschaftssprache bei Bower (1984): »So ist das kognitive System in der Lage, *sich selbst* für erfolgreiche Anpassungen und Handlungen in seiner Umwelt zu *programmieren*« (1984, 227, Holzkamp, 135). Wichtig werde (nach Herrmann 1982), ob man den Kognizierenden als System (mit Speichern etc.) fasse oder als handelndes Individuum, welches interpretiere, Ziele setze und bewerte (136). Sein Vorhaben, den »realen Subjektstandpunkt« zu rekonstruieren, führt Holzkamp zu dem Ergebnis, dass zum einen in der Entwicklung der Theorien selbst – vom Mehrspeicher zur Verarbeitungsebenentheorie – eine Wendung zum Subjekt vollzogen worden sei, wodurch die konzeptuelle Überlegenheit Letzterer erkläre, zugleich die Computer-Analogie und die neueren Versuche der Wiedereinsetzung von

Homunkuli in die kognitivistische Sprache als Rollback einzustufen wären. Entsprechend wird auch der Begriff *Lernen* für Fehlerminimierung und Optimierung im System von ihm als »animistischer Etikettenschwindel« zurückgewiesen (138).

Nach den diskutierten Schwierigkeiten, das denkende Subjekt in der kognitivistischen Theorieebene einzuführen, fährt Holzkamp fort, die implizite Einbeziehung der Subjekte in die kognitivistische Sprache herauszuarbeiten, und kommt zu dem Ergebnis, dass hier ähnlich wie in der SR-Theorie die verdinglichenden Bezeichnungen der Alltagssprache in die Theoriebildung eingegangen sind. Etwa, wenn das Gedächtnis als Ursache der Behaltensleistung behauptet wird (ich habe ein schlechtes Gedächtnis, 139). Damit werden die Begründungszusammenhänge der Gedächtnisleistungen selbst verstellt. Er weist darauf hin, dass ebendiese Unterlassung bzw. Verstellung die Hinzufügung immer weiterer Zusatzannahmen nötig machte (Kurzzeitspeicher, Ultrakurzspeicher, prozeduraler und deklarativer Speicher etc.). Nimmt man diese Mystifizierungen des Handlungssubjekts zurück, werde klar, dass die genannten Konzepte in Wahrheit von unterschiedlichen Suchstrategien der Subjekte handeln, deren diese sich »vernünftigerweise« bedienen. Soweit es sich um quasi automatische Prozesse ohne Bewusstheit handele, gälte der gleiche Einwand wie bei den Konditionierungsprozessen beim SR-psychologischen Experiment, womit aber die beabsichtigte Rehabilitation des Bewusstseins, mit dem die kognitive Psychologie angetreten ist, wieder zurückgenommen sei. Aufgrund der Nähe des Gedächtnisbegriffs zu Vorstellungen von Behältnis oder Speicher schlägt Holzkamp vor, von Behalten und Erinnern als menschlichen Handlungen zu sprechen (141). In der traditionellen Gedächtnisforschung werden Behalten und Erinnern als voneinander abhängig gefasst – wobei das Behalten an erster Stelle, das Erinnern, Abrufen, in die davon abhängige Position rückt (142). Behalten und Erinnern treten als Wenn-Dann-Komponenten in einem kontingenten Zusammenhang auf. Die Prozesse sind also zugleich unabhängig voneinander; dies werde z.B. deutlich in Konzepten des Lernens bzw. Einprägens mit Wiederholung, wobei die Wiederholung als Maß des Lernens genommen wird. (Man erinnere das Experiment mit den sinnlosen Silben, die so oft wiederholt werden, bis man sie fehlerfrei nachsagen kann.) Der allgemeine theoretische Rahmen ist die Spurenbildung im Gehirn. »Die jeweiligen Assoziationen bzw. Spuren bilden sich unabhängig vom Erinnerungsprozess« (143). Holzkamp hingegen fügt den Prozess des Behaltens in den Begründungsdiskurs und kommt zu dem Resultat, dass die Behaltensaktivitäten darin begründet sind, ob man erinnern will, es sich also um eine »inferenziell-implikative Beziehung« handele.

> Behaltensintentionen ohne antizipierte Erinnerungsanforderung sind vom Subjektstandpunkt offensichtlich sinnlos; bzw., noch weiter zugespitzt, die Behaltensintention ist in gewisser Weise mit der Intention, mich später an das Behaltene erinnern zu wollen, identisch. (143)

Das Subjekt braucht Gründe fürs Lernen. Miller, Galanter & Pribram (1960) haben die Diskrepanz zwischen dem, was der Experimentator annimmt, und dem, was die Versuchsperson tut, vorgewiesen, indem sie selbst von einer Intentionalität bzw. einem Plan ausgehen, Annahmen, die zur Formulierung vom Standpunkt des Subjekts befähigen. In ihren Experimenten stellen sie die Forderung, die Intentionalität der Versuchspersonen beim Erinnern zu berücksichtigen. Diese sei dadurch zu ermitteln, dass man die Versuchsperson frage – z.B. bekommt man dann heraus, dass die Vpn die Versuchsanordnung der sinnlosen Silben durchkreuzen, indem sie einen Sinn hineinbringen, um sie überhaupt zu behalten. »Unless a person has some kind of plan for learning, nothing happens.« (Holzkamp, 1993, 144) Die Einzelnen brauchen eine Lernabsicht. In diesem Zusammenhang ermögliche die Wiederholung die Entwicklung einer angemessenen Strategie zur Erfüllung der Erinnerungsanforderung. Holzkamps Reinterpretation erlaubt es, die Diskussionen um den Nutzen von Wiederholungen für Gedächtnisleistungen als unentscheidbar, weil in Bezug auf die Begründung der Vpn rein spekulativ, zurückzuweisen.

Aus der Kritik der SR-Theorien ergab sich für Holzkamp u.a. die Notwendigkeit der Unterscheidung von Lernen und Ausführen und die Unterscheidung von intendiertem und inzidentellem Lernen. Das Konzept der Behaltens-Erinnerns-Aktivitäten gehört gewiss zum Lernen; aber es wird ein bestimmter Aspekt des Lernens hervorgehoben, die Dauerhaftigkeit des Lernresultats.

> Bei Akzentuierung der Unterscheidung inzidentell-intendiert verdeutlicht sich, dass im inzidentellen Lernen die Permanenz sich irgendwie von selbst, als Nebeneffekt der Erfahrensbildung herstellen muss. (147)

Bei intentionalem Lernen gibt es die Möglichkeit, dass die Lernintention auf das Behalten selbst oder auf andere Dimensionen (etwa Können oder Verstehen) gerichtet ist. Damit wäre Gedächtnisforschung ein Spezialfall der Lernforschung, was faktisch in der Forschungstradition nicht gesehen werde. Holzkamps weitere Kritik gilt der Nicht-Einlassung der Gedächtnisstrategien in sachlich-soziale Bedeutungszusammenhänge, mithin ihrer ausschließlichen Zentrierung auf mentale Prozesse. An die Stelle von Welt trete Weltwissen und statt Praxiszusammenhängen gebe es Wissensdomänen (148f). Das Subjekt ist in sprachlicher Bedeutung gefangen, es führt kein Weg in die praktische Lebenswelt. Es gibt nur Informationen, ihre Einspeisung und ihren Abruf durch entsprechende Hirne. Die Welt erscheint als Inbegriff von Gegebenheitszufällen, deren Verknüpfung dem Individuum obliegt, wie schon in der SR-Theorie. Das verbindende Theorem ist das Assoziationsprinzip als strukturbildender Faktor. Das findet seinen zusammenfassenden Ausdruck in der Fassung des Gedächtnisses als »associative memory« durch Kohonen (1984).

> Aus der Erörterung der kognitivistischen Gedächtnisforschung ließ sich verallgemeinern, dass hier der »input« und der »output«, also die Eingabe- und Ausgabefunktion des »Systems«, an die Stelle der unabhängigen Lebenswelt tritt, und dass dabei die Sprache (i.w.S.) quasi als undurchdringliche Mauer zwischen dem Subjekt und der Außenwelt steht. (151)

Die Frage bleibt: Wie ist die Weltlosigkeit der traditionellen Lerntheorien zu überwinden?

Holzkamp stößt bei seiner Suche nach dem Subjekt auch in den kognitivistischen Lerntheorien, wie erwartet, auf eine Leerstelle. Dort, wo durch die Einführung der Bewusstseinskategorie denkende Akteure hätten auftauchen müssen, findet stattdessen eine Art Substitutionsprozess statt. Dinge, Speicher, Behältnisse, Systeme übernehmen Akteursaufgaben. Wie bei der SR-Theorie erscheint Welt als Zufallsgegebenheit. Die Schwierigkeit, unter diesen Umständen Gedächtnisleistungen einigermaßen konsistent denken zu wollen, treibt die Theoriebildung zu immer neuen Zusatzannahmen. Dabei gerät sie auch von mehr dinglichen zu mehr aktivitäts- und prozessorientierten Vorstellungen, ohne jedoch grundlegend vom Standpunkt des Subjekts zu formulieren bzw. den aus dem Subjektstandpunkt folgenden Zusammenhang zur Welt zu fassen. Dies stellt Holzkamp als dritte Kritik seines Analyseverfahrens vor: Dem Subjektverlust entspricht ein ebensolcher Verlust an Welt.

So überzeugend die drei Kritiken scheinen, so werden sie zugleich mit einer Vernachlässigung der Dimensionen erkauft, die im Zentrum der diskutierten traditionellen Theorien stehen. Der Abwehr der Auffassung von Sprache als Barriere zwischen Individuum und Welt fällt die Untersuchung von Sprache als eben ein solches Hindernis zum Opfer und damit die tatsächliche Verkehrung, dass Sprache selbst als eine Art sekundäres Subjekt Politik mit uns macht. Mit dieser Auslassung aber ist der Komplex von Ideologie, Kultur, sozialer Konstruktion gewissermaßen außer Analyse gesetzt. Zumindest wird der Umstand aus dem Brennpunkt gerückt, dass die Individuen eben nicht einfach sich erinnern, behalten, vergessen – je nach subjektivem Sinn –, sondern dass diese Praxen selbst einem eigenen Konstruktionsprozess unterliegen, der auf die Verdinglichungen und Verkehrungen in der Welt antwortet. Dabei steht sicher außer Frage, dass es die Einzelnen selber sind, die sich eine Geschichte geben, dies allerdings in vorgefundenen Strukturen und Bedeutungen und nicht aus freien Stücken. Beim Bezug auf den »guten oder ›vernünftigen‹ Grund« bleibt also wie schon zuvor das Problem, dass die subjektive Zurechtlegung auf so viele Widersprüche stößt und sie verarbeiten muss, dass es zwingend scheint, den Standpunkt des Subjekts durch die Analyse von Strukturen des Politischen, des Kulturellen, des Ideologischen zu ergänzen bzw. diese in Wechselwirkung zu untersuchen. Ein solcher Ansatz wiederum wird den »guten Grund« des Handelns vielleicht als zu beliebig entdecken bzw. seine kritische Funktion in Zweifel ziehen.

Kapitel 8

Die lernenden Subjekte – Lehren und Lernen Lerntagebücher 1

In seiner Kritik gängiger Lerntheorien fasst Holzkamp diese als mehr oder weniger fehlerhafte Gedankenkonstruktionen. Seine zentrale Suche nach den verlorenen Subjekten in diesen Systemen versperrt ihm den Weg, diese Theorien, gerade indem sie die Subjekte nicht selbst sprechen lassen, als eine wirklichkeitsnahe Abbildung spezifischer gesellschaftlicher Verhältnisse zu erkennen und damit auch als Dimension der Subjekte selbst, die auf diese Weise nicht einfach abwesend oder nur implizit anwesend sind, sondern auch selbst Antwort und Bestätigung ebendieser Theorien sein können – freilich nicht ihrer Durchdringung.

Aus der Kritik an Holzkamps Umgang mit den Lerntheorien schärfe ich mein Augenmerk für die Bereiche des Ideologischen, des Kulturellen, der Sprache, des Klassen- und Geschlechtsspezifischen, des Historischen und des Biographischen im Zusammenhang mit Lernen; zugleich prüfe ich den gesellschaftlichen Grund, auf dem die skizzierten Lerntheorien aufbauen und Erfolg haben – Letzteres gilt vor allem für den Behaviorismus. So nütze ich die von Holzkamp getane Arbeit und verschiebe sie, wo es nötig scheint. Dabei folge ich ihm in der grundlegenden Voraussetzung, dass Lernen nur studiert werden kann, wenn der Standpunkt der Theorie die Lernsubjekte selber sind. Das gilt auch für die Forschungspraxis. Aber so hartnäckig Holzkamp die Suche nach den verlorenen Subjekten in den Lerntheorien vorantreibt, so merkwürdig, dass dies nicht irgendwann zu dem Resultat führt, selbst ebendiese Subjekte einzubeziehen, d.h. eine empirische Untersuchung zum Lernen zu wagen. Lassen wir also die Lernenden selber zu Wort kommen.

Dies geschieht in den folgenden Kapiteln auf zwei unterschiedliche Weisen. Ich habe fast zwei Jahrzehnte lang in Gruppen – aus der Frauenbewegung, im Kontext gewerkschaftlicher oder kirchlicher Bildungsarbeit, in Universitätsseminaren, in Gruppen von Lehrenden – Geschichten zum Lernen schreiben lassen und sie zumeist innerhalb der Gruppen mit der Methode der Erinnerungsarbeit[1] diskutiert und zugespitzt, sodass Lehren gezogen werden konnten, die erste Einblicke in Lernen vom Standpunkt der lernenden Subjekte ermöglichen. Ausschnitte aus der Arbeit mit etwa hundert Lern-

---

1 Zur Methode vgl. meine Vorlesungen zur Einführung in die Erinnerungsarbeit 1999.

geschichten aus unterschiedlichen sozialen Gruppen, verschiedenen Alters und Geschlechts[2], wobei Frauen deutlich überwiegen, werden in den Kapiteln 10 bis 12 vorgestellt.

Im Jahre 1992 lernte ich als Gastprofessorin in Toronto Lerntagebücher kennen, die die dortigen Studierenden als Teil ihrer Seminarleistungen bei Dorothy Smith (vgl. Smith 1995) schrieben. Ich hielt dies zunächst für ein gutes Werkzeug für die Studierenden, ihr eigenes Lernen zu überprüfen, sich quasi in einem reflektierten Protokoll Rechenschaft abzulegen, und zugleich für nützlich für die Lehrenden, auf diese Weise zu erfahren, was von ihren Lehrbemühungen überhaupt ein Echo bei den Studierenden fand. So erzählte ich, an meine Hamburger Universität zurückgekehrt, den Studierenden davon und gewann die Teilnehmenden in einem Seminar dafür, ebenfalls solche Reflexionen niederzuschreiben. Diese Tagebücher waren ein so eingreifender Schritt für meine Lehre und zugleich Kritik an meinen Vorstellungen über die Studierenden, ihr Lernen, ihre Blockierungen und Erfolge, dass ich dies in weiteren Seminaren anregte, zuletzt 2002, sodass mir für den folgenden Bericht achtzig Tagebücher vorliegen.

Als ich im Februar 2001 die Universität verließ, stellte ich als Abschiedsvorlesung meine Arbeit mit den Tagebüchern von Studierenden aus zwei aufeinander folgenden Seminaren (drittes und viertes Semester) vor. Es ist dies eine Idealsituation, weil man im Laufe von zwei Semestern erheblich andere Lernbedingungen erarbeiten kann und die Studierenden sich selbst besser beobachten, reflektieren und darstellen lernen sowie Lernende und Lehrende sich gemeinsam ein für sie produktives Lernklima schaffen können. Ich beginne die Vorstellung meiner empirischen Texte zum Lernen mit der überarbeiteten Fassung dieser Abschiedsvorlesung[3]; soweit für die Argumentation der Vorlesung notwendige Thematiken schon in anderen Kapiteln ausgeführt sind, habe ich für dieses Buch die entsprechenden Passagen auf bloße Information verkürzt.

---

2 Soweit mir dieses möglich war, sind auch Lerngeschichten aus anderen Kulturen, zumeist Studierenden aus Immigrantenfamilien einbezogen.

3 Die Vorlesung wurde in der Originalfassung abgedruckt im der Veröffentlichung der Tagung zum Neoliberalismus, die zu meiner Verabschiedung von den Studierenden in Hamburg veranstaltet wurde: Jutta Meyer-Siebert, Andreas Merkens, Iris Nowak, Victor Rego-Diaz (Hg.): Die Unruhe des Denkens nutzen. Emanzipatorische Standpunkte im Neoliberalismus, Hamburg 2002; eine ausführlichere Fassung erschien in *Das Argument* 240, 2001.

Die Aufgabe

Vor meinem ersten eigenen Seminar als Lehrende an einer Universität war ich erwartungsgemäß schrecklich nervös. Ich ging vorzeitig hin, um mir den Schock des Hereinkommens zu ersparen, und handelte mir dadurch die Unmöglichkeit eines Übergangs ein. Mit anderen Worten, ich saß mitten unter den Studierenden und konnte, als ich hätte beginnen müssen, nicht mehr harmlos aufstehen und nach vorne gehen, ohne als eine Art Spitzel zu erscheinen.

Ich habe vergessen, wie ich es dann letztlich doch schaffte, erinnere aber diesen Übergang vom Lernen zum Lehren als besonders schwierig, erfuhr meine Aufgabe gewissermaßen als Anmaßung, der ich nicht gewachsen war.

Dabei war der Anfang wiederum ganz leicht. Ich lehrte Bildungsökonomie zur Zeit der Studentenbewegung, und das heißt, dass die Seminare brechend voll und die Studierenden voller Neugier und Tatendrang waren, wirkliches Wissen an die Stelle von Mutmaßungen zu setzen.

Das änderte sich Mitte der siebziger Jahre fast über Nacht. Es hatte sich herumgesprochen, dass in einer Phase geringeren Wachstums und weitgehend vollzogener Automatisierung und angesichts stark gestiegener Studentenzahlen die Chancen für die Studierenden, eine ihrer Ausbildung entsprechende Stelle zu bekommen, gering waren; entsprechend zynisch und inhaltlich uninteressiert gebärdeten sie sich.

Für mich als Lehrende bedeutete dies, immer mehr Anstrengung darauf zu verwenden, irgendein Interesse hervorzulocken, in Spannung und Darbietung mit dem Fernsehen zu konkurrieren; unvermittelt galt es also, Lehren als schwierige Kunst zu erlernen, statt mich einfach auf die Inhalte zu konzentrieren. Aber die Mutlosigkeit der Studierenden war auch ansteckend.

1978 kam ich an die Hochschule für Wirtschaft und Politik (HWP) und fand, so nahm ich das jedenfalls wahr, ein völlig anderes Lernklima vor. Die Studierenden waren älter, kamen damals noch zum größeren Teil aus dem Berufs-Arbeitsleben und hatten wenig Zeit – am Tag wie auch im verbleibenden Leben. Sie saßen in dicht gedrängten Reihen ganz pünktlich auch schon um acht Uhr morgens dort und wollten, dass sie jetzt ihre ›Lernchance‹ bekämen. Ich erinnere noch wie heute den empörten Satz eines Studenten: »Jetzt studiere ich schon vier Wochen Soziologie und weiß immer noch nicht, was das ist.«

Für mich war das eine glückliche Herausforderung. Ich übersetzte die Anforderungen der HWP – zweiter Bildungsweg, Interdisziplinarität – in die

Illusion, ein Kollektiv[4] vor mir zu haben, das mit Begeisterung hohe Anforderungen an mich stellte, wie das Lernen zu lernen, Zusammenhänge zu erkennen usw.

Lerntheorien

Lernen als Problematik hat mich, solange ich zurückerinnern kann, immer wieder beschäftigt. Zunächst als eigene Schwierigkeit, das Lesen zu lernen – es gelang mir eine in der Erinnerung sehr lange Zeit nicht, die Buchstaben zu Wörtern zusammenzufügen –, dann im Kampf, die Weigerung meiner ersten Nachhilfeschülerin zu überwinden, sich zur Aneignung des Schulstoffes bewegen zu lassen (vgl. auch Kapitel 3), viel später als Problem, meine Tochter, die das Lesen im Spiel lernte, aber zur Schule in einen Fundamentalwiderstand ging, dafür zu gewinnen, die Klassenziele zu erreichen; und wieder später als Studium der Theorien über das Lernen.

Am meisten faszinierten mich dabei die Behavioristen, die mit ihrer einfachen Grundvorstellung, Belohnung und Strafe würden die geeigneten Verstärker sein, den erfolgreichen Lernprozess zu garantieren, zugleich einen hohen Sinn für Realitäten zeigten wie einen mindestens ebenso hohen Zynismus in Bezug auf die Vorstellung vom Menschen. Beides hatte offenbar auch Bertolt Brecht angezogen, der immer wieder behavioristische Sequenzen in seine Stücke schrieb (vgl. Kap. 5). Die behavioristischen Lerntheorien sind eine paradoxe Herausforderung: Einmal durchaus geeignet, die gewünschten Ergebnisse zu erzielen, zeigen sie zugleich in schonungsloser Offenheit, dass, wer so funktioniert, das Menschsein im Grunde schon aufgegeben hat zugunsten geschmeidiger Anpassung an Verhältnisse, in denen man Sieger sein muss, um nicht unterzugehen. Aber die kritische Frage: Lernen Menschen überhaupt so, wie im Behaviorismus angenommen?, stößt unvermittelt auf viele Beweise, dass sie dies genau so tun.

Die bleibende Unruhe versucht die Frage zu verschieben: Müssen wir uns alle Lernprozesse nach dem Muster von Reiz und Reaktion, von Belohnung und Strafe, von Imitation und Konkurrenz vorstellen, sodass ein Paradigma für Lernprozesse in der Werbebranche, in der Verführung zum Kaufen am besten studiert werden könnte?

---

4 Der Begriff des *Kollektivs* scheint unangebracht, weil er durch Projekte aus Arbeitskontexten der staatssozialistischen Länder verbraucht ist. Dagegen sind für mich Begriffe wie Gruppe zu vage und unterbestimmt, Gemeinschaft wiederum anders belastet. Da zudem der Begriff des *kollektiven Lernens* im lernsoziologischen Kontext gebraucht wird (vgl. dazu Miller 1986), bleibe ich beim Kollektiv.

Die im weiteren Sinne kognitiven Lerntheorien sind natürlich viel komplexer und in ihren Annahmen und Erklärungen weniger umstandslos auf Menschen in einer erbarmungslosen Marktgesellschaft bezogen. Gleichwohl mühen sie sich ab, das Lernen als eine ganz außergewöhnliche Handlung zu durchdringen, wo doch eigentlich Lernen eine geradezu natürliche Praxis von Menschen ist, ohne die sie keine Menschen sein könnten, da sie – wie Marx das in den *Feuerbachthesen* formuliert – ihr menschliches Wesen außerhalb, im »Ensemble der gesellschaftlichen Verhältnisse«, finden und sich aneignen müssen. So erinnere ich auch als eine wirkliche Erleichterung die von Ute Holzkamp-Osterkamp (1975) formulierte Erkenntnis, dass die lange diskutierte These, es sei wesentlich, zwischen angeborenen und erlernten Verhaltensweisen zu unterscheiden, ersetzt werden müsse durch den Gedanken, dass auch Lernen eine Verhaltensweise ist, die entweder angeboren sei oder nicht, dass die Frage also verschoben werden müsse zu der Problematik, welche Zusammensetzung von Lernhandlungen angeboren sei – dies im Übrigen bei Tieren und Menschen (vgl. auch Kapitel 7). Die Verschiebung zeigt eine paradoxe Konstellation: Die Fähigkeit zu lernen erleichtert das Überleben und erschwert es zugleich. Das Problem: Lernen enthält die Möglichkeit, nicht zu lernen.

Sind wir an dieser Stelle wieder bei den Bemühungen von Lerntheorien unterschiedlicher Richtungen, den Lernprozess zu begreifen, um ihn zu befördern? Und sind wir daher wieder bei der Frage, wie lehrt man eigentlich, dass z.B. Studierende etwas lernen?

In Holzkamps Grundlagenwerk über Lernen (1993) sind für meine Frage von Lehren und Lernen die Ausführungen über die Lehrerfrage besonders wichtig. Er liefert eine radikale Kritik am gewöhnlichen schulischen Lernen, in deren Zentrum das Fragemonopol der Lehrer steht, wobei die Fragen im Übrigen selbst schon zuvor stumpf gemacht sind, da sie nicht wirklich Fragen, sondern alle Antworten schon da sind, sodass die Schüler sich abzappeln müssen, die vom Lehrer gewusste Antwort zu erahnen und zu apportieren. Da aber das Stellen von Fragen den Anfang von Erkenntnis darstellt, lassen sich Anordnungen, die das Fragen einzelnen Autoritätspersonen in die Hand geben und alle Übrigen ausschließen, ohne weiteres als Lernbehinderungen abbilden (dazu Kapitel 10).

Lernerinnerungen

Die Subjekte selbst sprechen zu lassen ist eine leicht gesprochene Aufforderung, die schwer zu machen ist. Empirische Untersuchungen sind ein zähes Pflaster. Je mehr man sich an die Erhebung alltäglichen Verhaltens macht, desto schwieriger wird es, auf die Ebene verallgemeinerbarer Erkenntnisse zu kommen. Zudem ist die Wahrscheinlichkeit, dass man sich interpretierend und Erkenntnisse setzend, also besserwisserisch selbst ins Zentrum solcher Untersuchungen stellt, ebenso groß wie umgekehrt die Gefahr, aus vielen Einzelphänomenen überhaupt nichts zu gewinnen.

Ich habe im Laufe meines Lehrlebens auf verschiedene Weise und immer wieder versucht, Lernerfahrungen zu ermitteln. Ich habe selbstreflexiv begonnen, eigenes Lernen zu erinnern, und andere dazu bewegt, solche Erinnerungsszenen ebenfalls zu notieren. Dabei habe ich auch darauf geachtet, Personen nach Klasse und Alter verschieden, aus unterschiedlichen Kulturen, verschiedenen Geschlechts einzubeziehen. Diese Szenen sind interessant zu lesen und könnten sicher die folgende Darstellung auch erheiternd beleben. An dieser Stelle möchte ich aber nur resümierend[5] hervorheben, dass mein vorherrschender Eindruck war, die Sache nicht in den Griff zu bekommen. Irgendwie scheint Lernen keine Praxis zu sein, deren Bewegung so einfach aufgezeichnet werden kann und die dann abrufbar ist. In der Erinnerung finden sich frustrierende Erfahrungen, wenn es nicht klappen will, und solche, die den Lernerfolg als schon erreicht zeigen, kaum aber der Vollzug selbst – kaum eine Auskunft zu Lernen als Prozess, als Bewegung.

Lerntagebücher

Für das Schreiben der Lerntagebücher stellte ich einige wenige Fragen nach dem Lerninhalt mit der Hoffnung, die Aha-Erlebnisse auf diese Weise zu begreifen, wie auch einen Zusammenhang zwischen spezifischen Inhalten – hier Texten – und der Weise, wie sie die Studenten voranbrachten, zu entdecken; nach den emotionalen Einbindungen in die Gruppe und nach der Kooperation, um meine erste Annahme über das Lernkollektiv kritisch zu prüfen; nach der Form der Lehre, um auf diese Weise auch die Frage der richtigen Didaktik grundlegend neu zu denken. Es war mir klar, dass dic Studierenden auf diese letzte Frage, gerade wenn sie mir freundlich gesonnen waren, nicht so ohnc weiteres wahrheitsgemäß antworten würden, jedoch steckte ich zunehmend in der Klemme, um das Autoritäre frontalen Monologs zu wissen und zugleich zu erfahren, dass studentische Referate und mehr noch die Diskussionen – also die Einbeziehung vieler – meist als Zeitvergeudung erlebt wurden, die man sich durch Fernbleiben hätte sparen können.

5 Einzelne Erinnerungsszenen werden ausführlich in den Kapiteln 10 bis 12 vorgestellt und bearbeitet.

Die Tagebücher wurden begleitend zu meinen Kursen[6] geschrieben, sodass ich in der Vorzugsrolle bin zu wissen, wovon sie handeln, als auch die Möglichkeit zur korrigierenden Selbstkritik als Lehrende hatte. – In allen Seminaren waren mehr weibliche Studierende als männliche, was vermutlich mit der speziell bei Studierenden des zweiten Bildungswegs aus ihrer Berufserfahrung kommenden Geringschätzung weiblicher Dozenten zu erklären ist. Aus der Gewohntheit, Frauen in untergeordneten Bereichen zu sehen, speist sich ein ›Wissen‹, dass man von ihnen ohnehin nichts lernen kann. Gleichwohl habe ich versucht, die verschiedenen Tagebücher mit aller Vorsicht nach Geschlecht zu unterscheiden, da es sehr wahrscheinlich ist, dass Frauen kulturell anders lernen als Männer.

Die Seminare hatten ganz unterschiedliche Thematiken, so u.a. Sexismus und Rassismus, Kulturtheorien, Politische Soziologie und Geschichte der sozialen Bewegungen, Geschlechterverhältnisse; drei hatten das Lernen selbst zum Gegenstand.

Nur fünf der an dieser Stelle (in diesem Kapitel) ausgewerteten zweiunddreißig Lerntagebücher wurden von männlichen Studierenden geschrieben, eine so kleine Zahl, dass nicht wirklich geschlechtstypisch bearbeitet werden kann. Gleichwohl gibt es bemerkenswerte Gemeinsamkeiten in den Tagebüchern der Frauen, die in den von Männern geschriebenen nicht vorkommen und die von mir in aller Vorläufigkeit als Dimensionen weiblichen Lernens herausgestellt werden. Alle Lerntagebücher äußerten sich zu den drei genannten Fragestellungen – Lernstoff, die anderen Studierenden, die Form der Lehre –, sodass ein Vergleich möglich ist. – Die Tagebücher sind durchschnittlich etwa dreißig Schreibmaschinenseiten lang, so lang wie die erste Diplomarbeit an der HWP; eine Studentin verfasste hundertundfünfzig Seiten. Sie wurden freiwillig geschrieben. Alle beginnen mit einer Vorfreude auf den Kurs, die binnen kurzem gestört wird.

Das Lernarrangement

Natürlich hatte ich mir darüber Gedanken gemacht, wie bei Studierenden des zweiten Bildungswegs didaktisch, inhaltlich und thematisch vorzugehen sei. Ich hatte angenommen, dass es wesentlich sei, die Berufserfahrungen einzubeziehen, sie als eine Brücke zur Aneignung von Theorien zu nutzen, in dieser Weise theoretisches Lernen und praktisches Gelernthaben so miteinander zu

6 An der HWP heißen die Seminare auch Kurse, so kommt das Wort *Kurs* in den Texten synonym und abwechselnd mit Seminar vor.

verbinden, dass Theorien zum Begreifen von Praxis dienen und so Handlungsfähigkeit erweitern können.

Womit ich nicht gerechnet hatte, war das *Lernparadox*, aus dem die Studierenden kamen. Aus der Schulvergangenheit brachten sie eine Haltung mit, die einerseits auf Lehrerlob angewiesen war, andererseits ›wusste‹, dass die Anerkennung der anderen, der Klasse, davon abhing, den Lehrern nicht allzu sehr zu Gefallen zu sein. Diese Lernhaltung, sich der Klassengemeinschaft zu versichern und daher kein ›Strebertum‹ an den Tag zu legen, lässt sich in den Berufsalltag übernehmen, weil sie durch die Teilung in Vorgesetzte und Kollegen noch unterstützt wird. Was aber geschieht, wenn man zurück auf die Schulbank kommt, auch wenn dies eine Universität ist?

Bei den weiblichen Tagebuchschreibern werden die anderen durchweg als problematisch erfahren und dies mit der Auseinandersetzung um die eigene Person verbunden.

> Ich fühlte mich von der Macht der Kritiker eingeschüchtert, traute mich nicht, laut zu sagen, hört mal, ich seh das anders [...] Merkwürdige widersprüchliche Gedanken waren mir zuerst nur peinlich; – Ich will nicht als Streber dastehen, und: Ich will mich nicht blamieren. Als ich sie als »Gepäck« aus meiner Schulzeit entlarvte, war mir das nun wieder peinlich. Irgendwie stand ich mir selbst im Wege. (12,1)[7]

Oder so: »Mit einem Seitenblick auf die Dozentin, den anderen auf die Kommilitoninnen, ist es kein Wunder, dass man schielt und keinen geraden Blick auf die Sache werfen kann.« (1,6)

Diese Zwickmühle zwischen gewollter Anerkennung von oben und dem Bewusstsein, dass dagegen Widerstand oder Unbotmäßigkeit von der Gruppe erwartet wurde, also Klassenlob gegen Lehrerlob, bestimmt die meisten Lerntagebücher und macht die Studentinnen praktisch handlungsunfähig. Sie sind der Schule mit ihren widersprüchlichen Anordnungen nicht wirklich entwachsen. Langsam schält sich ein Verhältnis zu den anderen heraus, das weitgehend bestimmt ist von der Erwartung, als unpassend, falsch, dumm, allzu sehr betroffen, »pubertär, besserwisserisch« (1,6) beurteilt zu werden.

Selbst eine Studentin (aus der Ex-DDR), die nicht ganz so zaghaft und eingeschüchtert ins Seminar kommt, schreibt:

---

7 Die Zahlen in Klammern geben für die Möglichkeit einer Überprüfung die Nummern an, die ich den Tagebüchern gegeben habe, und die jeweilige Seite.

> Ich traue mich nicht, meine positiven Leseerfahrungen in die Diskussion einzubringen, da ich Angst davor habe, auch als mittelständig, chauvinistisch, diskriminierend bezeichnet zu werden. Auch der Vorschlag, das gesamte Buch [gegen das eine diffuse Stimmung herrschte] doch mal zu lesen, kommt mir streberhaft vor und so äußere ich ihn nicht. (8,3)

Die anderen Studierenden wirken so als Hemmschwelle, die nicht oder nur um den Preis, von ihnen missachtet zu werden, überschritten werden kann. Zugleich werden diese antizipierten Anderen selbstverständlich auch als problematische Feinde angenommen. »Woher nimmt man da eigentlich den Mut zu meinen, ausgerechnet der eigene Diskussionsbeitrag träfe genau den Nagel auf den Kopf.« (1,6) Oder so: »Wenn ich etwas sage, halten mich die anderen womöglich für doof und begriffsstutzig, oder, noch schlimmer, ich könnte womöglich die ›falschen Ansichten‹ haben.« (6,3) Und wieder eine andere meldet sich »erst, wenn ich eines positiven Echos sicher bin«. Sie durchdenkt diese Zurückhaltung: »Andererseits [...] wäre es doch förderlicher, wenn sich das Diskussionsklima in ein Arbeitsklima verwandeln würde. Und warum ist das Gefühl so wichtig, dass die Dozenten mich nicht für blöd halten.« (9,15)

Der Prozess der wechselseitigen Aburteilung und der behindernden Antizipation wird auch auf die Lehrenden ausgedehnt. Es kommt darauf an, ihnen etwas vorzumachen, aber »woher soll ich eigentlich wissen, dass die Dozenten nicht blöd sind?« (9,15) Der Rest der Studienbemühung geht in dem Versuch unter, interessiert auszusehen und nicht einzuschlafen.

Die Formulierungen gleichen einander so sehr, als hätten sich die Studierenden abgesprochen. Das erhoffte Lernkollektiv existiert nicht nur nicht[8], im geraden Gegenteil kann man davon ausgehen, dass so eine Seminargruppe aus einander behindernden und blockierenden Einzelnen besteht. Diese ängstliche Haltung in Bezug auf die anderen braucht ein starkes Selbstwertgefühl, wenn unter solcher Voraussetzung überhaupt gelernt werden will. In den Lerntagebüchern der Frauen wird schnell offenkundig, dass dies keineswegs vorhanden ist, sondern solche Wahrnehmung der anderen sich auf die eigene Person und ihre Selbstwahrnehmung, ihr Selbstwertgefühl erstreckt.

---

8 Vgl. auch Kapitel 10 in diesem Buch.

Die anderen und das Ich – Angst und Täuschung

Die meisten Lerntagebücher beginnen mit der Versicherung, »zu blöd« zu sein, »den Text nicht zu verstehen« und mit dem Vergleich »alle anderen wissen bereits viel mehr als ich«. Man kann wohl davon ausgehen, dass der Beginn des Studiums ganz vom Zweifel überschattet ist, ob man es überhaupt schaffen kann. Dieser tritt zunächst gepaart mit einer Überschätzung aller anderen auf, sodass ein Kollektiv sich auch nicht bilden kann. Die Unsicherheiten, wer man ist und ob man zu Recht in dieser Universität ist, sind ganz elementar und hindern das für Lernen und wissenschaftliches Arbeiten unabdingbare *Fragen.*[9] Dem Tagebuch wird anvertraut: »Ich weiß, ich hätte dies laut in der Vorlesung fragen sollen, aber ich trau mich nicht. Wie stehe ich da, wenn ich wirklich die Einzige bin?« (11,7) – Solch grundlegende Schwierigkeit wird übrigens in diesem Fall nach der dreizehnten Seminarsitzung notiert.

Das heißt auch, die Unsicherheit über die eigne Person kämpft mit der Unsicherheit, wer die anderen sind. Dabei gilt: Man sollte das Schlimmste über sich annehmen. Doch gewinnt man im Semesterverlauf Kenntnisse über sich und andere. Diese aber werden zumeist gleichermaßen in das Raster: Ich bin ein ›Nichts in einer Welt von Feinden‹ eingebaut. So werden studentische Referate entweder als langweilig erfahren – man schaltet ab; oder als wirklich gut, dann sind sie geeignet, eigene Unfähigkeit zu bestätigen. Als herausragende Gefühle werden notiert: Neid und Minderwertigkeit.

Der Vergleich[10] scheint überhaupt in diesem Zusammenhang ein entscheidendes Mittel der Selbstwertschätzung zu sein. Bin ich so gut wie andere? – eine ständige Bemühung, nicht als schlechter aufzufallen. Insofern wird die jeweilige Vergangenheit, die Position, die man hatte, was man tat, nicht etwa ein Baustein von Wissen, Erfahrung, kein Beitrag, der mit anderen sich verbinden könnte, sondern ein Makel, etwas, das man schamhaft verschweigen sollte, um nicht aufzufallen. Die allgemeine Strategie wird die Täuschung über sich oder das Verschwinden in der Menge.

Auf die Frage nach der ›Arbeit‹ vor der HWP schreibt eine:

---

9 Zur Dimension der Frage folgt eine ausführliche Diskussion mit Holzkamps Ausführungen zur Lehrerfrage und eine Erinnerungsgeschichte in Kapitel 10.

10 Diese Alltagspraxis rückt die brechtsche Arbeit mit dem Vergleich (vgl. Kapitel 5) als politische Strategie in ein zusätzliches Licht. Es zeigt die Kritik des Vergleichs als dringlich, auch um ihm die Funktion zu nehmen, Ressentiments zu schüren und eigene Minderwertigkeit zu stützen.

> Ich musste sagen »verkaufen«! Die anderen gingen zur Schule, sammelten Bildung oder waren Krankenschwester oder gar Bankangestellter – und ich »verkaufe« schlicht. (1,8)

Dabei durchdenken die Einzelnen beim Schreiben ihrer Lerntagebücher auch, was sie sich antun. Das heißt, das Tagebuch ist unter solchen Bedingungen selbst ein geradezu notwendiges Lerninstrument. Es gehen die Gedanken nicht ungedacht verloren. So entziffert eine Studentin ihre Regungen beim Anhören der Referate von anderen als Ergebnisse von »Konkurrenzdenken« und kann sie doch nicht ablegen trotz guter Erfahrungen mit Kollektivarbeit. Indem sich die Einzelnen so prekär in eine Lernsituation begeben, herrscht im Grunde immer ein Ausnahmezustand, der Lernen verhindert. So gibt es schließlich auch das Problem, dass, wenn die Vorträge nicht schlecht sind, es keine Diskussion gibt. Die Sache erscheint aussichtslos.

Und selbst wenn die Selbsteinschätzung nicht um den Nullpunkt herum kreist, gibt es die Möglichkeit, die anderen so abzubilden, dass man mit ihnen nichts zu tun haben muss. So schreibt eine über das Referat eines Kommilitonen, dass es »plätschernd« war. Ihre Aktivität: »Ich schalte ab«. Die eigne Haltung wird beschrieben als eine der Enttäuschung. Die referierenden Studis haben versagt. Die Abbildung zwischen Versagen und Enttäuschung entschuldigt die eigne Nichthandlung als gerechtfertigt.

Natürlich merkt man als Dozentin die verschiedenen Blockierungen, wenn auch nur atmosphärisch, als Nachlassen von Spannung, als Unruhe, im Mienenspiel, als fehlende Hoffnung. Eine meiner Strategien war, möglichst alle zu einem kollektiv erarbeiteten Beitrag für das Seminar zu bewegen. Wie aber kann man unter solchen Bedingungen von gegen andere gelebter Selbstpositionierung dies bewerkstelligen? Da findet sich folgende Notiz:

> Während unseres gesamten Beitrags [...] spürte ich weder Leistungsdruck noch Angst vor Blamage oder Kritik. Ich war sicher, weil ich überzeugt war, dass wir als Gruppe und ich innerhalb der Gruppe gelernt haben, was Diskursanalyse ist und wie sie funktioniert. (12,13)

Aber die Hochstimmung ist schon in der nächsten Sitzung verflogen. Zum allseitigen Lob notiert sie:

> Du weißt nie, ob sie das auch wirklich meinen, was sie positiv zu dir oder über dich sprechen, sicher ist nur, dass das negativ Gesprochene stimmt. (12,15)

Wie ist es möglich, ohne ein Aufbrechen dieser verworrenen Lernhaltungen zurechtzukommen? Welche Strategie gegen alle Konkurrenz, Erniedrigung, Minderwertigkeitsgefühle gibt es – außer dem Versuch, Kollektive zu bilden?

Angst entsteht vor eigenem Versagen, aber es gibt die Möglichkeit, den Kurs zu wechseln. »Die Universität«, schreibt eine, »bietet anders als die Schule die Möglichkeit, in Anonymität zu versinken.« (10,3) Am Ende des Seminars, bei der Kurskritik, schreibt eine andere:

> Wir wollten es nicht zugeben, dass in uns Chaos ist. Denn wir kennen nur das absolute Wissen oder das absolute Nichtwissen. Hätten wir uns offenbart, dann hätten wir unsere Unfähigkeit entblößt. Welch ein Schwachsinn! Doch nur in der Diskussion mit anderen lässt sich das Chaos ordnen und klären. (8,10)

Kritik und Selbst

Wissenschaftliches Arbeiten ist wesentlich Kritik. Sie setzt Verständnis eines Textes, einer Theorie voraus; die Überprüfung als unterscheidende Beurteilung von Vorstellungen und Vorgestelltem; eigenes Denken, auch als Fähigkeit, Unterschiede zu machen; den Vergleich; Aufheben, was wichtig ist; weitergehen, wo nicht weit genug gegangen wurde, und Korrektur. Kritik verbindet Erkenntnis mit Praxis, Denken mit Handeln.

Aus dem bisher aus den Tagebüchern Vorgestellten wird schon erahnbar, dass diese Studentinnen Kritik rundherum ablehnen. Es nützt nichts, ihnen das elementare Durchdenken als Kritikfähigkeit vorzustellen, zu sagen, dass Kritik und Herumnörgeln nicht das Gleiche sind. Gegen die Bereitschaft, Kritik auch nur zuzulassen, steht der Wunsch, einfach das Richtige gesagt zu bekommen und aufzunehmen, steht die Erfahrung, dass Kritik existenzielle Bedrohung bedeutet, soweit sie einen selbst betrifft. Das wird ganz direkt geäußert: »Ich möchte zunächst alles kennen lernen, stehen lassen, einordnen, nicht Kritik üben« (8,3). Diese Unmöglichkeit, cin positives Verhältnis zur Kritik zu entwickeln, hängt auch mit der Selbsteinschätzung zusammen, wird selbst als unverarbeitete Schulerfahrung reflektiert. Da kommentiert eine ihr eigenes Tagebuch:

> Der Schreibstil klang so unglaublich naiv, er stimmte überhaupt nicht mit meinem Selbstbild überein. Er klang wie der von Hedwig Courths-Mahler, dabei hätte ich gern den Stil einer Beauvoir. Dann wieder entdeckte ich unerträgliche Beweihräucherung der Dozentin, die nur als Anbiederung verstanden werden kann. Dinge, die eigentlich seit meiner Schulzeit hinter mir liegen sollten. (13,2)

Da Schule nicht verarbeitet, sondern einfach verlassen wurde, ist man unvorbereitet: Der übergroßen Erwartung entspricht keine konkrete Füllung. Das Beste, was geschieht, ist eine Art Spaltung der Personen in ein erhofftes Selbst und das Problem, das wirkliche Selbst nicht achten und nicht stützen zu können. Das Gegeneinander macht, dass trotz aller Vorbereitung, Freude, Erwartung, Begeisterung ein Rückzug angetreten werden will. Nach einer Kritik am Protokoll ist einer, die ein Lob brauchte wie Wasser zum Leben, der Boden entzogen, der Studienabbruch rückt in große Nähe:

> Aber die ganzen Vorbereitungen, der Spaß an der Diskursanalyse, die enttäuschten Tränen und die Wut wegen des »missratenen Protokolls« umsonst? (13,2)

Kritik wird nicht als Hilfe und Ratschlag für anderes Arbeiten begriffen, sondern immer als Vernichtung, Herabsetzung, Verlust des Arbeitsplatzes, der dann in diesem freiwilligen Fall lieber vorher geräumt wird.

> Völlig verzweifelt, heulend, gedemütigt, vernichtet […] unfähig den Verriss der Dozentin nicht als persönliches Versagen zu sehen, folgten richtig schlimme Selbstzerfleischungstage. (13,3)

Die Einordnung durch eine Freundin, die Dozentin, also ich, sei für diese Art der Kritik bekannt und gut als Lehrerin für noch nicht ausbalancierte Studentinnen ohne Selbstsicherheit, weil die das dann lernen, gibt schließlich Hoffnung, doch eines Tages erwachsen genug zu werden für Kritik. Dies aber stellt sich nicht als konkrete Verarbeitung, sondern es scheint eine Naturgabe zu sein, die einem begegnet wie das Schicksal bzw. das Älterwerden.

In der Haltung zur Kritik verdichtet sich die Schwierigkeit für die Studentinnen, aus der Menge herauszutreten. Eine Sitzung mit weniger Studenten, weil viele zur Demonstration gingen, gibt einer die Möglichkeit, »gelöst« sich für ein Protokoll zu melden. Die Aufgabe, die sie sich selbst stellt: Es muss sehr gut werden. Sie braucht ein Lob. In dieser erstrebten Anerkennung versucht sie, sich aus der passiven Rolle in ein aktives Mitglied der Gruppe zu verwandeln. Lob taucht so nicht bloß als eine äußerliche Belohnung auf, sondern als Mittel für einen Übergang. Dazwischen steht nicht einfach die Anstrengung, sich hervorzuwagen, sondern auch die Selbsteinschätzung, es nicht zu können. Mittel, dies für sich zu leisten, ist der Vergleich mit einem vorhergehenden Protokoll in einem anderen Seminar, das als schlecht beurteilt wurde, weil zu konkret. Sie bemüht sich tagelang um Abstraktion. Die neuerliche Kritik (meine) »zu abstrakt und daher nicht nachvollziehbar« wirft sie aus der Bahn. Gerade weil »gelernt« wurde, kann nicht gelernt werden, da alles an eignem Selbstwert auf diese eine Karte – »das gute Protokoll« – mit äußeren, selbst nicht verstandenen Kriterien gesetzt wurde.

Eine andere schreibt: »Obwohl oder weil ich jetzt auch einen Vortrag gehalten habe, kann ich den Seminarkolleginnen jetzt ins Gesicht sehen, ohne rot zu werden« (15,1). – Aber schon meldet sich neue Unruhe und äußert sich als Mangel. Die Dozentin soll eine sorgfältige Beurteilung formulieren, aber dies keinesfalls als Kritik, sondern als Lob, das man zugleich nicht verdient zu haben glaubt. In diesem Paradox beginnen immerhin erste Zweifel an der eignen Abbildung seiner selbst, die aber noch weiter in Verurteilung münden: »Ich bin lachhaft und bloß emotional« (15,2). Die Haltung zur Kritik, auch als eigene Fähigkeit, bleibt zwiespältig, Bewegung wird stillgestellt. Kritik wird nicht äußerbar: »Ich habe Angst, meine Zweifel und Einwände innerhalb des Seminars zu äußern, dies auch wegen des Risikos, ›lehrergerechte Antworten‹ zu suchen.« (15,2) Neue Schwierigkeiten tauchen auf, die wiederum das sich erst langsam herausbildende Ich betreffen: Wie kann man die theoretischen Vorgaben der Dozentin richtig finden, ohne einfach die Schulhaltung – der Lehrer hat immer Recht – zu übertragen? Die Zustimmung zu einer Theorie erscheint so als passiv-autoritäres Verhalten. An dieser Stelle gibt die Studentin (15) ihr Lerntagebuch auf.

Im Ganzen erscheint die Aufforderung zur Kritik immer als zu hoch, weil sie Verständnis voraussetzt, das erst erarbeitet werden will, und zwar nicht über Kritik, sondern geradlinig als Aufwärtsgang (so etwa 4,7). Gegen Kritikfähigkeit steht auch, dass man selbst nicht kritisiert werden möchte[11].

Die anderen Tagebücher als Schlüsselerlebnis

Bis hierher scheint die Lage ausweglos zu sein, der Bericht eine Skizze über die Unmöglichkeit zu lernen. Aber das Seminar schreitet voran, die Studierenden besuchen es weiter, es wird auf Dauer unmöglich, in den Blockaden einfach stecken zu bleiben. Ein erstes Schlüsselerlebnis betrifft alle. Ein Entkommen aus den vielfältigen Widersprüchen wird möglich, wenn man erkennt, dass mehr oder minder alle in den gleichen Sackgassen stecken. Dies geschieht durch das Vortragen des ersten Lerntagebuchs im Seminar. Wie beim eisernen Heinrich, dessen Bänder um sein Herz mit lautem Krachen herunterfallen, als der Frosch in den Prinzen rückverwandelt ist, gibt es ein allgemeines Aufatmen, eine spürbare Gelöstheit. Die Gleichartigkeit, die jetzt den Vergleich nicht mehr zu eignen Ungunsten ausfallen lässt, wird eine Bedingung und ein Schritt ins Lernkollektiv. Fast alle notieren in ihren Tagebüchern Ähnliches:

11 Vgl. ausführlich dazu das folgende Kapitel 9.

> Ich stelle fest, mir geht es genauso wie anderen und anderen wie mir. Ich denke, ich verstehe gar nichts, traue mich nicht zu fragen, was gemeint ist, geschweige denn zu diskutieren und fühle mich dann sehr schlecht. (2,3)

Die sich wiederholenden Probleme, die individuell gespürten Mängel scheinen allgemein zu sein. Angst, Unfähigkeit, Fragen zu stellen – »Ein Glück, dass es den anderen genauso geht.« (9,15) »Die Angst sich zu blamieren, die Angst zuzugeben, dass man fast nichts verstanden hat«, gilt für die anderen auch! (10,4) Ein Wir-Gefühl entsteht und wird als positiv empfunden, »hatte das Gefühl, dass der Bann im Kurs gebrochen« ist. Eine Studentin notiert: »Habe mich in den bisherigen Vorlesungen unwohl, überfordert, fremd gefühlt – das erste Lerntagebuch hilft« (11,3).

Der Stoff – Begriff und Begreifen

Man kann bis jetzt annehmen, diese Studierenden hätten überhaupt nichts gelernt, meine Seminare seien eine Katastrophe gewesen. Ich hoffe, es wird zugleich deutlich, dass dieser Eindruck möglich wird, weil die Studierenden überhaupt Lerntagebücher schrieben, und ferner aus der scharfen Beleuchtung, in die ich diese Eingangsschwierigkeiten, die allerdings über mehrere Semester andauern, gerückt habe. In den Tagebüchern gibt es auch Notizen über geglücktes Lernen. Dies wird immer dann empfunden und niedergeschrieben, wenn es gelingt, etwas, das man im Grunde weiß, überraschend hervorzuholen und mit anderer Bedeutung zu versehen, die wiederum mit anderem vorher Gewussten sich verbinden kann. Es kommt in diesen Lerntagebüchern häufig vor, wenn Begriffe wirklich begreifend auf Alltagsphänomene gezogen werden und beides dadurch klarer wird – der Begriff und der Alltag bzw. die Erfahrungen in ihm. In dem Seminar über Rassismus und Sexismus waren es im Grunde drei Erfahrungen, die immer wieder als wichtig notiert wurden: die Problematisierung des Begriffs »Ausländerfeindlichkeit« durch eine einfache Aufzählung möglicher Ausländer – etwa Schweden, Kanadier, Amerikaner, Türken, Jugoslawen usw. –, die, anders als die gekannte politisch korrekte Zensur am Wort »Ausländer« selbst, unmittelbar die Erkenntnis brachte, dass gar nicht alle unter das Verdikt »Feindlichkeit« fallen würden, sondern unter ihnen nur diejenigen, die aus armen Ländern kamen, der zusammenfassende Begriff *Ausländerfeindlichkeit* also eine verdeckende, ablenkende Funktion hat.

Deutlicher noch wird Lernzuwachs notiert bei der Frage nach Normalisierungsstrategien und der damit verbundenen Ausschließung von anderen, die nicht »normal« sind. Die Studierenden lesen *Erving Goffman, Stigma.*

Über Techniken der Bewältigung beschädigter Identität. Die Überprüfung seiner Ausführungen an eigener Selbstwahrnehmung und Orientierung ergibt zur allgemeinen Überraschung, dass die Sicherheit, selbst antirassistisch zu sein, aufruht auf der Vorstellung, selbst nicht zu den Normalen zu gehören, dass dies aber alle im Kurs so empfinden. Der Schritt zu der Erkenntnis, dass der herrschende Normalitätsdiskurs gestärkt wird, wenn die Einzelnen sich jeweils als Ausnahme, also nicht betroffen stilisieren, war von da ab eher leicht, wenngleich auch schmerzhaft. »Die Normalitätsdiskussion rückt auf den Leib. Man hätte die Gesellschaft gern außerhalb und sich nicht als mittragend«, schreibt eine und: »Ich sehe jetzt, dass Normalitätsmaßstäbe damit arbeiten, dass alle sich als Ausnahmen empfinden und wahrnehmen« (5). Zugleich aber stürzt die Anerkennung des herrschenden Normalitätsdiskurses in Selbstzweifel, sodass die Studierenden an sich selbst lernen können, dass sie beides tun: Normalität als Ziel akzeptieren und sich daher nicht achten und mit Trotz auf der eigenen Abweichung als nicht-normal beharren. Das Bindeglied ist in jedem Fall die Aussetzung von Kritik am Normalisierungsdiskurs und seinem Wirken.

> Mann/Frau will auf keinen Fall dieser Normalität entsprechen und ist stolz auf jede Abweichung davon. Dies empfinde ich als »umgekehrte Stigmatisierung«. Wenn ich gesellschaftlich normal bin, werde ich von HWPlern abgelehnt. Die Lehre: Normalität ist eine Disziplinierungsfalle in jeder Weise. (11,5)

Die Lehren werden umso intensiver, je mehr man selbst betroffen ist, also tatsächlich aus einer anderen Gruppe kommt als die meisten anderen. So schreibt eine Studentin aus der EX-DDR fast ethnomethodologisch zur Normalitätsdiskussion: »Die Gruppe möchte als ›unnormal‹ gelten bzw. jeder dort möchte das, nur ich nicht.« Und als Erkenntis wird formuliert:

> Es ist heute normal, als unnormal zu gelten, sich von der Masse zu unterscheiden, das stützt Normalität und behindert zugleich Kritik an den herrschenden Normalitätsvorstellungen und die Lektüre Erving Goffmans.

Diese Irritation, geboren aus den Auseinandersetzungen in der Gruppe und den erfahrenen Widerständen, ist ein starker Beleg für den Nutzen des Kollektivs für Lernen und Aneignung. Und für diese Studentin bedeutet es, dass sie beginnt, die theoretischen Vorschläge jetzt doch auf Alltagsleben zu beziehen, was sie zunächst, ebenso wie Kritik, ablehnte. Sie durchdenkt dies und entziffert überraschend für sich selbst:

> [Ich komme eigentlich aus] autoritär organisierten Lernverhältnissen [...] Der Satz, dass Wissenschaftlerinnen die Aufgabe haben, den Menschen ihre Erfahrungen in ihrem Zusammenhang zu verdeutlichen, spricht mich an. Unter diesem Grundsatz hätte ich doch auch Lust, Wissenschaftlerin zu werden. (8,8)

Die dritte einhellig positiv verbuchte Lernerfahrung betrifft die Diskursanalyse. Sie wird von fast allen Studierenden als Zuwachs an Einsicht und Handlungsfähigkeit erfahren, als »Öffnen von Scheuklappen« (3,14), gerade weil sie mit den vorhandenen Emotionen, Bewertungen, Meinungen arbeitet, diese aber ins Bewusstsein holt und als Baustein für Einverständnis wie Widerstand entzifferbar macht. Sie ergreift die Studierenden beiden Geschlechts und wird, da sie geteilte Kultur benutzt, als unmittelbar kollektivbildend erfahren. Alle lernen schnell, wie Hegemonie erstritten wird, und welche Rolle sie selbst bei der Produktion von Bedeutungen spielen. So kann man vielleicht sagen, dass Lernerlebnisse möglich werden als Bewegung, etwas Halbgewusstes mit eigener Anstrengung ins Bewusstsein zu heben. »Man kann sich selbst belehren.« (5) Dies wird von vielen notiert, aber von den weiblichen Studierenden als Erkenntnis eigenen Verwickeltseins in Verhältnisse erfahren, die sie außer sich dachten, also wiederum als Krise; von den männlichen Studierenden eher mit Genugtuung und Freude. »Vieles, was ich geahnt habe, ist jetzt in Worte gefasst.« (3)

Überhaupt kann man aus den wenigen von männlichen Studierenden geschriebenen Tagebüchern den Schluss ziehen, dass sie weniger unter Selbstwertzweifel leiden, dass sie also neugieriger und lernbereiter in die Hochschule eintreten bzw. dies so notieren, wie auch mit Staunen auf die Schwierigkeiten der Kommilitoninnen blicken. Einer erfährt sie als

> ängstlich, unsicher, kritikscheu [...] Mir scheint, dass Frauen eine andere Art Zugang zum abstrakten Denken haben. Es steht immer ihre eigene Emotion und ihr eigener Bezug im Vordergrund und blockiert sie beim Umgang mit wissenschaftlichen Texten oder Diskussionen. (3,12)

Diese Beobachtung zeigt, dass Lernblockaden nicht auftreten müssen, wenn der Höhenflug hoch genug ansetzt. Und wenn er etwas nicht versteht, notiert der gleiche Student: »Für mich sind solche Situationen eher herausfordernd als deprimierend. Ich werde neugierig auf neue Zusammenhänge und sauge begierig neuen Stoff auf«. (3,10) Und heiter: »Wo ist das Problem zuzugeben, dass andere besser sind?« (3.11.) Probleme tauchen nicht auf als persönliches Versagen, sondern als Fragen von Zeitmangel, Überlastung. Aus dem ersten studentischen Referat wird Kritik sogleich umgesetzt in eigene Anforderung an das noch zu Erarbeitende. Dabei begreift er die Heranziehung von Alltagsbeispielen als Gefahr und als Zumutung. Sein Weg ist der, über die Theorie und ihre Begriffe Verständnis zu erarbeiten und das Alltagsleben dabei hinter sich zu lassen. Entsprechend kann er wenig mit dem Vorschlag anfangen, Lernen als Krise aufzufassen, da sich die Lernbewegung für ihn als kontinuierlicher Aufbau abbildet, nicht als Bruch. – Genau umgekehrt notieren mehrere Frauen ihr Einverständnis mit der Vorstellung der Krisenhaftigkeit von Lernen mit »Erstaunen und Erleichterung«: »Lernen hat etwas zu tun mit eignen Blockierungen, Angst, Krise und Verunsicherung. Ich habe dies immer schon geahnt, aber jetzt ist es offiziell.« (6,3)

Dabei sind die meisten Tagebücher auch Zeugnis, dass es, bei allen Schwierigkeiten und Blockierungen, kaum Probleme gibt, den tatsächlichen Stoff zu notieren, wie man etwa ein Referat schreiben würde. Das Problem beginnt dort, wo Erkenntnis praktisch werden will. Und an diesem Punkt scheiden sich die Geschlechter erneut. Sehr grob zusammengefasst kann man vielleicht sagen, dass es den Männern leichter gelingt, sich das Denken buchstäblich vom Leibe zu halten, es als bloß abstrakten Vorgang zu üben und sich darin zu betätigen, während die weiblichen Studierenden so etwas wie einen Unmittelbarkeitsbezug zwischen Denken und Handeln haben, ein Verhältnis, das wiederum blockierend wirken kann und das von mir ohne Zweifel unterstützt wurde.

Die Unruhe der Frauen wird dadurch verstärkt, dass sich immer wieder Kinder in das Tagebuchschreiben mischen oder der Gedanke an sie im Kurs die Konzentration durchkreuzt. Dies geschieht bei keinem der Männer.

Selbstveränderung

Man kann aus theoretischen Erkenntnissen leicht nichts über den Alltag lernen, man kann umgekehrt versuchen, sie direkt in ihn zu übersetzen. So notiert eine nach der Lektüre und Diskussion des Gedankens, dass Familie vielleicht nicht die optimale Form des Zusammenlebens sei: »Wenn das so ist, müsste man dann in einer Kommune wohnen?« Dies wird mit Angst zurückgewiesen. Angst vor den Folgen kritischen Denkens fürs eigne Handeln zieht die analytische Kraft zurück:

> Dagegen die Familie: dieser Hort vertrauter Menschen, der Wärme, der Zuversicht, und kraftspendender Zufluchtsort, in dem Schutz vor den Widrigkeiten der Welt und des Lebens zu finden ist. Diesen Ort zerstören? Niemals!

Die Reaktion erscheint ihr selbst als so extrem, dass sie erkennt, dass hier auch ohne Erfahrung auf Erfahrung rekurriert wird, dass es mithin eine Erfahrung aus einer wie auch immer hergestellten erfahrenen Meinung gibt und eine aus dem eignen praktischen Erleben kommt, die seltsamerweise schwächer ist als die erste.

> Und schwuppdi, hast du nicht gesehen, ist mir entfallen, dass acht Jahre meiner Sozialisation in einem Kinderheim stattfanden und dass die familiären Ereignisse (vorher und nachher) ein einziger Alptraum waren. (1,4)

Es gelingt ihr, sich als gespaltene Person zu erkennen, die bestrebt ist, neue Anstöße in alte Gleise abzudrängen, und dabei gleichzeitig zu bemerken, dass sie auch eine andere Erfahrung als die herrschende Meinung hat. Dieser Lernprozess gilt nicht bestimmtem nützlichen Wissen, sondern dem Angebot, gegen die herrschende Meinung auch in sich selbst kritisch theoretisch zu arbeiten.

Eine äußert

> Ängste, da mir klar wird, dass ein wirklicher Lernprozess dann harte Arbeit ist, nicht im Sinn von Auswendiglernen, sondern im Sinne von mich auf was einlassen. Inwieweit kann ich und will ich das? (6,3)

Alle Theorieteile werden wieder unmittelbar persönlich aufgefasst und je nach Zulassung zum eignen Erfahrungsschatz gelebt. Herrschaft – »ich fühlte mich bisher nicht beherrscht – es ist wie ein Blitz« (6,4); das eigene Ich als produziert – eine zerreißende Erkenntnis.

Der ständige Bezug auf eigene Erfahrung kann auch als Störung erlebt werden, die man nicht will:

> Ergebnis: Ich bin so mit mir beschäftigt, dass ich den Sitzungsfaden verliere und irgendwann frustriert abschalte [...]. Daraus lerne ich: Zuhören ganz ohne Mitmachen bringt mir keinen Spaß. Das kontrollierte Maß an Beteiligung habe ich noch nicht gelernt. (1,6)

Nehmen wir dies als eine Auskunft auf die Frage nach der Form der Lehrveranstaltung, so lässt sich ein komplizierter Vorgang entschlüsseln: Je mehr die eigene Person in die Lernhandlung einbezogen ist, desto schwieriger wird die Aneignung des Stoffes. Oder anders: Sobald etwas gelernt wird, stört dies auch das weitere Lernen. Lernen braucht Zeit. Und lernen hat mit Lust zu tun.

Vorurteile

Eine Studentin durchdenkt die eignen Lernerfahrungen als Geschichte, zunächst von Vorurteilen, die die weitere Rezeption leiten oder gar das Vermeiden von Lernerfahrungen bestimmen. Da war z.B. Marx, der im Geruch stand, ein schlechter Mensch und ein politischer Terrorist und als Wissenschaftler unlesbar zu sein, sodass so etwas wie ein Tabu auf der sich annähernden Lektüre liegt. Entsprechend werden erste Begegnungen als »wohliges, verruchtes Schauern« (1,3) abgebildet. Obwohl man aus eigener Erfahrung weiß, dass die Kenntnis der Biographie eines Autors wenig zum Verständnis seiner Theorie beiträgt, ja diese u.U. verhindert, wird immer wieder gehofft, etwas Einblick in sein Leben würde das Lesen erleichtern, weil sein Alltag helfen mag, wenn es schon der eigene nicht tut. Insofern dienen die Biographien und auch Denunziationen über das Leben von Theoretikern als ein weiterer Schutz gegen die Gefahr, sich auf die Gedanken allzu sehr einzulassen.

Aber die Themen gehen über in eigenes Leben. Normalität – Sexismus – Rassismus – überall sorgt emotionale Beteiligung für Unruhe, die zugleich als Lernstörung abgebildet werden kann wie als Lernen. Dabei gibt es gerade in Bezug auf Vorurteile überraschende Einsichten. Eine äußert: »Ein positives Vorurteil gegenüber einem Text hindert genauso wie ein negatives. Die Zuordnung von Autoren zu gut und schlecht legt eigene Kritik lahm.« Theorie als Streit erleben zu sollen, erscheint als erster Lernerfolg.

> Auf jeden Fall bin ich völlig fertig. In meinem Kopf schwirren massenhaft neue Fragen und ich ärgere mich, dass ich in der Vergangenheit beim Marxlesen keine neuen Fragen im Kopf hatte. (9,15)

Eine bilanziert am Ende ihres Tagebuchs den unbedingten Wunsch, Vorurteile, die sie bei sich auf allen Ebenen entdeckt, zu überwinden, da sie sie als schuldig für ein »schief gelaufenes Leben« entziffert (12).

Eine andere ist begeistert von der Diskussion um Normalisierung. (7,12). Sie beobachtet alltägliches, andere stigmatisierendes Verhalten an sich – sie gerät mit ihrer Familie aneinander, mit Vertrauten und Freunden, und notiert: »was mich persönlich in eine enorme Krise bringt« (7,13). Sie überträgt die Arbeit an Diskriminierungen auf die Beobachtung solcher Prozesse im Kurs und erkennt, dass sie sich verändert hat – auch was ihre Eingriffe angeht. Aber das Ganze, also ihre Selbstveränderung erscheint ihr als problematisch, weil ihr Selbstwertgefühl für »solche Experimente« zu klein ist (7,14). Hinzu kommen ein persönlicher Trennungsprozess und eine »Mattigkeit gegen

Veränderung«. Lernen tritt auf als persönliche Überforderung. Das Tagebuch endet: »Ich fühle mich furchtbar.«

Und wieder eine andere: »Die aufgeladene und emotionale Atmosphäre macht mir sehr zu schaffen und belastet mich.« (4,11) Sie hätte auch schreiben können, die Tatsache, dass gelernt wird mit allen Sinnen und also auch Aggressivität aufkommt, belastet mich. Dahinter ein Anspruch, es möge unberührt zugehen, Lernen als allmählicher Zuwachs geschehen. Gleichwohl schließt sie: »Die innere Unruhe muss wohl mit dem Lernen zusammenhängen.«

Der Versuch, einen theoretischen Text zu lesen, trifft auf die Haltung, er solle eingängig sein, ohne Anspruch. Dabei wird eingeräumt, dass das Schwierige auch spannend ist, aber »der Kopf raucht«. – Lernen wird physisch erlebt, bevor es begrifflich auftritt. Dies führt zur Erkenntnis, dass es eine Angst vor Veränderung gibt – als eine erste eigene Einsicht in Lernprozesse (5,2).

Wissenschaft auch als Anleitung zum Handeln – dies kehrt als Wunsch, als Bedrohung, als Verwirrung, als Nähe wieder und reibt sich an der festen und zugleich ungefestigten Persönlichkeit. Dies scheint mir das Schlüsselwort zu sein: die ungefestigte Festigkeit, die Lernen behindert, Minderwertigkeitsgefühle erbringt und zugleich aufgebrochen und anders rekonstruiert werden muss.

Weitere Blockaden – Political Correctness

Bei dem Seminarthema Rassismus war zu erwarten, dass diese HWP-Studierenden wussten, wie sie dazu zu denken hatten, und vor allem auch, wie dies sprachlich auszudrücken sei. Insofern war der Text von Goffman, den wir dazu lasen, zunächst ein Gegenstand der Empörung, weil er ebendie Worte benutzte – wie Neger, Behinderter –, von denen man sich schon abgewandt hatte. Political Correctness dominierte im Kurs und ließ nicht mehr zu, dass die einfachsten Strategien der Sicherung des Status quo durch Normalisierungsdiskurse wahrgenommen, geschweige denn analysiert wurden. So will eine (4) keine harten Ausdrücke, die im Alltag selbstverständlich benutzt werden, da sie sie für sich schon wegzensiert hat. Leider bleiben sie auf diese Weise doch in der Welt. Die Zensur erweist sich so als ein Mechanismus gegen Lernen, da das Wahrnehmen der Wirklichkeit zum Lernen unabdingbar ist. Die politisch korrekte Wut scheint allgemein zu sein – Beispiele von Goffman zu Stigmatisierungsprozessen werden als übel empfunden, aber seiner Sprachverwendung zugeschrieben in der Hoffnung, sie seien dann auch nicht real. »Ich habe erwartet, dass in dem Buch Integration hergestellt werden sollte« (5,3). Das Aussprechen der Wirklichkeit macht wütend, dagegen steht das Recht, blind zu sein. Aber was mich anfangs wirklich verzweifeln machte, dass sich nämlich Political Correctness wie eine undurchsichtige Wand vor Zurkenntnisnahme legte, war am Ende ein Glücksfall. Die Studierenden erarbeiteten sich nicht nur eine Kenntnis über alltägliche Stigmatisierungen, sondern darüber hinaus eine Kritik an Political Correctness und erkannten ihre eigene vorgängige Zufriedenheit darin als Mittel, sich nicht selbst als eingelassen und betroffen zu erfahren. Allerdings machte sie dies noch unruhiger.

> Vielleicht ist es auch einfach so, dass »man/frau« weiß, was sich moralisch im Hinblick auf Rassismus und Ausländerfeindlichkeit für »unsereins« gehört und was man halt nicht zu denken, geschweige denn, auszusprechen oder aufzuschreiben hat – obwohl es vorhanden ist. (2,25)

Der Kurs ist über den Goffman-Text gespalten. Es gibt die Gruppe der politisch Korrekten, die rassistische und sexistische Worte nicht lesen mag, und diejenige, die sieht, dass Goffman der bürgerlichen normalen Gesellschaft den Spiegel vorhält. In dieser Situation ließe sich trefflich streiten. Was schreibt da eine Studentin, die ebendiese Spaltung sorgfältig notiert? (12) »Mein Unbehagen und die Angst vor Konfrontation hemmten und behinderten meine Aufnahmefähigkeit.« (12,5) Es werden nicht einmal Notizen gemacht. Aber Unruhe steckt im Gedanken.

Das ganze Semester arbeiten die Studierenden mit einem Gefühl der Überforderung. Die Wissenswelt erscheint wie ein großes Warenhaus, man selbst als kriterienloser Käufer – dies also auch eines der Probleme des Anfangs.

Das nächste Semester – Cultural Studies

Während dieses dritte Semester in großem emotionalem Aufruhr endete, fanden sich gleichwohl oder deswegen im Folgesemester fast die gleichen Studenten wieder ein. Wir erarbeiteten einen Klassiker der Cultural Studies: *Paul Willis, Spaß am Widerstand* als Vorbereitung für ein Praktikum zu Rechtsextremismus bei Jugendlichen. Dieses Semester und die entsprechenden Lerntagebücher waren so grundsätzlich anders, berichteten durchweg von geradezu stürmischen Lernprozessen, dass ich Mühe habe zu begreifen, warum so plötzlich gelang, was so lange schwierig war, wie also Lernblockaden abgebaut werden konnten. Es bieten sich mehrere Möglichkeiten an:

1. Die Studierenden haben nach einer problematischen Eingangsphase, die über ein ganzes Semester dauerte, gelernt, selbstreflexiv zu arbeiten, aus ihren Erfahrungen zu lernen und beides, Erfahrung und Theorien, kritisch zu

nutzen. Angenommen ist der Vorschlag, den Alltagsverstand einzusetzen, zu überprüfen, sich lernend zu verändern.

> Der Kurs hat den Kursrahmen gewissermaßen gesprengt. Ich konnte kaum abschalten. Irgendetwas im Kurs oder um ihn herum Aufgebrochenes schwirrte ständig in meinem Kopf rum. Altes wurde regelmäßig über den Haufen geworfen, neue Fragen entstanden. Grundsätzliche Fragen, wie z.B. nach dem Objekt oder Subjekt, haben sich oft gleichzeitig, fast strahlenförmig auf andere Bereiche ausgewirkt, sorgten bis in Freundschaften hinein für Aufruhr. Das widersprüchliche Denken [...] konnte nicht mehr abgeschaltet werden. (19,1)

Das kann zwar immer noch hauptsächlich als große Unruhe entziffert werden, allerdings kann man sich einen Lernprozess doch wohl kaum als harmlos, spiegelglatt und ruhiges Erleben denken. Eine erste These ist demnach: Lernen braucht selbst eine längere Einarbeitungs- und Lebenszeit, ehe es möglich wird. Aber dann kann Unruhe als Glück erfahren werden und Aufruhr als gewollte Bewegung. So schreibt einer:

> Es ist ein tolles Gefühl, wie sich im Laufe der Stunde das ganze Puzzle der letzten Wochen ganz plötzlich einfach zusammenfügt [...] Und dieses Bewusstsein erzeugt einfach Zufriedenheit und ein breites Grinsen. Das Verstehen des Zusammenhangs hat ein sehr aktives Moment bei mir erzeugt. Es endet nicht beim Zuklappen des Buches, denn jetzt regt es das Weiterdenken erst richtig an. Es hat mich angeregt, [...] Lust und Sinn in der weiteren wissenschaftlichen Arbeit zu finden. (20,32)

Und ein anderer:

> Jedes Mal nach der Vorlesung ist mir mindestens ein sehr wichtiger Gedanke klar geworden, den ich schon lange unklar dachte [...]. Das ist überhaupt das Wichtigste am Lernen, alte Fragen, die ich nicht allein beantworten konnte, in der Gruppe zu klären. (22,18)

Lernen also als gemeinschaftliche Selbstentfaltung.

2. Eine der wesentlichen Blockaden gegen die Möglichkeit zu lernen waren die anderen Studenten, war die Unmöglichkeit des Lernkollektivs. Dies war eine zweite überraschende Entwicklung in dem neuen Seminar. Es wird ausdrücklich kommentiert, dass mit den anderen zu lernen schön und bereichernd ist, und keine notiert mehr, dass sie sich vor anderen fürchtet oder Ähnliches. Hatte noch am Ende des vorhergehenden Seminars eine geschrie-

ben: »War es nicht ein zu hoher Anspruch an ein Seminar von ca. fünfzig sich fast fremden Menschen, einen kollektiven Lernprozess zu organisieren?« (16,9) – eine Bemerkung, die von mir die resignierte Randbemerkung erhielt, »vermutlich hat sie Recht« –, scheinen alle Probleme in diesem Zusammenhang über die Semesterferien weggeschmolzen zu sein. Eine mit besonderen Schwierigkeiten im Semester davor schreibt:

> Ich bin sicherer geworden, habe meinen Platz in der Gruppe. Die Fixierung auf Anerkennung durch gute Zensuren ist dem Interesse an Kritik, um zu lernen, ein Stück gewichen. (19,28)

Und als Bewegung aus dem Konkurrenz- und Darstellungsnetz heraus: »Mir war die Wirkung, die ich hervorrufe, nicht mehr so wichtig.« (19,29). Notizen zu dem Phänomen, dass sich die Studenten unglaublich verändert haben, zu einem Kollektiv geworden sind, das sich stützt und nicht behindert, finden sich in vielen Tagebüchern, allerdings hat dies ein hohen Preis. Der Zusammenschluss gelingt auch durch Ausschließung von neu Hinzugekommenen. In den Worten einer Studentin: »Aber die Gruppe verhält sich abgrenzend gegen Neue, falls sie es gewagt haben, etwas zu fragen, was wir schon wussten.« (19,29) Und ein Student notiert besorgt,

> dass die Neuen im Kurs durch Gesten und Raunen ausgegrenzt werden. Aber das liegt auch daran, dass alle aus dem letzten Semester hart an sich arbeiten mussten, weil die Ansprüche im Kurs eben so hoch sind. Aber obwohl wir so viel über Lernschwierigkeiten, Prozesse und Schwächen geredet und geschrieben und reflektiert haben, wird den Neuen jede Chance genommen und sich abgegrenzt [...] Die meisten Neuen sind geflüchtet, ich fürchte, dass wir uns gegenseitig zu einem elitären Kurs hochschaukeln (20,27).

Die These aus diesem Prozess lautet, dass die Bildung eines Kollektivs dem Lernen und der Selbstentfaltung seiner Mitglieder zwar förderlich ist, jedoch mit der ausschließenden Grenzziehung gegen andere einhergeht. Ohne Schwierigkeit können wir eine solche Entwicklung schlecht heißen, auch Erklärungen aus der Gruppendynamik anbieten und die Dozentin auffordern, hier einzugreifen. Allerdings wird man andererseits auch verstehen, dass ein tatsächlich stattgefundener Lernprozess in einer Gruppe, der es erlaubt, die anderen als Bereicherung zu erfahren, nicht einfach annulliert werden kann und sollte. Vielleicht wäre es aus solchen Erfahrungen angemessener, Lehrveranstaltungen auf wenigstens zwei Semester auszudehnen und sie solcherart tatsächlich gegen Neue zu schließen.

3. Die dritte Überlegung gilt dem Stoff, dem Thema und Text, den wir studiert haben und der für diese Gruppe zu diesem Zeitpunkt sicher ein Glücksfall war. In Paul Willis' *Spaß am Widerstand* geht es nämlich um eine Gruppe von Arbeiterjugendlichen – die den schulischen Lernprozess durchkreuzen. Willis stellt dies auf eine Weise vor, dass alle Sympathie diesen Jungen gilt. Aber zugleich wird es unmöglich, sich mit ihnen ganz und gar zu identifizieren, weil in ihren Handlungen und in ihrem alltäglichen Verhalten zugleich und mit dem sympathischen Widerstand verbunden sich Sexismus und Rassismus in extremer Weise entfalten. Die Widersprüche gehen durch die Jungen hindurch, aber ebenso durch die Studierenden. Kurz: Die Erarbeitung dieses Textes erzwingt eine Auseinandersetzung mit sich selbst, aus der man nicht unverändert hervorgeht.

> Eigentlich sind mir die Jungen bei Willis fast ausschließlich im Zusammenhang mit Erinnerungen an meine Schulzeit sympathisch, und zwar weil ich mir wünsche, ich hätte die Fähigkeit besessen, mich kreativ zur Wehr zu setzen und mich nicht als Opfer zu erleben. (23,5)

Später fragt sich diese Studentin, ob »das Wissen um logische Gegensätze genutzt werden kann, praktische Widerstände als Subversion zu erkennen« (23,6). Altes Verhalten, Träume, Sehnsüchte, Unmöglichkeiten werden neu belichtet und zugleich werden Rassismus, Sexismus, ja Gewalt auf eine hautnahe Weise als Dimensionen in den Gesamtverhältnissen entzifferbar, nicht als Absonderlichkeiten einiger weniger.

> Die Fragen zeigen deutlich, wie sehr unser Denken von Werturteilen und Normvorstellungen geprägt ist. Das finde ich nicht schlimm, wenn es denn möglichst oft dazu kommt, entweder ertappt zu werden oder es sogar selbst zu bemerken. Ist dann doch ein humorvoller Umgang damit möglich, kann es eigentlich nur besser werden. (23,5)

Dies ist eine akzeptierte Herausforderung zur Veränderung des orientierenden Alltagsbewusstseins. Und weiter wird mit Erleichterung gelernt, dass Theorien, die Schuldzuweisungen an Einzelne enthalten, kritisiert werden müssen. Es geht um den Zusammenhang von subjektiver Handlung und Struktur, auf die hin gehandelt wird. Dies ist durch und durch angekommen (23,12).

Dass die Studenten mit diesem Buch auf so engagierte Weise schnell dazulernten bis hin zu Kritik, Theorie, Methode, ja dass eine ihr gesamtes Leben in die Willis-Figuren projizierte, um handlungsfähiger zu werden, andere neue

Formen des Referats erprobten, wie etwa das Theaterspielen, lässt als Schluss zu, dass, anders als ich nach der Lektüre der Tagebücher aus dem vorhergehenden Semester glaubte, Lernen doch viel mit dem gewählten Stoff und seiner Durchführung zu tun hat.

Als These ließe sich daraus formulieren, dass es klug ist, einen Text zu suchen, der die Erfahrungen der Einzelnen als Gruppe einbezieht, der nicht in Gut und Böse aufteilt, sondern reale Widersprüche in ihrer Verankerung in uns selbst zu erkennen erlaubt, der Problematiken aus unserer Zeit aufgreift. Allerdings ist auch dies keine einfache Wahrheit, die übertragbar wäre. Ich habe einige Semester später das gleiche Buch in einem anderen Kurs einzubeziehen versucht, allerdings, da es ein höheres Semester war, nicht mit der gleichen Zeit für Aneignung und Diskussion, und stieß auf weitgehende Abwehr. – So kann man vielleicht schlussfolgern, dass ein solches Buch dann lustvolles Lernen ermöglicht, wenn der Boden, auf den es fällt, bereits in zeitgemäße Unruhe versetzt ist. Und hinzu kommt vielleicht so etwas wie Zufall und Glück.

Noch ein Wort zur Geschlechtsspezifik bzw. zu den männlichen Studierenden. Hatte ich im vorhergehenden Semester den Eindruck, dass universitäres Lernen, das ja wesentlich als Aneignung auf höherem Abstraktionsniveau geschieht, für die Studentinnen nicht ohne Existenzkrisen gemeistert werden kann oder sie zum abgehobenen Auswendiglernen verurteilt, während die anders kulturell und also anders in ihrem auch intellektuellen Verhalten sozialisierten Männer sehr wohl damit leben können, wenn Theorien keine praktischen Folgen haben, werden diese Differenzen jetzt eigentümlich verrückt. Sehr verkürzt gesprochen kann man sagen, dass es den Studentinnen gelingt, sich in der theoretischen Arbeit kritisch zu gewinnen, und umgekehrt, dass die männlichen Studierenden beginnen, einen Mangel zu spüren, und einer nach dem anderen für sich notiert, in Zukunft »emotionaler herangehen zu wollen«. (20,1) Der Einbezug des Alltagsbewusstseins, »mit dem ich immer meine Schwierigkeiten hatte, ermöglicht eine viel tiefere persönliche Einbindung und damit auch Motivation« (20,27). »Das hat mich auch persönlich weitergebracht, weil es Licht in ein paar dunkle Löcher brachte.« (20,31) Oder:

> Gleichgewicht zwischen Theorie und Praxis/Empirie ist genau mein Ding […] Ich kann die Betroffenheit auch nachvollziehen, weil das Zulassen auch voraussetzt, dass man mit alten festgefügten Denkmustern bricht. (20,29)

Und einer schließlich äußert nach der Vorstellung eines Lerntagebuchs durch eine Studentin: »Ich habe das Gefühl, dass sie genau das schrieb, was ich immer schreiben wollte, aber nicht konnte. Ich muss ihr das in der Pause sagen.«

Zur Form und zur Didaktik: Die Kritik an der Dozentin hält sich, wie auch zu erwarten war, in allen Tagebüchern in höflichen Grenzen. Manchmal sind Worte problematisch, häufig das Tempo. Manchmal ist zu viel angeboten, manchmal wird zu kompliziert gesprochen. Dagegen überwiegen anerkennende Worte über Klarheit, Einsatz, Durcharbeiten von Stoff usw. – wer wäre ich, wenn ich dies nicht glücklich lesen würde. Allerdings gibt es nirgends einen Hinweis, dass die eigentliche Methode der Verbindung von Theorie und Erfahrung eine sinnvolle und fürs Lernen wichtige, ja unbedingte Dimension ist – sie wird im Großen und Ganzen als Herausforderung schwieriger Art gelebt und als fast natürlich wahrgenommen, nicht als eigene auch didaktische Anstrengung der Lehrenden, die ja auch hätte anders vorgehen können. Ich selbst lerne aus den Tagebüchern u.a. auch, dass das Lerngeschehen in den Köpfen mir im Kurs weitgehend vorenthalten war. Das längste Tagebuch mit sorgfältigen Diskussionen zu den einzelnen Stunden stammt z.B. von einem Studenten, der niemals etwas gesagt hat.

Verlernen

Ich komme abschließend auf meine Eingangsfrage zum Lehren und Lernen zurück und möchte sie jetzt verschieben. Nach der Arbeit mit den Tagebüchern scheint mir die wesentliche Frage zum Lernen die nach dem Verlernen zu sein. Hauptanstrengung muss sein, die vielfältigen Blockaden, die die Aneignung von Neuem, das Lernen mit anderen, die Erkenntnis von Brauchbarem verhindern, abzubauen, zu sprengen. Daher wird es für Lehrende wie für Lernende notwendig, um die Lernblockaden zu wissen. Eine der wesentlichen Hürden ist dabei die Gewohnheit, die bescheidene Handlungsfähigkeit erlaubt. Aus Gewohnheit ›wissen‹ wir um uns, um andere, um Welt, und erlauben uns so, selbst die dringlichste Veränderungsnotwendigkeit nicht wahrzunehmen. Eine Hilfe finden wir bei der ebenfalls als Gewohnheit benennbaren Praxis, uns nicht zu erinnern und also einen der wichtigsten Stützpunkte für die Aneignung von Welt zu entmachten. Zu den eingeübten Gewohnheiten gehört auch, andere bloß als Konkurrenz wahrzunehmen und nicht als Menschen, auf die wir angewiesen sind, mit denen zusammen allein Verbesserung von Gesellschaft und daher auch für uns möglich ist. Zu dieser Gewohnheit gesellt sich die Angst. In dieser Weise gehören der Abbau von Angst, das Misstrauen gegen Meinungen und Vorurteile bei sich selbst zu den Voraussetzungen von Kritikfähigkeit, von Lernen.

Soweit wir als Lehrende gefragt sind, scheint mir eine der wichtigsten Anforderungen, Anordnungen zu schaffen, in denen Gewohnheiten in Frage gestellt werden können, in denen Wissen produziert und nicht reproduziert wird, in denen vergessene Geschichte aufgearbeitet und umgeformt werden kann, in denen die anderen als Gleiche und Ungleiche zugleich erkannt werden können. Das geht nicht, ohne die Studierenden als Kooperierende für sich selbst zu gewinnen. Das ist eine große Zumutung, sodass ich rückblickend auf meine Lehrtätigkeit vielleicht zusammenfassend sagen kann, ich habe den Studierenden Unruhe und auch Unglück gebracht, aber auch die Unbequemlichkeit des Denkens und insofern vielleicht auch ein wenig Glück.

Kapitel 9

Erfahrung und Theorie – Lerntagebücher 2

Am Ende meiner Lehre suchte mich die Arbeit mit den Lerntagebüchern nachts heim. Ich träumte, ich würde selbst noch einmal anfangen zu studieren. Ich wählte zwei Lehrveranstaltungen zur Einführung in die Volkswirtschaftslehre aus und begab mich in die Universität. Die eine Vorlesung fand, wie schon damals vor mehr als vier Jahrzehnten, als ich anfing zu studieren, gar nicht statt, bei der anderen gab es seltsame Einlasskontrollen, man musste irgendeinen Code bedienen, sich ausweisen, um überhaupt da sein zu dürfen – ganz wie in den Filmen, in denen es um Wirtschaftskriminalität geht. Kaum saß ich, ergossen sich Worte über mich, die eine so entsetzliche Langeweile ausströmten, dass ich schnell reumütig kehrtmachte, um diesen Plan zu überdenken, ob ich tatsächlich in meinem Alter, denn ich war auch im Traum so alt, wie ich heute bin, noch einmal studieren wollte.

Beim Aufwachen hatte ich Schuldgefühle, dass ich in meiner Lehre die Probleme, ein Studium zu beginnen, nicht wirklich durchdacht hatte, nicht, wie schwierig der Einlass ist und wie weit sich die Vorlesungen und Seminare von den wirklichen Menschen und ihren Nöten entfernen. Es schien mir ganz unabdingbar, dass für den Anfang eines Studiums eine Brücke gebaut werden müsste, sodass Sinn und Möglichkeiten direkt bei den Menschen und ihrem Alltagsverstand anknüpfen. Und wieder denke ich, dass Lernen eine Arbeit mit Gewohnheiten und also Ver- oder Entlernen ist und dass auch dies erfahren werden muss.

Daher stelle ich die – im vorhergehenden Kapitel nicht bearbeiteten – größeren Lerntagebücher zunächst unter der Frage vor, wie sich die Studierenden selbst durch das Schreiben der Tagebücher verändert haben, wie sehr ihnen also dieser zusätzliche Reflexionsprozess genützt hat. Diese siebzehn Tagebücher aus einem Zeitraum von sechs Jahren unterscheiden sich von den früheren in mehrfacher Hinsicht. Sie stammen aus ganz verschiedenen Seminaren, davon drei zum Lernen selbst; sie wurden nicht von einer größeren Gruppe im Seminar geschrieben und selbst ein Teil der Diskussion dort, sondern sie wurden von besonders engagierten und von der Wichtigkeit, ein Lerntagebuch zu führen, überzeugten Studierenden verfasst, während die Mehrzahl im Seminar keine Lerntagebücher schrieb. Daher sind sie auch sehr viel länger als die ersten (bis zu 70 oder gar 150 Manuskriptseiten) und bewegen sich zum Teil in einem breiten narrativen Feld der Selbsterkundung. Um diesen vielfältigen Zeugnissen von Lebensführung und persönlichen Problemen, zerstörten und wieder aufgenommenen Hoffnungen nicht zu verfallen, folge ich den im vorhergehenden Kapitel aufgeworfenen Fragen, die dringlich weiterer Forschung bedurften: dem Verhältnis von Erfahrung und Theorie; der Rolle der anderen bzw. Möglichkeit und Unmöglichkeit eines Lernkollektivs; und der Frage der Kritik.[1] Zu diesen drei Fragen ziehe ich weitere kurze Tagebücher und studentische Notizen aus dem Postseminar 2002 heran (23 zu Kritik; 17 zu Ich und die anderen; 15 zu Theorie und Erfahrung).

Das Lerntagebuch als Medium selbstbestimmten Lernens

Sich Rechenschaft über eigenes Lernverhalten abzulegen führt geradezu unausweichlich zu neuen Erkenntnissen über sich selbst, dies in unserem Fall in Bezug auf Form und Inhalt einer Lehrveranstaltung. Es gibt z.B. ganz allgemein die Haltung der Langeweile beim Anhören oder auch Lesen von Theorien, ohne dass man sie deshalb für unzutreffend hielte. Das versperrt die Möglichkeit, kritisch zu prüfen, wieweit sie ein irreführendes Bild von der wirklichen Welt entwerfen oder umgekehrt Welt tatsächlich aufschließen. Dies geschieht umso mehr, je naheliegender die Theorien formuliert sind, wie sehr sie also der herrschenden Meinung folgen. Die Langeweile sollte beunruhigen und also ernst genommen werden: ein Stachel, dass etwas nicht stimmt. Eine Studentin tut dies, weil und indem sie ein Seminar mit einem Lerntagebuch begleitet. Es geht um zunehmende Individualisierung in der Gesellschaft, wovon sie schon gehört hat und dem sie eigentlich ›aus Erfahrung‹ zustimmen möchte. Sie wundert sich aber zugleich, dass sie dies als Erfahrung von anderen denkt, sich selbst also außerhalb von Gesellschaft verortet. Sie probiert eine Reihe von Fragen: Vielleicht ist die These von der Individualisierung nicht so brandneu, wie die Autoren glauben machen wollen, und weckt daher aus einer Art Gewöhnung kein Interesse – geht einfach glatt herunter? Vielleicht aber bildet sie Gesellschaft scharf ab, lässt sich aber nicht kritisch aufnehmen, da man nicht gleichzeitig Teil von Gesellschaft sein kann und diese kritisieren? Verlangt also Kritik einen Außenstandpunkt? An dieser Stelle bewegt sich die Studentin tastend in das Feld des Zusammenhangs von Erfahrung und Theorie und überschreitet zugleich das bisher Gedachte. Es geht gar nicht nur um eine Anknüpfung im Alltag, sondern der Weg aus den Ohnmachtstrukturen braucht eine Möglichkeit

---

1 Diese Auswahl verdankt sich den Studierenden aus dem nach meinem Abschied von der HWP durch sie organisierten Blockseminar zum Lernen, in dem sie diese drei Probleme als die für sie relevantesten herauslösten und gezielt dazu zusätzlich kleine Lerntagebücher verfassten.

umfassender Kritik und zugleich Selbstveränderung, da die gesellschaftlichen Verhältnisse als auch ›von mir‹ gemacht und also veränderbar erfasst werden müssen. Der wahrgenommene Außenstandpunkt bezieht sich vielleicht zu Recht auf die Theorie, und also muss man die Grenzen, die eine Theorie steckt, überschreiten, um sie zu durchdringen? Wie kann man solche Grenzüberschreitungen vollziehen, wenn der Lehrende sich zum Hüter ebendieser Grenzen macht? Die Fragen werden probeweise formuliert, so wird gleichzeitig Fragen gelernt; damit werden erste Schritte in eigenständige Forschung getan. Die Studentin resümiert, dass, was sie lernte, im Niederschreiben und Protokollieren bzw. Durchdenken lag – »habe mich durch den Schreibprozess zu wichtigen Fragen geführt« (37,4).

Die Aufregung, im Schreiben denken zu lernen und im Umgang mit Wissen wie mit Nichtwissen, setzt sich fort. Die *Feuerbachthesen* von Marx erweisen sich für die meisten Studierenden als schwierig, weil sie die Befreiung von Jahrhunderten metaphysischen Denkens nicht nachvollziehen können, da ihnen die Denkschulen nicht vertraut sind. Aber etwas bleibt. Wichtig war der Studentin die »Auseinandersetzung mit der theoriekritischen Diskussion über ›das menschliche Wesen‹«. Es gelingt ihr zu sehen, dass die Verortung des menschlichen Wesens im »Ensemble der gesellschaftlichen Verhältnisse« statt in jedem Einzelnen ein Vorschlag ist, der sich zur »Ideologie des Sozialisationssystems«, durch das sie gegangen ist, aber auch zum »Lernort HWP«, wo »das menschliche Wesen als im Einzelnen befindlich gedacht wird«, geradezu gegenläufig verhält. Sie schließt: »Ich ahne, dass hier meine Lernwiderstände zu finden sind« (37,4). Was hier noch als Ahnung, gewissermaßen probeweis gedacht wird, ist ein Versuch, Lebenswirklichkeit so zu denken, dass der Zusammenhang von Welt und Einzelnem auf eine Weise gefasst wird, dass eigene Schritte der Welterkundung gegangen werden können. Dies durchaus eigensinnig als Recht und umgekehrt als Begründung für Lernwiderstand. Es geht darum, dass Lernprobleme auftauchen, soweit gesellschaftliche Orientierungen als Leistungslernen von Einzelnen auftreten – man also etwa Verantwortung lernen soll, ohne sie umfassend zu haben. Sie nimmt jetzt an, dass »defensives Lernen« (wie bei Holzkamp ausgeführt) zum Verschleiß von Energie führt, diese also frei wird, sobald man ausgreifend lernt. – An anderer Stelle durchdenkt sie das fehlende Echo der Gruppe auf einen eingreifenden Forschungsvorschlag, den sie machte. Wieder kann man sie beim Denken im Schreibprozess beobachten, in dem sie schließlich zu dem Ergebnis kommt, dass es ein allgemeines »Gefühl der Abwesenheit in den Lernverhältnissen« gibt, das zu »defensivem Lernen« führt und nicht übersprungen werden kann, ohne dass man sich selbst positioniert.

Dies ist überhaupt eine Veränderung, die in mehreren Tagebüchern notiert wird: Die plötzliche Erkenntnis beim Schreiben, dass »Ich es bin, die etwas tun müsste«, die Erkenntnis also, dass die bloß zuschauende Kritik nichts bewegt, dass diese Einsicht aber bedeutet, dass man selbst eingreifen muss.

> Warum sagt niemand (ich) etwas, wenn es wie in diesem Fall deutlich Kritik zu äußern gibt? Warum schleppen wir (ich) uns dann durch die Situation hindurch und schweigen? (37,6).

> Plötzlich durchfährt es mich, ICH SELBST muss es zur Sprache bringen, wenn ich es für so wichtig und gut halte und es mir auch weiterhin wünsche. (39,1)

Der Einsicht kann dennoch die Tat nicht sogleich folgen, da die Zumutung Angst erzeugt. Eine andere notiert, dass sie eingreifen wollte, sich aber nicht »getraut hat, es öffentlich zum Ausdruck zu bringen« (38,2). Selbst die verschiedenen Gefühlsebenen beim Lernen werden von den Studentinnen sorgfältig notiert und u.U. als vorschnell zurückgewiesen bzw. weiter ergründet, als widersprüchlich entziffert und zum weiteren Erforschen bewegt. Zugleich meldet sich Zweifel, ob das Maß an Selbstreflexion, das offenbar das Lernen begleiten müsste, nicht zu viel und zu unruhig ist.

Eine andere entdeckt an sich eine »wahre Schreibwut«, nachdem sie erst mal angefangen hat, obwohl »Schreiben für mich etwas ist, das ich gern vermeide« (38,1). Sie resümiert: »Das Schreiben von Lerntagebüchern hat dazu geführt, dass ich mich mehr mit meinem Lernverhalten auseinander setze«. Und als kennte sie die Forderung von Benjamin, »keinen Gedanken inkognito passieren zu lassen«, klagt sie, »es fällt so schwer, was durch den Kopf schießt, aufs Papier zu bannen« (38,1). In solchen Sätzen, die ja keineswegs von gelungenen Lernprozessen berichten, spürt man die Bewegung, die Veränderung, das Lernen fast wie einen physischen Vorgang. Diese Studentin, der es gelungen war, fünf Semester ohne nennenswerte Theorielektüre oder gar Theoriekritik durchzukommen, beginnt in ihrem Lerntagebuch theoretische Aussagen zu hinterfragen, sie verständlich und gar interessant zu finden, was in diesem Zusammenhang ebenfalls eine Selbstveränderung ist, da sie sich dafür anders in der Welt positionieren muss. Es geht sie etwas an.

> Nach diesem Seminarblock war ich richtig traurig, weil ich erkannt habe, dass ich mich nicht anders verhalte als früher in der Schule. Dabei wollte ich unbedingt zur Uni […] diffuse Vorstellung von Lusthaben, sich mit bestimmten Themen und Theorien auseinander zu setzen. Die Welt anschließend besser verstehen. […] Die Theorien sind mir, ehrlich gesagt, noch nie so auf den Leib gerückt wie jetzt in diesem Kurs. (38,2f)

Man kann schließen, dass die Veränderung durch die Anlage des Seminars ausgelöst wurde, jedoch wird der Studentin erst durch Selberschreiben bewusst, dass sie sich in diesem Paradox bewegt, sich selbst für zu »blöd« zu halten für Theorie und theoretisch arbeiten doch einst gewollt zu haben. Die mehrfache Nennung des Wortes »blöd« für sich selbst wird ihr problematisch, was sie wiederum in ein Gelände führt, das von Begabungstheoretikern verwaltet ist. Jetzt sucht sie nach Wegen, diesen zu widersprechen: »Bin ich denn weniger begabt, weil ich zur Hauptschule gegangen bin? Ich bin wütend. Ich bin doch nicht blöder als andere.« (38,2) Im Eigensinn, das Wort »blöd« weiter einzusetzen, wird die vorhergehende Selbstverurteilung in eine trotzige Gleichstellung gebracht: Entweder sind alle Menschen blöd oder ich auch nicht. Die Egalisierung bereitet den Boden, Theorien nicht bloß zur Kenntnis zu nehmen, sondern dies zu tun, indem man sie als Orientierungen auch für sich selbst und damit als Zuarbeiter bei der Positionierung und Selbstpositionierung in der Welt der Ungleichheit entdeckt.

Eine andere protokolliert explizit einen Lernprozess als Selbstveränderungsprozess auf verschiedenen Ebenen und zeigt so auch, dass, wenn tatsächlich gelernt wird, nicht nur bis dahin für selbstverständlich Gehaltenes aufgegeben und zuvor als solches bewusst werden muss, sondern auch, dass die neue Haltung theoretisch schon gewonnen sein kann und gleichwohl zum Praktischwerden noch ein mühsamer Weg zurückzulegen ist. In diesem Tagebuch (41, aus einem Praktikum zum Lernen) wird deutlich, dass es nicht ausreicht, Lernen als Prozess zu sehen statt als direktes Handeln, sondern dass es immer darum geht, dass die Person in ihrem gesamten Lebenszusammenhang zur Diskussion steht. Diese Studentin muss wegen Krankheit aus dem Seminar aussteigen und nutzt an dessen Stelle die Zusammenarbeit in einer Arbeitsgruppe und ihr Lerntagebuch, das sie wie einen Forschungsauftrag führt. So entdeckt sie gleich zu Beginn widersprüchliche Gefühle, die einander das Feld streitig machen und von denen sie politisch korrekt nur die weniger starken zugelassen hätte, die z.B. Mitleid zeigten, nicht aber das Empfinden von Zeit- und Geldknappheit, von Lust auf Selbständigkeit, die aber dominant ihre Motivlage bestimmen. (Es geht darum, dass auch die Dozentin wegen Krankheit das angekündigte Seminar nicht durchführen konnte und sie dies sogar freut.) Sie erfährt die Diskussion um den Lernbegriff immer auch als Urteil über sich, gegen das sie trotzig aufzubegehren sucht. So etwa, dass ›Nicht-Lernen‹ doch Versagen heiße und ›ungelernt‹ auf dem Arbeitsmarkt eine Einordnung ihrer Person sei, obwohl »ich in Erziehungsarbeit sehr viel gelernt habe« (1). Das Tagebuch entfaltet sich nach solchen Ausgangsüberlegungen als Kampf um den Lernbegriff, um die Hausarbeit, mit der Gruppe und mit sich selbst. Dabei greifen die einzelnen üblicherweise getrennten Dimensionen dergestalt ineinander, dass auf eine Weise gelernt werden kann, die Umordnung des eigenen Lebens, Umwertung des bislang getrennt Gehaltenen und schließlich größere Handlungsfähigkeit erbringt. Hausarbeit und Kinder stellen im Leben dieser Studentin einen widersprüchlichen Pol von Selbstbehauptung, Müdigkeit, Rückzug und Entschuldigung dar, eine Basis also, auf der schlecht weiterzubauen ist. Sie notiert ein einschneidendes Erlebnis, bei dem ein Durchbruch gelang, der zugleich theoretisch und praktisch begründet war. Als Seminarlektüre langweilt sie Jacques Donzelots Werk über die *Ordnung der Familie.* Sie kann mit seinen Ausführungen über die Indienstnahme der Mutterperson für die Reproduktion der Gesellschaft, indem die Mutter zugleich mit Macht und Wissen ausgestattet wird, nichts anfangen. Es interessiert sie nicht. Als alleinerziehende Mutter erfährt sie aus der Vaterfamilie wenig Unterstützung, aber von einem beliebten Schwager ein Lob über ihre großen Tugenden als Mutter, das ihr gefällt und zugleich Unbehagen verursacht.

> Plötzlich fiel es mir wie Schuppen von den Augen. Die Anerkennung galt nicht meiner Person. Er hat mich funktionalisiert und in sein Familiensystem eingebaut, welches nur zu Weihnachten herausgeholt und geputzt wird, ansonsten in der Einbauküche verstaubt. Ich bin Teil seines Systems und stütze es. Mich sieht er nicht als eigenständige Person.

Es ist, als ob Donzelots Analysen direkt aus ihrem Leben kommen und ihre Langeweile und ihr Desinteresse im Grunde nicht ihm galten, sondern etwas mit ihrer Weigerung, ihre Situation wirklich wahrzunehmen, zu tun hatten.

> Schon immer verspürte ich Unbehagen, wenn diese Familie von FAMILIE sprach. Irgendwie ist das immer so eine leere Hülle. Familie über alles, aber seit wir uns getrennt haben, existieren die Enkelkinder nur noch als Fotos an der Wand (7).

Sie überträgt diese Einsicht auf die Stellung von Müttern in Gesellschaft, sieht Anerkennung und Verantwortungsdiskurs als eine Art ›Token‹ und versucht das Spannungsfeld Kinder und Studium anders zu organisieren. Am Ende stellt sie fest, dass sie das Hin und Her zwischen Familie und Universität im Grunde auf Kosten von beidem gelebt hat. »Schon wieder ist es 16 Uhr, bevor ich mich an den Computer setze, alles andere war wichtiger, musste sofort erledigt werden« (13). Sie kann mit den Kindern nicht spielen, wenn sie zugleich in der Gegenwart anderer die Mutterrolle der Überanstrengten und Unbeteiligten übernimmt und repräsentiert, ohne dass dabei tatsächlich Zeit fürs Studieren frei würde. »Ich will die Rolle der Familienfrau und Mutter in ihrer Ausschließlichkeit, wie sie hier stattfindet, nicht mehr, auch nicht für eine Woche.« Sie erkennt, dass Frauen mit Kindern insbesondere Gefahr laufen, sich im Wortsinn zu ›zerstreuen‹, und in der erwarteten Rolle ein Leben zwischen den Stühlen führen, das sie hindert, sich Welt wirklich anzueignen. Sie begreift, dass sie die Gründe für ihre Lernlähmung selbst in die entsprechende Stellung bringt – etwa Zeitknappheit, Geldmangel, eigene Unfähigkeit. Sie überführt die neuen Wahrnehmungen auf ihre Seminarlektüre zu Holzkamp und kritisiert ihn, dass er es verabsäumte, den Weg vom ›defensiven‹ zu ›expansivem‹ Lernen wirklich eingreifend vorzuführen. Es genügt nicht, dass man Machtstrukturen erkennt und die Kurzschlüssigkeit defensiven Lernens einsieht. Die offene Austragung von Konflikten setzt die Fähigkeit zur Reflexion ebenso voraus wie die des Umgangs mit Konflikten. Aber woher sollen die kommen, wenn in Schule und Familie defensives Lernen die Norm ist? Außerdem kritisiert sie, dass das Lernen selbst bei Holzkamp in der Verantwortung der Einzelnen gelassen und nicht diskutiert wird, ob u.U. das gemeinsame, kollektive Lernen wirkliche Voraussetzung für die Möglichkeit umfassender Lernprozesse ist. (15)

Wenngleich dies einerseits eine Lerngeschichte ist, in der die Studentin sich selbst durch Schreiben und Hinterfragen belehrt, ist es auch eine aus einem Arbeitszusammenhang, also kooperatives oder kollektives Lernen. Die Lernerfahrungen entstehen aus der Gruppe und aus dem Seminar, reiben sich an dieser Wirklichkeit und werden genau in diesem Zusammenhang als notwendiger Schritt aus einer zunehmende Lähmung erzeugenden Lebensführung entwickelt. So scheinen Lerntagebücher, geschrieben aus Kontexten institutionalisierten Lernens, daher aus kollektivem Lernen, eine Möglichkeit zu eröffnen, Fragen des individuellen Lernens hinauszutreiben in gesellschaftliche Zusammenhänge und solche der Produktion von Wissen, die über den institutionellen Rahmen, in dem sie sich stellten, weit hinausgehen.

Erfahrung und Theorie

Das Thema stellt sich in einem Zusammenhang, in dem schon auseinander gerissen und auf entgegengesetzten Polen zu stehen scheint, was unterschiedlichen Wissensarten entspringt. Es geht darum, dass begreifendes und daher von den Einzelphänomenen abgezogenes Denken sich u.U. so weit von den Lebenspraxen der Einzelnen entfernt, dass diese den Zugriff auf ihr Dasein nicht mehr entdecken können und als Neulinge in theoretischer Arbeit Theorien daher erfahren und studieren, als seien sie aus einem fernen Land, exotisch, sprächen eine fremde Sprache und gehörten bestenfalls zu einem Wissensstock, der auswendig zu lernen und bei Prüfungen wiederzugeben ist.

Theorien zu lesen verlangt eigene Anstrengung, diese Tätigkeit eignet einer eigenen Gruppe in Gesellschaft, den Intellektuellen. Solche Arbeitsteilung macht, dass die ständige Prüfung theoretisch formulierten Wissens auf seine Brauchbarkeit für gesellschaftliches Eingreifen nicht zur gewöhnlichen Praxis von Menschen gehört. Daher sind sie den Intellektuellen der verschiedenen Parteien weitgehend ausgeliefert, bzw. die Parteinahme für die eine oder andere Theorie wird eine Frage von Meinung, Geschmack, Vertrauen statt kritischer Diskussion, eigenen Urteils und eigener Prüfung. Für die Studierenden an einer Universität des zweiten Bildungswegs kann die Beschäftigung mit Theorien durch das gesamte Studium hindurch exotisch bleiben, obwohl die wissenschaftliche Arbeit zu ihrem Alltag gehört. Die Abgehobenheit begreifenden Denkens von den gewöhnlichen Alltagspraxen der vielen macht, dass alltägliche Erfahrung als ein Gelände erscheint, das mit Theorien an sich nichts zu tun habe.

Der Versuch, die Studierenden für Theorieerfahrung zu begeistern, findet sich, wenn er dafür an alltägliche Praxen anknüpft, um sie in ein Wechselverhältnis zum theoretisch Erfassten zu bringen, in einem überdeterminierten Paradox. Die sorgfältige Trennung von Theorie und Erfahrung war auch entlastend; man musste seinen Alltag und sich selbst nicht fortwährend kritischer Auseinandersetzung unterziehen, weil dies das Privatleben war, was vom Studium getrennt gelebt wurde. Der Einbezug der eigenen Person in Theoriekritik macht zunächst Angst, ist überfordernd. Zugleich mit der Infragestellung eigener Lebensführung werden auch die theoretischen Gebäude entheiligt. Indem sie auf den Prüfstein wirklichen Lebens gelegt werden, verlieren sie den bequemen Status, einfache Wahrheit zu sein, können nicht bloß gelernt und reproduziert werden, sondern bleiben in ständiger Bewegung, beunruhigend auch sie. Das »Erkenne dich selbst«, das der theoretischen Bearbeitung von Alltag – etwa durch Lerntagebücher, durch Erinnerungsarbeit – vorangeht, ist selbst eine Bewegung, die die alltäglichen Handlungen wie die Theoriearbeit berührt. Insofern die Aufgabe sich in der Formulierung stellt, Erfahrung und Theorie aneinander zu rücken oder das eine für das andere fruchtbar zu machen, ist der innere Zusammenhang der beiden auch verstellt. Es geht um die Überwindung der Trennung von beidem, wenn es um die Aneignung von Wissenschaft, um das Begreifen von Lernen z.B. geht. Insofern sind die drei Fragen, die im Folgenden zur Diskussion stehen – die nach der Kritik, die nach den anderen im Verhältnis zum Ich und eben die nach Erfahrung und Theorie –, auch nicht wirklich getrennt zu bearbeiten. So liest sich das oben angeführte Tagebuch (41), in dem die Studentin ihr Verhältnis zum Lernen, zur Gruppe und zur Familie bzw. ihrem ›Privatleben‹ zunächst getrennt – als Räume, die in ihrer Getrenntheit einigermaßen störungsfrei zu leben erlauben – zu bearbeiten sucht, während sich die Dimensionen zunehmend ineinander verschlingen, exemplarisch für die Gewinnung von Alltag, von sich selbst, von anderer Lebensführung, von Gruppenarbeit, gerade indem Theoriekritik durch Erfahrung möglich wurde.

Eine Studentin schreibt definitorisch, wie sie das im Studium lernte:

> Erfahrungen macht man [...] durch Erlebnisse, die einen bleibenden Eindruck hinterlassen. Dadurch gewinne ich eine Vorstellung, wie bestimmte Dinge funktionieren. Es ist wichtig, Erfahrungen zu machen, um im Leben zurechtzukommen [...] nur durch Erfahrungen kann man sich ein Bild von der Welt machen und sich eine eigene Meinung bilden. (B10)[2]

Bleiben hier die Erfahrungen ganz unwidersprüchlich und ohne Zweideutigkeit gewissermaßen als ein Arsenal positiven Wissens stehen, die dann zudem Weltaufschluss bieten können und müssen, würde die Erfahrungssicherheit schon auf der gleichen Ebene, nämlich etwa durch Vorführen von zu Lebensweisheit geronnenen Sprichwörtern, die jeweils das Gegenteil anraten, erschütterbar sein. Man erinnere etwa: Gleich und Gleich gesellt sich gern/Gegensätze ziehen sich an. Es ist noch kein Meister vom Himmel gefallen/Den Seinen gibts der Herr im Schlaf. Unrecht Gut gedeiht nicht/Der Teufel scheißt immer auf den größten Haufen usw. Die Studentin trifft auf der Suche nach einem Theorieerlebnis, das etwas mit Erfahrung zu tun hatte, auf das überraschende Ergebnis, dass sie den Unwillen gegen Theorie dadurch überwinden konnte, dass sie »selbst kritisieren« konnte bzw. damit anfing, indem sie aus der Erfahrung für die Theorie unpassende Momente auch theoretisch zu bearbeiten begann. Noch fehlt die Erschütterung der Annahme, Theorien seien Gedankengebäude, die alle Erklärungen aus theoretischen Grundannahmen ableiten, und auf diese Weise aus dem Raum der Überprüfbarkeit und Diskussion zu entlassen. Zugleich fehlt noch der Zweifel, ob die Erfahrungen, die man macht und irgendwie speichert, selbst auch einfache Belege sind, die man in die Bilanz von Theoriearbeit und Erfahrungswirklichkeit einbringen kann, und nicht selbst schärfster Eigenarbeit bedürfen, eben weil sie in widersprüchlichen Verhältnissen und Interessen sich im Gedächtnis niederließen. Es ist mithin noch der weite Weg zur Erkenntnis zu gehen, dass es keine einfachen wahren Abbilder von Wirk-

---

2 Die im Blockseminar zusätzlich geschriebenen kleinen Tagebücher haben eine eigene Zählung B und eine Ziffer.

lichkeit im Gedächtnis geben kann, weil diese Wirklichkeit eine Bewegung komplexer Kämpfe ist, an denen man selbst beteiligt ist. Die Lexika mit solchen oben wiedergegebenen Definitionen, die die Studierenden als Hilfe für ihr Studium lesen, erweisen sich daher eher als Hindernisse, an denen gleichwohl kritisch zu lernen ist.

Ein Student, dem Theorie und Praxis lange unbefragt Gleichartiges bedeuteten, bis ihm beim Studium Theorien fragwürdig wurden, ohne dass er wusste, wie damit umzugehen sei, zitiert ebenfalls Lexika und lernt dabei, dass Theorien Erkenntisse ordnen und Tatbestände erklären und vorhersagen (B11). Solcherart doppelt abgehoben von den Erkenntniskämpfen ebenso wie von jeglicher Kritik durch das »wirkliche Leben«, steht er gewissermaßen außen vor einem Studium, in dem Theorie/Praxis-Fragen überhaupt sich der Diskussion erst stellen müssten. Eher hoffnungsfroh »erkennt« dagegen eine Studentin, dass theoretische Begriffe dazu verhelfen, die eigene Betroffenheit nicht den Blick trüben zu lassen, und ist also bereit, »Welterkenntnis« zu erlangen.

Soweit sich diese Studierenden mit dem Feld Theorie und Erfahrung auseinander setzen bzw. ihnen diese Spannung selbst begegnet ist, scheint dies vorwiegend ein Problem einer empirischen Soziologie, die den Durchschnitt gegen den Einzelfall geltend machen will, wodurch die je eigene Erfahrung das Recht verliert, etwas Relevantes auszusagen. Diese Konstellation verschenkt nicht nur die Möglichkeit, die Studierenden tatsächlich in die Erkenntis von Welt zu involvieren, sie eignet sich auch, vorgefasste Meinungen in Stammtischmanier beizubehalten und dies, da man an der Universität ist, ebenfalls für Wissenschaft zu halten. So etwa bezweifelt ein Student den Gedanken, dass sich Theorien in der Praxis bewähren müssen, und damit, dass, was praktisch wirklich ist, auch gegenüber dem Gedankenkonstrukt Realität hat (in der Diskussion der marxschen Thesen zu Feuerbach). Er führt reale Ungleichheitsbelege an, wie dass es wenige Frauen unter den Professoren gibt, und behauptet, dass die marxsche These darauf angewandt zu dem Schluss führen müsse, dass Frauen dümmer sind; und sieht sich doppelt im Recht und erhaben, da er dies nicht glaube. Kurz, er bezieht sich gerade nicht auf gesellschaftliche Praxis – Ausgrenzung von Frauen –, sondern schiebt Wesensaussagen vor. Dies wird die Auftreffstruktur, auf der postmoderne Denkangebote Unheil anrichten können. Er notiert, dass er selbst Schwierigkeiten habe, Wirklichkeit als wirklich zu sehen und nicht bloß als Einbildung. In der Folge eignet er sich ein Rezeptionsverhalten an, das es ihm ermöglicht, nur die Stücke aus dem Seminar aufzunehmen, die er in anderen Seminaren anwenden kann. Das Studium wird zu einem Legokasten, und vor jedem möglichen Zusammenhang von Erfahrung und Theorie bleibt der Student staunend draußen. Dies ist übrigens die Haltung mehrerer männlicher Studierender, die das Seminar *Feministische Soziologie* besuchten wie einen Zoo und zumeist hauptsächlich »körperlich anwesend«, gleichwohl aber der Auffassung waren, sie lernten hier wissenschaftlich arbeiten (25; 26,3). Wie schon bei den ersten Lerntagebüchern (Kapitel 8) berichten dagegen die Studentinnen von Krisen. »Etwas rüttelt an meinem Weltbild [...] und an meiner bisherigen Taktik ›Augen zu und durch‹. Und wenn das so weitergeht, stürzt noch viel mehr ein.« (31,11)

Exkurs: Zur Rolle von Beispielen in der Theoriearbeit

Das Zueinander von Beispielen und theoretischen Aussagen muss geklärt werden, wenn man sich zum Zusammenhang von Erfahrung und Theorie äußert, erst recht noch, wenn man sich wie im vorliegenden Buch an Beispielen abarbeitet oder wie in Holzkamps Lernbuch Beispiele einführt, um an ihnen theoretische Grundannahmen zu zeigen. Aus der Kritik an der traditionellen Psychologie, die Beispiele bloß einführt, um ihre Thesen zu veranschaulichen, prüft Holzkamp die Funktion von Beispielen in der psychologischen Forschung der kulturhistorischen Schule und in seiner eigenen Forschung und fasst zusammen:

> Dabei sind diese Beispiele [Jäger und Treiber etwa oder das Löffelbeispiel bei Leontjew] keineswegs bloß beliebige Veranschaulichungen davon unabhängiger theoretischer Aussagen, sondern gehören zur ›Theorie‹ selbst: Erst aufgrund der Beispiele wird hinreichend deutlich, was mit der Theorie gemeint ist, ja wird die theoretische Botschaft erst eigentlich überzeugend, sodass man nicht daran vorbeigehen kann. [...] In unserem Darstellungszusammenhang hat das gesuchte Beispiel darüber hinaus [zusätzlich dazu, dass es treffend sein muss, F.H.] sogar eine bestimmte, aus dem Gesamtzusammenhang der Argumentation sich ergebende Funktion: Es muss zur Veranschaulichung der begrifflichen Ausdifferenzierung von Lernproblematiken mit Bezug auf einen möglichst entwickelten gesellschaftlichen Lerngegenstand taugen, um von da aus später immer konkretere Züge des Lernens bis hin zur Explikation der Lebenspraxis des wirklichen Lernsubjekts rekonstruieren zu können. (1993, 195f)

Holzkamp bezieht aus der Diskussion um das Problem des Anfangs in der Kritik der Politischen Ökonomie die von W.F. Haug (1974, 16ff) gegebenen Bestimmungsmomente, »dass die Aspektvielfalt unseres Gegenstandes so zu berücksichtigen« sei, »dass dabei gewisse Aspekte nicht einseitig vordergründig werden, andere jedoch vernachlässigt oder ausgeschlossen sind, und dass so die Momente schließlich in ihrem Verhältnis zueinander transparent werden« (Holzkamp 1993, 177), zunächst auf die Problematik des eigenen Anfangs. In diesem Kontext kann er für sein Vorhaben eine individualgeschichtliche Rekonstruktion von Lernen zurückweisen, weil in der individuellen Biographie jeweils schon besondere Konstellationen von Lernen als Belehrt-, als Beschützt-, als Angeleitet-Werden vorliegen.

Die Suche nach dem geeigneten Beispiel für diesen Anfang setzt also voraus, dass theoretisch gewusst wird, was an diesem Beispiel gezeigt werden soll und wie es die theoretischen Aussagen exemplifiziert. Man muss also davon ausgehen, dass das Beispiel selbst theorieförmig sein muss; dass das, was es abbildet, zuvor als Vorstellung im denkenden Kopf vorhanden ist. Holzkamp fügt ebendies als weitere Bestimmung für sein Beispiel (der Orchestervariationen, vgl. Kapitel 2) an:

> Zunächst muss die als Beispiel gesuchte Lernproblematik auf eine Bedeutungsstruktur beziehbar sein, an welcher das höchste Entwicklungsniveau gesellschaftlicher Symbolwelten in ihren komplexen und vielschichtigen Verweisungen auf primäre sachlich-soziale Bedeutungen eindeutig ausmachbar ist: Deswegen wären scheinbar elementare Lernformen, wie sensumotorisches oder soziales Lernen, da deren Bedeutungskontext erst von der entwickeltsten Form aus rekonstruierbar werden kann, an dieser Stelle als Beispiel noch ungeeignet. (196)

Das gesuchte Beispiel, welches in unserem Kontext also am Anfang stehen soll, ist zugleich entwickeltste Form, aus der sich später die unterschiedlichen anderen Formen in ihren Kontexten erklären lassen. Die Bestimmungen lesen sich wie diejenigen, die die Analyse der Ware am Anfang des *Kapital* diskutieren. Die Analyse der Ware in ihren Bestimmungsmomenten, hier als »ökonomische Zellenform der bürgerlichen Gesellschaft«, ist eine Leistung der Abstraktionskraft (vgl. Haug 1974, 5. Aufl. 1989, 36ff). Sie filtert heraus, in welcher Form die weiteren Entwicklungsmomente enthalten sind, und benötigt sodann für ihre Darstellung ein Beispiel, welches »allen bekannt ist«, damit die weitere Analyse überprüfbar bleibt, »ein verbindlicher Fortgang möglich ist« (Haug, 39); welches »logisch elementar« ist und so den »kompletten Satz aller Anlagen« enthält (41) (vgl. auch Marx Überlegungen zur *Methode der politischen Ökonomie,* [1857], 1983, 40 ff).

Man könnte mit solchen Bestimmungen fortfahren, da dies aber den Gang der Darstellung über die Lerntagebücher gänzlich zerstören würde, sei an dieser Stelle die eigene Lektüre der beiden genannten Schriften empfohlen. Für meine Diskussion mit Holzkamp folgt aus diesen Vorschlägen zunächst, dass, was allgemein »Beispiel« genannt werden kann, bei Marx, bei Holzkamp, bei W.F. Haug, bei mir und alltäglich keinesfalls auf der gleichen Konkretions- und Erfahrungsebene spielt. Die Ware ist kein Beispiel, sondern die Zellenform der bürgerlichen Gesellschaft. Ein Beispiel, welches die oben behaupteten theorieförmigen Eigenschaften enthält, ist selbst Produkt einer Abstraktionsleistung und findet in dieser Form überhaupt nicht im Erleben der Einzelnen statt. Die Menschen haben jedoch Erfahrungen mit dieser Form, die jeweils konkret zu entschlüsseln wären.

Holzkamp hat sein Beispiel des *Lernens von Schönbergs Orchestervariationen* in den Kontext solchen logischen Beispielgebrauchs in der Theoriebildung gestellt, eben um aus ihm die Bestimmungsmomente von Lernen auf entwickelter Stufe herauszuarbeiten. Nach den obigen Bestimmungen kann sein Beispiel, welches eine individuelle Erfahrung ist, kein solch anfängliches Elementares sein, da in jedes individuelle Erleben die ideologischen, kulturellen, historisch-moralischen Bestimmungen schon eingehen und herausgefiltert werden müssten. Neben dem Problem, dass sein Beispiel nicht bei dem beginnt, was alle wissen, und daher nicht für alle überprüfbar voranschreitet, können individuelle Erfahrungen niemals direkt Ausgangspunkt von Theorie sein, wiewohl sie die theoretische Arbeit voranbringen. Insofern scheinen die aus der Aneignung von Schönberg gewonnenen Entwicklungsmomente von Lernen entweder willkürlich gesetzt zu sein oder aber ihre eigenen Grundlagen zu verbergen. Dabei bleibt der allgemeine Satz, dass die Logik, der Aufbau solcher »gesellschaftlicher Symbolwelten« (wie der Orchestervariationen) nachvollzogen werden muss, um verstanden/gelernt zu werden, theoretisch haltbar, wurde allerdings aus dem Beispiel selbst nicht entwickelt, sondern stand vor seinem Gebrauch fest. (Die weitere Diskussion der Rolle von erfahrenen Beispielen für die Theorie erfolgt in den Kapiteln 10 bis 12 und 14.)

Lehren fürs Lehren

Es gibt eine Reihe von Tagebüchern, in denen die Studentinnen die Gelegenheit nutzen, der Dozentin näher zu kommen. Dafür bleiben sie als lernende Personen weitgehend unberührt, lediglich Zuschauer, die wohlwollend oder anerkennend oder kritisch beurteilen, wie die Dozentin sich abmüht, wie die anderen Studierenden auftreten. Eine Studentin tut dies vor dem Hintergrund einer geradezu allwissenden Vorstellung, wie lehrend vorzugehen sei, und vergleicht alle Äußerungen der Dozentin mit ihren Vorannahmen. Es ist nicht sehr wahrscheinlich, dass eine solche Studentin (etwa Tagebuch 40) beim Schreiben des Tagebuchs im Sinne eigener Entwicklung sehr viel gelernt hat, wiewohl es auch einzelne kluge Bemerkungen zu diskutierten Autoren (wie Brecht oder Gramsci) gibt. Die Leserin eines solchen sehr langen Tagebuchs aber lernt, dass zu feste Weltanschauungen vor der Welt und damit auch vor dem Lernen abschirmen. – Eine andere Studentin schreibt assoziativ um das Seminar herum zu ihren Gedanken, Gefühlen, zum Leben als Rausch und Sehnsucht; nur ganz selten kommen Stücke der Diskussion – es geht um Lernen – aufs Papier. Stattdessen »innige Sehnsucht, die Erde gemeinsam zu bewohnen« (33, 1). Solche Lerntagebücher wecken Zweifel in mir, ob es nicht doch waghalsig ist, überhaupt zu lehren. So schreibt auch diese Studentin ein sehr langes Tagebuch, in dem einzelne Dimensionen des Seminars dazu genutzt werden, Erinnerungen wachzurufen. Praktisch wird jeder Versuch, sich etwa in einer Lerntheorie zu bewegen, dadurch vernichtet, dass die Begriffe sich selbständig machen und so bloßer Ausgangspunkt für Erzählungen werden. Ich muss also damit rechnen, dass manche Kurse, sorgfältig von mir vorbereitet, inhaltlich und methodisch durchdacht und geplant, am Ende für Studierende als eine Art Katalysator dienen, und muss doch unter dem Gesichtspunkt des Lernens auch einverstanden sein. Die assoziierende Studentin notiert zum Abschluss des Seminars, also als Kurskritik:

> Lustvolles Lernen, Lust definiert als anregend, gleichsam auch aufregend, trifft zu – wie in der Verliebtheit, ein Taumeln zwischen unerwarteter Neubelebung und plötzlicher Zerrüttung, wobei ungewöhnlicherweise mit der Zerrüttung ein sehr menschlicher Umgang gepflegt wurde. (33,15)

Sie nennt es »Denkanschläge«. Ich lerne aus solchen Tagebüchern, dass ich immer wieder davon ausgehe, es gäbe als mögliche Lehrveranstaltung so etwas wie einen kristallklaren Raum und nicht ein Chaotisches, aus dem sich herausgearbeitet werden will, immer wieder und immer wieder von vorn.

Aus nicht wirklich entscheidbaren Gründen forderten die Tagebücher aus dem ersten Seminar über Lernen die Studentinnen heraus, auf eine Weise über sich zu schreiben, als hätten sie lange auf eine solche Gelegenheit gewartet. »Seltsam, was mit dem Lerntagebuch geschieht: Ich reflektiere nicht den Stoff als solchen, sondern das, was er bei mir auslöst an Gedanken« (35,12). Die Berichte gehen unruhig hin und her zwischen eigenen Erfahrungen und den Posten in den zur Diskussion stehenden Theorien, an die man sie andocken könnte. So führen die Tagebücher doch zumeist dazu, dass eigene Erfahrungen und Entscheidungen, Gefühle und Gedanken nicht mehr inkognito passieren, sondern bewusster werden. Dies wäre dann der spezifische Lernprozess, die Selbstveränderung aus dem Schreiben selbst.

Ich und die anderen – Kollektives Lernen und Selbstzweifel

Wichtig ist für mich auch, von Ausnahmen zu lernen. Da die Studierenden – wie leicht aus den meisten Tagebüchern erschließbar – einander nicht achten, aber fürchten und dies also eine Blockierung gegen kollektives Lernen ist, gingen meine bisherigen Überlegungen dahin, das Gegenteil, also das ›Zuhause im Wir‹, für eine gute und glückliche Ausgangslage fürs Lernen zu halten. Freilich ist auch dies zu einfach gedacht, wie ein weiteres Tagebuch mich belehrt. Die Studentin (36) berichtet sorgfältig und ausführlich von den vielen Sitzungen, in denen der »Stoff unverständlich vorgetragen wurde«, in denen etwa behauptet wurde, der Vergleich sei ein Mittel der Kritik bei Brecht, der zugleich für eine große Ordnung und gegen Ordnung schriebe (vgl. Kapitel 5). Sie hält dies für eine Verwirrung der Dozentin (»sie war heute schlecht drauf«) und notiert dazu, dass sie sich unter den Kommilitonen »heimisch fühlt«, da diese »auch nichts verstanden haben und erschöpft sind« (36,6). Und obwohl die Studierenden sich darauf einigen, dass sie weitere Vorlesungen zu Brecht haben wollen, »mit dem ich nicht viel anfangen kann«, ja den sie eigentlich ganz unverständlich findet, denkt sie, »die anderen sind ähnlich unsicher wie ich«, deshalb wollen sie mehr Vorlesungen zu Brecht (36,7). Selbstbewusstes Vertrauen verbindet sich mit der Unmöglichkeit, etwa zu verstehen, dass eine Theoriekritik selbst kritisch vorgetragen wird. Immun gegen jeden Zweifel setzt die Studentin fest, dass eine einfache Kritik genug sei. So lehrt mich diese Studentin, dass der Zweifel an sich und anderen nicht bloß den Lernprozess stören kann, sondern ihn überhaupt erst ermöglicht. Es braucht Bewegung, um sich fortzubewegen. Lernen meldet sich als Störung.

Und dennoch gilt es auch, aus der wechselseitigen Negativität aufzubrechen, dies jedoch nicht bewusstlos und nicht durch einfachen Zusammenschluss, sondern als bewusste Erkenntnis der Vorteile von Zusammenarbeit und dessen, was gemeinsam möglich ist.

Einige zuversichtliche Notizen in dieser Richtung finden sich in Tagebüchern zum Postseminar, in denen zugleich begründet wird, dass es die Problematisierung des Lernverhaltens und der Lernvorstellungen in der Praxis der Studierenden wie in den ihnen zugänglichen Theorien war, die ein Gefühl des Wir entstehen ließen,

> ein bisschen Gemeinschaftsgefühl (39,1); ich sofort ein Verständnis von Gruppe hatte. Eben nicht vereinzelte Individuen, die sich treffen und in Erwartung auf das nun Folgende verharren, sondern als Gemeinschaft (37,2).

Es entsteht Vertrauen in die gemeinsame Arbeit und erstmalig das Gefühl, nicht wegen einer Zensur oder zum Schein vorgetragen zu haben, sondern weil sie es in diesem Projekt den anderen sagen wollte. Die Studentin nennt das »absichtslos« (37,2). Vor dieser fragilen Basis gemeinsamen Lernens steht allerdings, dass dieses Seminar einschließlich des Themas von Studierenden selbst gewählt, durchgesetzt und organisiert wurde. Freilich kamen eine ganze Reihe, die an der Vorbereitung nicht beteiligt waren und zum »kollektiven Lernen« eher »eine Verweigerungshaltung einnahmen« (B14). Eine dem kollektiven Lernen eher kritisch gesonnene Tagebucheintragung führt die Überlegung weiter, dass es äußerliche, »eher bigotte« Zwangskollektive gebe, die einem die »persönlichen/kreativen Freiräume« nähmen. Er postuliert dagegen, dass auch kollektives Lernen als »wahres Sich-Einlassen und Sich-Auseinandersetzen mit sich und anderen« Fähigkeiten braucht, also gelernt werden muss (B13). Eine andere Studentin reflektiert ihre negative Haltung zu Lernkollektiven, belegt sie als berechtigt aus Schulerfahrungen mit »Zwangskollektiven«, in denen man doppelt für die Mitläufer arbeiten musste, und schließt: »Man kann sich Lernkollektive wünschen wie verrückt. Wenn es sich nicht ergibt, ist es kaum zu erzwingen« (B15). Vor dem gemeinsam lernenden und arbeitenden Projekt stehen die gewordenen Persönlichkeiten, die Lernverhältnisse und das Projekt selbst, das seine inhaltliche Füllung durch alle ständig auf die Probe stellen muss.

In der Wahrnehmung der anderen gibt es eine ganze Reihe von Äußerungen, die aus dem vorhergehenden Kapitel bekannt sind. Um Wiederholungen zu vermeiden, werden an dieser Stelle lediglich überraschende Wendungen, neue Einsichten wiedergegeben. Dabei sind die langen Lerntagebücher, die mehr wie tatsächliche Tagebücher von innen heraus geschrieben sind und weniger sich auf das Lernen im Seminar beziehen, eher aus eigener ›Selbstsicherheit‹ abwertend gegen die anderen geschrieben.

> Hier sitzen Studierende aufgereiht, und die schönen Worte der angefertigten Protokolle scheinen an den Rücken zwischen den Vorlesenden und mir abzuprallen, sie springen durch den Raum wie ein Gummiball – angekommen in meinen Ohren sind sie abgestoßen, entstellt, verbildet. (33,6)

Später bezeichnet sie männliche Studierende als »Platzhirsche und Salonlöwen« (33,14). Eine andere nimmt die Aufgabe, im Lerntagebuch über die anderen im Lernkollektiv zu schreiben, so wahr, dass sie gewissermaßen Noten an sie vergibt: »Aha, BWLerin [Studentin der Betriebswirtschaftslehre], war sogleich mein Gedanke, sofort das vermeintliche Nutzenkalkül für den eigenen Verbleib im Kurs für sich abklopfend« (40,1); immerhin erkennt sie bald darauf, dass sie ein »Schubladendenken und Toleranzgrenzen« hat (40,2). Eine fühlt sich, als würde die Welt in der Vorlesung gemeinsam bewohnbar gemacht, und wirft Hass auf einen Studenten, der solche Art von Andacht stört:

> Gesuhlt hat er sich wie ein Gockel in endlosen Monologen, sich immer wieder in den Mittelpunkt gestellt und dennoch wurde er nicht disqualifiziert [...] und ich schweige (33,4f).

Im großen Feld der Misstrauischen und Ängstlichen notiert eine Studentin:

> Überhaupt habe ich das Gefühl, einige aus dem Kurs können total gut fragen, und ich traue mich nicht, aus Angst, nicht mal in der Lage zu sein, meine Frage ordentlich zu formulieren. (28,1)

In diesem Kontext tritt als ein neues Element die Gewöhnung auf. Sie hat sich daran gewöhnt, im Verstehen langsamer zu sein als die anderen, so kann sie auch Fragen auf später verschieben. – In dieser Weise nutzt sie die Zeit zwischen den Vorlesungen, ihre Frage zu notieren, um sie mit Verzögerung einzubringen. Dafür braucht sie das Lerntagebuch, in dem sie die Frage, die nicht schnell genug war, sorgfältig ausarbeitet und begründet. Langsamkeit und Schnelligkeit sind überhaupt wichtige Dimensionen der Zeit, in denen sich die Studierenden bewegen. »Vom schnellen Lesen bekomme ich Kopfschmerzen«, notiert eine, und: »Ich denke zu langsam und werde daher immer unterbrochen« (29,11). Sie kämpft durch das gesamte Lerntagebuch mit der Angst vor den anderen und sich selbst. Sie versucht ihre Angst, Fragen zu stellen, zu begründen: Fühle mich »nicht ernst genommen, als würde ich blöde Fragen stellen« (29,2). Sie sinnt dieser Aussage nach und schreibt schließlich ihre Angst vor anderen ihrem Wesen zu: »fühle mich manchmal als dumm hingestellt [...] bin ich aber auch [...] Ich glaube, ich bin nicht kritikfähig« (29,2). Aber selbst diese Unsicherheit ist begleitet von heftiger Kritik an anderen: »Manche reden nur Blech [...] manchmal geht die Dozentin auch auf Blech ein, das wundert mich dann.« (29,3) Das Verlesen eines Lerntagebuchs, das von der Schwierigkeit, Fragen zu stellen, handelt, schafft vorübergehend Erleichterung. Es gelingt ihr jetzt, eigene Erfahrungen als Krankenschwester auf die Diskussion von »Lean production« (dieses Seminar handelt von der Geschichte der Arbeit) zu beziehen: »ich merke, ich lerne wieder, wie schön« (29,12); aber auch dies gelangt nicht über das Lerntagebuch hinaus in die allgemeine Diskussion, weil ihr rechtzeitig einfällt, dass sie »zu blöd« sei. Bei der Anhörung eines Referats stellt sie fest, dass sie nicht weiß, was der Widerspruch zwischen Kapital und Arbeit ist – sie versucht es vergeblich im Tagebuch zu denken, zu schreiben, aber immer stellen sich im Kopf so etwas wie Regierungsverlautbarungen ein – es braucht mehr Kapital, damit es mehr Arbeitsplätze gibt, auf denen ja Arbeiter arbeiten wollen usw. Sie beschließt am Ende, in der nächsten Woche im Kurs zu fragen, tut es nicht, denn »man würde mich auspfeifen« (29,13).

Zwei Studierende aus dem Postseminar 2002 schreiben auf der Basis von siebzehn Tagebuchnotizen eine Hausarbeit zum Thema *Ich und die Anderen.*[3] Neuartige und weiterführende Überlegungen nehme ich hier auf (zitiert als SK). Auffällig ist ihnen, dass die Wahrnehmung der anderen jeweils dazu genutzt wird, sich selbst als unterlegen oder überlegen darzustellen, niemals aber als Mitglied in einer Gruppe von gemeinsam Lernenden, sodass die anderen in diesen Lernbewegungen zwar bedeutsam sind, aber nicht als gleiche Subjekte, sondern als solche, von denen man sich unterscheidet, positiv oder negativ. Sie werden damit praktisch so etwas wie eine Kulisse, vor der sich das Ich positioniert.

> Die anderen gab es faktisch nicht als eine Vielzahl von Einzelnen, die anderen waren schwabbelige Masse, Konkurrenten, bedrohlich, manchmal Stütze, manchmal sogar beides. (SK, 3)

Schmitt und Körper zitieren belegend eine Tagebuchnotiz: »Die anderen habe ich während meiner Zeit an der [Uni] als Konkurrenten, als ›Bedrohung‹ und als hemmend und zugleich als Stütze und Bereicherung empfunden.« Dieser wiederholt vorkommenden Einschätzung entspricht keine differenzierte Darstellung der anderen, sie erscheinen vielmehr als monolithischer Block und als Einzelne unsichtbar.

Dabei gibt es natürlich noch die Dozentin als herausgehobene andere, zu der sich eigens in Beziehung gesetzt werden will. Das geschieht in fast allen Texten und wurde von mir selbst kaum beachtet. Aber auch hier gibt es eine bemerkenswerte Eigentümlichkeit. Die Dozentin, vor der man mehr Angst hat als vor anderen bzw. die die Blamage vor anderen erst richtig inszenieren kann, wird zugleich die Möglichkeit, keine Angst zu haben. Sie kann Angst ›zerstreuen‹ und enthebt damit das lernende ängstliche Subjekt eigener Taten. Angst scheint von außerhalb zu kommen. Resümierend schreiben die Autoren:

---

3 Antje Schmitt und Jan Körper: *Ich und die Anderen.* Hamburg 2002.

> Die Dozentin ist einer Vielzahl studentischer Erwartungen ausgesetzt, die teilweise als nicht vereinbar erscheinen. Einerseits wird Lernen meistens als Einhämmern von Wahrheiten verstanden und beschrieben, als die bereitwillige Übernahme des von den DozentInnen feilgebotenen Wissens in unsere unterschiedlich aufnahmebereiten Köpfe. Gleichzeitig wird erwartet, dass die DozentInnen Lernkollektive geradezu für uns entstehen lassen, nie treten diese als das Ergebnis eigener Anstrengungen auf, manchmal erscheinen sie immerhin zufällig, ergeben sich. Oder aber, ganz emanzipativ, sollen die Dozierenden uns den Raum zur Verfügung stellen, in dem wir uns entfalten, großartige WissenschaftlerInnen werden können. (SK, 6)

Schmitt und Körper kommen zu dem Schluss, dass die Bildung von Lernkollektiven die Aufarbeitung der Unterschiede in den Lernmotiven und Studienerwartungen voraussetzt (SK, 9). Dies wäre zu ergänzen um die Einsicht, dass es tatsächlich Vorwissen braucht, um in wissenschaftliche Diskussionen einzusteigen, dieses ›Vorwissen‹ aber so ungleich vorhanden ist, dass waghalsige Zumutungen auf der einen Seite als weitschweifige Wiederholung auf der anderen erfahren werden. Auch hierfür wären Arbeitsgruppen, die die ›Lücken‹ selbstbestimmt schließen, eine notwendige Ergänzung. Dies stößt sich freilich an dem zusätzlichen Problem äußerst prekärer Zeithaushalte, insbesondere bei Frauen mit Kindern. So bleiben Lernkollektive unverzichtbares, ja notwendiges Ziel und gefährdete Utopie, da sie ein tatsächlich allen gemeinsames Projekt voraussetzen.

Kritik

Im vorhergehenden Kapitel ist das weitgehend ablehnende Verhältnis der Studierenden zu Kritik als ein Problem gefasst, das sie am wissenschaftlichen Arbeiten hindert. Diese negative Einstellung zu Kritik wiederholt sich in den Tagebüchern aus den späteren Seminaren. Dabei wird zudem deutlich, dass ein schlechtes Gewissen, weil man das Seminar nicht gut vorbereitete und also selbst nicht Kritik üben kann, und Einfühlung, weil man sich in die Lage des Kritisierten versetzt, Hindernisse sind auf dem Wege zur verändernden Kritik. Ich hatte zu umstandslos vorausgesetzt, dass *Kritik*, richtig verstanden, produktiv zu verarbeiten sei und es daher nur darauf ankomme, diese aufgeschlossene Haltung zu Kritik als Werkzeug von Erkenntnis zu vermitteln. Wie Holzkamp folgte ich der Vorstellung, es gebe so etwas wie eine »Einheit von Kritik und Weiterentwicklung«. Freilich war dies bei Holzkamp als Vorschlag des Umgangs mit bürgerlicher Psychologie formuliert, als Aufforderung also, Theorien nicht bloß zurückzuweisen, sondern in der Kritik

Alternativen zu erarbeiten. Als »operationale Einheit des Prinzips« gilt die »Reinterpretation« (Holzkamp 1983, Kap. 9, insbes. S. 515ff). Oder mit Morus Markard:

> Reinterpretation ist die Analyse des Verhältnisses von Erkenntnisgehalt und -grenzen vorfindlicher Konzepte unter Einbezug von deren gesellschaftlicher Funktionalität [...] das aktuell imponierendste Beispiel ist Klaus Holzkamps Reinterpretation wichtiger Lerntheorien. (1994, FKP 34)

Markard befasst sich des Weiteren mit der Frage, wie solches Reinterpretieren zu lernen und zu lehren sei, wie mithin das Kritisieren vermittelt und angeeignet werden kann; dies stellt er in den Kontext von Erfahrung und Theorie, den er »wissenschaftliches Praxiswissen« nennt. Angezielt ist Erkenntnisfortschritt, der vom Standpunkt »entfalteter menschlicher Lebensmöglichkeiten« artikuliert wird. Die Ausführungen sprechen vom Umgang mit Theorien und Beispielen aus der Praxis, nicht enthalten sind die lernenden Subjekte, die sich mit einer kritischen Haltung abmühen, sie u.U. ablehnen usw. Nicht enthalten ist also die Geschichte der Subjekte in einer solchen Lehrveranstaltung zu Kritik. Das spricht nicht gegen diesen im Theorienstreit entfalteten Kritikbegriff, der sich u.a. mit etwas anderer Zielsetzung auch in zwei Wörterbüchern aus der ehemaligen DDR findet:

> Kritik und Selbstkritik – auf der materialistischen Dialektik beruhende produktive Methode, Widersprüche zwischen objektiven Erfordernissen der gesellschaftlichen Entwicklung in den verschiedensten Lebensbereichen und überholten subjektiven Auffassungen, Einstellungen sowie Verhaltens- und Arbeitsweisen aufzudecken und schöpferisch zu lösen. Kritik und Selbstkritik ist weder destruktiv noch erschöpft sie sich in der Negation (Kleines politisches Wörterbuch, 1989)

oder im Jugendlexikon:

> Kritik und Selbstkritik ist eine Methode, die Widersprüche [...] aufdeckt und löst. Sie hilft bei der Durchsetzung des Neuen und bei der Überwindung von Schwierigkeiten. (Meyers, 1976)

Es gilt aber, das Kritikproblem zusätzlich noch anders, subjektiv zu fassen. Im Postseminar 2002 waren die Studierenden besonders beunruhigt durch die Frage der Kritik; dies sowohl, was die von mir (und auch in den Handbüchern aufgefundene) unterstellte produktive Seite sein sollte, als auch, weil sie erkannten, dass ihr eigenes Verhältnis zu Kritik äußerst zwiespältig war, dass sie Kritik fürchteten und zugleich wollten. Sie schrieben daher 23 Tagebuchnotizen (19 Frauen, 4 Männer) zu Erfahrung von Kritik und eigenem Umgang damit.

Die Notizen zeigen die Studierenden zunächst um eine Unterscheidung bemüht, sachliche gegen persönliche Kritik zu halten und dann, je nach Erinnerung und wirklicher Nachforschung, sich selbst als mehr oder minder fähig, sachliche, verständliche Kritik als hilfreich zu akzeptieren. Zuweilen wird das selbst als Lernerfahrung abgebildet: »Ich bin auf Kritik gedrillt« (18). Ein anderer versucht die Fähigkeit, Kritik auszuhalten, an die Größe der Gruppe zu binden: »In kleinen Gruppen ist Kritik angenehm, in großen schwierig bis unmöglich« (19); überhaupt wird mehrfach ein Zusammenhang von Kritik und Öffentlichkeit thematisiert: Positive Kritik in der Gruppe wirkt »doppelt«, aber umgekehrt ist Kritik vor anderen auch schwer zu ertragen, daher ist die ganze Gruppe mit Angst besetzt (10), Kritisiertwerden mit »Scham« (9); die anderen sind so in einem Bedrohung und Stärkung (10), und da die Gruppe durch »Konkurrenz bestimmt« sei, werde »Akzeptanz von Kritik« verunmöglicht (8). In der Erkenntis, dass eine eigene positive Haltung zu Kritik – »Nicht-Kritik heißt ja Nicht-Ernstgenommenwerden« (22) – das Richtige wäre, erfahren sich die Einzelnen gleichwohl als »gekränkt«, »mutlos« (21), »widerständig« (20) gegen Kritik, sie haben »Angst« (15, 21) und diagnostizieren, dass Kritik »Vertrauen voraussetzt« (15, 7) und einen in Gefahr bringt, »unbeliebt zu werden« (21), »sich Feinde zu machen« (5). Man möchte eigentlich »kritiklos tätig sein«, »unangreifbar sein« (5). Eine mit Betriebsratserfahrung hat Kritik als nützlich erfahren, versteht aber darunter Lob und Tadel in verhaltenslenkender Weise. Eine andere, wiederum mit Betriebsratserfahrung, hält Kritik ebenso für eine Frage schlechter Noten oder späterer Anerkennung, kurz, sie denkt Kritik im Rahmen von Verhaltensmodifikation und findet bei weiterer Suche nach einer wohl gespürten Trübung der als positiv und offen beschriebenen eigenen Kritikakzeptanz die Wendung: »Verletzende Kritik ist solche, die man nicht versteht« (13). Eine andere empfindet sich auch als »kritikfreudig« und heißt »Kritik insgesamt willkommen« (11). Allerdings erfährt sie in ihrem Berufsalltag ein »einverständiges Klima der Kritiklosigkeit«, weshalb sie einen eignen Freundeskreis für Kritik organisiert hat. In dieser Weise verknüpft sie Freundschaft mit Kritik. Ein anderer legt das Thema analytisch auseinander: Er unterteilt in die Fähigkeit, Kritik zu üben, und die, selbst kritisiert zu werden, und resümiert, dass besonders Ersteres eine hohe Kunst sei, und da er selten hilfreiche Kritik etwa von Dozenten erfahren habe, hebt er sie in den Rang einer positiven Utopie, in der er sich dann entfalten könnte. Auf der gleichen Ebene wertet eine Studentin »ausführliche kritische Anmerkungen an Hausarbeiten als Beweis für das

Interesse des Dozenten an mir« (15). Einer schreibt eine sorgfältige Analyse der Geschichte eigenen Kritiklernens (1). Er stellt fest, dass schon eine Gegenposition zu formulieren als eines der Grundelemente von Selbstbehauptung und Lernen selbst ja Kritikfähigkeit bedeutet, und erinnert, dass es für ihn so gut wie unmöglich war, dies familiär zu lernen, da seine Mutter so nachgiebig wenig argumentierte, dass er sich dagegen erst gar nicht behaupten konnte. Der Student schreibt sich schließlich als Effekt einer praktischen Erziehung in Hierarchien, die ihn dazu brachte, seine Haltung zu Kritik mit ebendiesen Hierarchien unfruchtbar zu verbinden. Er akzeptiert die Kritik von Höhergestellten mit einer gewissen Unterwürfigkeit und hört niemals auf Kritik von seinesgleichen oder niedriger Gestellten. In dieser Weise entwickelt er »kein entspanntes Verhältnis zu Kritik, damit nicht zu Entwicklung und Wissenschaft« (1). Da ihm die Fähigkeit, selbst Kritik zu üben, abgehe, hält er sich für eine »Null«. Die Notizen zeugen von analytischer Schärfe und Selbstreflexion und stehen mithin geradezu im Gegensatz zur Selbstdiagnose. Wie in vielen Fällen braucht es noch eine Brücke vom theoretisch Gedachten zur denkenden Person selbst, um eingreifend zu lernen.

Wieder eine andere entdeckt, dass sie kein eindeutiges Verhältnis zu Kritik habe und sich dies zudem in verschiedenen Lebensphasen geändert habe. So versucht sie eine Geschichte des Kritiklernens zu notieren: »Die unfertige kindliche Person kann mit Kritik nicht umgehen« (12), also müsse Kritik eigens gelernt werden. Sie erkennt, dass sie Kritik auf sich als Person bezieht, nicht auf einen Zusammenhang, und schreibt dies zunächst einer familiären Situation zu, in der die Eltern nicht kritisierten, dann einer Schulsozialisation, in der sie »nicht aufsässig« war, aber bei ersten »schlechten Noten« »hilflos«. Dahinter eine diffuse Angst um Selbstbestimmung und vor »Verformung durch Kritikakzeptanz« (12). Zugleich schreibt sie vage, dass »Kritikumgang« nötig sei für Weltaufschluss. Dieses Tagebuch liest sich wie eine dringliche Aufforderung, der unklaren Verankerung und Verunsicherung bei Kritik ein eigenes Seminar möglichst früh im Studium einzuräumen. Die Studierenden haben sich die Aufgabe, etwas zum Umgang mit Kritik zu schreiben, offenbar so gestellt, dass sie nach mehr oder minder zweifelnder Forschung in ihrer Geschichte irgendwann bei einer Bejahung von Kritik als produktiv landen. Dafür müssen sie einige Haken schlagen und tatsächlich gibt es auch kaum Beispiele, wie dieser positive Umgang eigentlich aussehen könnte. Eine notiert eine frühe Gleichgültigkeit gegen Kritik, die sie als Schulnoten auffasst, weil dies ihrem Selbstbild als jemand, die »nichts taugt«, entsprach. »So war es erwartet und nicht neu« (14). An einem späteren Punkt in ihrem Leben ergreift sie selbst die Initiative und geht zur Handelsschule. »Meine Kritikfähigkeit änderte sich gewaltig, weil ich Angst entwickelte vor Versagen. Das führte zu Verzweiflung und Zukunftsangst« (14). Dass sie sich selbst nicht mehr gleichgültig war, formuliert sie auch als Verletzbarkeit durch Kritik. Wieder wird als Kritik eine Schulnote, später eine Beurteilung an der Universität gedacht. Sie stellt fest: Unerwartet gute Beurteilungen führen zur Stärkung des Selbstbildes, unerwartet schlechte zu Angst.

In mehreren Texten wird die Familie als besonderer Ort, Kritik zu ersticken, vermerkt, dies zum einen als Erfahrung, in herabsetzender Weise kritisiert worden zu sein und daher auf Kritik allergisch zu reagieren (20), zum anderen auch als Institution, in der die Ausbildung eigener Kritikfähigkeit blockiert wird durch Nichtkritik (21, 12,1).

Die Erinnerungen sprangen zurück in die Kindheit, hielten sich in der Berufserfahrung auf, suchten sich in Freundeskreisen festzumachen, sprachen von Schule, von Universität – kurz, die so ungleichen Beispiele, jeweils verbunden mit Versuchen, Kritik als ablehnenswert oder manchmal auch akzeptabel mit bestimmten Eigenschaftsworten zu versehen – wie hilfreich, herabsetzend, nützlich, inkompetent, ernsthaft, wirklich –, machen es notwendig, vor der Empfehlung, Kritik produktiv zu nutzen, die Architektur des Begriffs aus diesen Erfahrungen aufzuzeichnen. Man erkennt aus den verschiedenen Notizen, dass Kritik eine Art Knotenpunkt ist, an dem alle möglichen Problematiken gesellschaftlicher Ein- und Unterordnung, von Selbstbewegung und Selbstbestimmung, von Hierarchie und Unterwerfung, von Kompetenz und Inkompetenz zusammengeworfen sind. In den meisten Beiträgen werden Emotionen genannt, die die Einzelnen als störend empfinden und abzuwehren suchen. Schon eine erste Übersicht zeigt, dass es Umgangsweisen mit Kritik gibt, die sich als ›zeitgemäß‹ in der eigenen Entwicklung zeigen, und andere ›unzeitgemäße‹, die den Problemhintergrund von Zweifel am eigenen Wert haben. Da wird Kritik erfahren als Verletzung der eigenen Person und Kritikfähigkeit als Mut und Widerstand bzw. ihr Fehlen als Opportunismus und Kleinmut. Da gibt es einige, die Kritik schätzen würden, aber einräumen, dass dies Kenntnisse voraussetze, die so einfach nicht zu haben sind (6); und eine macht sich an die Befragung ihrer eigenen Kritikabwehr, legt sich aber die Aufgabe so zurecht, dass es darum ginge, das Ertragen von Kritik zu üben (4). Es empfiehlt sich, für die weitere Arbeit nicht nur zwischen Kritikfähigkeit und Kritikverarbeitung zu unterscheiden, sondern auch die Ebenen, aus denen Kritikerfahrung kommt, auseinander zu legen.

Da ist die erste Phase, die wir als Enkulturation bezeichnen können, in der die Kinder in der Familie ›erzogen‹ werden. Erziehung tritt hier auf als eine Art von Kritik mit Befehlen wie ›du sollst nicht‹, du ›darfst nicht‹, ›tue dies nicht, tue jenes‹; das Verfahren reicht von Überredung über Bestechung bis zu

Gewalt, aber immer wird Kritik so erfahren. Die zeitgemäße Verarbeitung ist der Versuch der Selbstbehauptung, Widerstand, Trotz, Einordnung, Kompromiss, die auf diese Weise auch gelernt werden. Die begleitenden Gefühle sind ohnmächtige Wut, Verletzung usw. Zusätzlich erfuhren wir von Familienerfahrungen, die ganz ohne Kritik auskamen und gerade auf diese Weise Hilflosigkeit verstärkten.

In der zweiten Phase, der Schule, erfährt man Kritik gewöhnlich in der aus dem Behaviorismus vertrauten Weise in der Form von Noten und Zeugnissen. Kritik wird begründet und Maßstab von Erfolg oder Versagen; zugleich geschieht diese Kritik in der Gruppe mit Gleichaltrigen, deren Maßstäbe, das kulturelle Klima, eigenes Verhalten ebenso kritisch orientieren wie auf andere Weise die Lehrer. Die eigenen Aktionen in Bezug auf die verschiedenen Kritiken sind Fleiß, Leistung, Widerstand, Sich-Entziehen – dieses ist die erinnerte Haupterfahrung ans Lernen.

In der dritten Phase, der beruflichen Arbeit, erfolgt eine gesellschaftliche Einordnung, in der Kritik und ihrer Erfahrung, die zugleich mit den gelernten Umgangsweisen aus Familie und Schule gespeist ist, auf widersprüchliche Weise begegnet wird. Zum einen kann sie ein Zeichen sein für Misserfolg und sich heften an weniger Geld, bzw. dieses kann als Kritik erfahren werden. Zum anderen bindet sich Kritik an Projekte, an Meisterschaft, an Können. Hier wird sie produktiv und notwendig. Auf allen Stufen aber ist Kritik eingelassen in begründete Autorität und/oder äußeren Zwang, mit der Eingliederung in Hierarchien. Auch diese bleiben nicht einfach starre Struktur. Die Gründung einer eigenen Familie verhilft zur Bildung eigener Autorität; auch die Meisterschaft in der Arbeit macht aus Lernenden Lehrende mit der entsprechenden Autorität.

In diesem komplizierten Prozess, den wir Erwachsenwerden nennen, treten Probleme verschärfter Art auf, wenn aus weit zurückliegenden Erfahrungsbereichen Widerstand und Trotz ›unzeitgemäß‹ mobilisiert werden, Verletzung gespürt wird, wo es um Können und Meisterschaft geht – dies gilt für das Handwerk wie für die Wissenschaft. Daher ist die reflexive Wendung, das Ausarbeiten eigener Erfahrung, das Besichtigen der Architektur von Kritik und ihrer Erfahrung für die eigene Weise, wissenschaftlich zu lernen, unerlässlich. Es geht nicht darum, die negativen Gefühle zur Kritik einfach abzulehnen und aufzugeben, sondern vielmehr darum, die gespürten Emotionen den einzelnen Erfahrungsebenen so zuzuordnen, dass das eigene Lern- und Kritikverhalten, aktiv wie passiv, sich selbst den gestellten Aufgaben anmessen kann.

Selbst hier gibt es noch die ungelöste bzw. undiskutierte Problematik des Kulturellen. Da ist zum einen die ›Meinung‹, die vor jeder Erfahrung zu bestimmen Reaktionen auf Kritik aufruft und den Selbstreflexionsprozess lähmt. So gibt es eine Reihe von Tagebüchern, die Kritik »lieben« oder »einfach gut finden« (u.a. 2) und sich daranmachen, darüber nachzudenken, warum andere diese Meinung nicht teilen. Eigene Erfahrung, wie man es tatsächlich mit Kritik-Ertragen und Kritikfähigkeit hält, werden erst gar nicht befragt. Die Meinung findet natürlich Unterstützung in dem, was allgemein gilt. Gegen sie hilft nur der Versuch der ständigen Hinterfragung, des Zweifels, wiederum der Kritik.

Eine Reihe von Tagebuchnotizen sprechen von einem gelernten Gruppenverhalten, das bei Kritik funktioniert, selbst wenn es sonst keine Gruppenstärke im Sinne kollektiven Arbeitens gibt. Dies ist der ›Code‹, wie es eine Studentin ausdrückt, einander in Lehrveranstaltungen niemals zu kritisieren, »ein wechselseitiger Nichtangriff« (6), »allgemeine Toleranz und Schweigen« (5). Kritik erscheint als »Verrat« und »fehlende Solidarität« statt »gemeinsamer Front gegen die Professoren« (20). Diese Haltung bzw. diese Norm, die ein angenommenes ›Unten‹ gegen ›die da oben‹ zusammenhält, scheint eine besonders schädliche Praxis, die der Bildung von gleichberechtigten Lernkollektiven entgegensteht. Es wird so darauf verzichtet, voneinander und gemeinsam zu lernen, zu verbessern, was als Aufgabe damit nach oben delegiert ist und in dieser Weise die Lehrautorität erst wirklich unerreichbar zementiert, statt diese durch fortwährende verbessernde Kritik aneinander allmählich abzubauen. Da dieser ›Code‹ insbesondere unter Erwachsenen funktioniert, lässt sich schließen, dass auch er einer ›Unzeitgemäßheit‹ der Verarbeitung der eigenen Situation entspringt. Die Lehrenden sind schließlich keine Vorgesetzten, bei denen sich die Lohnarbeitenden nicht wechselseitig anschwärzen dürfen, weil der ›Verrat von Fehlern‹ zum Rausschmiss führen könnte. Es muss bei der Bildung eines Lernkollektivs wohl zu den Aufgaben gehören, die Lehrenden als Lernende einzubeziehen und zugleich den Vorsprung, den sie in der Meisterung des gesellschaftlichen Wissens haben sollten, für die eigene Bewegung zu nutzen. Erst dies wäre dann die zuvor einfach vorausgesetzte »Einheit von Kritik und Weiterentwicklung«. Sie hat Geschichte, Akteure und ist selbst stets in Bewegung.

Kapitel 10
Lernen in der Schule – Erinnerungsarbeit 1

Die Lehrerfrage

Man kann sicher davon ausgehen, dass in der Schule Erfahrungen gemacht werden, die individuelle Lernverhältnisse, persönliches Lernverhalten lang anhaltend bestimmen. Gleichwohl kann man einzelne Lernhandlungen gewissermaßen isolieren und für sich in ihren Begründungen zu analysieren suchen. Implizit nimmt man dabei aber an, dass Lernen zum einen in solcher Weise geradezu ruckhaft und mit Aha-Erlebnissen geschieht, während wir doch zugleich annehmen, dass Lernen ein Prozess ist, der auch unmerklich vor sich geht, wie Wachsen. Andererseits kann man praktisch zusehen, wie Kinder schnell lernen oder auch wie sie ›verstockt‹ und ›verbohrt‹ nichts aufnehmen; und auch bei Erwachsenen rechnen wir damit, wenigstens soweit wir Lehrende sind, dass da ein Zuwachs bemerkbar und beobachtbar wird. Die Frage interessiert besonders, weil wir Hoffnungen auf Lernen setzen – immer weiter scheint Lernen an Befreiung gekoppelt wie umgekehrt Nichtlernen eine Absage an Verbesserung der Lebensumstände und seiner selbst ist.

In Holzkamps Lernbuch (1993) findet sich eine explizite kritische Auseinandersetzung mit der Schule als Lernblockierungsinstitution (341–563). Er führt vor, dass die Schule die Lernsubjekte degradiert, die Schüler einkreist, und kennzeichnet dies insgesamt als »Verwahrlosung der Lernkultur«. Er stellt heraus, dass die Lehrer im schulischen Prozess als die eigentlichen Subjekte aufgefasst sind, sodass das Lernen als Resultat ihrer Bemühungen wahrgenommen wird und nicht als »Bewegung der Schüler« (395; vgl. auch Zimmer 1987). Im Zentrum der holzkampschen Schulanalyse steht die Lehrerfrage: »Der Frage kommt nämlich […] innerhalb der Klassenraum-Interaktion machtstrategisch eine spezielle funktionale Relevanz zu, die man an anderen Formen der ›Initiation‹ nicht aufweisen kann« (462). »Der Lehrer fragt und der Schüler antwortet« (ebd.). Holzkamp nennt dies die »Monopolisierung des Fragens beim Lehrer« und damit »Marginalisierung von Schülerfragen« (461). Weiter wird expliziert, dass die Lehrerfrage im Grunde keine ›echte‹ Frage ist, weil sie Wissen nicht sucht, sondern vorausweiß. Zudem wird auch dieses Wissen vom Schüler abgefragt, der es also auch vorweg wissen muss, um die Antwort zu geben, die der Lehrer bewertet. Holzkamp stellt die verschiedenen Varianten des Lehrerhandelns vor, dass er nach jeder Antwort automatisch wieder das Wort hat, dass er bestimmt, wen er zur Antwort ruft, den vermutlich Wissenden oder den, der nicht drankommen will, und resümiert:

> Der Umstand, dass im Klassenraum-Diskurs die Gesprächsführung total der Willkür *eines* Beteiligten überantwortet ist (was man außerhalb der Schulklasse kaum irgendwo tolerieren würde), lässt sich keineswegs aus dem pädagogischen Auftrag des Lehrers rechtfertigen, sondern ergibt sich im schuldisziplinären Kontext daraus, dass hier die Lehrerfragen ja in die geschilderte Bewertungssequenz [die sich aus dem Curriculum ergibt, FH] einbezogen sind. (464)

Für die Schüler folge, dass der Lehrer am Inhalt der Antwort nicht interessiert sei, weil er ihn ja kennt. Die Rückmeldung gilt daher nicht als Antwort auf den Inhalt, sondern wertet »richtig« oder »falsch« (465). Folge sei, dass auch der Schüler sich nicht für den Inhalt interessiert, sondern sich daran orientiert, »was der Lehrer von mir ›hören‹ will« (ebd.). »Lernaktivitäten [würden dann so weit] überflüssig, wie ich den Lehrer auf andere Weise, nämlich durch bloße Wissensvortäuschung zufrieden stellen kann« (ebd.). Diese Art des Lernens charakterisiert Holzkamp als »defensiv«, als »typische Tendenz zur Reduktion von Lernproblematiken auf bloße Handlungsproblematiken« (ebd.), sodass keine neuen Ufer in Sicht kommen, also keine »Erhöhung der Lebensqualität durch größeren Weltaufschluss« erfahrbar wird, sondern, da der Schüler nicht wirklich die Möglichkeit hat, Lernen einfach zu verweigern, im gesteckten Rahmen Lernen zumeist

> durch das traditionelle kollektive Täuschungsritual konterkariert ist, [...] als Vorsagen, Spickzettel-Benutzung, Zuschieben von Zetteln oder aufgeschlagenen Büchern durch Mitschüler [...] Antwort durch einen anderen Schüler [usw.] (466)

Und selbst wenn der Schüler wirklich (defensiv) lerne, sei ein »Täuschungselement enthalten«, weil der Schüler sich nach den Worten des Lehrers, seinen Gedanken frage, nicht selbst denke. Holzkamp schließt, dass der Schüler sich also in Räumen bewege, in denen »das schulische Weltbild bekannter Tatsachen und gelöster Probleme als globale Handlungsprämisse« (466f) vorauszusetzen sei. Widersprechende Antworten gälten als Störung. Er unterstellt eine »defensive Solidargemeinschaft der Schülerinnen/Schüler«, die der Lehrer »durch Herausisolieren Einzelner zu schwächen« sucht (469). Holzkamp diskutiert in der Folge schulpädagogische Versuche, das »schulische Fragen zu emanzipieren« und didaktisch in Unterrichtsgespräche einzubringen. Ich möchte hier dagegen prüfen, ob die bisherigen Überlegungen ihren Gegenstand, die Lehr-Lernsituation in der Schulklasse, ausreichend erfassen. Anders als Holzkamp möchte ich die Problematik nicht von einem angenommenen Schülerstandpunkt herleiten, sondern zunächst eine wirkliche Schülerin zu Wort kommen lassen, die eben zu seiner Thematik schreibt. Mich interessieren dabei insbesondere das von Holzkamp unterstellte Lernkollektiv, oder die Solidargemeinschaft der Schüler, das Verhältnis zum Lehrer und die Wahrnehmung seiner/ihrer Handlungen durch die Schüler und vor allem die lernenden Subjekte selbst, die ja bei Holzkamp zwar am »expansiven Lernen« vorbeigeschult werden, jedoch selbst in Täuschung und Widerstand recht souveräne Subjekte zu sein scheinen, die den erschließbaren Begründungen ihrer Handlungen folgen.

Als ich etwas lernte

Tatsächlich stehen etwa die Hälfte der mir vorliegenden Erinnerungsgeschichten zum Lernen (100 aus fast 20 Jahren) im Schulbann – erinnern Lernen als schulspezifische Handlung, berichten von Unglück und Versagen, und man gewinnt bald den Eindruck, dass die Schule eine Institution ist, die dem lebendigen Lernen auf eine Weise den Garaus macht, dass die Subjekte sich selbst in Erstarrung erfahren, entsprechend über sich berichten und dabei Träume vom Aufwachen hegen.

Die Aufforderung an die Erinnerung war so allgemein und alltagsverständlich wie möglich formuliert, damit das Problem der Zensur und des Missbrauchs eigener Erinnerung zur Illustration von Theorie, statt aus beidem zu lernen, vermieden werden kann. Geschrieben wurde zum Thema: *Als ich etwas lernte;* alternativ: *Als ich nichts lernte.* Bemerkenswert ist im Übrigen, dass die einfache Negation im Thema als Frage an die Erinnerung keine wirkliche Differenz erbringt: Immer erfährt man von Lernprozessen und ihrer Blockierung; ob die Einzelnen dies eher als Versagen oder als Erfolg erinnern, hängt wiederum von ihrer Selbstwahrnehmung ab.

Die hier zunächst vorgestellte Szene liest sich auf den ersten Blick als einfache, geradezu experimentelle Verdeutlichung der holzkampschen Ausführungen zur Lehrerfrage. Die Autorin hat den Titel für sich zugespitzt:

Als ich einmal besonders gut lernte (14)

Es war in der 12. Klasse der Fachoberschule. Wir sollten für diese Stunde einen Text gelesen haben, und die Lehrerin fragte ab, ob wir diesen Text verstanden hatten. Dabei hatte sie die Angewohnheit, zunächst die Schüler zu befragen, von denen sie glaubte, dass sie die Fragen am wenigsten beantworten konnten. Gott sei Dank zählte ich nicht dazu, und ich konnte mich zunächst beruhigt zurücklehnen und zuhören, wie sich der befragte Schüler bemühte, die gestellten Fragen zu beantworten. Ich war froh, nicht gefragt worden zu sein, da ich auch keine

Antwort auf die Frage parat hatte. Also las ich noch einmal Teile des Textes durch auf der Suche nach einer Antwort. Dabei hörte ich gleichzeitig die mehr oder weniger falschen Antworten des Schülers und die Nachfragen der Lehrerin, die dem Schüler offensichtlich zur richtigen Antwort verhelfen sollten. Doch was würde ich antworten? Ich wusste es immer noch nicht. Eine andere Schülerin war nun an der Reihe, da die Lehrerin noch keine zufrieden stellende Antwort erhalten hatte. Ich hörte wieder die Frage, und langsam hatte ich eine Idee, worauf sie hinauswollte. Irgendwie ergab sich aus ihren Fragen und den falschen oder halbrichtigen Antworten der anderen für mich eine Antwort, die ich aussprechen konnte, wenn ich gefragt wurde. Nachdem die Schülerin auch keine zufrieden stellende Antwort gegeben hatte, fragte die Lehrerin die gesamte Klasse. Einige andere meldeten sich und ich auch. Ich hatte ja eine für mich plausible Antwort gefunden. Die Lehrerin nahm mich dran, und ich sagte, was ich mir gedacht hatte. Dies stellte die Lehrerin dann auch zufrieden, und sie stellte andere Fragen an eine andere Schülerin. Dieser Ablauf wiederholte sich einige Male, und die Wahrscheinlichkeit, direkt befragt zu werden, sank. Ich hatte immer mehr Zeit und Ruhe zuzuhören und aus den Zusatzfragen und falschen Antworten meine Antworten zu basteln.

Vor der Klassenarbeit traf ich mich dann mit einer Mitschülerin in der Koppel zum gemeinsamen Lernen. Dazu hatten wir beide Zusammenfassungen von den bearbeiteten Texten mitgebracht. Wir erklärten uns gegenseitig, wie wir diese Texte verstanden hatten Dabei blieben für meine Mitschülerin mehr Fragen offen als für mich. Ich versuchte, ihr mein Verständnis von den Texten zu erklären, und konnte dadurch ihre Fragen meist beantworten. In der Situation, mit meinem auch nicht vollständigen Wissen ihr etwas zu erklären, verstand ich die Texte noch besser als vorher. Irgendwie provozierte dies meinen Verstand, sich mit den Inhalten intensiver auseinander zu setzen. Manchmal brauchte ich mehrere Anläufe, bis uns beiden klar war, wie das eine oder das andere zu verstehen sei. Aber je besser diese Erklärungsversuche funktionierten, umso mehr Spaß machte es mir und umso mehr lernte ich auch selbst dabei. Insgesamt war diese Art des Lernens für mich so effektiv, dass ich keine weiteren Anstrengungen machen musste, um die Klassenarbeiten schreiben zu können. Für meine Klassenkameradin war es offensichtlich auch sinnvoll, da sie mich vor der nächsten Klassenarbeit wieder danach fragte, ob wir wieder zusammen lernen, was wir dann auch taten.

Zum Teil spricht diese Schülerin, als hätte sie Holzkamp gelesen. Ich möchte diese Szene gleichwohl den Ausführungen in seinem Lernbuch nicht einfach zuordnen, sondern bearbeite sie zunächst in der Weise, wie ich dies methodisch bei Erinnerungen versuche, die ja selbst vielfältig konstruiert und durch

Alltagstheorien wie durch herrschende Meinungen gegangen sind. Ich frage also als Erstes danach, was die Autorin mit ihren Ausführungen sagen wollte, also nach der Botschaft der Geschichte, der Bedeutung, die sie selbst ihren Handlungen gibt und mit denen sie sich den anderen in der Gruppe *Erinnerungsarbeit zum Lernen* verständlich machen will. Auf eine These zusammengefasst sagt sie uns: Aus Fragen (der Lehrerin) lernt man die richtigen Antworten.

Die implizite Lerntheorie würde in etwa lauten: Die Lehrerfrage ist für den Lernerfolg notwendig, die richtige Antwort lässt sich erahnen, kombinieren und als ›eigenes Denken‹ nach innen nehmen.

Ich möchte zunächst einschränkend vorwegnehmen, dass die Geschichte bei mir spontan auf heftigen Widerstand stößt. Das heißt für mich, dass ich mich beim Bearbeiten auch zurücknehmen bzw. zunächst diesem Widerstand nachgehen muss. Er speist sich aus mehreren Quellen: Da ist zum einen die verarmte Sprache, die nur über wenige, stets wiederholte Verben und Substantive zu verfügen scheint. Dann die offenbar wohlwollend verarbeitete und erlebte Lehrerstrategie, eine Frage zu stellen, die keine ist, weil er die Antwort ja weiß, und es die Aufgabe der Schüler wird, die Antwort zu erahnen. Dann schließlich wird diese Strategie auch noch dergestalt nach innen genommen, dass sie die gute Praxis, in Auseinandersetzung und Diskussion mit anderen zu lernen, dadurch verdeckt, dass sie sie ebenfalls in das Frage/Antwort-Muster presst.

Ich versuche die Bearbeitung gegen meinen schon alles wissenden Widerstand und notiere zunächst, welche Aktivitäten sich die Schülerin zuschreibt. Es ist wichtig, sich dies möglichst genau vor Augen zu führen, weil solche Worte ja das Bild, das die Schülerin von sich selber hat und vermitteln will, bestimmen[1]:

Sie zählt nicht dazu, kann sich zurücklehnen, kann zuhören, hatte keine Antwort parat, liest noch einmal, hört falsche Antworten, würde antworten?, weiß nicht, hört wieder, hat eine Idee, kann aussprechen, würde gefragt werden, meldet sich, hat gefunden, sagt, hat sich gedacht, hat Zeit zuzuhören, zu basteln, trifft sich, versucht, kann beantworten, versteht besser, braucht, lernt, muss keine Anstrengung machen; (im wir:) *haben mitgebracht, erklären, hatten verstanden, lernen, tun zusammen.*

---

1 Ich führe das hier exemplarisch fast vollständig vor, so kann ich mich bei späteren Szenen auf Ausschnitte beschränken, da man den Vorgang für sich ergänzen und überprüfen kann.

Die Aktivitäten beziehen sich fast ausschließlich auf die Frage-Antwort-Situation. Die Handlungen sind eingebettet in Gefühle von Fröhlichkeit und Spaß. Sprachlich ist die Beschränkung auf wenige Worte auffällig. Der Text kommt mehr oder minder mit dem Wortfeld von Fragen und Antworten aus. Dies wird unaufhörlich wiederholt.

An entscheidenden Stellen passiviert sich die Schülerin, und unpersönliche Subjekte übernehmen die Handlung:

Es war, es ergab sich, dies, der Ablauf, die Wahrscheinlichkeit, es provoziert, Erklärungsversuche funktionieren, es macht Spaß, die Art des Lernens – die Nachfragen.

In jedem erinnerten und aufgeschriebenen Text gibt es strategische Leerstellen. Damit meine ich, dass eine Erinnerung so wiedergegeben wird, dass sie zu ihrer Kohärenz und um sich verständlich zu machen und von den Zuhörenden für glaubhaft gehalten zu werden, der Nichtbehandlung, gar Auslöschung insbesondere anderer handelnder Personen oder Ereignisse bedarf. Eine solche Leerstelle ist im vorliegenden Text zum einen eigentümlicherweise die Lehrerin; obwohl sie als Hauptakteurin aufzutreten scheint, beschränken sich ihre Handlungen aufs Fragen *(fragt ab, hat Angewohnheit, glaubt, will auf etwas hinaus, fragt, nimmt dran, stellt Fragen),* ihre Gefühle auf Zufriedenheit. Die Mitschüler sind vollends Statisten und dienen als eine Art nützliche Materie, gegen deren So-Sein man sich selbst profilieren kann. Die eine hervorgehobene Mitschülerin tritt nur auf als Teil des ›wir‹. Es fehlt auch jeder Inhalt des Gelernten; der Schulstoff, also das, worum es geht, kommt erst gar nicht vor.

Aus dem Zueinander von eigenen zugeschriebenen Aktivitäten, der Wahrnehmung der anderen im Verhältnis zu sich selbst und der Art und Weise, wie Gesellschaft vorkommt, erschließt sich die Selbstkonstruktion der Autorin. Auf den ersten Blick scheint die Schülerin ganz aktiv zu sein – einfach als Aufzählung von Tätigkeiten – vor einem positiven Gefühlshintergrund des Frohsinns. Bei näherem Hinsehen zeigen sich alle Aktivitäten in einem vagen kognitiven Feld des Erlaubten, ausgedrückt durch das Hilfswort ›kann‹, in dem sich die Autorin vom Nichtwissen über Spurensuche zum Antworten bewegt, bis keine Anstrengung mehr nötig ist. Dies nennt sie Lernen – das so aus einer Strategie besteht, im vorwegeilenden Gehorsam aus den abgelehnten Antworten die richtige zusammenzubasteln. Lernen setzt in dieser Weise eine Gruppe voraus, aus der sich die Einzelne erheben kann. Selbst in der Zusammenarbeit versetzt sich die Autorin in eine höhere Position, von der aus sie Antworten probieren kann.

Um den Vorgang als Lernen abzubilden, wird die Lehrerin zugleich in eine dominante Position gestellt und dort wiederum zum bloßen Zeichen bzw.

zur Frage. Kurz, die Lehrerin verkörpert den Willen zur Antwort als Frage. Dabei geht es um Textanalyse, bei der es im Grunde gar keine richtigen Antworten geben kann. Da aber gar keine Inhalte thematisiert werden, kann die Botschaft lanciert werden, dass Lernen das Einüben von Antworten ist und Verstehen die Einsetzung eines Fehlersuchprogramms, das nach gehöriger Aussonderung falscher Antworten am Ende die richtige Lösung produziert.

Aus der Zerlegung des Erzählten lässt sich eine neue Bedeutung erschließen, die ebenfalls von der Schreibenden produziert wurde, aber gewissermaßen als eine Art Subtext unter den öffentlichen Worten bzw. ihrer Aneinanderreihung erkennbar wird. Als solche neue Botschaft der Geschichte lässt sich entziffern: Lernen ist die erfolgreiche Verhaltensmodellierung des Denkens. Dieser Prozess setzt zunächst die Lehrerfrage voraus, lässt sich aber auch internalisieren, wofern die Konstellation imitierend unter Schülern wiederholt werden kann. Entsprechend der behavioristischen Grundannahme wird der Prozess durch Spaß als Wohlgefühl reguliert. Folgerichtig steht auch an der entscheidenden Lernstelle: »Die Erklärungsversuche funktionieren«.

Zum Lernen können wir noch erschließen, dass es der Konzentration auf die Strategie bedarf, die geradezu danach verlangt, alle anderen Aktivitäten/Inhalte/Interessen auszuschließen. Unter diesem Gesichtspunkt könnten wir die Reduktion in der Sprache auch als angemessene Weise entziffern, eine solche Ausschaltung von Sinn entsprechend wiederzugeben.

So sehr die Geschichte die holzkampschen Ausführungen zu diesem Komplex im Beispiel zu veranschaulichen scheint, widerspricht sie oder erweitert zumindest seine Überlegungen auch in zwei entscheidenden Dimensionen. Die Schülerstrategie besteht nicht so sehr im defensiven Täuschen, Vorsagen, Schein und vor allem nicht in der Entgegensetzung Klassenverband und Lehrer, sondern intentional herausgesondert wird das Lernziel, Lehrerfragen selbst wiederum einzukreisen und in eigener Übung fit zu werden, das Denken auf solche Leistung zu programmieren. Das setzt die Gruppe gewissermaßen als Trittbrett voraus, in der sich die Einzelne durch Leistung hervortun kann. Entsprechend scheint es mir unzureichend, die Schulklasse als ein Gegeneinander von Solidarverband Schüler und Disziplinarvollstrecker Lehrer abzubilden, um zu dem Resultat zu kommen, dass »das offizielle Unterrichtsritual [...] von Schülerseite quasi begründungslogisch notwendig durch das traditionelle kollektive Täuschungsritual konterkariert ist« (1993, 466). Die Schulklasse wäre demgegenüber selbst als eine Art Staat zu analysieren, in dem es Kämpfe gibt, Eliten und Unterdrückte, Oben und Unten, Bündnisse und Ausschlüsse, Erniedrigte und Erhöhte, kurz: einen erbarmungslosen Kampf und kein geschlossenes Kollektiv. Dies hat unter vielen anderen Robert Musil in seinem Roman *Die Verwirrungen des Zöglings Törless* sorgfältig herausgearbeitet. Es ist die mir ebenso bekannte, vom Lehrstandpunkt nahe liegende Vorstellung von der Schüler- oder Studentengruppe als Block, die es versäumt, auch die Schulklasse als ein kulturelles Feld besonderer Art zu sehen und zu studieren. Gegen die »Gewinnung lernenden Weltaufschlusses« (480) steht daher nicht bloß der Mangel, keinen Raum für »affinitives Lernen« zu geben und stattdessen im »Lehrlernkurzschluss schulisches Lernen mit operativ-zielbezogenem Lernen« gleichzusetzen (481). Gegen die Möglichkeit, gemeinsam im Klassenverband zu lernen, steht eben auch, dass die Lernsubjekte Kinder der gesellschaftlichen Verhältnisse sind und der Schulraum in gewisser Weise die Struktur ebendieser Gesellschaft wiederholt. In diesem Kontext ist auch der Lehrende eine Gestalt, die wiederum eigener Untersuchungen ihrer widersprüchlichen Eingebundenheit in die Lehr-Lernsituation und in die Gesellschaft verlangt. Ich möchte hervorheben, dass ich die holzkampschen Analysen zur Lehrerfrage nicht unzutreffend finde, sondern nicht ausreichend. Zudem wollte ich zeigen, dass das Lernarrangement offenbar in der Lage ist, dauerhaft geschädigte Subjekte hervorzubringen, die sich zu sich selbst wie zu Objekten verhalten können; die funktionieren oder auch nicht. Es gibt also ein eigenes Lernergebnis, das mit Lust und Macht besetzt ist. Ich nehme dies als einen Beleg, dass die behavioristischen Annahmen, deren Kritik bei Holzkamp zu Recht darauf basiert, dass das unterlegte Reiz-Reaktionsmodell die Humanspezifik des Lernens verfehlt, gleichwohl eine praktische Wirkmächtigkeit haben, die weiterer Untersuchung bedarf.

Konstruktion von Bedeutung

Folgen wir also weiteren Erinnerungsszenen aus der Schulwirklichkeit. Holzkamp hatte angenommen, dass Beispiele im Theoriekontext selber theorieförmig sein müssten, also die theoretischen Bestimmungen, die an ihnen entfaltet werden, selbst enthalten müssten (vgl. dazu Kapitel 9). Zwar geht die Arbeit mit den Erinnerungen eher entgegengesetzt vor, nimmt zufällige Beispiele – allerdings thematisch fokussiert – und versucht aus ihnen auch theoretische Erkenntnisse zu ziehen; jedoch wählen die Einzelnen, die ihre Geschichten aufschreiben, selbst Beispiele, die ihnen für eine bestimmte Botschaft, die sie vermitteln möchten, richtig scheinen. Dabei ist diese Botschaft/ Bedeutung selbst ein zu Analysierendes, setzt sich zusammen aus herrschender Meinung, Alltagstheorien, Gelesenem und Gelerntem, eigenem Wollen, das wiederum in einem widersprüchlichen Zusammenhang in herrschaftlichen Verhältnissen sich bildet. Die gemeinsame Arbeit mit den Erinnerungen folgt also der Konstruktion von Bedeutung in unseren Verhältnissen, versteht sich also zugleich als ›Bedeutungskritik‹. Vorannahme ist, dass die Einzelnen die Bausteine ihrer eigenen Bedeutungskonstruktion irgendwie kennen und sie daher aus den aufgeschriebenen Geschichten erarbeitbar und als Elemente einer Theorie von Lernen zu verdichten sind.

Soweit die Geschichten von Schule handeln, kann man also erwarten, dass landläufige Vorstellungen über schulisches Lernen und die entsprechenden Alternativen, wie eigentlich gelernt werden will, sowohl die Auswahl des Erinnerten als auch die Botschaften/Bedeutungen der Szenen bestimmen. Die Suche nach den Persönlichkeiten, die sich und ihre Erfahrungen so zum Sprachrohr herrschender, vielfach auch reformpädagogischer Gedanken machen, zeigt die Mühen, die sie darauf verwenden, sich auf spezifische Weise darzustellen; man erkennt dies an den vielfältigen Eigentümlichkeiten, Widerständen, Leerstellen usw.; all dies gibt zumindest eine Ahnung von den Erfahrungen der wirklichen Menschen. Solche analytisch-detektivische Arbeit hat eine bemerkenswerte geschlechtstypische Komponente. Die Erfahrung zeigt, dass die männlichen Studierenden weit mehr dazu neigen, ihre Erlebnisse einer vorgefassten Theorie (Botschaft/Bedeutung) unterzuordnen, als dies die weiblichen Autorinnen tun. Bei Letzteren bleibt immer etwas Widersprechendes, Zufälliges, Ungeordnetes, sodass die genauere Wiedergabe tatsächlichen Erlebens der Zensur des theoretischen Filters eher entgeht. Man könnte daraus schließen, dass sie weniger denken, bevor sie schreiben, oder dass sie intensiver erleben, dass sie widerständiger sind gegen Theorie und herrschende Meinung oder dass sie sich ernster nehmen als alle Theorie. Es ist jedenfalls ein Faktum, dass die in meinem Kontext geschriebenen Erinnerungsszenen von Männern weitgehend auf die genaue Aufzeichnung des Erlebten verzichten, nur der Form nach Erfahrung berichten und stattdessen Theorie beweisen.[2]

2 Im Blockseminar von 2002, in dem diese Frage selbst zur Überprüfung stand, zeigten sich die anwesenden Männer mehrheitlich außerstande, Erfahrungen wiederzugeben: Sie ersetzten sie durch Meinung, Spott, Theorie bzw. allgemeine Zusammenfassungen ihres Lernlebens, die gleich ein ganzes Netzwerk einander widersprechender Theorien ungeprüft bündelten.

Notizen von Männern – zwei Beispiele

Als er einmal etwas lernte (Szene 4)

Es war in der neuen Schule: Nach einigen schlechten Lernergebnissen in der alten Schule traf S[3] auf einen Bio-Lehrer, der ihm eine andere Art Lernen beibrachte. War S bisher gewohnt, Klassenarbeiten als Wiederholungsarbeiten schreiben zu müssen, verlangte der Lehrer, dass er sich auf einen *neuen Stoff* vorbereiten sollte, der dann, bei ja bekannter Themenstellung, als Klassenarbeit (aus dem Kopf) niedergeschrieben werden konnte. Das nötige Handwerkszeug wie richtige Gliederungen schreiben, Stoffsammlung usw. wurde uns auch beigebracht. Es wurden mehrere Themen zur Auswahl gestellt, und dann konnte es losgehen. Er tat sich mit seinem Freund und neuen Schulkameraden (auch die Schule gewechselt) zusammen, und sie bildeten eine kleine Arbeitsgruppe. Die beiden konnten sich dann auch die nötige Zeit nehmen. Der Freund von S übernachtete bei ihm. Die Literatur konnte zusammen beschafft werden und vor allem, sie konnten es sich so richtig gemütlich machen: Literweise Tee kochten sie sich, Wolldecken wickelten sie sich um die Beine und ausführlich konnte gequatscht werden, bis sie sich gegenseitig ermahnten, sich dem Thema zu nähern. Sehr viele, durch Diskussion in Umwegen herausgefeilte Vorfassungen der endgültigen, abgestimmten, gemeinsamen Kladde landeten zerknäult in der Ecke, bis beide dann nach Tagen auch endgültig zufrieden waren.
Der Tag der Klassenarbeit war herangerückt. Sehr siegessicher sagten sie dem Lehrer, er möchte doch registrieren, dass sich die beiden Freunde ganz weit auseinander setzen würden, um nicht in Verdacht zu geraten, abgeschrieben zu haben, denn sie würden ohnehin eine bis aufs Wort identische Arbeit abliefern.
Als sie die Arbeit später korrigiert wiederkriegten, war der Lehrer verblüfft und erfreut zugleich. Genau das war eingetroffen, wovon sie so fest übezeugt waren. Nahezu identische Arbeiten, benotet mit 1+ bzw. 1.
(Das Thema der Arbeit hatte etwas mit Enzymen, Katalysatoren in der lebenden Zelle zu tun, aber ist das nicht egal?)

---

3 Diese Besonderheit, dass die Einzelnen über sich in der 3. Person berichten, ist keine ›männliche Eigenart‹, sondern verdankt sich einem Vorschlag der Methode, über sich als fremde Person zu berichten, weil man sich dann genötigt fühlt, genauer hinzusehen, und sich zugleich historisch leben kann. Dieser methodische (Brecht entlehnte) Kunstgriff war zu Beginn von Erinnerungsarbeit insbesondere für schreibende Frauen nötig, weil sie sich sonst für zu unwichtig für eine Niederschrift hielten. (Haug 1983, 17ff).

Die Botschaft der Szene lässt sich konsensuell[4] formulieren als: Lernen braucht Selbständigkeit und eine Gruppe; das bisherige Schulsystem produziert Nieten. Die implizite Lerntheorie lautet: Lernen braucht gemeinsame selbständige Organisation der Form nach; das, was man lernt, die Thematik, der Stoff sind »egal«.

Der Autor konstruiert sich wie folgt: Er versucht, den Eindruck eines intensiven Lernprozesses mit wohliger Zustimmung zu vermitteln, schreibt sich aber kaum aktiv. (Man stelle die geschriebenen Aktivitäten zusammen, so liest man: *trifft, ist gewohnt, tut sich zusammen.)* Er verwandelt sich nach der ersten Begegnung mit dem neuen Lehrer in ein *wir*. Die zwei Freunde sind hauptsächlich mit der Organisation von Wohlbefinden befasst *(sie kochten sich Tee, machten es sich gemütlich, wickelten sich ein)*, dann »ermahnten sie sich« und die Taten gehen in den Konjunktiv – würden sich auseinander setzen, würden identisch schreiben. Entsprechend hat der Autor nur wenige, aber zustimmende Gefühle: *gemütlich, zufrieden, siegessicher*.

Die anderen Personen sind ein pädagogischer Auslöser einer neuen Form, die dem Autor passt, und ein Freund, der das notwendige Pendant in der Gruppe spielen darf, der keine einzige abweichende Tat vollbringt (nicht mal Kaffee statt Tee verlangt oder Ähnliches) und so als abstrakte Personifikation des Lernerlebnisses fungiert. Die Schreibweise, in der also Charaktermasken (der Reformlehrer, das Arbeitsgruppenmitglied) miteinander kommunizieren, rührt vermutlich daher, dass die Szene selbst kaum lebendig und erfahren ist, sondern eben aus der Übertragung einer lerntheoretischen Annahme besteht. Der Autor denkt sein bisheriges Schulversagen als einer bestimmten Unterrichtsform geschuldet, denkt die nötige Reform als eine Kombination von gemeinsamer Aufgabenbewältigung, selbst organisierter Gemütlichkeit und statt Abrufen des vom Lehrer vermittelten Stoffes forschendes Auswendig-Lernen (der *neue Stoff* ist auch in der Niederschrift kursiv hervorgehoben, dass die Leser es nicht übersehen). Dabei konzentriert er sich dermaßen auf

4 Was der Autor sagen möchte, also die Botschaft der Geschichte, die Bedeutung, die er vermitteln will, wird gewöhnlich in der Erinnerungsarbeitsgruppe bis zum Konsens diskutiert. Dieser Schritt gewährleistet, dass an der Stelle von Willkür und Hineinlesen und Interpretieren das, was alle verstanden haben, was also im gewohnten Diskurs mitteilbar war, notiert wird. Zumindest die Mitglieder gleicher Kultur können sich in dieser Weise verständigen. Dieser Arbeitsschritt dauert gewöhnlich nicht länger als 15 Minuten und gelingt eigentlich immer. Das Resultat zeigt, was an herrschender und geteilter Meinung aufgenommen ist. So wäre die Zusammenstellung aller solcher Botschaften auch ein Inventar dessen, wie der herrschende Konsens der ›Normalität‹ durchgesetzt ist.

die Form, dass er am Ende unsicher ergänzt, dass der Stoff selbst vermutlich »egal« ist. – Diese Zutaten werden in Handlung übersetzt, die darum spannungslos, widerspruchsfrei von Sieg zu Sieg zieht. Unter der Hand mischt sich in die Darstellung jetzt noch die zusätzliche Botschaft, dass, da der Stoff egal ist, der Autor allgemein gelernt hat, sehr gute Klassenarbeiten zu verfassen.

Gute Noten, so lautet die Botschaft aus der Rekonstruktion der Geschichte, kann man als Lehrer erreichen, wenn man das Lernen an die Schüler übergibt. Da diese Geschichte eine Veranschaulichung einer zuvor gehegten Annahme ist und eher nicht aus Erfahrung gespeist, erfahren wir leider nichts über vorherige Widerstände im Lernen, nicht, warum die Klassenarbeiten verfehlt wurden, und als Rezept, zusätzlich, dass organisierte gemeinsame Gemütlichkeit dem Lernen gut tut.

Da die Botschaft der Geschichte, also das Ergebnis der Bearbeitung der Szene, und die Botschaft des Autors, die anfangs konsensuell notiert wurde, fast gleich sind, können wir als Bearbeiter der Geschichte im Wesentlichen lernen, eine solche Koinzidenz als ein Zeichen für fehlende Erfahrung zu lesen. Die Geschichte belegt so nicht viel mehr, als dass der Autor Elementen der Reformpädagogik zustimmt. Allerdings fehlt die wirkliche Prüfung, der Beweis.

Der nächste Student nennt seinen Bericht:

Als ich einmal etwas oder nichts lernte (Szene 20 aus 2002)

An mein Lernen in der (sozialistischen) Schule kann ich mich nicht mehr so genau erinnern. Also nicht, wenn es darum geht, ein markantes Erlebnis parat zu haben, das zur Illustration von etwas oder nichts Gelerntem geeignet erscheint.
Die verteilte Seminarunterlage aus dem Bibliographischen Institut Leipzig sagt zu meiner Schulzeit in der DDR aber eigentlich alles: »Menschliches Lernen – im Unterricht der sozialistischen Schule der vom Lehrer geführte Prozess der zielstrebigen und systematischen Aneignung der Lehrplaninhalte durch die Schüler«.
Aneignung der Lehrplaninhalte. Das hieß, ich musste mir die Inhalte zu Eigen machen, die jemand anders für mich ausgesucht und interpretiert hatte. Na gut: Lesen, Schreiben, Rechnen sollen hier nicht qualifiziert werden. Aber Lernen als ein bewusster Prozess, die Welt zu begreifen und sie mir erfahrbar zu machen, in ihren vielfältigen Formen zu denken, das hat zumindest nach meiner heutigen Empfindung nicht stattgefunden.
Lernen war entweder Auswendiglernen oder, wenn es sich nicht um naturwissenschaftliche Fächer handelte, das Wiedergeben der offiziellen/staatstragenden Meinung. Die richtigen Antworten standen schon vorher fest. Um nicht negativ

sanktioniert zu werden, genügte es, sich entsprechend zu verhalten. Das erforderte auch keine besondere Anpassungsleistung, gab es doch keine (zumindest keine erkennbaren) Alternativen. Das war eben ›normal‹ so.

Eine ähnliche Erfahrung machte ich viele Jahre später in der BRD, an einer Fachoberschule: auswendig lernen und antizipieren, auf was die Lehrerin Wert legte. Ich konnte mit meinen Mitschülern sogar schon Wetten abschließen, dass ich im nächsten Aufsatz wieder eine bestimmte Note schreiben würde.

In der und für die Schule, so will ich mit Seneca mal sagen [der Autor hatte als Motto den Satz: Nicht für das Leben, für die Schule lernen wir, deutsch und lateinisch vorangestellt, FH], habe ich formal schon etwas gelernt. Für das Leben aber nur am Rand. Es sei denn, man will die Fähigkeit, sich durch die Welt zu lavieren, als Ziel des Lernens begreifen. Wohl nicht. Oder?

Auch für meine Zeit an der HWP kann ich kein pointiertes Ereignis mit Lern- oder Nichtlerneffekt benennen. Eher würde ich hier einen Prozess erkennen.

Zwischen meinem Abschluss der Polytechnischen Oberschule und dem HWP-Studium lagen mehr als zwölf Jahre. Lehre, Phasen der Arbeitslosigkeit, Fachabitur; abgebrochenes Studium, Fortbildung, Wehrdienst, Jobs und längerfristige Arbeitsverhältnisse reihten sich darin in unterschiedlicher Folge, Dauer und Häufigkeit aneinander.

Nach einer sehr zermürbenden und unwürdigen Phase in der Tretmühle des Arbeitslebens entwickelte sich der Entschluss, dieser zu entkommen und noch einmal zu studieren. An das Studium an der HWP bin ich ohne herausragende Erwartungshaltung herangetreten. Ich sah und sehe diesen Lebens- und Lernabschnitt nicht primär als Qualifikationsstufe für einen Wiedereintritt ins Arbeitsleben. Aus den zahlreichen Erfahrungen der vorangegangenen Lebensphase des nicht-institutionellen Lernens, Begreifens, Mir-zu-Eigen-Machens war mir klar, dass mein Studium nicht mit fertigen Antworten im Sinne der Aneignung eines Lehrplans funktionieren kann und würde. Vielmehr sollten sich mir neue Perspektiven für das Erkennen der Wirklichkeit, des Eigentlichen erschließen.

In meinem ersten Semester an der HWP passierte etwas Bemerkenswertes: Neben den nahezu tödlichen Lehrplanvorlesungen bin ich durch Zufall in eine Vorlesung geraten, in der es überhaupt kein fertiges Programm gab. Auch gab es keine richtigen oder falschen Antworten auf Fragen, zu Diskussionsbeiträgen usw. Einzige Bedingung war, alle Argumente für und auch gegen die jeweilige Position zu benennen. Während eines ganzen Semesters konnte ich in den einzelnen Vorlesungen Erfahrungen sammeln, die sich langsam zu einer bestimmten Vorgehensweise verdichtet haben. Erst über den längeren Zeitraum dieses Semesters und eigentlich auch darüber hinaus würde ich das als Lernen bezeichnen wollen.

Es ist auf den ersten Blick erkennbar, dass dieser ›Erfahrungsbericht‹ im Grunde ohne Erfahrung arbeitet. Summarische Urteile, bekannte Auffassungen stehen vor einem Sich-Einlassen auf Welt, sodass auch im Ganzen der Eindruck entsteht, der Verfasser betrachte von weit weg, gleichsam resigniert seinen Lebenslauf, der in sich zwar viele Stationen hat, jedoch, was das Lernen angeht, ohne Widerspruch Fehlmeldungen verlautbart. Der Text zeigt darüber hinaus das Lernleben im Überblick, also als eine Art Lebenslauf, der relativ geschlossen konstruiert ist, selbst also wesentlich vermittelt, welche Bedeutung der Autor dem Ganzen geben möchte. Einzelne Momente werden kurz angeleuchtet und eingefügt wie in ein bekanntes Mosaik. Daher eignet der Text sich nicht, ihn – wie bei Erinnerungsarbeit üblich – zu zerlegen und auf Widersprüche, Leerstellen, Subjekt- und Interessenskonstruktionen abzuklopfen. Dabei ist er sorgfältig geschrieben, dies aber zugleich in einem Modus resignativer Abwehr, sodass nicht einmal klar wird, ob die Verkehrung des Seneca-Satzes in der Absicht des Autors lag als eine Art versuchter Ironie oder ob er das falsch erinnert und es ihm auch egal ist, dass er damit alles für möglich hält. Einzig gegen Ende gibt es plötzlich ein Lernerlebnis, bei dem allerdings wiederum keine wirkliche Erfahrung spricht, sondern der Autor seine Auffassung davon, wie Lernen möglich ist, vorstellt. Dieses Stück ist entsprechend ohne Subjekte geschrieben, bzw. an die Akteursstelle tritt das unpersönliche Subjekt ›es‹ als Vollstrecker seiner Lerntheorie, die lautet: Lernen geschieht, wenn niemand ein Programm entwirft, alle im Für und Wider argumentieren dürfen und die Bewertung als falsch oder richtig abgeschafft ist. An dieser Stelle soll nicht diskutiert werden, ob tatsächlich auf diese Weise gelernt werden kann, aber es entspricht solchen Urteilen in diesem Text keinerlei gelebte Erfahrung in dem Sinne, dass der Autor solche Veranstaltung wirklich durchlebt hat und Erfahrungen damit machte, ohne Programm hin und her zu diskutieren. Wir erinnern u.a. daran, wie sehr die Studenten die Diskussionsbeiträge ihrer Mitstudenten zumeist für überflüssig halten (vgl. Kapitel 8).

Forschende Haltung

Ich hatte behauptet, dass die schreibenden Frauen anders mit ihren Lernerfahrungen umgehen, sie gewissermaßen unmittelbarer und ohne vorwegnehmende Urteile notieren. Dieses Verfahren, einfach niederzuschreiben, was einem widerfuhr, und nicht auf schlüssigen akzeptablen Versionen zu bestehen, macht die vielen Erinnerungsgeschichten auch schwer lesbar. Sie erscheinen auf den ersten Blick als belanglos, in ihrer jeweiligen Einmaligkeit auch überflüssig. Keine Lektüre, die man sich auf Dauer antun möchte. Liest man sie so einfach hintereinander, scheinen sie vielmehr wie ein Dahinplätschern, ein Ausfüllen von Zeit mit Worten, wie man das aus Alltagsgesprächen gewohnt ist. Nur dass es bei Erinnerungsarbeit keine Möglichkeit gibt, einfach abzuschalten, wie es die Studenten in den Seminaren gewöhnlich tun.

Es braucht eine eigene Anstrengung, eine bewusste Haltung und Konzentration auf den Forschungsprozess, um die Gleichgültigkeit bis Abneigung gegen die Erfahrungstexte zu überwinden. Aber wenn man sich dann gemeinsam darauf einlässt und das ›Warum‹ der Schilderung, die Absicht der Autorin, Leerstellen, Widersprüche, Subjektkonstruktion, Subtext entziffert, gewinnt jede Geschichte – mit Ausnahme derer, die gar keine Erfahrung schreiben – eine ganz eigene Faszination. Es gelingt dann, nicht nur jede Schreiberin ernst zu nehmen und dem Text wie eine Detektivin nachzugehen, gleichzeitig erfährt man selbst unmittelbar, dass etwas durch gemeinsame Arbeit erkennbar wird, also ein Zuwachs an ›Weltaufschluss‹ oder gesellschaftlichem Wissen über das Wie der Aneignung von Welt geschieht. An die Stelle von Müdigkeit tritt eine Art Aufregung, die immer neue Gedanken und Verknüpfungen entstehen lässt. Nachdenkend über diese Verwandlung scheint mir, dass sie selbst eine Auskunft über Lernprozesse geben kann. Sowie es gelingt, einander mit neugierigen Augen als Gestalterinnen eigenen Lebens zu betrachten, kann jede Äußerung in diesem Sinne aufgenommen werden in ein Programm, Leben und Welt wirklich zu gestalten. Lernen wäre auf diese Weise gekoppelt an eigene Haltung, an die Art, wie wir andere wahrnehmen und damit uns selbst, und Erweiterung des Wissens von Welt in gestaltender Absicht.

Antonio Gramsci macht in seinen *Gefängnisheften* den Vorschlag, dass ein jeder ein »Inventar erstelle«, wie seine »eigene Weltauffassung« zusammengesetzt sei.

> Der Anfang der kritischen Ausarbeitung ist das Bewusstsein dessen, was wirklich ist, das heißt ein »Erkenne dich selbst« als Produkt des bislang abgelaufenen Geschichtsprozesses, der in einem selbst eine Unendlichkeit von Spuren hinterlassen hat, übernommen ohne Inventarvorbehalt. (Heft 11, § 12, Anmerkung 1)

Er hält dies für eine Vorbedingung, um an der »Hervorbringung der Weltgeschichte aktiv teilzunehmen«, statt »hinterrücks« gleichsam von ihr überfallen zu werden (H 11, § 12). Dieser Gestaltungsprozess ist ein kollektiver.

Im Unterschied zu Holzkamps Versuch, Lernen zu bestimmen, ist in der Weise, gemeinsam die eigene Konstruktion seiner selbst und von Welt als eine Produktion zu erarbeiten, die Gesellschaftlichkeit des Menschen nicht nur in Gestalt vorhandener »gesellschaftlicher Symbole« (wie Musik) einbegriffen, sondern sie bezieht sich als tatsächliche Anwesenheit auch direkt auf das Lernen selbst; es geschieht hier von vornherein im Forschungsprozess mit anderen. Da der Alltag sich einem gewöhnlich nicht als Kunst darbietet und die Einzelnen keine Literaten sind wie Brecht etwa, der es versteht, ebenden Alltag so in seiner Zusammengesetztheit zur Verfügung zu stellen, dass jeder sich eigens an Gestaltungsarbeit machen kann, gilt es auch, sich durch die Arbeit mit Alltagsszenen gemeinsam zu Gestaltern zu befähigen.

Erfahrungen von Frauen – drei Beispiele

An der Arbeit mit weiteren Erinnerungsszenen über Erfahrungen aus dem Schulkontext lässt sich die oben geschilderte Verwandlung von Langeweile zu Faszination vielleicht erfahren. Zwei Szenen handeln vom Nichtlernen, eine vom Lernen, und alle sind, wie zumeist, zugleich unmittelbar nachvollziehbar wie seltsam verrückt.

Englischlernen (Szene 5)

Sie saß auf der Schaukel und hörte, wie ihre Mutter nach ihr rief. Mist. Das bedeutete, dass ihr Vater jetzt Zeit hatte. Hoffentlich machte sie nicht so viele Fehler, damit ihr Vater mit ihr zufrieden war. Das schulfreie Wochenende, an dem sie möglichst nicht an die Schule denken wollte und das eigentlich auch ganz gut schaffte, war vorbei und morgen musste sie wieder hingehen. Sie lief vom Spielplatz nach Hause. Ihr Vater saß schon im Wohnzimmer auf der Couch und hatte ihr Block und Stift zurechtgelegt. Im Hintergrund lief leise das Radio, Sportschau. Es war Sonntagnachmittag, und da übte sie ja immer mit ihrem Vater für die Schule.

Nächste Woche stand ein Diktat in Englisch an, und ihr Vater wollte ihr etwas diktieren. Sie wusste, dass sie viel mehr üben musste als andere Kinder. Ihr fiel eben nichts in den Schoß, wie ihre Mutter immer sagte. Sie wäre gerne so wie ihr Freund Mike gewesen. Der tat fast nichts und war trotzdem besser als sie. Warum konnte sie nicht so gut und intelligent sein wie er? Sie war froh, dass sie einen Vater hatte, der so gut in Englisch war, denn so konnte er ihr diktieren. Das sagte er ja auch immer. Nicht auszudenken, wenn niemand da gewesen wäre, um mit ihr zu üben. Dann wäre sie wohl noch schlechter. Wenn sie vorher geübt hatte, fühlte sie sich auf dem Weg zur Schule etwas zuversichtlicher, sie hatte dann weniger Angst. Sie fand es schrecklich, aufgerufen zu werden und eine falsche Antwort zu geben oder während eines Diktats nicht zu wissen, wie das Wort geschrieben wurde. Während ihr Vater den Text erst mal ganz vorlas, so wie der Lehrer das ja auch machte, spielte sie mit dem Block und wünschte sich wieder auf den Spielplatz. Sie wollte noch nicht wieder an die Schule denken, morgen war noch früh genug. Sie hörte nicht zu. Dann diktierte ihr Vater Satz für Satz, ganz langsam, damit sie mitschreiben konnte. Sie musste dennoch häufiger nachfragen. Als sie den Text ganz geschrieben hatte, gab sie den Block ihrem Vater. Mit einem roten Stift strich er die Fehler an. Sie saß während der Korrektur im Sessel, sah den startenden Flugzeugen sehnsüchtig hinterher und hatte das Gefühl, als ginge sie das alles nichts an. Ihr Vater gab ihr den Block zurück, ganz schön viel Rot … Nachdem sie sich die Fehler angeguckt hatte, diktierte er ihr noch mal die Sätze, die einen Fehler enthielten, dann korrigierte er und diktierte erneut … »Meine Güte, man schreibt ›had‹ nicht wie ›hat‹. Das hast du jetzt schon zum dritten Mal falsch geschrieben.« Sie zog den Kopf etwas ein und ärgerte sich über sich selbst, weil sie ›had‹ mit ›t‹ geschrieben hatte. Klar, dass ihr Vater langsam ungeduldig wurde, klar …

Das Üben ging so lange, bis ihr Vater nichts mehr korrigieren musste.

Einige Tage später schrieb sie dann in der Schule das Diktat. Sie hatte nachher kein besonders gutes Gefühl … Egal wie viel sie übte, sie war einfach nicht gut. Sie würde nie eine gute Schülerin sein. Es war außerdem unangenehm, nach Hause zu kommen und zu gestehen, dass sie wieder versagt hatte, vor allem ihrem Vater gegenüber. Es wurde dann auch nur eine 3 minus, ganz knapp, ein Fehler mehr und es wäre eine 4 gewesen. Ihr Vater war enttäuscht. Er guckte die Arbeit durch. »Das haben wir doch alles geübt, und, unglaublich, du hast doch ›had‹ tatsächlich mit ›t‹ geschrieben. Ich weiß gar nicht, wieso wir noch üben.« Sie hatte ein schlechtes Gewissen, weil sie wusste, dass sie sich beim Üben nicht genug konzentriert hatte. Ihre Mutter sagte ihr ja immer, dass sie nicht konzentriert genug war. Sie meinte, dass das sicher auch von den vielen Süßigkeiten käme, die sie immer aß. Sie versuchte auch, weniger Süßigkeiten zu essen, aber es klappte nicht. Sie würde sich ändern und das nächste Mal sehr konzentriert sein.

Sie versuchte, die ganze Schulzeit über, sich mehr zu konzentrieren und eine gute Schülerin zu werden. Es gelang ihr nicht. Ihre Eltern fanden sich resigniert damit ab. Sie machte ein schlechtes Abitur, und ihre Eltern und sie kamen überein, dass es für sie besser wäre, nicht zu studieren, sondern eine Ausbildung zu machen, da sie eben einfach ›kein Lerntyp‹ war. Sie brach die Ausbildung ab und hat beim Studieren herausgefunden, dass sie sich sehr wohl konzentrieren kann.

Als Botschaft der Geschichte entzifferten wir konsensuell zunächst: Dumm geboren und nichts dazugelernt. Darunter als eine Zusatzbedeutung: In mir steckt etwas, das durch Elternstrategien – Eingreifen des Vaters, Urteile der Mutter als Gehilfin des Vaters – während der Schulzeit verdeckt blieb. Und als eine Art Fazit: Die Wege, die die anderen weisen – Vater, Mutter, Schule –, sind nicht die meinen.

Die implizite Lerntheorie lautet: Lernen geht nur selbstbestimmt. (Gerade weil übrigens die meisten Lernerinnerungen von dieser Maxime ausgehen, sie also fest im Alltagsverstand verankert ist, wäre eine sorgfältige Theoriekritik nötig, die an dieser Stelle nicht geleistet werden kann.)

Wenn man sich zunächst die Aktivitäten der Autorin vor Augen führt, erhält man eine Liste von einer halben Schreibmaschinenseite. Die Autorin zeigt sich so auf den ersten Blick als außerordentlich aktiv. Verben der Bewegung wechseln mit solchen des Denkens und Fühlens, kurz, es scheint eine ausgewogene Geschichte. Die Autorin meistert die Sprache und setzt sie gezielt ein. Subjekt und Handlung sind weitgehend klar. Es gibt wenig unpersönliche Subjekte, wenige irreale Sätze, wenig Hilfsworte. Ihre Gefühle haben eine große Bandbreite, schwanken zwischen Hoffnung und Hoffnungslosigkeit, Freude und Ärger, Gleichgültigkeit und schlechtem Gewissen. Und im Unterschied zu den meisten Erinnerungsgeschichten hat diese Autorin auch Interessen und Wünsche: *Sie will nicht an Schule denken* (das kommt zwei Mal vor), *will sein wie Mike, will gut und intelligent sein, wünscht sich auf den Spielplatz, will sich ändern, will konzentriert sein.* Gleichwohl zieht sich ein Gefühl der Unwirklichkeit durch die Szene, die die Autorin durch die Konstruktion der anderen in Bezug auf das eigene Ich herstellt. Da ist die Schule, sie kommt konkret nicht vor, hängt aber als Anforderung, Ärger über der Szene als eine Gegend, in der sie versagt, eine schlechte Schülerin ist. Schule bestimmt die Geschichte, die ohne Schule nicht wäre, wie ein unausweichlicher Bann. Sie ist die Institution, die ihr die Triebkraft raubt. In der Schule gibt es einen Lehrer, der diktiert wie der Vater. Erwähnt wird ein Freund, Mike, der nichts tut und gut ist, weil er intelligent ist – er hat ihr gegenüber alle Vorteile und dient als eine Art Spiegel, der ihre Verurteilung festhält: Sie ist nicht intelligent, nicht gut. Die Eltern zerfallen in Mutter und Vater und vereinigen sich zu Eltern nur bei der Ausbildungsplanung, dem Entscheid, dass sie »kein Lerntyp« ist. Sonst sind sie bemerkenswert verschieden, aber komplementär. Die Mutter übernimmt den Part der Anrufung, sie »sagt immer [...] ihr fällt nichts in den Schoß«, sie sei nicht konzentriert genug, und meint, dass dies von den Süßigkeiten komme, die sie immer aß. So ist die Mutter mit wenigen Strichen als Spruchbeutel voller fragwürdiger Sätze gezeichnet. Die Autorin skizziert sich selbst als eine, die die Urteile der Mutter (sie sei nicht gut, es käme von den Süßigkeiten) zu übernehmen scheint – sie versucht weniger Süßigkeiten zu essen –, und sie gibt die Mutter zugleich preis als eine Person, die immer die gleichen Unsinnigkeiten absondert, gegen die sie also in ihrem eigenen Wollen auf jeden Fall die einsichtigere Position hat. Die Mutter organisiert das Zusammensein von Vater und Tochter. Die Tochter gibt den Vater ebenfalls preis, gerade wo sie ihn als Hilfe beschreibt.

Er sitzt, legt Block und Stift zurecht, will diktieren, ist gut in Englisch, kann ihr diktieren, sagt dies auch immer, liest ganz vor, diktiert Satz für Satz langsam, streicht Fehler rot an, gibt zurück, diktiert noch mal, korrigiert, diktiert, wird ungeduldig, muss nichts mehr korrigieren, ist enttäuscht …

Reiht man diese Merkmale so dicht aneinander, entsteht das Bild des Vaters als eine Art buchhalterischer Alptraum angemaßter Wichtigkeit. Durch das von beiden Elternpersonen eingesetzte Wort »immer« bei besonders unsinnigen Tätigkeiten, die eine bei der Verurteilung der Tochter, der andere beim Lob über sich selbst, fungieren Vater und Mutter wie eine Art Pausenzeichen als ständige Wiederholung von Unaushaltbarem. Indem die anderen keine Interessen und Wünsche haben und der Vater als einzige andere Person auftaucht, die Gefühle hat, wenn auch nur negative (er ist enttäuscht und ungeduldig), und die etwas tut, dieses Tun aber ausschließlich zu ihrer Verbesserung einsetzt und zwar als stetige Wiederholung ohne Erfolg, erscheint sie als eine Person, die anderes, ›das Eigentliche‹ will – spielen, gut und intelligent sein, ohne etwas dafür tun zu müssen, nicht an Schule denken usw. –, aber zum Lernen gezwungen ist. Der Zwang geht wie selbstverständlich von der Schule aus, deren Verlängerung die Eltern, insbesondere der Vater (bis zum Rotstift) sind. Im Grunde konstruiert sich die Autorin als abwesend bzw. Schule und Eltern als Verhinderung von Leben. Sie versucht zu funktionieren, ist aber nicht bei der Sache. So ist sie nicht widerständig, sondern unfähig. Dafür bleiben die Anforderungen einigermaßen abstrakt: Richtig schreiben tritt auf der Seite der Anforderung und des Nicht-Könnens auf, dagegen steht »Konzentration« bzw. ihr Nichteinsatz. Dies ist eine Art Code für ihre Zustimmung. Sobald sie sich konzentrieren könnte, wäre alles in Ordnung; selbst der Zweifel, ob sie nicht an sich kein »Lerntyp« ist, steht unter dem Konzentrationsverdikt. Dies scheint so lange noch eine Art Karikatur, besonders, da es über die Mutter verbunden mit Süßigkeiten vorkommt, bis wir am Ende als Lösung erfahren, dass sie sich doch konzentrieren kann. In der Universität entdeckt sie sich mit diesen Worten als fähig.

Und so lautet die aus der Geschichte rekonstruierte Botschaft jetzt: Du irrst, wenn du glaubst, du seist unfähig, es braucht nur deine Konzentration, aber diese kann nicht von anderen kommen, sondern kommt in der richtigen Umgebung und zur rechten Zeit von selbst aus dir. Oder: Nur wer sich selbst macht, lebt.

Im Verhältnis zur ersten Botschaft erscheinen die Eltern und die Schule nicht mehr so sehr als die Strategen, die das Lernen verhindern. Dafür bleibt die Erweckung rätselhaft wie der Kuss des Prinzen im Märchen. Sie kann, wenn sie will, aber wann will sie? Was überwand den Widerstand? Wie kam sie ins Leben? – Dies sind die strategischen Leerstellen, die die Geschichte erst stimmig machen.

In den meisten Geschichten schreiben Frauen sich gewissermaßen abwesend, machen damit Schule zum Unort, an dem sie nur zum Schein sind und dabei Träume vom Aufwachen hegen. Sie ergreifen selbst wenig Initiativen, weil sie diese im Rahmen der geforderten Aufgaben denken und also von vornherein als unsinnig verurteilen. Auf eine noch nicht klar durchschaute Weise scheint Schule insbesondere die Mädchen so sehr zu verfehlen, dass bestenfalls eine Art gehorsamen Wartens auf den Tag X ihre Tätigkeiten bestimmt, wobei sie durchaus das Klassenziel erreichen können oder auch nicht, was wiederum eher als Schicksal erscheint denn als Resultat eignen Tuns. Prototypen dieses ›unwirklichen Geworfenseins‹ sind der Lateinunterricht oder auch das Abitur.

Lateinunterricht (Szene 11)

Sie saß am Schreibtisch und versuchte wieder einmal die Lateinvokabeln in ihrem Kopf zu verankern. Dies erfolgte mit dem immer gleichen Verfahren: Zuerst las sie sich die Vokabeln mehrmals durch. Dann hielt sie die Spalte mit der deutschen Übersetzung zu und versuchte sich zu erinnern. Sodann schaute sie nach, ob sie richtig geantwortet hatte. Überall, wo ihre Antwort falsch war, machte sie mit dem Bleistift einen dünnen Strich. Es wurden eine Menge Striche. Dann ging's wieder von vorne los, bis sie irgendwann alle Striche wegradiert hatte. Und darauf folgte die ganze Prozedur noch einmal andersherum: Deutsch-Latein.

Sie fand diese Art, Vokabeln zu lernen, äußerst langweilig. Aber anders ging es wohl auch nicht. Zwischendurch trommelte sie ein wenig mit den Händen auf der Schreibtischplatte und träumte davon, einmal eine großartige Schlagzeugerin zu werden. Warum konnte sie diese blöden Vokabeln bloß nicht behalten? Andere schließlich, wie ihre beste Freundin Conny, lasen sich so etwas zweimal durch, und der Stoff ›saß‹.

Als sie dachte, sie wäre einigermaßen fertig mit Lernen, ging sie hinunter ins Wohnzimmer zu ihrer Mutter, damit diese sie, wie immer, abhörte. Als sie die Tür öffnete, merkte sie, wie sich ihr Bauch zusammenkrampfte; sie ahnte, dass sie wahrscheinlich versagen würde. Irgendwie hatte sie auf dem Weg die Treppe hinunter eine Masse Vokabeln vergessen. Ihre Mutter hörte sie geduldig ab – aber war sie nicht auch unzufrieden mit ihr?

Sie ging wieder die Treppe hoch und versuchte wiederum die angestrichelten Vokabeln zu behalten. Und abermals ging es hinunter zu ihrer Mutter. Das Ganze wiederholte sich zwei- oder dreimal, bis endlich keine Striche mehr am Rand gemacht werden mussten. Dann war sie entlassen und fühlte sich für den Moment erleichtert.

> Am nächsten Tag in der Schule schaute sie noch einmal ins Lateinbuch. Sie stellte fest, dass sie mindestens die Hälfte der Vokabeln nicht mehr wusste, und konnte nur hoffen, das Glück zu haben, nicht dranzukommen oder aber nach einer der wenigen von ihr gelernten Vokabeln gefragt zu werden. In der Klasse herrschte angespannte Ruhe. Die Lehrerin fragte die Vokabeln ab, und die meisten ihrer Mitschülerinnen (sie besuchte ein Mädchengymnasium) wussten auch die passende Entsprechung. Sie hatte das Gefühl, ein Hirn wie ein Sieb zu haben. Es konnte eigentlich nicht so schwer sein (wie ihre Freundin Conny ihr vorführte), aber sie empfand dieses Auswendiglernen und -wissen als Quälerei. Auch ihr ›richtiger‹ Berufswunsch: Tierärztin – für den sie ja das kleine Latinum brauchte – war für ihre Merkfähigkeit keine Veranlassung, besser zu funktionieren. Inzwischen fing sie an, neidisch auf ihre Mitschülerinnen zu werden, die sich wacker durch die Geschichten von Cäsar und den Römern schlugen. Denn wer Latein kann, ist ein gebildeter Mensch, dachte sie.
> Am Ende des Schuljahres bekam sie in Latein eine Fünf. Und auch in Englisch. Sie war sitzen geblieben. Und ihre Mutter beschloss, sie auf ein Internat zu schicken.

Die Botschaft der Autorin scheint zu sein: Wofür man nicht begabt ist, das kann man nicht lernen, da nützt kein Training, ja nicht einmal ein übergeordneter Wunsch.

Als implizite Lerntheorie lässt sich herauslesen: Lernen ist Auswendiglernen, das Begabung braucht.

Man könnte aus den verschiedenen Geschichten etwas über die gängige Praxis, Eltern zu Verlängerungen der Schule zu machen, kritisch herausarbeiten. Auch wird sichtbar, dass die Weise, wie sich die Einzelnen in der Schule erfahren, eine Auftreffstruktur für Begabungstheorien ist. Schließlich gibt es immer eine oder einen, der/dem die Schulstoffe einfach zufliegen wie die gebratenen Tauben im Schlaraffenland. Sie müssen sich gar keine Mühe geben.

Wenden wir uns konkret der Selbstkonstruktion der Autorin zu: Auf den ersten Blick wird deutlich, dass sie sich als sehr aktiv in ihren Bemühungen zeigt und dabei entgegen äußerem Anschein ganz allein ist. Einsamkeit wird u.a. dadurch konstruiert, dass alle anderen Menschen – es sind ohnehin sehr wenige – nur als Statisten vorkommen, die zum Vergleich dienen oder etwas fragen, was sie nicht weiß. Sie haben keinerlei eigenes Leben, also auch keine Gefühle (außer Geduld), keine Wünsche und Interessen. Die Autorin benutzt Verben der Bewegung *(trommelt, geht, öffnet…)* ebenso wie solche der Kognition *(denkt* [2 mal], *merkt, vergisst, weiß nicht, kann hoffen …),* aber beide sind so gestreut, dass der Eindruck vermittelt wird, das alles ginge sie nichts an: Sie handelt wie eine Marionette auf Abruf. Dieser Eindruck wird verstärkt durch die plötzliche Subjektempfindung *Langeweile* und den Einschub des ebenso starken Subjektworts *Träume, Schlagzeugerin zu werden,* noch dazu *eine großartige.* Sie spricht aus: Sie soll funktionieren, aber sie kann nicht. Das Wort scheint beiher eingestreut, fügt sich jedoch in die Gesamtdarstellung: Es wird etwas von ihr verlangt, das sie nicht nur nicht weiß, sondern ihre Merkfähigkeit funktioniert nicht. Die Wahl des unpersönlichen Subjekts, es ist ihre Merkfähigkeit, nicht sie, die da nicht funktioniert, hebt dieses Ungenügen zugleich von ihr weg. Sie passiviert sich in allen diesen Punkten und gibt Verantwortung an andere Mächte. Als Subjekte treten auf: *die Antwort, die Prozedur, der Bauch, Striche, Glück, Ruhe, es* (viele Male), *der Berufswunsch.* Die Autorin stattet sich mit Gefühlen aus – bis auf die Erleichterung, dass etwas nicht mehr ist, sind sie alle negativ (Langeweile, Qual, Neid). Diese Gefühlslage verstärkt den Eindruck, dass man ihr etwas antut, das seinen Höhepunkt findet im ohne Gefühl notierten Schluss: Sie wird weggeschickt.

Aus der De- und Rekonstruktion der Geschichte erfahren wir eine Problemverschiebung. Sie lautet in diesem Fall: Lernen steht gegen Wohl-Leben, es ist Unterwerfung. Nichtlernen ist der letzte Versuch der Auflehnung dagegen, aber dies führt zur Ausschließung.

Diese Botschaft ist erkauft durch eine Anzahl von strategischen Leerstellen: Es fehlen positive Gefühle, lebendige Menschen (andere), Interessen. Das verarmte Lernziel ist widersprüchlich besetzt: Sie will sein Ergebnis (das kleine Latinum) als untergeordnete Stufe zu ihrem Berufswunsch (wobei nur die Tierärztin, nicht die Schlagzeugerin als Beruf auftritt) und findet es langweilig. Ohne Lernen könnte das Leben schön sein.

In dieser Weise sind eine Reihe von Geschichten gleichsam im Vorfeld ›wirklichen Lebens‹ geschrieben. Lernen ist gefasst als Blockierung von Leben, nicht als Schlüssel. Immer wieder scheint Lernen Menschsein zu verhindern. Diese Botschaft kommt jedoch ebenfalls durch eine strategische Leerstelle in die Texte: Man erfährt nicht, worin das wirkliche Leben besteht – außer, dass es ein Traum ist. – Solche Lerngeschichten sind Schulgeschichten. Könnte man annehmen, dass Schule diese Leistung vollbringt, das Leben zu verschließen, sodass kaum mehr bleibt, als der Wunsch, Schullernen möge es nicht geben? Sodass nicht bestimmte Behinderungen oder Blockaden mehr ausgemacht werden, sondern eine allgemeine Lage verzeichnet wird, die verzweifelt zu nennen zu viel Emotion voraussetzen würde: Die Lage scheint vielmehr tot.

Das Abitur (Szene 10)

Eine Vollanalyse einer Novelle von Schiller und den Vergleich zwischen epischem und absurdem Theater. Das sollten sie sein, die Prüfungsthemen für das Abitur am seidenen Faden. Alles hing davon ab, ob sie die 10 Punkte schaffte. In Mathe war sie eine Null, und so stieg sie auf diesen Handel ein. Eine Woche Vorbereitungszeit und die Sonne schien. Der Countdown lief. Am dritten Tag war sie schon richtig braun, statt nervös zu werden, legte sich eine statische Ruhe auf ihr Gemüt. Bis … ja, bis ihrer Mutter der Kragen platzte und es »den Anschiss des Jahrhunderts« gab. Anschließend betretenes Schweigen auf beiden Seiten. Dann krabbelte langsam die Angst vom Unterleib durch den Magen ins Herz und in die Kehle. Was, wenn sie es nicht schaffte? Der Countdown lief. Nur noch drei Tage. Sie setze sich an den Schreibtisch und verdrängte die Panik, so gut es ging. Ihre Mutter schirmte sie ab, fragte, bohrte, half und trat ihr in den Hintern. Sie fühlte sich wie eine Maschine. Sie las, vergegenwärtigte, lebte in den Personen. Der Kopf drohte zu platzen, in der Kehle saß immer die Angst. Die Nächte gehörten Mutter Courage und dem Sonnenwirt, die sich auf seltsame Weise vermischten. Sie lernte nicht mehr nur, sondern war ein Teil von dem, was sie lernte. Weg von der Realität in einen Tunnel von Fragen und Antworten, keine körperlichen Bedürfnisse mehr, nur noch Lernen und die Angst, es nicht zu schaffen. Und manchmal konnte sie sich wieder gar nicht vorstellen, was wäre, wenn sie es nicht schaffte.
Kurz vor der Prüfung musste sie ganz dringend aufs Klo. Der Prüfer rannte hinterher, um sicherzugehen, dass sie nicht schummelte.
Beide saßen sich in einem Raum mit fünfzehn Zuschauern gegenüber, an einem Tisch, auf dem in der Mitte eine Blumenvase stand. Alles, was sie dachte, war, das Blumenwasser zu trinken gegen ihren höllischen Durst. Sie antwortete auf die Fragen wie in Trance. Sie nahm alles nur durch einen Nebelschleier wahr, auch das, was aus ihr herauskam. Es wurde dunkler, 30 Minuten eine Ewigkeit. Schluss!
Vor der Tür – ein Lehrer flüsterte noch: »zehn Punkte« – sank sie ohnmächtig in die Arme ihrer Mutter.

Wieder gab es einen Konsens in der Gruppe, dass die Autorin als Botschaft vermittelt: Man muss aus seinem gewöhnlichen Leben aussteigen, um zu lernen, aber dann schafft man es. Dieser Ausstieg erfolgt durch äußeren Zwang gegen eigene Bedürfnisse.

Die implizite Lerntheorie lautet: Lernen geschieht durch Interesse und Motivation, die äußerlich hergestellt werden müssen gegen das Subjekt des Lernens.

Als sprachliche Besonderheit sei festgehalten, dass die Szene zu großen

Teilen mit unpersönlichen Subjekten bestückt ist. Sie beherrschen die Szene bis zur Mitte, bis die Autorin sich nach dem Anschiss (der ebenfalls ein Subjekt ist) hinsetzt und lernt – davor lässt sie sich treiben, was sie eben durch die vielen unpersönlichen Subjekte auch sprachlich organisiert. Subjektpositionen nehmen ein:

eine Vollanalyse, ein Vergleich, Prüfungsthemen, alles, die Sonne, der Countdown, eine statische Ruhe, der Anschiss, das Schweigen, die Angst, der Kopf, die Nächte, es und wieder der Countdown.

So sieht man, das Geschehen ist ganz in den Händen anderer Mächte, bis die Mutter dazwischengeht und die Handlung an die Autorin gibt – zur Not mit Tritten. Zusätzlich zu diesen vielen anderen Mächten, die statt ihrer handeln, hat sie die Geschichte so geschrieben, dass auch ein Reihe von Konjunktiven wie Warnlampen negativ durch das Imaginäre ziehen: Was wäre, wenn sie es nicht schaffte? Durch das mehrfache »Der Countdown lief« ist das Ganze im Übrigen als eine Art Raketenstart hingebogen – eine Sammlung von Energie muss her, literarische Nahrung gegen alle Bedürfnisse, damit die Rakete hochgehen kann, hoch genug.

Rekonstruieren wir, wie die Autorin sich darstellt: Obwohl die Geschichte auf den ersten Blick äußerst dramatisch zu sein scheint und die Schülerin darin erfahrbar als kämpfend und arbeitend, wenn auch in letzter Minute, sieht man auf den zweiten Blick, dass die Autorin eigentlich kaum aktiv ist. Sie schließt einen Handel, der sie als Subjekt ausschließt; entsprechend verdrängt sie, wird maschinenhaft, wird Teil des Lernens, lebt in literarischen Personen. Das große Angst-Gefühl sitzt als Sperre in ihr und hält sie beim Lernen. Ohne dieses entfremdete Ich ist die Autorin allerdings auch kein Subjekt – sie sitzt in der Sonne und wird braun.

Kurz, die Autorin konstruiert sich subjektlos – ein Materialstück in den Fängen anderer Mächte. Zweimal kommt sie als bedürftig vor, beide Male ist dies aber ein Zeichen, das im Kontext unpassend ist bzw. nicht angemessen befriedigt werden kann, sodass auch ihre Bedürftigkeit ihr kein Leben bringt: Sie muss im entscheidenden Moment aufs Klo – was gefälscht sein könnte –, und sie ist durstig, wofür es nur Blumenwasser gibt. Entsprechend nimmt sie sich und ihre Äußerungen kaum wahr und rundet das Ganze durch eine Ohnmacht ab.

Diese Unwirklichkeit wird u.a. hergestellt durch eine ganze Reihe von Leerstellen. Eine dieser Leerstellen ist sie selbst als lebendiger Mensch, ebenso die Mutter. Aber schließlich handelt es sich um eine Schulszene – und hier fehlen die Klassenkameraden ebenso wie die übrigen Lehrer. Ebenso fehlt der Inhalt dessen, was sie gelernt hat. Das Lernergebnis tritt als abstrakte Punktzahl auf, die ihr den Eintritt ins Leben gewähren soll.

So ergibt sich als rekonstruierte Problemverschiebung: Lernen ist eine abstrakte Anforderung, die vielleicht ins Leben führt, das selbst aber ebenso fraglich ist.

Lernen scheint ein Entfremdungsprozess zu sein, der durch Versetzung in eine andere Welt (Entsubjektivierung) passiert, inszeniert bzw. regiert von höheren Mächten. Fazit: Alles Theater.

Langsam schält sich heraus, dass Lernen als etwas wahrgenommen wird, das einem zustößt, zu dem man aus einem Schlaf erwacht, aus dem man vielleicht nicht erwachen möchte. Das Leben lebt sich, von außen tritt Lernen als Belästigung auf, als Verheißung, als Möglichkeit anderen Lebens. Unwirklich zunächst und nicht konkret gerichtet, sodass man annehmen möchte, dass Menschen, die doch als solche lernende Wesen sind, an ihrem Menschsein gehindert sind auf noch viel umfassendere Art als wir bislang annahmen. Dabei lernen sie ja unaufhörlich und eignen sich ihr gesellschaftliches Wesen an; dabei aber scheint die Form, in der Lernen geschieht, als Alternative zum Leben aufzutreten, das zugleich aber ohne Lernen auch nichts ist.

Kapitel 11

Lernen in der Familie – Erinnerungsarbeit 2

Erinnerungsarbeit, also die Arbeit mit erinnerten Begebenheiten, hat es immer mit Gegenwartsmaterial zu tun, soweit zurück auch die Erinnerungen reichen. So wie man es hier und heute erinnert, wird es aufgeschrieben. In die Erinnerung geht man also selbst als Persönlichkeit ein, wie man sich wahrnimmt, was man für bewahrenswert hält. Gerade dass Erinnerung konstruiert, durch herrschende Meinung, eigenen Widerstand, Nahelegungen von irgendwoher gegangen ist, macht sie nicht geeignet als historisches Zeugnis davon, ›wie es wirklich war‹, sondern als Material, das uns erlaubt, die Archäologie unserer gesellschaftlichen Selbstformung zu studieren. Die Erinnerung arbeitet so auch nicht ordentlich chronologisch. In gewisser Weise folgt die Anordnung der Erinnerungskapitel den Schwerpunkten, wie erinnert wird. Obwohl historisch früher, steht Familie hier als Kapitel an zweiter Stelle, denn anders als die Schule ist die Familie keine Institution, die in den Erinnerungen, wie überhaupt im Imaginären, fest mit Lernen verbunden ist, bzw. wenn doch, dann als Verlängerung von Schule (wie im vorhergehenden Kapitel vorgeführt). Wiewohl allgemein klar ist, dass die ersten Lernerfahrungen in der Familie gemacht werden, wie Familie auch der Ort ist, an dem die zivilen Tugenden eingeübt, Haltungen fürs Leben geübt werden, und wenngleich Eltern im Namen von Schule ganz selbstverständlich für den Lernerfolg ihrer Kinder auch dort verantwortlich gemacht werden, scheint Familie keine Instanz, die unter der Fragestellung Lernen besondere Aufmerksamkeit verdient. Freilich gibt es eine ganze Reihe von Untersuchungen, die etwa das Schicksal des Sexuellen und der Macht in der Familie (u.a. Foucault 1977) oder die Frage des Autoritären (u.a. die legendäre Studie von Horkheimer 1936) zum Gegenstand haben; es gibt Erziehungsratgeber für Eltern, ganze Zeitschriften sind der Eltern-Kind-Problematik gewidmet, aber da Lernen an Schule gebunden scheint, werden die Vorgänge in der Familie kaum unter der spezifischen Frage als Lernen studiert.

In unserer ersten Studie, in der Erinnerungsarbeit als Methode eingeführt wird, *Erziehung zur Weiblichkeit* (1980), zeigt sich die Familie als zentral für die Einübung geschlechtstypischer Formen von Weltbezug. Auf die viel spätere Aufforderung allerdings, Lern-Erlebnisse zu erinnern, wurden nur sehr wenige Szenen beschrieben, die in der Familie handelten. Vier von ihnen sollen im Folgenden vorgestellt und bearbeitet werden (drei von Frauen, eine von einem Mann geschrieben). Ich versuche, Auskünfte über Lernen zu erhalten, das nicht im Schulbann steht, gleichwohl institutionell verankert ist und einem gesellschaftlichen Auftrag folgt.

Familienleben

Wohl um die an die Erinnerung so schlicht formulierte Frage nach dem erfolgreichen oder versagten Lernen von vornherein auszuhebeln, nannte der Student seine Erinnerung:

> Als ich einmal nichts lernte und es dann dennoch konnte (Szene 7)
>
> Ich war wohl sieben Jahre alt, als meine Eltern zu der Ansicht gelangten, es sei nun an der Zeit, dass ich die Uhr lernte. Mein Vater übernahm vorrangig die Aufgabe, mir das beizubringen. Ich freute mich richtig darauf, neben Lesen und Schreiben nun auch die Uhr zu können. Immerhin wäre ich dann eines der ersten Kinder in der Straße gewesen und damit ein Stück unabhängig von den Großen.
>
> Mein Vater fing zunächst an, mir an der großen Wohnzimmeruhr, die auf dem Buffetschrank stand, zu erklären, wie das mit der Uhr funktionierte. Also großer Zeiger die Minuten, kleiner Zeiger die Stunden usw. Es war richtig toll für mich. Jeden Abend nach dem Abendbrot und dem gemeinsamen Abwasch saßen mein Vater und ich in unserer Wohnküche zusammen und beschäftigten uns mit Zeigern und Zifferblättern. Da mir das mit den großen und kleinen Zeigern und deren Bewegung überhaupt nicht einsichtig sein wollte, wurde mein Lernprogramm zur Routine.
>
> Über Wochen gestaltete sich unser Familienleben so, dass mein Vater und ich – und später auch meine Mutter – uns über die Möglichkeit unterhielten, die Uhr lesen zu können. Das gefiel mir ziemlich gut, hatte ich doch sonst nicht so viel von meinen Eltern, da sowohl meine Mutter als auch mein Vater berufstätig waren. Mein Vater hatte immer neue Ideen, mir das Lernen zu erleichtern. Zunächst transparentes Millimeterpapier mit Kreisen und eingemalten verschiedenen Uhrzeiten. Das war ziemlich Klasse, ich habe daraus Laternen gebastelt. Später bestellte mein Vater erst aus Holz, dann sogar aus Metall eine Modelluhr, die ich in die Hand nehmen, die Zeiger selbst bewegen konnte. Damit habe ich auch tagsüber oft gespielt.
>
> Kurz und gut, die besten Einfälle meines Vaters und auch die Versuche meiner Mutter tagsüber, wenn sie Nachtschicht hatte, nützten nichts. Ich habe es weit über ein Vierteljahr nicht begriffen. Auch die Tatsache, dass Nachbarskinder mittlerweile die Uhr schon lesen konnten, hat mich nicht angespornt. Natürlich wollte ich das auch können, aber es ging halt nicht. Ich fand das aber auch irgendwann nicht mehr wichtig, es war einfach prima und tat mir gut, einmal am Tag meinen Vater wirklich für mich zu haben, und ich freute mich nach der Schule auf den Abend. Allerdings ließen die Anstrengungen meines Vaters

am Abend und die meiner Mutter tagsüber irgendwann nach. Das allabendliche Zusammensitzen blieb, wir spielten gemeinsam oder machten Hausarbeiten zusammen.

In meiner Erinnerung wesentlich später, kamen eines Tages meine Eltern abends nach Hause und meine Mutter fragte, während sie ihren Mantel auszog, wie viel Uhr es denn wohl sei, und ich konnte nach einem Blick auf die Wohnzimmeruhr spontan sagen, es sei halb sechs. Die Uhrzeit stimmte wohl, denn meine Eltern schauten erstaunt und wohl stolz auf mich. Umarmung und Küsschen gab's auch, herzlicher als sonst. Ach ja und meine erste eigene Uhr.

Das ist auf den ersten Blick eine so heitere und sympathische Geschichte, dass die Bearbeitung, anders als zumeist, in entspannter Atmosphäre stattfand. Eine gewisse Gelöstheit sprang aus den Zeilen und ergriff die gesamte Seminargruppe. Wir einigten uns darauf, dass der Autor als zentrale Botschaft vermitteln wollte: Weder Üben noch Zuwendung führen zum Lernerfolg. Dieser ist vielmehr Zufall. Und als implizite Lerntheorie denkt er: Lernen ist ein unbekanntes Geschehen der Aneignung von Fähigkeiten.

Bemerkenswert ist, wie sich der Autor als aktives Wesen schreibt: In Sequenzen des Alleinseins spricht er sich als fröhlich tätig; wenn die Eltern, insbesondere wenn der Vater auftritt, verschwindet das Ich in der Gemeinsamkeit des Wir. Die Schilderung und die Indienstnahme der Sprache folgen dieser Sequenz vollständig bis zu dem Punkt, da er die Fähigkeit beherrscht, die zu Beginn der Lerngeschichte angezielt war, und sich also herauslöst aus dem Wir: »Ich konnte spontan sagen [...] es sei halb sechs«.

Während man aus der Geschichte selbst ein lebhaftes, fröhliches, vor allem einverstandenes Wesen erinnert, zeigt die linguistische Zerlegung fast gar keine Aktivitäten des Kindes und wenig Gefühle; *er freut sich* (zweimal), *bastelt und spielt* – dann *begreift er nicht* und findet die Sache auch einverständig *nicht mehr wichtig;* es gibt keinen Konflikt. Im Gegenteil: Dominant sind nicht die Aktivitäten des Kleinen, sondern die des Vaters, mit dem er freudig in ein *Wir* verschmilzt. Er will den Vater (in Maßen auch die Mutter) für sich haben. Der Vater wird dafür konstruiert als ideenreicher Unterweiser und als Kamerad; er hat keine Ungeduld, keine negativen Gefühle, sondern willigt offenbar ein, in ein fröhliches Kollektiv einzugehen – der Vater repräsentiert im Grunde eine Lebensweise –, er ist zunächst berufstätig, dann Teil eines Familienlebens, welches als Subjekt die Gesamtanlage übernimmt: Es gestaltet sich gut. Die Mutter hat teil, wenn auch weniger.

So freundlich die Elternpersonen auftreten, so wenig konfliktträchtig sind auch die übrigen »anderen« der Geschichte. Es gibt »die Straße«, die Nachbarskinder. Sie sind vorwiegend Kulisse, an der man sich misst, mit der man im Wettstreit steht, es aber auch bleiben lassen kann. Auch die Möglichkeit, »unabhängig zu werden«, wird erwähnt, dann ebenso als nicht wesentlich beiseite gelegt.

Das Ganze ist eine Geschichte über familiäre Harmonie: So fehlen alle Konflikte, Probleme, Widersprüche – die Eltern zeigen sich so ideal wie der Sohn –, da kann es keine Einbrüche geben. Es fehlt auch die Mühsal des Lernens, als seien Väter z.B. dazu in der Lage, Schwierigkeiten dadurch aus dem Wege zu räumen, dass sie geplante Lernziele nicht mehr verfolgen. Lernen kann dann als ein auch schmerzhafter Prozess des Neu-, Um- und Verlernens nicht stattfinden, aber es scheint auch unnötig zu sein.

Es bleibt eine Art Stachel. Zwar hat sich der Autor Mühe gegeben, das Nachdenken über Lernen, Lernstrategien, Widerstände usw. ad absurdum zu führen zugunsten einer Theorie des beiläufigen Wachstums wie bei Blumen z.B., bei denen man nur geduldig abwarten muss, bis sie ihre Kelche öffnen. Andererseits wäre es für dieses Ergebnis nicht nötig gewesen, so eindrücklich die Familie zu schildern, die Eltern als erfolglose Lehrpersonen, deren Zuwendung auf Dauer gestellt ist. So lehrt die Geschichte auch: Ein liebevolles harmonisches Familienleben ist schön, aber kontraproduktiv; das macht für die Aneignung von Fähigkeiten so lange nichts, als sie von selbst sich durchsetzen bzw. angeeignet werden.

Es bleibt mir die unruhige Frage, warum meine Erinnerungen an Lernen in Familie fast ausschließlich von heftigen Widerständen handeln, von Trotz und Wut, Vergeblichkeit und auch von Scham, soweit ich mich bei Opportunismen oder auch zu viel Gehorsam ertappe; warum ich all dies noch extremer bei meiner Tochter erinnere und geradezu Minute um Minute bei meinem heranwachsenden, jetzt 5-jährigen Enkel beobachten kann?

Meine Versuche, mich an ein Lernerlebnis aus der Familie zu erinnern, stoßen auf eine Erfahrung, die ich nicht beiseite schieben kann. Es ist nicht so, dass es mir zu schwierig wäre, davon zu berichten, weil sie mich bis heute peinigt; sondern vielmehr, weil mein kritischer Blick sie nicht als Lernszene durchgehen lassen will. Es ist eine Geschichte von Opportunismus und daher von Scham, aber Lernen? Es nützt nichts, vor allen weiteren möglichen Erinnerungen lagert diese und behauptet sich auf dem Lernplatz. Also schreibe ich sie.

Niederlage (Szene 99)

Es ereignete sich beim Mittagessen. Wir hatten Besuch, daher gab es Nachtisch. Meine Vorfreude wurde jäh erstickt: Ofenschlupfer – dieses Gemisch aus altem eingeweichtem Brot und Äpfeln, das ich nicht ausstehen konnte. Noch während meine Mutter den Auflauf auf den Tisch stellte, rief ich: »Das mag ich nicht«, und hoffte darauf, bei der Verteilung übergangen zu werden. Wenn Besuch da war, zeigte meine Mutter, dass sie sich, wie sie sagte, von uns nicht auf der Nase herumtanzen ließ. Sie füllte einen Nachtischteller mit einer extra großen Portion, drückte ihn mir in die Hand und bestimmte: »Ab in dein Zimmer. Und komm erst wieder raus, wenn du das gegessen hast.«
Ich rannte wütend und enttäuscht zugleich aus dem Esszimmer ins Spielzimmer, schmiss die Tür hinter mir zu, stieß den Teller auf die Fensterbank, warf mich auf die Couch und heulte erst mal eine Weile. Es war total ungerecht. Aber Heulen brachte irgendwie gar nichts. Ich stellte mir vor, wie meine Geschwister jetzt lustig erzählten, wie man plante, was nach dem Essen geschähe, und überall war ich nicht dabei wegen dieses blöden Nachtisches. Ich zog ihn langsam zu mir heran und fing an zu essen. Er schmeckte nicht so abgründig schlecht, wie ich erinnerte, aber auch keineswegs gut. Es ging jetzt darum, ihn herunterzubringen. Schnell leerte ich meinen Teller, stand auf, ging ins Esszimmer. Ich wollte etwas Unerwartetes tun, um die Schlappe von vorhin, vor allen anderen aus dem Zimmer geschickt worden zu sein, gutzumachen. So streckte ich den Teller hin und sagte: »Es hat sehr gut geschmeckt, ich möchte noch einen Nachschlag.« Meine Mutter strahlte. Das tröstete mich ein wenig über die Aufgabe, nun vor allen anderen eine zweite Portion von diesem doch recht geschmacklosen Zeug in mich hineinzustopfen. Ich war kein bisschen stolz auf mich, sondern tief beschämt, denn ich fand, dass ich nicht nur die Unwahrheit gesagt und entsprechend gehandelt hatte, sondern dies darüber hinaus, um meiner Mutter nach dem Willen zu handeln, damit sie vor ihrer Freundin auf mich als eine gehorsame und einsichtige Tochter verweisen konnte, während ich in Wirklichkeit scheinheilig war.

Ist dies keine Lerngeschichte?, wie die Autorin zweifelt, oder anders: Warum ist auch dies eine Lerngeschichte, die sich darum vor andere Erfahrungen drängt? Zweifellos wird auf schwierige Weise gelernt – alltägliche banale Streite türmen sich unverhältnismäßig auf zur Frage nach Gerechtigkeit und starkem Charakter. Fragen wir uns also, was die Autorin bedeuten will und, nach der entsprechenden Analyse, was die Geschichte sagt.

Die Botschaft: Die Durchsetzung deines Willens muss gegen Widrigkeiten bestehen, alles andere ist Opportunismus, schwacher Charakter. Die implizite

Lerntheorie: Belohnung und Strafe sind wirksame Instrumente zur Verhaltenssteuerung.

Die Autorin schreibt sich in einem Arrangement, in dem sie nicht viel machen kann. Das wird sprachlich inszeniert durch die Verwendung von unpersönlichen Subjekten *(es, die Vorfreude, der Besuch)* im Eingang der Erzählung und in den Bestimmungen durch die Mutter. Die Tochter macht sich bemerkbar durch eine Fehltat, negativ *(ich mag nicht)*, und bestimmt von da an die Erzählung durch Aktivitäten heftiger Bewegung äußerer – *rannte, schmiss, stieß, warf sich* – und innerer – *wütend, enttäuscht, heulend* – Art. Die Geschichte bekommt eine Wendung durch eine zweite Negation: Sie ist nicht dabei. Um dabei zu sein, muss sie die Eintrittsbedingungen erfüllen, d.h. den Nachtisch essen. Verglichen zur Dramatik des Abgangs ist der Vollzug der ungewollten Tat emotionslos geschrieben und wiederum begleitet von einer dritten Negation: Sie erinnert den Nachtisch schlechter, als er tatsächlich schmeckt, und kann ihn so essen. Aber die Unverhältnismäßigkeit von Tat und Strafe, die sie als »ungerecht« empfindet, braucht eine ebensolche Unverhältnismäßigkeit von ihrer Seite, um wieder ins Lot zu kommen. Dies ist der Einsatz von Unwahrheit. Für das bloße Wieder-Dabeisein hätte es genügt, den Teller leer zu essen. Die freiwillige Verdoppelung der Strafe durch den erbetenen Nachschlag ist ein Versuch, Gerechtigkeit so herzustellen, dass man nicht bloß in der Verneinung als Subjekt anwesend ist. Die Bejahung aber ist die Preisgabe des eigenen Willens zum Genuss, der auf diese Weise als Frage von Charakter erscheint. Nur in der Verneinung, so lehrt uns die Geschichte, kann die Autorin in einer von ihr nicht bestimmten Situation und Lage ein Mensch sein, dem sie selbst zustimmen kann. Der Preis ist das Alleinsein, den sie nicht zahlen will. Opportunistisch ist, so bedeutet die Geschichte, wenn man sich selbst verleugnet, weil einem die Kosten zu hoch sind.

Dabei sind die anderen, bei denen man sein möchte, kaum lebendig. Die Geschwister werden nur einmal erwähnt; der Besuch ist eine Nennung, ist Kulisse, vor der die Mutter ›ungerechtes Verhalten‹ inszenieren kann. Die Ausstellung des Kindes vor Fremden als eines, das gehorsam ist, das also die familiär anzuerziehenden Haltungen erlernt hat, ist selbst ein Theater, das die Mutter unglaubwürdig macht und also ein zweites Mal von ihr entfernt. Die Autorin konstruiert die Mutter als eine, die um des Scheins willen in Kauf nimmt, dass ihre Tochter scheinheilig wird. Insofern schwankt die Autorin in der Geschichte zwischen der Vorstellung, sie sei ein Opfer der ungerechten Taten ihrer Mutter, und der, sie habe den eignen Anforderungen an sich nicht genügt, sie habe selbst versagt.

Und zum Lernen in der Familie erfahren wir, dass die familiäre Situation, in der Bedürfnisse befriedigt werden und Genüsse ebenso anstehen wie Widerwille und in der Ziviltugenden erlernt werden sollen, die Aufgabe, eine selbstbestimmte Person werden zu wollen, in besonderer Weise schwierig macht. Man kann wenigstens probeweis aus Familie herausfallen, um zu lernen, dass die Balance zwischen eigenem und fremdem Willen ein Feld ist, auf dem Niederlagen erstritten werden, die Siege sind, und umgekehrt. Der Weg geht über Widerstand, über Verneinung. Selbst die Verneinung der eignen Person als scheinheilig ist nicht nur Zeugnis eines Lernversagens, sondern zugleich Ausgangspunkt für dauerhafte Selbstreflexion.

Jähzorn als Waffe
Geschichte einer Frau zu erfolgreichem Lernen (Szene 13)

Ich bin noch klein, vielleicht so 8–10 Jahre alt, und ärgere mich immer, wenn ich mich mit meinem drei Jahre jüngeren Bruder streite. Jan hat so eine Art drauf, und die hat er bei meinem Vater abgeguckt, wann immer wir uns zanken, total wütend zu werden und – in meinen Augen – unverhältnismäßig heftig zu reagieren. Er flippt dann völlig aus, fängt an rumzuschreien, ist jähzornig und ungerecht, knallt die Türen und rennt raus. Und dann stehe ich da, im leeren Zimmer, möchte noch etwas entgegnen, fühle mich hilflos und finde das total gemein von ihm, weil er mich mit seinem Verhalten ins Unrecht setzt. Einerseits bin ich auch wütend und sauer, nehme mich aber zusammen und versuche, mich zu beherrschen; und dann fühle ich mich als ältere Schwester dafür verantwortlich, dass wir uns gut vertragen und nicht streiten. Meine Eltern, besonders mein Vater, fanden es immer schlimm, wenn wir Kinder uns gestritten haben, meine Mutter war da cooler, und irgendwie war das dann hinterher alles meine Schuld. Ich finde diesen Jähzorn gemein mir gegenüber, aber auch beeindruckend, und denke: Ich bin ja bescheuert, dass ich immer ruhig bleibe und nie so ausflippe, eigentlich ist das die stärkere Position, das könnte ich doch auch einfach mal so machen.

Und dann erinnere ich einen Streit mit meiner Mutter. Wir stehen im Wohnzimmer und streiten uns über irgendeine Lappalie, die Sonne scheint hell ins Zimmer. Ich steigere mich in diesen Streit immer mehr rein, rege mich auf, werde laut und will auch mal so richtig ausrasten und auftrumpfen. Irgendwann renne ich aus dem Raum und denke: So, und jetzt trete ich noch voll gegen die Tür! Die Tür trennt Wohnzimmer und Flur, hat einen relativ breiten Holzrahmen, in der Mitte einen Glaseinsatz, weißes Glas, das von innen von der Sonne beschienen wird, hell, aber nicht richtig durchsichtig. Ich stehe in dem Moment zwischen Tür und Wohnzimmer und will gegen die untere Holzblende treten, richtig donnernd Krach machen, hole aus und trete zu hoch, mitten in das Glas. Während die

Scheibe zersplittert und über mir zusammenbricht, stehe ich starr vor Entsetzen und habe glasklar vor Augen, wie superentsetzlich scheiße ich war: Ich habe mich künstlich aufgeregt, mich verstellt, alles unehrlich, und mit fataler Folgerichtigkeit ist das jetzt die Strafe.

Die Geschichte ging insofern gut aus, als ich mich nicht verletzt habe. Meine Mutter war so erschrocken und dann so erleichtert, dass mir nichts passiert ist, dass es überhaupt keinen Ärger gab, sondern eher Mitleid mit mir. Mein eigenes schlechtes Gefühl habe ich für mich behalten und niemandem erzählt, dass ich eigentlich nur so getan hatte, als wäre ich wütend.

Nach den blockierten Lerngeschichten aus der Schule ist zunächst wiederum bemerkenswert, dass die Autorin diese Geschichte überhaupt unter Lernen erinnert. Andererseits gelingt es sogleich zu entziffern, was sie vermitteln möchte, welche Botschaft sie wichtig fand. In der Erinnerungsarbeitsgruppe verdichteten wir die ›Bedeutung‹ der Szene zur These: Jähzorn ist ungerecht, führt aber dazu, dass man Recht bekommt. Die Erfahrung spielt in der Familie und lehrt uns sogleich, neben den Eltern die Rolle der Geschwister nicht zu vernachlässigen. Die implizite Lerntheorie, die die Schreiberin vermittelt, lautet: Erfolgreiches Verhalten imitieren bringt einen Zuwachs an Kompetenz und ist insofern Lernen; so gilt auch der Umkehrschluss: Lernen ist Imitation.

Die Überprüfung der Aktivitäten, Gefühle und Wünsche/Interessen, die die Autorin sich selbst zuschreibt, und die Art, wie sie die anderen Beteiligten in Szene setzt, zeigen folgende Selbstkonstruktion: Die Autorin scheint auf den ersten Blick sehr aktiv zu sein; bei genauerem Hinsehen gehen die Aktivitäten von Ärger und Ruhe zum Willen, richtig außer sich zu sein. Zunächst *steht* sie (dies kommt viermal vor), dann aber werden Bewegungsverben eingesetzt – *sie rennt, sie tritt;* die Vermittlung geschieht über Empfindungen – Verantwortung und Ungerechtigkeit in der Schuldzuweisung. Wiewohl die Szene den Eindruck vermittelt, dass die Autorin voller Gefühle steckt, tauchen im Großen und Ganzen nur fünf negative Empfindungen auf: Ärger, Hilflosigkeit, Wut, Säuernis, Entsetzen.

Über die Leerstellen, worum eigentlich gestritten wird (Lappalie), und die Skizzierung der anderen ohne Interessen, ohne Wünsche, ja auch ohne Gefühle außer dem Jähzorn, der selbst wie der Streit große Teile der Handlung übernimmt, sodass die Subjekte praktisch zu Vollzugsgehilfen des Jähzorns werden, konstruiert sich die Autorin als einsamer Wille – sie will ausrasten, will auftrumpfen, will Krach machen, will jähzornig sein, will Konfliktstrategien des Bruders übernehmen, darin erfolgreich sein und Recht haben. Ihre Lernerfahrung ist: Streit kann man nur gewinnen, wenn man die Spielregeln beherrscht – diese kann man lernen. Sie heißen in diesem Fall: außer sich sein, die Überwältigung durch Gefühle zeigen und entsprechend agieren. Der Jähzorn und der Streit werden so zu den bestimmenden Gemeinsamkeiten der Familienmitglieder, die jedes für sich seltsam blass sind. So ist der Vater nur ein Schemen, eine Vorlage, von der der Bruder, selbst kaum mehr als eine Personifikation des Jähzorns, abguckt. Die Mutter ist erschrocken, dann erleichtert und zeigt ansonsten wenig Leben.

Die Problemverschiebung aus der Bearbeitung der Geschichte lautet: Jähzorn ist eine Verstellung (auch der Bruder imitiert nur), mit der man Streit gewinnt. Streiten ist schuldhaftes Verhalten, es kommt darauf an, die Schuld anderen zuzuschieben, dazu muss man laute und jähzornige Szenen hinlegen. Beim Streiten muss man überwältigen durch eine Art Punktsieg; dazu gehört es, als Erster die Szene zu verlassen.

Zum Lernen lehrt uns die Geschichte, dass es darauf ankommt, die erfolgreichen Spielregeln zu erkennen und sich die dazugehörigen Verhaltensformen anzueignen. Vorläufig berichtet diese Geschichte über Familie als einen Ort, an dem Verhaltensmodellierung geschieht, und somit über Vorgänge, die sich innerhalb behavioristischer Lerntheorie erklären lassen.

Der Familienauftrag ist der der verantwortlichen Erziehung. Eltern haften für ihre Kinder. Vermutlich ist es die Dimension der Erziehung, die die Frage des Lernens verdeckt. Wo erzogen wird, wo also von oben nach unten Verbote, Ratschläge erteilt, Maßnamen ergriffen werden, das Kind zurechtgestutzt wird, bis es die gewünschten Formen annimmt, scheinen behavioristische Annahmen der Verhaltensmodellierung geradezu angemessen. Sie verraten in steter Verfeinerung, wie die zu Erziehenden über das rechte Maß an Belohnung und Strafe in der angemessenen Dosierung das gewünschte Verhalten produzieren. Holzkamp spürt wohl diese Verdeckung der Lernproblematik durch die Erziehungsfrage und lehnt es darum ab, Erziehung ebenso wie Lehren wirklich unter Lernen zu diskutieren, weil die wirklichen Subjekte des Lernens in solcher Weise verfehlt werden. Entsprechend überführt er behavioristische Lerntheorien dieser Verleugnung der Subjekte und weist jeweils an deren Fallgeschichten nach, dass die Lernprozesse nicht wie angegeben erzielt worden seien – zumeist als Reiz-Reaktions-Sequenz –, sondern dass das beobachtete Subjekt jeweils »aus guten Gründen« handelte und häufig eine Auffälligkeit in der Verhaltenssequenz sich dem Umstand unzureichender Information oder auch verarmter Lernbedingungen verdanke (1993, 39–117). Auf diese Weise geschieht in der holzkampschen Argumentation zweierlei: Zum einen geraten Erziehung und Lehren weitgehend aus dem Reflexionszusammenhang zum Lernen, mit der weiter oben (in Kapitel 2) diskutierten Problematik eines normativen Lernbegriffs; zum zweiten wird, wie schon zuvor (in Kapitel 7 und 8) angesprochen, die tatsächliche Wirksamkeit, der Erfolg behavioristischer Annahmen im gesellschaftlichen Zusammenhang unterschätzt und bleibt ebenfalls außerhalb des eigenen Analyserahmens zum Lernen. Auf diese Weise folgt Holzkamp genau der Maßgabe, die er als merkwürdig und verfehlt herausarbeitet: Zumindest vom Umfang her diskutiert er Lernen als Vorgang in der Schule – mehr als ein Drittel des fast 600 Seiten starken Buches spricht über Schule, während Familie und Arbeit weitgehend unberücksichtigt sind. Zugleich gewinnt er – wie oben ausgeführt – seinen Begriff von Lernen aus einem persönlichen Fall von Kunstaneignung, dessen Stufen dann auch die Folie für die Schulkritik abgeben müssen.

Erfolg

Prüfen wir eine andere Erfahrung, die ebenfalls von einem Erfolg erzählt und in der Familie spielt. (Szene 12)

> Samstagmorgen. Sie war 12 Jahre alt und wollte an diesem schönen Tag nachmittags eine Fahrradtour mit ihren Freundinnen machen. Doch dazu musste erst dieser verdammte Platten aus ihrem Hinterrad verschwinden. Ihr Vater – bisher die Lösung für Probleme dieser Art - wollte das Problem nicht beheben, die beiden hatten mal wieder Stress miteinander. Auf die Idee, ihren Bruder zu fragen, kam sie gar nicht, denn er hatte noch nie etwas für andere gemacht. Ihre kleine Schwester konnte genauso wenig wie ihre Mutter Fahrräder reparieren; Frauen sind dafür einfach nicht zuständig. Probleme in der Familie wurden nicht nach außen getragen, sodass sie weder Nachbarn noch ihre Freundinnen bzw. deren Väter um Hilfe bitten konnte. Also gab es nur eine Möglichkeit: Sie musste ihr Fahrrad alleine flicken!
>
> Zugesehen hatte sie dabei bisher noch nie. Sie stand im Schuppen und betrachtete das Werkzeug. Da sie weder die Namen noch den Zweck der einzelnen Teile kannte, räumte sie den halben Schuppen aus und verteilte das Werkzeug auf dem Hof. Sie probierte verschiedene Werkzeuge aus, fand aber nicht das Richtige, um die Schrauben zu lösen. Langsam wurde sie ungeduldig. Ihr Vater kam einmal auf den Hof und lachte sie aus: »Das kannst du doch gar nicht!« Er bot ihr an, es in den nächsten Tagen zu reparieren. Aber darüber wurde sie total wütend und sagte sich: »Jetzt erst recht!« Endlich fand sie das passende Werkzeug für die Schrauben. Diese saßen sehr fest, und sie musste ihre ganze Kraft aufwenden, um sie zu lösen. Dann war sie ein wenig von der Kette irritiert, aber nach einigen Überlegungen kam sie darauf, wie sie Kette und Rad voneinander trennen konnte. Stolz hielt sie das Hinterrad in der Hand und glaubte, sie hätte das Schwerste nun

geschafft. Doch dann wusste sie nicht, wie sie den Mantel entfernen sollte. Jeder missglückte Versuch brachte sie ein Stück näher an die Verzweiflung – aber Aufgeben kam für sie nicht in Frage. Und schließlich war auch dieses geschafft. Den Flicken auf die richtige Stelle zu setzen empfand sie als relativ leicht. Doch dann musste sie alles wieder zusammensetzen. Sie heulte fast vor Wut, denn ständig hatte sie etwas vergessen oder verkehrt angebracht, wusste immer noch nicht, welches Werkzeug sie wann und wofür verwenden musste, und baute das Fahrrad immer wieder zusammen, auseinander, zusammen, auseinander … Doch so kurz vor dem Ende wollte sie erst recht nicht aufgeben. Und schließlich wurde sie auch fertig. Es sah wieder wie ein richtiges Fahrrad aus, und der Flicken hielt!
Der Vormittag war zwar gelaufen, die Klamotten versaut, die Hände nicht mehr sauber zu kriegen – aber sie konnte triumphierend am Mittagstisch sitzen, was die Stimmung zwischen ihr und ihrem Vater nicht gerade verbesserte. Aber das war ihr egal, denn sie wusste, dass sie in Zukunft weniger auf ihn angewiesen sein würde und ihre Radtour nun noch mehr genießen könnte.

Die Botschaft der Autorin: Nur durch unermüdliches Lernen überwindest du Abhängigkeit, du musst väterliche Bereiche besetzen.

Die implizite Lerntheorie: Lernen erfolgt über Experimente, für die der rechte Wille da sein muss.

Der erste Eindruck, dass die Schreiberin unerhört aktiv ist, bestätigt sich, blickt man auf die Menge der sich zugeschriebenen Tätigkeiten. Verben der Bewegung, des Wünschens und Wollens, des Denkens wechseln einander ab – sie ist allseitig in Bewegung. Auf den zweiten Blick zeigt sich jedoch eine eigenartige Konstruktion: Die Bewegung geht vom Nichtkönnen und Nichtwissen – also von einer Vielzahl negierter Tätigkeiten – ins Sollen, Müssen und Tun. Entsprechende Gefühle der Ungeduld, Wut und Verzweiflung begleiten die Taten und zeigen eine Person, die sich von einem anfänglichen Stand des Bedientwerdens selbst in Fähigkeit und Unabhängigkeit zwingt. Dafür zeigt sie die Lage als ausweglos: Es gibt niemanden, der es für sie tun könnte, also muss sie selber ran. Dass es niemanden gibt, wird beiher mit schlechtem Charakter (der Bruder hat noch nie etwas für andere gemacht), herkömmlichen Sitten (nicht Probleme nach außen tragen), Uneinigkeit mit dem Vater und geschlechtsspezifisch (Frauen sind dafür einfach nicht zuständig) begründet. Das erhebt die eigene Tat zugleich aus der Begrenzung durchs Geschlecht. So setzt sie gegen das gewohnte »Du kannst nicht« widerständig das autonome »Wenn du willst, kannst du«, das sich selbst in dieser Form noch wie eine elterliche Ermahnung anhört.

Die relativ zahlreich auftretenden anderen Personen (Freundinnen, Bruder, Mutter, Schwester, Nachbarn, Väter der Freundinnen) werden zugleich beschrieben wie eine Art Umwelt, also nicht als Menschen; mit dem Vater bildet sie dagegen eine Art Einheit in der Trennung. In dieser Weise konstruiert sich die Autorin als allein, als inkompetent, als Wille – so kommt sie aus der Abhängigkeit in den Genuss der Unabhängigkeit und zwar, da sie noch nie zugesehen hat (also nicht imitieren kann) und kein Werkzeug kennt (ohne Kompetenz ist), durch unablässiges Experiment. Per aspera ad astra.

Du brauchst niemanden, ist die Lehre, wie du auch von niemandem etwas lernen musst. Nur dein Wille zählt, und wo ein Wille ist, ist auch ein Weg.

So liest sich die Szene wie ein Bündel von Sprichwörtern, die so die Geschichte ebenso zu diktieren scheinen, wie sie ihre eigene Berechtigung aus experimentellen Lernvorgängen vorführen. Erwachsenwerden zeigt sich dergestalt als Verlassen der Schutz- und Bediensphäre, das notwendig wird, wenn man seinen Willen so einfach nicht bekommt. Es zeigt auch, dass die vorhergehende Aufgehobenheit in der Kompetenz und Hilfe des Vaters keine emotionale Dimension hatte – es ist ihr »egal«. So lehrt uns die Autorin auch: Sich bedienen lassen führt zu Abhängigkeit und bleibender Inkompetenz und hat daher zu hohe Kosten; eigene Inkompetenz kann man ausgleichen. Die beste Möglichkeit ist das Experiment.

Im Unterschied zur zunächst einleuchtend erscheinenden Bedeutung, die die Autorin vermitteln wollte, können wir jetzt entschlüsseln, dass es der Anspruch aufs Bedientwerden ist, der der Autorin im Laufe der Geschichte problematisch wird und dessen Überwindung sie als Befreiung lebt. Lernen ist so auch ein Produkt von Widerstand, der ebenso gegen sich selbst gerichtet werden muss.

Und als allgemeine Lehre bleibt: Bequemlichkeit, die unterstützt wird durch Schutz und Hilfe und allgemeine Vorurteile, führt zu Abhängigkeit und Inkompetenz und steht jedem expansiven Lernprozess entgegen. Sie kann nur durchbrochen werden, wenn ein Gegenwunsch nicht erfüllt wird, wenn also Genuss und Wohlfühlen widersprüchlich besetzt sind. In diesem Widerspruch kann gelernt werden. Aber es bedeutet zugleich, das Gewohnte zu verlassen und in Unabhängigkeit weniger geborgen zu sein. In dieser Weise berichtet diese Szene vom Lernen in der Familie, indem diese in ihren gewohnten Strukturen verlassen wird. Familie erscheint so als ein Ort, in dem – bis zu einem gewissen Punkt behütet – so wenig wie möglich gelernt wird, bis zu dem Punkt, an dem eigene Wünsche auf wenig Echo stoßen, man aber zugleich kundig genug ist, ein Experiment mit Aussicht auf Erfolg zu wagen. An dieser Stelle erweist sich Familie gewissermaßen zum letzten Mal als exzeptioneller Lernort. Man muss in Familie zu Hause sein, um die Grenzen überschreiten zu können. Gewöhnlich nennen wir diesen nachhaltigen Lernschub Erwachsenwerden.

Es bleibt weiter auffällig, dass in den Erinnerungsgeschichten zum Lernen der Lernort Familie so selten erinnert ist, wiewohl in anderen Forschungskontexten, etwa zu Angst, zum Sexuellen, zu Moral, zu Leistung u.a., Familie besonders intensiv im Gedächtnis haftet, es also nicht darum gehen kann, dass man sich nicht so früh nachhaltig erinnert, zumal Familie ja bleibt, auch über das Vorschulalter hinaus. Vermutlich bewirkt die alltägliche Verknüpfung des Wortes Lernen mit Schule, also die herrschende Kultur, auch eine Art von Zensur für die Erinnerung.

Ich wechsle daher hier ausnahmsweise die Methode der Geschichtensammlung und berichte über eine Lernbeobachtung in familiärem Kontext, also gewissermaßen von außen, aber mit dem Versuch, das lernende Subjekt ausreichend zu Wort kommen zu lassen.

Abschied

Jonas ist jetzt fast sechs Jahre alt und ein Meister darin, Spannungen in der Familie so auszutarieren, dass für ihn ein vermeintlich sicherer Platz herauskommt. Meist begibt er sich an die Seite seiner Mutter, vertieft Uneinigkeit etwa zwischen den Eltern, indem er einen schützenden Graben um sich und seine Mutter zieht. Andere erfahren solche Schutzbauten primär als Unleidlichkeit. Jonas' Nähe ist in solchen Momenten zu meiden.

Aber was ist, wenn seine Mutter abwesend ist?

Im November war Jonas zu Besuch bei seinen Großeltern. Das war eine aufregende, lebhafte, fröhliche und oft zärtliche Zeit – bis auf einen Tag. Morgens war ein kleiner Junge zu Besuch gekommen, ein stark behindertes Kind, Moritz, 9 Jahre alt und einen Kopf kleiner als Jonas. Dieser wollte sich mit Moritz treffen, obwohl er krank war, wenn er nur keine Schmerzen hätte. Eine seiner ersten Fragen an den Jungen war, ob er ein »wenig gekränkt« sei. Vielleicht wollte er ›krank‹ verkleinern, vielleicht die Verursachung nach außen schieben als etwas, das einem geschieht wie ›geschlagen‹, vielleicht aber wusste er einfach nicht, wie das Wort gekränkt einzusetzen ist – ein Experiment also, wie überhaupt Sprache von ihm häufig probeweis verwendet wird. Moritz antwortete in deutlich pädagogischem Ton: »Ich bin nicht gekränkt, ich bin behindert.« Und damit waren die höflichen Einführungen vorbei und sie malten, lasen, versteckten sich, kletterten, kurz, sie spielten wie die Teufel.

Nach drei Stunden ging Moritz mit seiner Mutter weg. Ich, die Großmutter, wollte noch eine Arbeit beenden und versprach dem gleichsam in der Luft hängen gebliebenen Jonas, dass wir in etwa einer halben Stunde Brezeln einkaufen gehen würden und dabei auf dem Spielplatz verweilen könnten, was ihn begeistert, mich leider langweilt.

Jonas ging in sein Zimmer, holte seinen Walkman mit Kopfhörer, setzte sich in den Sessel zum arbeitenden Großvater, und ich beeilte mich, rechtzeitig fertig zu werden, um mein Versprechen zu halten. Genau pünktlich kam ich freudig in die abgeschlossene Versammlung je für sich tätiger Männer, wo Jonas mich finster anblickte und, bevor ich etwas sagen konnte, mich zurückwies: »Ich gehe nicht mit.« Es war dies wie ein Déjà-vu – Monate zuvor gab es eine ganz ähnliche Szene: Jonas reiste mit seinen Eltern ab, hatte den Kopfhörer auf den Ohren und weigerte sich, diese einen Moment abzusetzen, um sich von uns zu verabschieden. Abgeschlossen in seiner Welt, eingesponnen in ein von außen nicht sichtbares Geschehen, das aus einer Diskette strömte, verweigerte er die einfachsten liebevollen Gesten des Weggehens, die, selbst wenn sie nur Gesten sind, überlebensnotwendig den Abschied überhaupt erst ermöglichen. Jeder Versuch, ihn zum Ablegen der Kopfhörer zu bewegen, stieß auf Wut, Heulen, Bockigkeit – und es war erst recht nichts mehr zu machen.

Ich wollte das keinesfalls wiederholen. Meine Enttäuschung und daraus ein Zorn der Vergeblichkeit, weil ich meine Arbeit schließlich für diesen kleinen Ausflug hastig eingeteilt und vorangetrieben hatte, ließen mich einfach aus dem Zimmer gehen: Ich gehe allein.

Ich trete vor die Tür, die Sonne scheint, ein frühlingshaftes warmes Wetter mitten im November – die Luft hüllt mich ein wie eine zärtliche Umarmung – ich mache kehrt: Es ist Unsinn, Jonas nicht in diese Lebensmöglichkeit mitzunehmen, und außerdem: Warum sollte ich jetzt allein gehen, was das Brezelnholen zu einer Besorgung macht statt zu einem Ausflug? In seines Großvaters Zimmer sitzt Jonas in gleicher Haltung mit der gleichen Beschäftigung bewegungslos wie eingefroren im Sessel. Ich versuche, ihn zu verführen, rede vom Wetter, der Sonne, vom Spielplatz, verlege mich aufs Bitten – Jonas steht schließlich widerwillig auf und schreit: »Na meinetwegen, aber den Walkman nehme ich mit.« – »Nein«, rufe ich ziemlich bestimmt, und mit der traurigen Empörung aus der Vergangenheit: »Du sollst nicht mit mir gehen und dabei deine Ohren verstopfen wie Odysseus.« Jonas nimmt den Köder, jetzt die Möglichkeit zu haben, eine Geschichte über Odysseus zu hören, nicht an, schiebt sich zurück in seinen Sessel: »Dann gehe ich eben nicht mit.« Die Situation wird merklich unhaltbarer – ich habe mich in eine Bittstellerin verwandelt für ein gemeinsames Unternehmen, Jonas in einen, der auf seinem Recht besteht, das zu tun, was er gerade jetzt möchte, und das ist in erster Linie die andere ausschließende Einkapselung in die Kassettenerzählung. Ich überlege, ihm eine andere Geschichte zu versprechen, aber da mischt sich sein Großvater in die unleidliche Szene, herrscht Jonas an: »Du gehst jetzt mit und lässt den Walkman hier, was glaubst du eigentlich!«

Jonas steht auf, legt den Kopfhörer hin, jede Geste voller Widerwillen, der sich auf seine Schritte überträgt, er schleppt sich an meiner Seite dahin, gibt mir

seine Hand nicht wie sonst und heult zu alledem. Auch so ist das keine gute Geschichte – ich habe verloren, indem ich gewann. Ich muss jetzt etwas tun.
Ich beginne mit ihm ein ernstes Gespräch über Erfahrung, aus der man Schlüsse zieht und sich verändert und handelt. Er ist sofort interessiert, denn gewöhnlich liebt er Lehrgeschichten. Ich sage: »Nach meiner Erfahrung hat dieser Walkman eine schreckliche Wirkung auf dich. Immer wenn du ihn auf deine Ohren setzt, bist du anschließend unleidlich, unfreundlich und sauer. Ich bin dafür, dass wir dieses Gerät wegwerfen.«
Jonas hakt sogleich ein, jetzt vollkommen hingegeben einer Situation der Diskussion und Explikation, in der er gleichberechtigt mitreden darf. Er sagt wie experimentell, also ohne das emotionale Aufbegehren gegen die Zumutung, den Walkman in die Mülltonne zu stecken: »Ich bin ganz dagegen, denn meine Unleidlichkeit, Säuernis und Unfreundlichkeit kommen nicht vom Walkman, sondern davon, dass der Opa mich angeschrien hat, obwohl mein Vater gesagt hat, er solle mich nicht anschreien, und deswegen extra telefoniert hat.«
Ich bin jetzt auch in diesem Spiel von Rede und Gegenrede und antworte: »Ich bin nicht überzeugt, denn du warst schon unleidlich, unfreundlich und sauer, bevor der Opa dich angeschrien hat, wobei das Anschreien weit weniger schmerzlich ist als deine Haltung mir gegenüber.« – Ich merke, dass der Satz schwierig ist, und bin zugleich gespannt, welches Schlupfloch er für sich finden wird.
Jonas denkt lange nach – wir gehen mehrere hundert Meter schweigend, und ich fürchte schon, dass er aufgegeben hat. Da erhellt sich plötzlich seine eben noch angespannt mürrische Miene, er blickt zu mir hoch und sagt strahlend: »Jetzt weiß ich es! Es ist weder der Walkman noch das Anschreien von Opa, sondern der Abschiedsschmerz, den ich einfach nicht aushalten kann, weil Moritz weggegangen ist. Beim Abschiedsschmerz weiß ich nicht, was ich dagegen tun soll, und bin gegen alles.«
Ich bin verblüfft über die Fähigkeit, eine Problemverschiebung vorzunehmen, der Sache auf den Grund zu gehen, bereit zu sein, eigene Handlungen kritisch zu hinterfragen – da ergänzt Jonas, gleichsam um mich vollends zu überwältigen: »Ich bin froh, dass wir darüber gesprochen haben, denn so kann ich beides, den Tag genießen und wohin wir gehen, und den Abschiedsschmerz erkennen und ihn deshalb aushalten. Und ich weiß auch, dass das Anschreien von Opa und meinem Vater nur schrecklich ist, wenn mir sowieso etwas wehtut. Ich möchte, dass wir jetzt immer alles durchsprechen.«

Die Szene scheint auf den ersten Blick ausgedacht als eine Art Idylle in einem Erziehungsroman, bevor man sich erinnert, dass der Ausgangspunkt ja ein ganz gewöhnlicher Streit zwischen Kindern und Erwachsenen ist, wo jeder sein Vorhaben, nennen wir es Wunsch oder Wille, durchsetzen will. Jonas tut dies praktisch Minute um Minute, er lässt keine Gelegenheit, kein Wort aus, ohne dass er eine Verneinung an die Stelle setzt. Dabei stößt er auf Nachgiebigkeit bei Eltern und Großeltern, besonders wenn Müdigkeit oder ein anderes Engagement sie einfangen; oder ebenfalls auf eine Verneinung, in der Erwachsene ihr Durchsetzungsvermögen probieren. In diesem Hin und Her lernt er Heranwachsen als eine teils von Freundlichkeit, teils von Unfreundlichkeit beschützte Ausdehnung seiner Wirkmöglichkeiten. Energisch stellt er auch sein Gefühlsleben auf diese Bewegung ein, wird wütend, traurig, sauer, bockig, wo er nicht bekommt, was er will. Eine frühe Möglichkeit ist es, in sein Zimmer zu rennen und die Tür zuzuschmeißen. Allein, in gewollter Abschließung, findet er sein Gleichgewicht wieder und kann auf neue Taten sinnen. Aber da gibt es einen Punkt, wo Wille und Gegenwille machtlos sind, wo Schmerz bleibt und sich nicht beruhigen will. Dies, so lehrt uns Jonas, ist der Abschied. Die Möglichkeiten, sich abzulenken, einen Ersatz zu suchen, um diesen Schmerz zu erdrücken, sind vielfältig. Der Ausgang aus diesen Erfahrungen ist mithin höchst ungewiss.

Vorsichtig schreibe ich als These, dass Lernen in der Familie, gerade weil dort idealerweise eine Aufgehobenheit und dauerhafte Zuneigung gefunden werden kann, der Ort ist, in dem Ablösung, Abschied als Schmerz erfahren und sein Aushalten gelernt werden kann. Auch dies nennt man Erwachsenwerden in einem pathetischen Sinn, die Möglichkeit, allein zu sein.

Im Schulalter wird vorausgesetzt, dass die Schüler diese ›Reife‹ besitzen.

Schließlich lässt sich vielleicht festhalten, dass das Familiendrama als ein schwieriger Lernprozess die merkwürdige Verknüpfung von Gerechtigkeitserfahrung mit Ablösung vorführt. Dies genauer zu erkunden bleibt hier allerdings eine Forschungsfrage.

Kapitel 12

Lernen in der Universität – Erinnerungsarbeit 3

Etwa die Hälfte der für dieses Buch über Lernen zusammengetragenen Erinnerungsgeschichten wurden im Rahmen von Universitätsseminaren geschrieben. Daher ist es nicht erstaunlich, dass vielfach auch die Lage in der Universität in der Form einer Erinnerungsszene beschrieben wurde. In den meisten Szenen nahmen die Studierenden die Gelegenheit zum Anlass, ihren Zorn auf die universitären Lernstrukturen äußern zu können. Da aber das Verhältnis der Studierenden zur Universität schon ausführlich in der Diskussion der Lerntagebücher dargestellt und ausgearbeitet wurde (Kapitel 8 und 9), sollen an dieser Stelle nur drei Erinnerungsszenen vorgeführt werden, die neue Dimensionen in unsere Frage nach den Lernprozessen und der Positionierung der Einzelnen darin bringen.

Die Sache mit dem Protokoll

Die folgende Erinnerung gilt dem Thema *Als ich einmal nichts lernte* (Szene 18).

Die im Folgenden beschriebene Erfahrung ist meinem Studienalltag entnommen, ungefähr am Ende des zweiten Studienabschnitts. Dieser bzw. das neunte Semester hat die Bedeutung, dass ich einerseits in Bezug auf den Studienalltag von Routine ausgehen kann und zweitens diesen Abschnitt absolut freiwillig gegangen bin, weil ich den ersten Abschnitt ja schon in der Tasche hatte und der zweite sich rein aus dem Interesse am Lernen, aus Interesse an den Inhalten begründet. Das ist also meine Grundvoraussetzung: Ich möchte freiwillig etwas lernen, und ich weiß ziemlich genau, was auf mich zukommen wird.
Jetzt zu meiner Lernerfahrung. Es war während einer Projektsitzung, in der ich mich habe breitschlagen lassen, das Protokoll zu schreiben. Ich hasse Protokolle-Schreiben, wo ich doch schon beim konzentrierten Zuhören bei komplexen Themen meine Schwierigkeiten habe. Und dann soll ich die Sachen noch mitschreiben. In der EDV nennt man das Multitasking, zu dem ich absolut nicht fähig bin. Natürlich kenne ich es, dass man sich in den Vorlesungen gewöhnlich Sachen mitschreibt, doch handelt es sich dabei um Mitschriften, die ganz allein für mich sind. Beim Protokoll ist das etwas anderes, diese Form der Mitschriften sind für den gesamten Kurs, damit jede und jeder Einzelne nachvollziehen kann, was inhaltlich in der Stunde gelaufen ist. Als Nichtprotokollant

verlasse ich mich sogar darauf, dass ich das Protokoll als solches benutzen kann, um mich halt nicht durch lästiges Mitschreiben abzulenken.
Es war also die Situation im Kurs, dass niemand sich eingetragen hatte, um das Protokoll zu schreiben. Was veranlasste mich nun, mich doch dafür bereit zu erklären, wo es doch mindestens zwanzig andere Kommilitoninnen und Kommilitonen gab, die sich dieser Tortur unterziehen konnten. Wahrscheinlich war es für sie nicht mal eine wie für mich. Also bei der Frage, wer denn das Protokoll schreiben würde, gingen mir viele Gedanken durch den Kopf. Protokoll schreiben könnte ja auch eine Chance sein. Es hat ja gewiss einen qualitativ höheren Lernerfolg, wenn ich mich auch nach der Vorlesung intensiv mit dem Diskutierten befasse. Aber Protokoll schreiben ist doch eine Sache, die mich in Stress versetzt. Nicht unbedingt, weil ich es zeitlich nicht schaffen könnte, sondern der Stress, der entsteht, wenn ich an den Erwartungsdruck denke, der von Seiten des ganzen Kurses auf mir lasten wird. – Tue ich mir das an? Nachdem sich nach ca. einer Minute Stille immer noch niemand gemeldet hatte, überwog mein Helfersyndrom, mich doch in das kalte Wasser zu stoßen. Nicht zuletzt ist es ja noch ein nettes Gefühl, die Situation zu retten. Alle Beteiligten werden wahrscheinlich innerlich aufatmen, so wie ich es gemacht hätte, wenn der Kelch an mir vorübergegangen wäre.
Die Entscheidung war gefällt, ich habe mein Quäntchen Anerkennung bekommen und musste mich jetzt voll auf meine Aufgabe konzentrieren. Fleißig schrieb ich vier Seiten voll. Ich war mir auch relativ sicher, die Inhalte so aufgenommen zu haben, dass ich sie getrost anschließend in Protokollform zusammenschreiben könnte.
Nach ungefähr drei Tagen hatte ich die Zeit und die Muße gefunden, mich an die Ausarbeitung zu begeben. Die nächsten zwei Stunden hatte ich mir nichts weiter vorgenommen, als dieses Protokoll zu bearbeiten. Doch als ich meine Aufzeichnungen überflog, überkam mich wieder das Gefühl, dass dort nur zusammenhangslose Bruchstücke von irgendwelchen Gedankengebäuden standen, die in meinem Kopf einfach nicht mehr denkbar waren. An dieser Stelle war es wieder so weit, dass ich meine Entscheidung bzw. meine Bereitwilligkeit bereut habe. Also habe ich mich drangemacht, diese Gedankenfetzen nachzuvollziehen, mich an Gesagtes zu erinnern und möglichst in knapper verständlicher Form einen Text in den Computer zu hacken, mit der Gewissheit, dass er in der nächsten Sitzung sowieso zerrissen wird. Die zwei Stunden waren somit auch knapp bemessen.
Wie erwartet, so war es auch eingetreten. Die inhaltlichen Punkte gaben genau das nicht wieder, was zuvor erarbeitet bzw. von der Dozentin vorgetragen wurde. Der Effekt des Korrigierens hatte zumindest den Erfolg, dass wichtige Inhalte noch einmal wiederholt wurden, doch hatte sich auch meine Unsicherheit bezüglich der Materie bestätigt, und der erwartete Lernerfolg blieb leider aus.

Wie meist, gelingt es leicht, sich in die geschilderte Szene einzufühlen. Führt man sich jedoch genauer vor Augen, was der Autor uns als eine Art Lehre vermitteln will, so lautet diese in etwa: Freiwilligkeit nützt beim Lernen nichts, und tue nicht, was du nicht sicher kannst, es führt zu wenig und macht bloß Mühe, die Wohlwollen nicht ausgleichen kann, zumal Kritik auch das wieder zunichte macht. Oder: Schuster bleib bei deinem Leisten.

Es ist auch immer wieder erstaunlich zu erkennen, welche im Grunde miteinander unvereinbaren Positionen gleichzeitig von uns gedacht und für richtig gehalten werden können. So mag man klar bestimmte lerntheoretische Vorstellungen hegen und zugleich dem Autor in seiner impliziten Lerntheorie folgen, die lautet: Weder Freiwilligkeit noch Übung führen zum Lernerfolg. Lernen kann man nicht lernen. Lernen braucht mehr Zeit, als man hat.

Der Student schreibt mit leichter Selbstironie und gibt zunächst die Grundversicherung ab, fest auf zwei Beinen zu stehen. Weg, Ziel und freier Wille stimmen überein – die Sache scheint klar. So beginnt der Text mit betonter Sicherheit *(er kann davon ausgehen)*, klarem Motiv *(ist absolut freiwillig, er möchte freiwillig lernen)*, einer weiteren Sicherheit *(hat den Abschnitt in der Tasche)*.

Als zweite Stufe kommt die tatsächliche Erfahrung, und das Subjekt wird unpersönlich oder passiviert: *es* war, er *hat sich breitschlagen lassen.* Wo der Autor mit starken Gefühlen auftaucht, sind sie negativ: ich *hasse*, habe *Schwierigkeiten.* Die Handlungen werden von oben und außen ihm auferlegt: *soll mitschreiben.* Die vorherige Sicherheit wird eine der Negativität: *ist absolut nicht fähig.*

Noch einmal wird das unpersönliche Subjekt als Akteur bestätigt *(es handelt sich)*, und der gesamte folgende Passus ist wie eine Anweisung geschrieben, eine Verordnung, eine Norm. Diese Norm zeigt sich auch als Regel der vorhergehenden Sicherheit, die, da sie an das persönliche Subjekt erinnert, dieses auch wieder einsetzt: »ich verlasse mich darauf«, »kann benutzen«, »nicht ablenken«. Schon folgt die Ausnahme: »niemand will schreiben«. Das zeigt: Was für die einen Ordnung und Sicherheit, ist für die anderen Tortur, besonders für diesen einen Autor. Die Sprache bleibt unpersönlich: »bei der Frage [...] gehen mir Gedanken durch den Kopf«, »das Protokollschreiben hat einen Lernerfolg«.

So stehen unpersönliche Mächte um den Autor herum, um ihn zur Subjekthaftigkeit zu überreden. Wie Faust streitet das überforderte Ich – »es ist doch Stress«; es naht sich die Verführung, es könnte Lernen entstehen, was der Autor ja will, aber dagegen steht der Erwartungsdruck, der von den anderen kommt – »Tue ich mir das an?« Ein neues Subjekt tritt auf: das Helfersyndrom, zudem sogleich mit dem Schrecken: *Es stößt dich ins kalte*

Wasser; dagegen steht der Gewinn: *Es ist nett, ein Retter zu sein, Grund für das Aufatmen der anderen.*

Die Freiwilligkeit des Lernens wird zur Freiwilligkeit, sich in eine Stresssituation zu begeben, und das Ganze zu einem Kosten/Nutzen-Kalkül.

Der Autor hat viel Text und Worte in die Beschreibung der Situation gesteckt, noch bevor die eigentliche Lernerfahrung einsetzt. Das bedeutet auch, die Lernerfahrung bezieht sich auf ihn selbst und seinen Standpunkt in der Lernsituation – was er sich freiwillig zumutet, nämlich ein freiwillig rationales Subjekt zu sein mit dem Bedürfnis, die Ordnung für sich und andere herzustellen. Entsprechend werden die Zeichen gesetzt. Das unpersönliche Subjekt – *die Entscheidung* – entlässt den Autor in die Subjektbewährung. Demgemäß tritt er jetzt mit eigenen Tätigkeiten hervor: *er hat bekommen, muss sich konzentrieren, schreibt fleißig viel, ist sicher, kann getrost zusammenschreiben, er hat Zeit und Muße, hat sich nichts weiter vorgenommen, überfliegt,* und schon wieder entgleitet ihm das Subjektsein: Ihm gegenüber treten neue unpersönliche Subjekte ins Feld: *das Gefühl, Bruchstücke stehen, sie sind nicht denkbar, es war so weit.* Die Szene ist dramatisch gekonnt geschrieben, denn jetzt kommt es zur angemessenen Subjekthandlung: *Ich bereue* – die Meldung zum Protokoll erfolgte als Resultat einer Versuchung, der er nicht hätte nachgeben dürfen. So ist es seine eigene Schuld, und er muss büßen. Der neue Versuch, wieder als selbstbestimmtes rationales Subjekt aufzutreten, ist dementsprechend etwas kläglich: Er *macht sich dran, Gedankenfetzen nachzuvollziehen, sich zu erinnern, hackt in den Computer.* Die neue Sicherheit/Gewissheit ist jetzt eine des Untergangs, »dass es sowieso zerrissen wird«.

Erneut übernehmen neue unpersönliche Subjekte die Regie: *zwei Stunden, das Erwartete, die inhaltlichen Punkte, der Effekt, wichtige Inhalte, die Unsicherheit, der Lernerfolg.* Und die Bestätigung ist jetzt eine, die das Misslingen vorführt. An die Stelle der ursprünglichen Sicherheit, lernen zu wollen, tritt die Sicherheit, nichts gelernt zu haben.

Dazwischen kämpft das Subjekt mit der Versuchung, Subjekt zu sein – in der einzig möglichen Form als Retter unter Druck –, und erfährt, was sprachlich genau nachgebildet wird, dass ihm die Sache entgleitet und in die Hände unpersönlicher Mächte übergeht.

Die anfängliche Gewohnheit, Freiwilligkeit und Sicherheit in der Ordnung vertragen es nicht, dass der Einzelne sich an ihrer Herstellung beteiligt – die Aufforderung an sich selbst, Subjekt des Lernens zu sein, war unpassend bzw. in der gegebenen Ordnung eine Versuchung. Insofern beschreibt der Autor auch ein Paradox: Wie kannst du selbst als Retter in der Not auftreten, wenn du dazu nicht in der Lage bist? Es entsteht Ratlosigkeit, denn das

Unvermögen erstreckt sich nicht nur auf die angemaßte Retterpose – das scheint eher ein selbstironisches Zugeständnis –, die Szene empfiehlt vielmehr, die Ausgangssicherheit und Freiwilligkeit als höchst unsicheres Gelände wahrzunehmen. Und noch gibt es keine Antwort, wie Lernen mit Erfolg möglich sei. Übersetzt in allgemeinere Sprache heißt das: Wie kann ich zusammen mit anderen Handlungsfähigkeit erweitern, wenn uns die Mittel dazu unklar sind?

Tatsächlich berichtet der Autor von einer kollektiven Lernsituation, ja die Aufforderung zur Handlung, das Protokollschreiben, ist ohne Kollektiv sinnlos und seine Durchführbarkeit ist Prüfung für den Lernerfolg – kurz: Die Aufgabe ist eine fast idealtypische Situation, die die vorhergehende Lernbereitschaft, -freiwilligkeit, -sicherheit einlösen muss. Umso unverhoffter das Verfehlen. Der Autor gibt einige Hinweise, wie dies zu begründen ist. Die Gefühle sind negativ: Hass, Stress, Unfähigkeit, Überforderung. Aber ebendiese sind zugleich der Alarm, dass u.U. die vorhergehende Sicherheit auf tönernen Füßen stand bzw. nicht wirklich war. Das Gefühl der Freiwilligkeit erfährt so eine heftige Kritik, es ist u.U. Selbstbetrug bzw. der Autor will etwas aus freien Stücken, was er nicht weiß – nur dass es nicht von außen kommt bzw. dass alles Äußere etwas ist, mit dem er rechnen kann, weiß er. Der Selbstzweifel setzt so aber voraus, dass Subjektwerdung als Ziel angenommen ist. So berichtet diese Szene, die in einem hohen Maße selbstreflexiv geschrieben ist, auch von der geschlechtstypischen Problematik, als Mann sozialisiert zu sein.

Die entscheidende Differenz zu weiblichen Biographien wäre so nicht Versagen oder Erfolg, Können oder Nichtkönnen, Gefühl oder Nichtgefühl, sondern ob die Anrufung, ein selbstbestimmtes Subjekt zu sein/werden, angenommen ist oder nicht.

Was aber sagt dies etwa zur Wahrnehmung der anderen und ihrer Abbildung? In der obigen Szene kommen sie trotz einer ausdrücklich kollektiven Veranstaltung und Aufgabe so gut wie nicht vor. Es ist die Rede von einer Dozentin, von Kommilitonen beiderlei Geschlechts – die vielleicht etwas können, Anerkennung zollen, Druck ausüben, ihn durch Nichtstun in die Lage bringen, dass er handeln muss. Dies lässt sich zu einer weiteren Lehre verdichten: Das Nichteingreifen der anderen macht in einer Ordnung, die Eingreifen verlangt, dass jeder Einzelne ein Subjekt mit Verantwortung werden muss.

Die Analyse hat uns von der halbbewussten Kritik an einfachen Lernannahmen zu der Lehre geführt, dass man als Einzelner im Kollektiv allein sein kann, dass also die Aufforderung an die Subjektbildung, ohne die Bedingungen dazu in eigne Hände zu geben, zu Täuschung und Illusion führt. – Und das eigentliche Lernen entziffert sich als die Veränderung des Subjekts.

Louis Althusser hat den Begriff des Subjekteffekts geprägt, womit er in einer etwas komplizierten und hier von mir stark vereinfachten Theorie ausdrücken will, dass die einzelnen Subjekte Produkte der Antworten oder Bejahungen sind, die sie auf an sie gerichtete Einordnungsfragen geben. Das Subjekt bildet sich so als eine Zusammensetzung der »Kulturgebote« (Althusser, 1976, 25; – bei Lacan »Gesetz der Ordnung«). Die Vorstellung, dass es ein selbstbewusstes, zentriertes homogenes Ich gibt, ist selbst eine Verkennung. Soweit Althusser. Seine Vorschläge sind nützlich und verkennen zugleich ihre Geschlechtsspezifik. In den Geschichten der Frauen kommt es nicht wirklich zu einer solchen Subjektformierung. Man vergleiche etwa die parallelen Erfahrungen mit dem Protokollschreiben und der Verarbeitung von Kritik (in Kapitel 8), in denen die Frauen in solche Selbstzweifel gestürzt werden, dass ein Studienabbruch erwogen wird. Es gibt praktisch keine Reserve, sondern nur das Gefühl, der Aufgabe nicht gerecht geworden zu sein. Die Kulturangebote, die gesellschaftlichen Strukturen, bleiben den Frauen gewissermaßen äußerlich, mit dem Traum aufzuwachen. Die Lernprozesse befördern dies. In diesem vorübergehenden Leben vager Subjektdiffusität ist Verantwortung für andere, anstelle derjenigen für sich selbst, eine lebbare Form (vgl. Haug u. Hauser, 1988, 43 ff) – wobei natürlich beides, das verantwortliche Subjekt in fremdverfügten Verhältnissen wie die subjektlose Verantwortung für andere, Vergesellschaftungsformen der Unterwerfung sind.

Von einem Befreiungsstandpunkt kommen wir zu folgendem rätselhaften Ergebnis: Die Weise, wie sich Frauen humanisieren, also ihre Menschwerdung lernend leben, ist kritisch gegen das bürgerliche Angebot, das im Neoliberalismus Konjunktur hat: Subjekt, also Unternehmer und Manager seiner selbst zu sein, auch seiner Lernbiographie. Die für die Anrufung nötige Subjektform ist von ihnen nicht erreicht oder verfehlt, gesellschaftlich auch nicht wirklich vorgesehen. Zugleich wird der Widerstand gegen diese Anrufung des Neoliberalismus geschwächt, weil Frauen selbst dort bereit sind zu funktionieren, wo es gegen ihre Bedürfnisse, Wünsche, Interessen geht, weil sie auch diese gesellschaftlich erst ausbilden müssen, um sie einzufordern.

Heute nichts gelernt

Nehmen wir zum Abschluss eine auf den ersten Blick witzige, an eine Karikatur erinnernde Notiz einer Studentin und eine ganz ähnliche Erinnerungsgeschichte.

Die Autorin wählt als eigene Überschrift: *Habe ich heute etwas gelernt?* (Szene 50) In dieser Weise verknüpft sie die Reflexionsaufforderung aus der Praxis der Lerntagebücher mit der Themenstellung aus den Erinnerungsgeschichten.

> Mir fällt gerade ein, dass meine Mutter mich früher oft gefragt hat, was ich heute in der Schule gelernt habe. Eigentlich hat sie mir damit gezeigt, mir meine Lernschritte selbst zu vergegenwärtigen. Allerdings hat sie – komischerweise – nie gefragt, was ich heute nicht gelernt habe. Spannender ist, was neu für mich ist. Also noch mal andersherum: Habe ich heute im Seminar bei H etwas nicht gelernt? Nicht gelernt habe ich, H's nicht enden wollenden Redefluss zu unterbrechen, als ich einmal einen Satz lang weggehört hatte und dann nicht verstand, was für eine These der Soziologe Soundso vertreten hat. War ja auch nicht so wichtig, und ich hätte mit einer Nachfrage ohnehin eher mein Interesse verfolgt, nämlich H endlich zu unterbrechen. Mit der Nachfrage ist das deshalb auch so eine Sache: Da ich sowieso nichts lernte, brauchte ich ja auch nicht zu fragen, was ich von dem, was ich nicht lernte, eben gerade verpasst hatte.

Die Studentin berichtet von der Vergeblichkeit und Absurdität des Studierens, das sie als eine Zumutung von Vortrag und eingeforderter Hörhaltung erfährt. Folgerichtig korrigiert sie die Frage nach dem Lernen in eine nach dem Nichtlernen. Die Lernhaltung erscheint so als auf Dauer gestellt und die Lernverfehlung als das Bemerkenswerte. Der kurze Versuch, das Misslingen der Vortragsweise des Dozenten zuzuschreiben – *sein nicht enden wollender Redefluss* –, stößt auf das sich herausbildende widerständige Subjekt, das schon weiß, dass es seine eigenen Lernbedingungen nicht passiv hinnehmen muss. Aber die Sachlage scheint so verhext, dass Widerstand doppelt gebrochen wird: Die mögliche Frage nach dem Verpassten setzt Interesse an der Antwort voraus, das aber nicht vorhanden ist. So entdeckt sie, dass die Frage selbst ›unlauter‹ motiviert war: Sie wollte die Frage zum Schein stellen, um in Wirklichkeit die Rede zu unterbrechen. Daher bezeichnet sie als ihren eigentlichen Lernmisserfolg, dass sie, obzwar sie es wollte, die Rede nicht unterbrach, weil diese Aktion wiederum kein redliches Mittel fand. In dieser Weise berichtet die Notiz vom allseitigen Misslingen universitärer Lernstruktur – in Bezug auf die Lehrenden, den Stoff, das Curriculum und in Bezug auf sich selbst, die da – eher schlafend – ihr Leben verbringt.

Der Pflichtkurs

Szene 24 handelt ebenfalls und ähnlich vom Nichtlernen:

> Fast bin ich versucht zu erzählen, dass ich immer etwas lerne, aber es gibt Situationen, da lerne ich zumindest nicht das, was ich will oder lernen sollte.
> Mir ist spontan ein Seminar im letzten Semester eingefallen, mein letzter Propädeutika-Pflichtkurs. Der Frust und die Wut stecken noch immer in mir, und ich habe mir geschworen, dass ich so was nie wieder über mich ergehen lasse.
> Was war so unerträglich? Nicht enden wollende Monologe, jeder Gedanke wird ausgequetscht, jeder Aspekt bis zum Erbrechen ausgeführt und permanent wiederholt. Obwohl der Dozent den Blickkontakt sucht und glaubt, ihn bei mir gefunden zu haben, will er nichts von mir. (Ab der nächsten Stunde sitze ich hinten.) Er will mich als Zuhörerin, ich soll sein Publikum sein. Er sucht nicht das Gespräch, meine Fragen – er wird mir schon alles erzählen, und er erzählt und erzählt. Wenn ihm das Ende der Stunde droht, läuft er zur Höchstform auf, er wird hektisch und lauter und muss unbedingt noch diesen so wichtigen Gedanken, den er vermutlich schon mindestens drei Mal genannt hat, unbedingt noch einmal sagen.
> Ich stelle mir sein Privatleben vor und glaube, dass da niemand ist, der mit ihm redet. Freiwillig würde ich mich nicht eine Minute in seiner Gesellschaft aufhalten. Ich komme mir missbraucht vor, und habe keine Lust, sein Ventil zu sein, damit er überlebt.
> Also reduziere ich die Stundenzahl, erst auf die Hälfte, dann auf ein Viertel. Es hilft nicht. Wenn ich in dem Kurs sitze, ertrage ich es kaum. Ich helfe mir mit Zeitung- oder Scriptlesen oder rechne eine Aufgabe aus Mathe IV. Aber ich gehe immer wieder hin, habe die Hoffnung, Erwartung, dass er irgendwann mal konket wird, dass er mal etwas sagt und nicht nur redet. Ich hatte gehört, dass er die Sache sehr mathematisch behandelt, warte darauf, dass ich mal etwas rechnen darf, meine Statistik II-Kenntnisse auffrischen kann, ich zumindest die Klausuranforderung abschätzen kann. Die Ausführungen in seinem Script haben nichts mit den Erzählungen gemein, niemand weiß, worum es ihm geht. Der Versuch, alte Klausuren aufzutreiben, scheitert daran, dass er bei der Rückgabe der Klausuren zwar eine Musterlösung hineinlegt, die Klausurfragen aber nicht wieder rausrückt.
> Er kann zwar nicht unterrichten, aber er hat gelernt, wie er sein Publikum bei der Stange hält: Er hält uns unwissend und verstopft die Fluchtwege.

Die Szene ist reflexiv geschrieben, die Autorin hat eine erkennbare Intention, was sie mitteilen will. Ihre Botschaft lautet in etwa: Um Lehren zu können, muss man anderen etwas zu sagen haben, sonst muss man Sekundärstrategien der Verhaltensmodifikation entwickeln, um auch nur seine Zuhörer zu behalten. In diese Bedeutung ist als Lerntheorie eingeschlossen: Man lernt nur, wenn einen die Dinge etwas angehen; dafür müssen in einem Lehr-Lernverhältnis die Lehrenden und die Lernenden zu den gleichen Zielen aufbrechen, gemeinsames Interesse am Fortkommen haben. – Das Sich-Einfinden in behavioristisch ausgerichteten Lerntaktiken – wie Lernen für Klausuren – ist selbst ein Rückzug aus Hoffnungslosigkeit.

Zur Verdeutlichung dieser Bedeutungen konstruiert sich die Autorin als jemand, die an Aktivitäten, insbesondere denen des Lernens gehindert wird. Daher gibt es keine wirklichen Tätigkeiten außer solchen wie *sitzt, glaubt, hilft sich, wartet* (mehrfach), was zugleich noch unterstrichen wird durch das *gehe immer wieder hin.* Die Szenerie ist begleitet von Gefühlen der Passivierung: *über sich ergehen lassen* (selbst im Modus, dass dies nie wieder geschehen solle) und *missbraucht* zu werden. Hier erteilt uns die Autorin beiher eine eindrückliche Lehre in den Gebrauch des Wortes *Missbrauch.* Da sie sich zugleich als aktiv denkt und darstellen möchte, treten zu den Gefühlen, Objekt zu sein, *Wut und Frust.* Diese Konstruktion eines passiven Wesens, das eigentlich aktiv ist, gelingt dadurch, dass an einer strategischen Stelle unpersönliche Subjekte die Regie übernehmen – *was, Monologe, Gedanke, Aspekt* –, die schon Stellvertreter des Dozenten sind, dem in der Folge fast alle Aktivitäten zukommen. Kaum jemals sonst werden in den Erinnerungsgeschichten andere Personen ausführlich zur Kenntnis genommen, geschweige denn, dass sie die Handlungen nahezu ausschließlich bestimmen dürfen. Aber für diese Besonderheit, die Konstruktion einer passivierten aktiven Person, gewährt die Autorin dem Dozenten schon rein quantitativ mehr Aktivitäten als sich selbst – *er sucht den Blickkontakt, glaubt, will nichts, will mich als Zuhörerin, sucht weder Gespräch noch Fragen, wird alles erzählen, erzählt* (dreimal), *läuft zur Höchstform auf, wird hektisch, lauter, muss noch einmal sagen, was er schon drei Mal gesagt hat, legt eine Musterlösung hinein, rückt Fragen nicht raus, kann nicht unterrichten, hat gelernt, hält unwissend, verstopft Fluchtwege.* Allerdings sind alle seine Aktivitäten von der Subjektivität der Autorin gefärbt, es ist – mit anderen Worten – ihre Aktivität, eine Karikatur von ihm zu zeichnen. Freilich kann man von jeder Erinnerungsgeschichte sagen, sie spreche bloß subjektiv über andere. In diesem Fall trifft die gewöhnliche Schreibweise, andere weder mit Gefühlen noch mit Wünschen oder Interessen auszustatten, sie also nicht wirklich lebendig zu erinnern, auf die Besonderheit, den einen anderen allein die Handlung bestimmen zu lassen. Diese zugeschriebenen Handlungen lassen ein einziges Motiv bei gleichbleibendem Stand entschlüsseln: Der Dozent ist so unfähig, dass er dies nicht einmal erkennt, zugleich spürt er, dass die Studenten ihm weglaufen würden, so ergreift er Strategien, sie zum Bleiben zu zwingen: »Er hält uns unwissend und verstopft die Fluchtwege«. In dieser Weise ist der Dozent nicht ausschließlich unfähig, sondern dies nur als Lehrer; er weiß, was er braucht, um Macht auszuüben und handelt entsprechend. Unfähiges Lehren ist so entzifferbar als Machtmissbrauch. Die Übermacht des Dozenten, vor der es kein Entrinnen gibt, wird u.a. dadurch glaubwürdig in Szene gesetzt, dass alle anderen Studierenden in diesem Seminar eine Leerstelle sind, ebenso wie der Inhalt der Vorlesung, der Stoff also, um den es, wie auch immer, geht. Da man allein wenig machen kann in einer Seminarsituation, hängt die Glaubwürdigkeit der Geschichte auch daran, dass die anderen gleichsam abwesend sind. Dabei nimmt die Studentin für sich selbst in Kauf, dass sie inmitten der Szene ihr Lernziel wechselt, jetzt für Klausuren lernen will, nicht mehr für sich, eine Biegung, die ihr weiter erlaubt, die Bosheit des Dozenten als seine willentliche Tat abzubilden.

In der Diskussion um diese Szene schälte sich, zunächst unter allgemeinem wiedererkennendem Gelächter, dann in einverständiger Betroffenheit heraus, dass die Botschaft der Geschichte, unfähiges Lehren sei Machtmissbrauch, unkritisiert lässt bzw. sogar die Auffassung unterstützt, dass Lehren Macht ist.

Natürlich hoffen wir, dass eine solche Wahrnehmung eine Ausnahme ist, kaum geeignet, ein Licht auf Lernen in der Universität zu werfen. Tatsächlich aber berichten fast alle Studentinnen aus dem Blockseminar zum Lernen (2002) ganz ähnlich über ihre Erfahrungen in den üblichen Seminaren, die wiederum auf vier verschiedene Fachrichtungen sich beziehen, also nicht zufällig eine einzige Lern-Situation, einen einzigen Lehrenden wiedergeben. Solche Notizen sind für einige ein wichtiges Mittel, eine Änderung durchzusetzen; andere geben sehr reflektierte Zeugnisse ab über die eigene Einvernahme in einen geradezu sarkastischen Opportunismus. So endet eine Studentin ihren sehr sorgfältigen und langen Bericht über die Arbeit an einem Referat mit »Folien und Power-Point«, in der sie Stück um Stück die Verwandlung ihrer inhaltlichen Motivation in das Repräsentationsproblem beschreibt:

> Das allgemeine Lob geht mir runter wie Öl. Aber irgendwie bleibt ein schaler Nachgeschmack. Weil ich es nicht geschafft habe, der glatten, opportunistischen Stromlinienform zu entfliehen. Operation gelungen, Patient tot. (Szene 24)

Teil IV

Das Arbeitsparadigma

Kapitel 13
Lernen in der Arbeit

Lernen als große Veränderung

> Die materialistische Lehre von der Veränderung der Umstände und der Erziehung vergisst, dass die Umstände von den Menschen verändert und der Erzieher selbst erzogen werden muss. Sie muss daher die Gesellschaft in zwei Teile – von denen der eine über ihr erhaben ist – sondieren. Das Zusammenfallen des Änderns der Umstände und der menschlichen Tätigkeit oder Selbstveränderung kann nur als *revolutionäre Praxis* gefasst und rationell verstanden werden. (Marx, MEW 3, 5f)

Die Sätze aus den *Thesen über Feuerbach* sprechen auf eine äußerst kompakte Weise über Lernen und Lernverhältnisse. Sie fordern auf, die Veränderung der Erziehung umfassend als Problem der Stellung der Menschen überhaupt in Gesellschaft zu denken. Diese leben unter Bedingungen, die sie ständig verändern; dafür müssen sie sich selbst beim Machen dieser Bedingungen erkennen und so beides verändern, sich selbst und die Umstände ihres Lebens, die sie eben in der Veränderung begreifen. Diese Praxen betreffen alle, die Vermittler des Wissens und der Kenntnisse wie diejenigen, die lernen. Die Lösung des Rätsels, dass Anfang und Ende der Bewegung einander wechselseitig bedingen, liegt bei Marx und in den Marx folgenden Theorien in dem, was er unter »menschlicher Tätigkeit oder Selbstveränderung« fasst, als »revolutionäre Praxis« begreift.

Menschliche Tätigkeit aber, das mag heute in Zeiten des Geredes um das Ende der Arbeitsgesellschaft fremd scheinen, ist in erster Linie bestimmt durch den Stoffwechsel der Menschen mit der Natur, durch die Art, wie sie ihr Leben produzieren, durch Arbeit.

> Sie ist […] schon eine bestimmte Art der Tätigkeit dieser Individuen, eine bestimmte Art, ihr Leben zu äußern, eine bestimmte *Lebensweise* derselben. Wie die Menschen ihr Leben äußern, so sind sie. Was sie sind, fällt also zusammen mit ihrer Produktion, sowohl damit, *was* sie produzieren, als auch damit, *wie* sie produzieren. Was die Individuen also sind, das hängt ab von den materiellen Bedingungen ihrer Produktion. (MEW 3, 21)

Für die Frage des Lernens fordern diese Eingangsbestimmungen auf, die Problematik in einem Zusammenhang zu studieren, der den immer komplizierter verzweigten Prozess der »Aneignung« des historisch gebrauchten Wissens und entsprechender Kenntnisse für die »menschliche Tätigkeit« der Produktion von Leben und Lebensmitteln als Bestimmungsgröße im Auge behält. Das bedeutet nicht, dass unter Lernen ausschließlich Arbeitslernen gefasst werden soll; es bedeutet aber, dass es ganz unverzichtbar ist, die Weise, wie sich die Menschen das Wissen und die Kenntnisse für die Produktion ihres Lebens aneignen, als Problematik herauszuarbeiten. Dies in historisch-kritischer Weise. Das heißt, es müssen sowohl die Prozesse des Hineinwachsens in Gesellschaft – in die gültigen Normen und Werte, die Aneignung der kulturell vermittelten Disziplin und Arbeitshaltung in Familie z.B. – Gegenstand der Analyse sein wie auch die organisierten Lernprozesse, die gesellschaftlich vor allem mit der Entstehung des Kapitalismus allgemein relevant wurden. Wir haben die Frage der Schule als eine solche Organisation von Lernen und ihre blockierende und behindernde, den Lerneifer erstickende Art ausführlich diskutiert (vgl. Kapitel 10), wobei außer Zweifel blieb, dass eine Reihe ihrer Hauptaufgaben, die allgemeine Vermittlung von Lesen, Schreiben und Rechnen, gleichwohl erfolgreich war. Die Universität, eine weitere Institution organisierten Lernens, setzt dieses Paradox von Weltöffnung und gleichzeitiger -verschließung fort. Die Erkundung solcher Problematik führt uns vor vielfach überdeterminierte Regulative, die den Prozess, der so freundlich »Aneignung« der menschlichen Möglichkeiten genannt wird, in verschiedene Richtungen drängen, stören oder gar verhindern. Für Schule und für die geisteswissenschaftlichen Disziplinen von Universität gilt sicher, dass die Ablösung des Wissens für die Aufschließung von Welt von ebendieser Welt das zu Lernende leicht ohne Bedeutung für einen selbst und ohne Sinn für Gesellschaft erscheinen lässt. Dieser Prozess ist an sich eine Problematik, die alle reformpädagogischen Bemühungen vor schier unlösbare Aufgaben stellt. Der Auftrag der Schule, fertiges Wissen weiterzureichen, die Kinder also auf den Stand des allgemein Gewussten zu bringen, verfehlt zudem die eingangs zitierte Grundvoraussetzung von ›Aneignen‹, dass das, was man sich lernend aneignet, in ebendiesem Prozess verändert werden muss. Bringen wir es auf eine Kurzformel: Wissen kann nicht einfach weitergereicht werden, es muss von denen, die es aufnehmen, also lernen, selbst produziert werden. Lernen ist Selbstveränderung, ist ein Forschungs- und Gestaltungsprozess.

Aber die Möglichkeiten der Menschen in einer kapitalistisch regulierten Gesellschaft sind durch eine ganze Reihe von Verkehrungen bestimmt, die allesamt auch das Lernen betreffen. Die allgemeine Aussage, dass die Menschen die Bedingungen ihres Lebens schaffen, sie umgestalten, gilt auch nur ganz allgemein. In der Wirklichkeit der je einzelnen Leben stoßen ihnen die ›Bedingungen‹ zu, deren Aneignung verstellt ist durch Arbeitsteilung, Ideologie, Kultur, die Organisation von Lernprozessen, die Institutionen ihrer Vermittlung, und über allem durch eine Trennung der Menschen von der allgemeinen Gestaltung ihrer Lebensbedingungen durch Produktionsverhältnisse, die wir als Produktion für den Profit oder Kapitalismus oder auch als Regulation durch Marktgesetze bezeichnen.

Diese vielfältigen Bestimmungen zeigen sich auf der in diesem Buch gewählten Ebene, auf der wesentlich die Lernerfahrungen der Einzelnen zu Wort kommen, vielfach vermittelt und diffus.

Lernprozesse zeichnen sich jedoch auch für die Einzelnen nicht einfach als allgemeiner friedlicher Zuwachs von Weltwissen aus, in den dann die allgemeinen Lernverhältnisse als Produktionsverhältnisse zusätzlich und von außen eingetragen werden können. Sie werden vielmehr erfahren als Unsicherheit, als Unruhe, als Zweifel, als Bruch, eben als Umsturz, als Veränderung von Gewohnheit, Gültigem, für sicher und richtig Gehaltenem, als etwas Neues, das einen auch zwingt, anders zu leben, als solche Änderung der Lebensweise, als Widerspruch. Mein Studium des Lernens konzentriert sich also auf die Untersuchung von Widersprüchen, die selbst Ausgangspunkt, Triebkraft und Bewegungsform von Lernen sind und erfahren werden als Leid, Losreißung, eben als Krise, deren Ausgang ungewiss ist. Lernen ist nach dieser Seite hin auch ein ›pathologischer‹ Prozess, aus dem man mit einem Zuwachs an ›Weltwissen‹ hervorgehen, in dem man aber auch scheitern kann.

Wenden wir uns nach diesen zugleich anfänglichen wie resümierenden Überlegungen einem Bereich zu, der zunächst am Beginn meiner Untersuchungen stand, dem Arbeitslernen.

Lernen für die Arbeit, als ›Ausbildung‹, geschieht ähnlich wie schulisches Lernen zumindest seit der Entstehung der Handwerke ebenfalls auf organisierte Weise. Schon ein oberflächlicher Blick genügt für diese Feststellung: Es entstand als eigener Wissenschaftszweig – die Berufspädagogik; es gibt ›Umschulung‹, ›Lehrjahre‹, politischen Streit um ein ›duales System‹, also um die Frage, wie viel Berufsschule, wie viel Lernen vor Ort angemessen sei. Kurz, man kann davon ausgehen, dass das Lernen von Arbeit ein Vorgang ist, der im allgemeinen Bewusstsein vorkommt. Gleichwohl wurden in meiner sich über viele Jahre hinziehenden und von vielen nach Alter, Geschlecht, Berufsausbildung unterschiedlichen Menschen mit Lerngeschichten versorgten Untersuchung unter der allgemeinen Frage an die Erinnerung von Lernerlebnissen keine Geschichten über Arbeitslernen geschrieben. Wie ausgelöscht aus dem Stoff, den man für sich selbst für wichtig hält, waren diese Prozesse der Meisterung von Lebensbedingungen, die doch zumindest alle diejenigen erfahren haben müssen, die ihr Leben produzierten, indem sie berufstätig waren und dies durch Lernen errangen.

Diese Verschiebung der Relevanz von Arbeit beginnt früh, lange bevor ›Arbeitsausbildung‹ offiziell ansteht. Die Frage des Verhältnisses zur Arbeit steht mithin quer zu den bisherigen Unterteilungen wie Familie, Schule, Universität.

Im Folgenden berichte ich zunächst aus einem Beitrag, den ich für die Festschrift für Klaus Holzkamp (Maiers/Markard 1987) schrieb und der ebendieser Frage des Verhältnisses zur Arbeit bzw. ihres Bedeutungswechsels nachgeht. Der Zusammenhang, in dem diese Frage entstand, war das Studium der Veränderung der Produktionsweise durch Hochtechnologie und *wie* diese die Lernweisen, die Lebensweisen der Einzelnen betraf. Dazu später.

In der Arbeit zu Hause sein[1]

Die zeitgemäße Kritik an der Bedeutung von Arbeit für sozialwissenschaftliche und auch feministische Theorie und gesellschaftliche Praxis erfahre ich als persönliche Verunsicherung. Denn Arbeit erinnere ich als fast magisches Zentrum meines Lebens von klein an.

> Da war zunächst das Milchholen beim Bauern. Meine zwei Jahre ältere Schwester durfte das, ich nicht. Milchholen war Arbeit. Vor mir öffnete sich ein abenteuerliches Leben voller Bedeutung und Wichtigkeit. Ich würde eine halbe Stunde früher aufstehen müssen, weil ich etwas Bedeutendes vorhatte; ich würde einen weiten Weg alleine gehen, auf dem ich Gänse passieren musste, vor denen ich mich fürchtete; ich würde die Milch nach Hause bringen, die gebraucht wurde und gut schmeckte; und ich würde mich weder verlaufen noch etwas verschütten noch zu lange brauchen. Dann würde ich wesentlich älter sein als mein zwei Jahre jüngerer Bruder. Milch holen – die Worte verbanden sich mit Gefühlen von Wildheit, Unabhängigkeit, Größe und Welt und mit einer Unsicherheit, die ich unbedingt wollte. Endlich. Das Hochgefühl hielt einige Wochen an. Ich entdeckte Abkürzungen mit anderen Gefahren. Die schreienden Gänse mit vorgestreckten Hälsen ließen sich umgehen, wenn ich ein Feld durchquerte. Dafür musste ich so schnell laufen, dass der Bauer mit dem Stock mich nicht erreichte. Beim Klettern über Zäune verschüttete ich oft Milch, aber ich brauchte fast fünf Minuten weniger Zeit. Wenn ich hinfiel, kam Dreck in die Kanne. Langsam wurde das Milchholen zu einer lästigen Aufgabe, der ich mich so dringlich zu entledigen suchte, wie ich sie damals gewünscht hatte. Glücklicherweise hatte mein Bruder das gleiche Verlan-

1 Der Beitrag ist in überarbeiteter Form wieder abgedruckt in Haug 1990; an dieser Stelle muss ein kleiner Auszug genügen.

gen nach Größe. Die Pflicht ließ sich abgeben. Aber das Milchholen war ja nur ein Anfang gewesen. Ich war jetzt groß genug, andere häusliche Aufgaben zu übernehmen. Die Enttäuschung über die Vergänglichkeit der vorherigen Lust spornte mich an, frühzeitig auf Abhilfe zu sinnen. Ich verschwand, wenn es ans Abwaschen ging; ich wurde krank, wenn der Frühjahrsputz nahte; kurz, ich verwendete alle meine Energie auf die Vermeidung von Arbeit. Für die Schule entwickelte ich Rationalisierungsstrategien. Alle Fächer wurden von mir so gelebt, dass ich ohne Arbeit durchrutschen konnte. Wenn irgendeine Note sich in den Gefahrenbereich ›vier‹ begab, war ich untröstlich, denn das bedeutete: Ich musste arbeiten. Ich verbannte solche Hausaufgaben in die Zeit im Zug und in die Pausen, sodass alle übrige Zeit frei war zum Lesen, Träumen und Durch-die-Wälder-Streifen. Hier arbeitete ich mit meinen Brüdern schwer, indem wir Hütten bauten, Stollen gruben, ja Bäume fällten und Zweige flochten, um die Bäume zu Wänden zu verbinden.

In dieser Zeit nannte man mich zuweilen »Schneckchen«, weil ich herausgefunden hatte, dass Arbeiten im Hause weniger werden, wenn man sich ihnen so widerwillig und langsam nähert, dass ein anderer sie stattdessen ergreift. Meine gesamte Lebensorganisation war bestimmt durch Arbeit bzw. ihre Vermeidung. Ja meine Moral wurde durch sie zersetzt, weil ich häufig ihretwegen lügen musste.

Das Gefühl vom ersten Milchholen wiederholte sich, als ich an die Universität kam. Mein größtes Unglück war, dass in den ersten zwei Wochen fast nichts los war. Aber dann warf ich mich in den Rausch des Lernens. Ich belegte zwanzig Seminare und Vorlesungen, übernahm sieben Vorträge im ersten Semester. Die Universität betrat ich um acht Uhr früh und verließ sie abends um zehn Uhr, um dann noch tanzen und schwimmen zu gehen und endlos zu diskutieren. Es machte mir zunächst nicht viel, dass ich wenig verstand, ich war ja erst am Anfang. Später … Meine Nahrung war Schokolade. Ich war begeistert. In den folgenden Semestern verschob ich die Lernstunden nur wenig. Mehr Zeit für die Bibliotheken ergab sich durch ein kritischeres Urteil über einige Professoren, das ich mit anderen Studierenden teilte oder einfach von ihnen übernahm, und deren Veranstaltungen ich darum aus meinem Stundenplan strich. Nur in zwei Semestern änderte ich meine Lebensorganisation: einmal, weil ich zu verliebt war, um überhaupt in die Universität zu gehen; ein andermal, weil ich in zu viele politische Veranstaltungen und Demonstrationen verwickelt war, um die davon noch unberührten Seminare bei den Historikern besuchen zu können. Mein Studium wurde lediglich dadurch gestört, dass ich arbeiten musste, um Geld zu verdienen. Aber auch dieses konnte ich durch Erlangen einer der so begehrten »Hilfswissenschaftlerstellen« schon ab dem dritten Semester regeln. Ach, wenn es ewig so bleiben könnte.

Nach dem zehnten Semester mehrten sich Fragen nach dem Studienabschluss. Viele, mit denen ich begonnen hatte, schrieben an ihren Examensarbeiten oder hatten die Universität ohne Abschluss schon verlassen. Der Gedanke an eine Dissertation machte mich krank. Ich schrieb mehr und mehr Referate, um das große Referat nicht schreiben zu müssen. Da plötzlich erfuhr ich in einer ansonsten langweiligen Vorlesung etwas Aufregendes: In der frühen Sowjetunion hatte es »Arbeitseinsätze«, ›Subbotniks‹ genannt, gegeben, in denen große Menschengruppen unentgeltlich ihre Sonntage damit verbrachten, einen Beitrag für den gesellschaftlichen Aufbau zu leisten. Lenin selbst beteiligte sich an diesen Subbotniks. Er, den ich mir als Tag und Nacht arbeitend, schreibend, bedenkend und aufrüttelnde Reden haltend, als ständig überarbeitet und erschöpft dachte. In die Lethargie des drohenden Examens kam die Lust des fröhlichen Milchholens, bereichert um den Hüttenbau in der Schulzeit und die Ausdehnung der Universitätsjahre. Hier war in meiner Vorstellung ein ganzes Volk unterwegs in dieser begeisterten Lust, zusammen lebendig zu sein in der Arbeit.

Arbeit, so hatte ich zunächst geglaubt, das ist das Glück des Lebens. Dabei sein. Arbeit ist Langeweile, Mühsal, ja Elend, und tritt an die Stelle des Lebens – dies waren die Erfahrungen und Lehren aus meiner Familien- und Schulzeit. Der Stachel blieb. Arbeit, so empfand ich jetzt wieder, das ist Zukünftiges und wirklich schon heute.

In kühnem Schwung verband ich die Mühseligkeit der Arbeit mit der Entwicklung der Theorie von Aristoteles bis Hegel und ihre Lust mit der Wirklichkeit der Subbotniks und der Theorie des Marxismus. In diesen Rahmen spannte ich mein Dissertationsprojekt. Es scheiterte nicht daran, dass ich zu wenig arbeitete. In stummem Vorwurf stehen vor mir noch die vielen Bücher, die das Feuer der Subbotniks ebenso erstickten wie meine Lust am Arbeitsvorhaben und damit meine Möglichkeit, diesen Text überhaupt zu schreiben. »Die Erziehung zur Liebe zur Arbeit« – das war der Tenor der Schriften aus der Sowjetunion und aus der DDR, die ich mit so viel Hoffnung aufgeschlagen hatte. Übrig blieb der staubige Geruch aus dem Schulzimmer, der Geist jener Arbeiten, denen ich in meiner Kindheit so erfolgreich aus dem Weg gegangen war. Eine Moral sollte installiert werden; gegen einen angenommenen Sinn für Faulheit sollte die Formierung zur Arbeitsamkeit treten. Disziplin, Gehorsam, Ordnung hatten die Plätze der freudigen, schöpferischen, neuen, lebendigen Freiwilligkeit eingenommen. Ein nützliches Glied der Gesellschaft zu sein, das war nicht mehr Geheimnis, Aufbruch, Lust und Gemeinsamkeit – das war individuelle Pflichtübung, gefordert von Lehrern, die darüber ebenso lustlos schrieben, wie die Schüler sich offenbar dazu verhielten – will man den Büchern Glauben schenken. Aus dem Frühlingssturm des lebendigen Wollens war der eisige Wind der Arbeitspflicht geworden. Aus der Lust, ein Mensch sein zu wollen, wurde die Not eines Zöglings in einer Besserungsanstalt. Ich gab auf. Mein Projekt schob ich einstweilen ins Vergessen. An seine Stelle rückte eine Tochter.

Arbeitsbiographien

In einem Seminar zur *Geschichte der Arbeit* habe ich meinen arbeitsbiographischen Versuch mit den Studierenden des zweiten Bildungswegs wiederholt. Ich ließ sie Arbeitsbiographien schreiben, um für uns herauszufinden, wie sie sich an Arbeit erinnern, wann ihnen das, was sie Arbeit nennen, zunächst begegnete und in welcher Form, mit welchen Gefühlen sie das Feld besetzten. Ein weiterer Grund für dieses Vorgehen war auch der Umstand, dass die Studierenden z.B. ein vorzeitiges Verlassen des Seminars oder auch ihr längeres Wegbleiben damit entschuldigten, dass sie »arbeiten« mussten und damit unsere Arbeit im Seminar als Nichtarbeit deklarierten[2], genau wie ich das in meiner Erinnerung an meine Studentenzeit übrigens auch getan hatte. Es ist leicht, solchen Umgang mit Sprache damit zu begründen, dass für erwachsene Menschen eben nur Lohnarbeit als Arbeit gelte. Aber es bleibt als Frage, wie sich solcher Sprachgebrauch, dem ja auch eine praktische Haltung gegenüber den verschiedenen Tätigkeiten entspricht, in den einzelnen Biographien, also in ihrer Erfahrung festsetzt.

Da so gut wie alle Studierenden in diesem Seminar auf eine längere Berufserfahrung zurückblickten, einen Arbeiter- oder Angestelltenhintergrund hatten, hatte ich selbstverständlich angenommen, dass ihre Arbeitsbiographien – anders als bei mir – mit ihrem Eintritt ins Berufsleben beginnen würden. Tatsächlich hat niemand in dieser Weise erinnert. Vielmehr erfuhren alle ihre erste Arbeit zu Hause, in der Familie, bei der Haus- oder Gartenarbeit. Und bei allen war Arbeit äußerst positiv besetzt, verbunden mit Sinn, eigener Bedeutung, dem Gefühl, Nützliches zu tun, gebraucht zu werden, dazuzugehören, in die Welt einzutreten. (Es ist im Grunde fast selbstverständlich, dass Arbeit in den Erfahrungen der Einzelnen als Hausarbeit beginnt, und zwar unabhängig vom Geschlecht; merkwürdig ist eher, dass diesem Umstand bislang – auch in den Diskussionen um die Marginalisierung von Hausarbeit – kaum Rechnung getragen wurde.) Und bei allen gab es diesen Umschlag, dass das Hochgefühl um Arbeit die einzelnen Tätigkeiten verließ, die darum fortan gemieden werden wollten. Die ›Liebe zur Arbeit‹ ist ebenso wie ihre Ablehnung also eine Bewegung, die in frühem Lebensalter einsetzt, lange vor der Lohnarbeit.

Aus den arbeitsbiographischen Notizen wie aus meinen theoretischen Studien bin ich zu dem Resultat gekommen, dass die Lust zur Arbeit ebenso wie ihre Meidung, dass die Subbotniks wie die Drückebergerei aus dem

---

2 Vgl. die Notiz *Politik um den Arbeitsbegriff* in Haug 1990, S. 249–251.

gleichen Stoff gemacht sind, was lerntheoretisch von großer Wichtigkeit ist. In den Strukturen des gesellschaftlichen Lebens entwickelt sich eine blinde Dialektik. Unversehens und unkontrolliert schlägt die Begeisterung für die Arbeit um in ihr Gegenteil. Die praktische Lösung, das Leben außerhalb der Arbeit zu suchen, stößt allenthalben an Grenzen und ebenso an Überschreitungen. Die theoretische Lösung, Arbeit und Lebensweise getrennt zu denken, verrät die Perspektive der freien Selbstbetätigung, indem sie sie außerhalb der entfremdeten Arbeit einzulösen verspricht. Der Begriff der (verallgemeinerten) Handlungsfähigkeit in der holzkampschen Wendung könnte eine Bewegungsform für die blinde Dialektik von Arbeit und Faulheit sein, in der eine bewusste Entwicklung gedacht werden kann. Das Auseinanderfallen von Arbeit und Lebensweise kann hier als historisches Produkt mit der Perspektive seiner Überwindung gefasst werden. Voraussetzung dafür wäre allerdings, die Dimensionen aufzunehmen, die Marx mit »Arbeit als erstem Lebensbedürfnis« ([1875] 1962, 21) vortrug. Die Erweiterung der Handlungsfähigkeit ist sicher Vorbedingung dafür, dass »freie Tätigkeit« möglich wird; aber wie und unter welchen Verhältnissen können Menschen ihr materielles Leben so gewinnen, dass sie es nicht zugleich verlieren, sondern dass es Genuss, Lust, Liebe, Entwicklung, Gemeinwesen ist? Arbeit und Genuss sind durch Arbeitsteilung auseinander getreten, heißt es in der *Deutschen Ideologie* (MEW 3, 32). Sie wieder zusammenzubringen bleibt Befreiungsperspektive.

Wie viel dazu nötig ist, beschreibt in literarischer Verdichtung Volker Braun, der zur Dimension des Lustvollen in der Arbeit – soweit sie durch die Entwicklung der Produktivkräfte möglich wird – die Notwendigkeit, Arbeit sinnhaft zu tun, hinzufügt:

> Wenn die Arbeit nicht mehr das Leben kostet, verliert sie den Ernst, und die Leute machens aus Vergnügen. Dann reißt sich jeder darum, aber die Möglichkeiten sind begrenzt, das gibt neue Probleme. Man muss die Leute abhalten von den Maschinen, wo sie flippern wollen und optimieren. Da braucht es ein ganz anderes Bewusstsein. Im Kampf wie jetzt langt der Zwang und der materielle Anreiz, aber in einer ganz friedlichen Zeit müsste auch ein Sinn darin sein. (1985, 104)

Das Projekt Automation und Qualifikation und die Umbrüche in den Arbeitstätigkeiten

Am Psychologischen Institut der Freien Universität Berlin wurde ich Assistentin für Bildungsökonomie. Das war damals ein neuer Zweig, geboren aus dem Versuch, die schnellen Veränderungen in der Bildungspolitik zu begreifen. Zu der Zeit gab es Verständigungsversuche in Gestalt von Überlegungen, die von besserer Ausnutzung des ›Humankapitals‹ sprachen; dagegen standen solche, die die expansive Bildungsreform primär als ein politisches Projekt der Sozialdemokraten erkundeten. Ich musste mir diesen Bereich selbst erst erarbeiten und ging mit meinem marxistischen Selbstverständnis ganz klar davon aus, dass es Umbrüche in den Produktivkräften sein müssten, die einen sprunghaften Bedarf an Bildung nötig gemacht hatten. Da ich wenig Vorarbeiten in diese Richtung fand, gründete ich 1972 gleich zu Beginn meiner Tätigkeit das Projekt Automation und Qualifikation (PAQ). Hinter dem eher nüchternen Namen versuchte ich auch erneut jenem Geheimnis des frühen Milchholens auf die Spur zu kommen. War es nicht möglich, dass die Entwicklung der Technologie die Arbeit so weit von aller Last, von Monotonie und Dummheit befreien konnte, dass die Arbeitenden endlich anfingen, ihre lebendige Tätigkeit wie Menschen schöpferisch und lustvoll zu leben? Könnte Arbeit jetzt so gestaltet werden, dass lebenslanges Lernen zur Gewohnheit wurde, Zusammenarbeit zur wechselseitigen Stärkung, Phantasie zur Notwendigkeit? Und müsste nicht eine solche Technologie aus den privaten Verwertungszwecken ganz unabdingbar zurückgeholt werden ins Gesellschaftliche? Allerdings dachten wir (die Projektmitglieder) solche Möglichkeiten nicht als harmonische automatische Folge der Entwicklung der Produktivkräfte. Vielmehr folgten wir auch hier Marx, der solche Zusammenstöße von Produktivkräften und Produktionsverhältnissen als Katastrophe – als Fragen von Leben und Tod annahm (ausgearbeitet in Haug 1983).

Das Projekt arbeitete sechzehn Jahre, veröffentliche neun Bücher und zahlreiche (mehr als 100) Aufsätze. Seine Geschichte und die seiner Wirkung zu verfolgen ist gewiss theoriepolitisch interessant. Mit seiner zentralen These, dass Automation, vereinfacht gesprochen, zur Höherqualifikation führe (vgl. Haug u.a. 1975), wurde es jahrelang äußerst kritisch diskutiert, wenn nicht bekämpft, solange der Mainstream der Dequalifizierungsthese anhing. Nach der Wendung in der Industriesoziologie in Richtung des PAQ, die etwa mit Kern und Schumanns Standpunktwechsel (1984) begann, gerieten die PAQ-Forschungen zunehmend in Vergessenheit. Der Abschlussband des Projekts *Widersprüche der Automationsarbeit* (1987) kann jedoch bis heute als gültiges Standardwerk zu Produktivkräften und Arbeit im Hightech-Kapitalismus studiert werden.

An dieser Stelle jedoch interessieren ausschließlich die Fragen des Lernens in und von Automationsarbeit. In unseren theoretischen Studien und vor allem den empirischen Untersuchungen zu den Anforderungen, die die neuen Maschinen und Anlagen an die mit ihnen Arbeitenden stellen, sind wir zu dem Schluss gekommen, dass es sich hier um eine historisch neue Form der gesellschaftlichen Tätigkeit handelte, die die verschiedenen Schranken, die die Arbeitstätigkeit den Individuen und ihrem Lernen bislang auferlegt hatte, durchbricht. Dies gilt sowohl für das Verhältnis von Hand- und Kopfarbeit, also für die alte Arbeitsteilung, die mit Herrschaft verbunden ist, für das Verhältnis von Planung, Vorbereitung, Durchführung, für die Form der Zusammenarbeit, für die Erkennbarkeit des Zusammenhangs zur gesamtgesellschaftlichen Arbeit, für das Verhältnis von Arbeit und Wissenschaft. Im Grunde kann man davon ausgehen, dass Arbeitshandlungen ohne theoretische Durchdringung obsolet geworden sind (PAQ 1987, 43ff).

Wir gehen lerntheoretisch davon aus, dass Lernen vor allem zunächst Verlernen oder Entlernen ist von alten Gewohnheiten, Verfahren, Haltungen, Fertigkeiten und also erfahrbar wird als Bruch, als Krise, als Widerspruch. Diese Spannungen werden damit zugleich Ausgangspunkt oder Bereich kreativer, produktiver Entwicklung von Neuem, das die Einzelnen nicht einfach übernehmen können, sondern selbst herstellen müssen. In dieser Bewegung lässt sich, visionär gesprochen, in einem die Befreiung von Arbeit wie die von Lernen denken. Freilich findet diese Entwicklung in ›alten‹ Verhältnissen statt. Die Schranken der Produktionsverhältnisse rücken den diese Entwicklung umfassenden Widerspruch, den zwischen Produktivkräften und Produktionsverhältnissen, scharf ins Licht.

> Die Logik des postindustriellen Arbeitsplatzes bringt sowohl das Management wie auch die Arbeiter in eine paradoxe Position. Das herkömmliche Interesse des Managements besteht darin, Arbeiter zu haben, die beschränkte Fähigkeiten und Ansprüche haben. Um aber die Maschinerie zu schützen, benötigt das Management eigentlich hochqualifizierte Arbeitskräfte, die dazu ausgebildet worden sind, unabhängig zu denken (notiert endlich Hirschhorn 1982, 46; zit. nach Engeström 1999, 116).

Im PAQ haben wir die in diesem Kontext sich herausbildenden Widersprüche u.a. unter folgenden Fragestellungen diskutiert und in den fünf empirischen Bänden (1980, 1981a, 1981b, 1983, 1987) vorgestellt: Lohnarbeit auf strategischen Posten; Verantwortung für fremdes Eigentum; Verallgemeinerung der Arbeitsvorbereitung; Kooperation von Vereinzelten und einsame Zusammenarbeit; Beteiligung bei der Produktivkraftentwicklung; Nachdenken über den Gebrauch der Dinge und Profit; planende Strategie braucht gesellschaftliche Kriterien; Aneignung und Enteignung; Integration durch Vergesellschaftung; kollektive Subjektivierung; Facharbeiterkrise. Es ist klar, dass diese vielfältigen inneren Widersprüche der neuen Tätigkeiten auch Widersprüche des Lernens sind und diesem eine Dynamik geben müssen, die gewohnte Überlegungen aus der Berufsausbildung umstürzt. Was vor allem gelernt werden muss, ist der Umgang mit Widersprüchen, die wiederum die Bewegungsform von Lernen sind. (Erinnern wir in diesem Kontext an die Handlungsregulationstheorie, die uns in Kapitel 2 beschäftigte, so bekommt man eine Ahnung, dass diese Lerntheorie aus der Arbeitswissenschaft es mit eher fordistischen Formen der Arbeitstätigkeiten zu tun hat und bei diesen ausgreifenden gesellschaftlich neuen Formen von Tätigkeiten scheitern muss. Dies vermittelt zugleich eine Vorstellung davon, dass auch Theorien sich historischen Kontexten verdanken und mit ihnen veralten können.)

Yrjö Engeström (1999) hat in seinem eindrucksvollen Buch über *Lernen durch Expansion,* in dem er die kulturhistorische Schule (als Tätigkeitstheorie) mit US-amerikanischem Pragmatismus und Phänomenologie verbindet, vorgeschlagen, die Studien von Bateson ([1956] 1981) zum Doublebind als allgemeine Aussagen zu Lernen zu lesen und sie bei der Widerspruchsform, in der Lernen voranschreitet, insbesondere bei der Entwicklung zum kollektiven Lernen zu nutzen.

> In einem oberflächlich ähnlichen, aber strukturell verschiedenen Kontext erscheint eine einmal gelernte Verhaltensweise völlig unangemessen; oder es erscheinen zwei einander ausschließende Verhaltensweisen gleichzeitig angemessen. (Engeström 1999, 143)

Engeström reinterpretiert die Aussagen von Bateson aus der Sicht der ›Tätigkeitstheorie‹ (Wigotsky, Leontjew, Lurija, Iljenkow) und kommt zu dem Ergebnis, dass das Subjekt lernen muss, nicht nur den Gegenstand seiner Tätigkeit als Problem zu betrachten, sondern »das Gegenstandssystem so wahrzunehmen, dass es das Subjekt enthält. Dadurch verändert sich die Qualität des Subjekts selbst radikal.« (150) Er kommt mit Bateson zu dem Ergebnis, dass, wenn der Lernprozess gelingt, der sich zunächst als Störung, als Widersinn anmeldet, wenn also das Subjekt nicht schizophren wird, sein Lernprozess folgendermaßen beschreibbar ist:

> In dem Maße, wie ein Mensch [...] es lernt, im Rahmen der Kontexte von Kontexten wahrzunehmen und zu handeln, wird sein »Selbst« eine Art Irrelevanz annehmen. Der Begriff »Selbst« wird nicht mehr als ein zentrales Argument in der Interpunktion der Erfahrung fungieren (Bateson 1981, 393; Engeström 1999, 151).

Engeström nimmt (in Anlehnung an Raeithel 1983) an, dass die hochtechnologische Produktionsweise ein Arrangement vorstellt, in dem

> das individuelle Selbst ersetzt wird – oder vielmehr qualitativ verändert – durch die Suche nach dem kollektiven Subjekt, das in der Lage ist, die Komplexität der »Kontexte von Kontexten« zu beherrschen, d.h. gesellschaftliche Praktiken mit einer hochentwickelten Arbeitsteilung wie auch technologische und symbolische Vermittlungen mit mehreren Ebenen (151).

Marx entwirft ein solches Szenario unter dem Begriff des gesellschaftlichen Gesamtarbeiters.

> Durch Maschinerie, chemische Prozesse und andre Methoden wälzt sie [die große Industrie] beständig mit der technischen Grundlage der Produktion die Funktionen der Arbeiter und die gesellschaftlichen Kombinationen des Arbeitsprozesses um. (MEW 23, 511)

Die kapitalistische Anwendung dieser Dimensionen betrifft den Gesamtarbeiter widersprüchlich: Sie erscheinen auf der einen Seite als Zerstörung alter Formen von Ruhe, Gewohnheit, Festigkeit, als »ein Opferfest der Arbeiterklasse«; aber sie sind zugleich die neue Grundlage, auf der »Wechsel der Arbeit, Fluss der Funktion, allseitige Beweglichkeit des Arbeiters« (ebd.) erzwungen werden. Es wird eine Frage auf Leben und Tod, »den Wechsel der Arbeiten und daher möglichste Vielseitigkeit der Arbeiter als allgemeinstes gesellschaftliches Produktionsgesetz anzuerkennen« (512). Gegen die Geheimnisse des Handwerkertums, gegen die Verknöcherungen und Gewohnheiten der Manufakturarbeiter entsteht die Notwendigkeit, das Teilindividuum zu ersetzen durch »das total entwickelte Individuum, für welches verschiedene gesellschaftliche Funktionen einander ablösende Betätigungsweisen sind« (ebd.). Zu den »Umwälzungsfermenten«, die im Gesamtarbeiter zusammengenommen sind und in den Kämpfen um die Maschinerie sichtbar werden, gehören »polytechnische Erziehung«; die allgemeinen Fabrikgesetze; die Verwandlung zerstreuter Arbeitsprozesse in kombinierte auf großer gesellschaftlicher Stufenleiter; die Zerstörung aller altertümlichen Formen und ihre Ersetzung durch die »unverhüllte Herrschaft« des Kapitals (512ff), was den direkten »Kampf gegen diese Herrschaft« (526) verallgemeinere; die Herausbildung der Arbeiterklasse. Gegenüber dem Gesamtarbeiter im Maschinensystem erweist sich das Kapital ebenso als Organisator wie als Zerstörer. In Bezug auf den Arbeiter erscheint die »gesellschaftliche Kombination der Arbeitsprozesse als organisierte Unterdrückung seiner individuellen Lebendigkeit, Freiheit und Selbständigkeit« (528f), jeder Fortschritt als Beraubung, und zugleich vernichtet das Kapital auch die »Sicherheitsventile« (die Kleinbetriebe und die Hausarbeit) (526) und mit der Verwandlung der Bauern in Lohnarbeiter »das Bollwerk der alten Gesellschaft«.

Der Übergang zur hochtechnologischen Produktionsweise, der sich in der Umwälzung der Produktion durch Mikroelektronik anbahnt, findet seinen Angriffspunkt im Arbeitsprozess selbst. Die im Maschinensystem notwendigen menschlichen Koordinations- und Steuerungstätigkeiten werden ersetzt durch technische Einrichtungen. Basis ist die logische Verknüpfung von Arbeitsabläufen, die durch Rechenoperationen miteinander verbunden und durch formalisierte Größen repräsentiert sind. Der neue Arbeiter handelt in einem Ensemble von allgemeinen Denkformen in einem wissenschaftsförmigen Arrangement und entsprechender Informationsstruktur. Der Einzug der Wissenschaft in den Produktionsprozess, den Marx im Maschinensystem verwirklicht sah, ist radikalisiert und revolutioniert die Anforderungen und Möglichkeiten des Gesamtarbeiters ein weiteres Mal. Die »Kontrolleure und Überwacher« ziehen sich in die Messwarte zurück, wo sie die sinnliche Wahrnehmung der Maschinen und Anlagen in abstrakte Anzeigesysteme übersetzt finden. Die Stufe der mikroelektronischen Prozesssteuerung macht nicht den »Wechsel der Tätigkeiten« zum allgemeinen Prinzip des Gesamtarbeiters; durch ihre Organisierung auf einer höheren und abstrakteren, theorieförmigen Stufe verwandelt sie ihn selbst in eine Art Produktionsintellektuellen, einen Agenten der allgemeinen Arbeit.

> Die Theorieförmigkeit der Automationsarbeit, die Planung des Ungeplanten und die dafür erforderliche Intensivierung der Kommunikation und Kooperation bedarf der Herausbildung einer neuen Stufe in der Vergesellschaftung der Arbeitenden, bedarf der Entwicklung einer neuen Arbeitskultur, in der die Entscheidungen zunehmend kollektiv, in der Form der Selbstverwaltung der Produktions- und Verwaltungsprozesse getroffen werden. (PAQ 1987, 31)

Die allgemeine Tätigkeit wird die Prävention und Behebung von Störungen.

Da die elektronisch gesteuerten Prozesse so konstruiert und zusammengefügt sind, dass sie eine maximale Ausnutzung von Anlagen und Rohstoffen gewährleisten sollen, gehen in die Optimierung gegensätzliche Größen wie Qualität des Produkts, Ökonomie des Verbrauchs, Verschleiß ein, in denen sich Gebrauchswertgrößen mit Tauschwertorientierungen und mit ökologischen Gesichtspunkten mischen. Damit wird es unmöglich, den neuen Gesamtarbeiter als Anhängsel dem Produktionsmechanismus einzuverleiben; umgekehrt verstärkt sich der Druck, gesellschaftliche Arbeit zu gestalten, als Anforderung an die einzelnen Glieder oder Gruppen des Gesamtarbeiters. Der an elektronischen Anlagen operierende Arbeiter hat es mit einer Eingriffsstruktur zu tun, die ihn zwingt, einen gesellschaftlichen Standpunkt einzunehmen. Er ist, selbst wo er allein vor einer großen Warte sitzt, unmittelbar vergesellschafteter Arbeiter. Er kann dies nur, soweit er sich kritisch gegenüber dem Prozess verhält, Fehler antizipiert, sich mit den Konstrukteuren der Anlagen auseinander setzt und verbessernd tätig ist. Dies erfordert eine weitere Aufhebung der Trennung von Hand- und Kopfarbeit und der mit ihr verbundenen Hierarchien. Die Fabrikingenieure sind auf kollektives Arbeiten mit den eigentlichen Automationsarbeitern ebenso angewiesen wie umgekehrt. Der durch Hochtechnologie erfolgende Bruch mit alten Tätigkeitsformen, den wir als eine Erweiterung der Vergesellschaftung kennzeichnen können, emanzipiert so auch Lernen aus seinen herkömmlichen Schranken und Blockierungen.

Vom Modell zur wirklichen Praxis: Lernprozesse im hochtechnologischen Betrieb

Mit den bisherigen Ausführungen zum Umbruch der Arbeitstätigkeiten im hochtechnologischen Betrieb befanden wir uns weitgehend auf einer Ebene, die wir im PAQ als die Ebene der Anforderungen bezeichneten. Die Ausführungen antworten auf die Frage, was idealerweise geschehen müsste, soll die neue Technologie ihren Möglichkeiten entsprechend angewandt werden. Gesprochen wird so vom Druck, den die Produktivkräfte auf die Tätigkeiten und mit ihnen auf die Produzenten ausüben. Gesucht wurde also zunächst nach Möglichkeiten, die auf vielfältige Weise in Arbeitstätigkeiten und Lernen übersetzt werden; dabei sind die Anforderungen durch die Produktivkräfte in die Produktionsverhältnisse eingelassen und erscheinen formuliert als Aufgaben von Seiten der Unternehmer bzw. des Managements in der Betriebshierarchie, bevor beides von den Arbeitenden in Arbeitshandlungen übersetzt wird, die Anforderungen aus den Maschinen und Anlagen ebenso wie die ihnen zugewiesenen Aufgaben. Lernen tritt in diesem Zusammenhang entsprechend vielfältig auf: als organisiertes Lernen im Betrieb, also als entsprechende Ausbildung, und als spontane Vorbereitung sowie Ergebnis von Praxis, eingesperrt in die alten Formen und sie zugleich überschreitend.

Man mag zu organisierten Lernprozessen ein kritisches Verhältnis haben, da die Wahrscheinlichkeit, dass sie die Selbstbestimmung des Einzelnen gerade beim Lernen, beim Aneignen neuer Bedingungen verletzen, immer gegeben ist. Zugleich liegt auf der Hand, dass radikale Umbrüche in der Produktionsweise die Organisation von Lernprozessen vorantreiben müssen, sollen maschinelle Anlagen ebenso wie die einzelnen Arbeitenden nicht bloß dem Risiko ausgesetzt sein, dass die Sache vielleicht funktioniert oder aber die Arbeitenden »versagen«, die Maschinen still stehen.

Eine der Untersuchungsfragen des PAQ richtete sich also auf die umfassende Frage, wie die Arbeitenden, einzeln und im Kollektiv, den Umgang mit der Hochtechnologie lernen. Man kann verknappt zusammenfassen, dass zumindest in den ersten zwanzig Jahren der Einführung der Hochtechnologie formell organisierte Lernprozesse nicht stattfanden und an ihre Stelle so etwas wie Experimente traten: so der Versuch, Facharbeiter an die neuen Anlagen zu setzen, weil bei ihnen irgendein Wissen und Können vorausgesetzt werden konnte (dies führte u.a. zur so genannten Facharbeiterkrise, vgl. PAQ 1981a, 348 ff; 1987, 69ff); am erfolgreichsten war das Verfahren, die zukünftigen Produktionsarbeiter beim Aufbau der Anlage einzusetzen; auf diese Weise erwarben sie ein konkretes Wissen über das System, das sie theoretisch zu beherrschen hatten. Dieses Verfahren ist allerdings historisch begrenzt, da ja nicht mit jeder Arbeitergeneration neue Anlagen erstellt werden können. – Bei der Einführung der Computer in fast alle Verwaltungs- und Dienstleistungsbereiche behalf man sich mit der Verteilung von Handbüchern und oberflächlichen Anwendungskursen, die bis heute dazu führen, dass mit der Geschwindigkeit, mit der die Computergenerationen einander ablösen, jeweils ganze Gruppen von schlecht ausgebildeten Arbeitskräften aus der Erwerbsarbeit in die Arbeitslosigkeit abgeschoben werden. Kurz, zumindest solange das PAQ (bis 1987) seine Untersuchungen betrieb, hatte die Berufsausbildung die Hochtechnologie nur zögernd und quasi experimentell in ihre Curricula aufgenommen. Die Chancen für die Arbeitenden, sich selbstbestimmt im neuen Arrangement zu bewegen, waren auf diese Weise ebenso groß, wie die Krisen der neuen Anforderungen zu einer neuen industriellen Pathologie führten (vgl. dazu Haug, F., 1987).[3]

3 Daneben entwickelte sich eine stetig wachsende Gruppe von Experten: Computerfreaks. Das Alter der neuen Experten sinkt ständig; ihr Erfindungsgeist wächst und verlegt sich in Gestalt der Hacker auf gesellschaftlich ausgreifende Bereiche wie die der Veröffentlichung von geheim gehaltenen Informationen als auch auf schädliche Tricks der immer aufwändigeren Verbreitung von Viren (Ohm, 2001).

Lernen als Widerspruchserfahrung

Aber selbst mit diesen Erhebungen der inszenierten Lernarrangements in den Betrieben finden wir uns noch nicht auf der Untersuchungsebene, auf der die Subjekte selber sprechen, nicht bei ihren Lernerfahrungen. Wir gingen davon aus, dass veränderte Handlungsbestimmungen zu einer Destabilisierung bisheriger Positionen führen, innere Widersprüche verschärfen, und die Frage, ob es gelingt, sie in erweiterte Handlungsfähigkeit zu überführen, auch eine politische Frage im kapitalistisch betriebenen Betrieb ist. Wir mussten die wirkliche Arbeit oder die wirklichen Tätigkeiten als Resultate eines Kräftegegensatzes von Arbeitern und Unternehmern auf Basis gegebener Produktionsanforderungen rekonstruieren. Innerhalb der resultierenden Tätigkeit haben wir zwei Dimensionen unterschieden, die zueinander in Widerspruch stehen: die Dimension der Entwicklung der Handlungsfähigkeit bei den Arbeitenden und die Dimension ihrer Integration in das System privatwirtschaftlicher Produktion. Dies ist auch kein Unterschied, den man in der Wirklichkeit so vorfindet. Erforderlich ist die Kunst der Widerspruchszerlegung. Sie leitete die Untersuchungsfragen des PAQ als eingreifende Methode bei den Diskussionen mit den Arbeitern ebenso wie als Organisationsprinzip der Darstellung.

Gegen alle Opfer- und Verelendungs-, gegen technizistische Diskurse arbeitet das PAQ mit der Auffassung von der Selbsttätigkeit der Menschen. Von daher ergab sich nach den langjährigen Erkundungen der verschiedenen Ebenen, in deren Netz sich die Einzelnen bewegen, die unbedingte Frage danach, wie denn die Arbeitenden der hochtechnologischen Produktionsweise selbst ihre Bedingungen erfahren, wie sie ihre Lernprozesse organisieren und leben. Wir sind »arbeitsbiographisch« vorgegangen, haben in Erzählungen und Gruppengesprächen die Arbeitenden zu Wort kommen lassen. Die vielstündigen Gespräche wurden von uns nach Schwerpunkten ausgewertet; die Ergebnisse dieser Auswertungen wurden in zwei Fällen den Arbeitenden zur erneuten Diskussion vorgelegt. Es wäre unsinnig zu erwarten, dass in diesen Gesprächen Lernen als expliziter Gegenstand bewusst aufgenommen und neuartige Formen ausgesprochen und uns vorgestellt wurden. Vielmehr sind auch Lernprozesse selbst noch Bewegungen, die als solche erst namhaft werden, eine Sprache finden und auf den Begriff gebracht werden müssen. Als solche Bewegungen zeigten sich zum einen die Beziehungen unter den Arbeitenden, die Unmöglichkeit und gleichzeitige Notwendigkeit ein Kollektiv zu bilden: Geschlechterverhältnisse, Geringschätzung anderer Beschäftigter, Minderwertigkeitsgefühle und vor allem Angst blockierten die zusammenschließende Befreiungstat. Der Bildung von Arbeitsgruppen, die gemeinsam forschend vorgehen, stehen die Gewohnheiten entgegen, die den Rückzug in den Ein-Mann-Betrieb nahe legen.

Die zweite, immer wieder thematisierte Lernbewegung betrifft das Verhältnis von Arbeit und dem Leben außerhalb der Arbeit. Ganz ähnlich wie die Studenten in den Tagebüchern (Kapitel 8) davon berichten, dass der Seminarstoff sie nicht loslässt, sondern geradezu verfolgt, berichten etwa die Programmierer von der großen Faszination durch neue Technologie, die ihr gesamtes Leben in Mitleidenschaft zieht, was sie zugleich als Freisetzung von kreativen Möglichkeiten feiern und als Zerstörung von Familie, Gesundheit und Freundschaften beklagen, weil keine Zeit und Kraft mehr bleibt. Beide Befunde plädieren wir die Notwendigkeit der Entwicklung einer Arbeitskultur als Lernkultur, in die sich die Einzelnen mit ihren gesamten Lebensweisen einbringen. Vor dieser Möglichkeit stehen allerdings die Arbeitsmarktdrohungen, entlassen zu werden, zu alt, zu krank zu sein, zu versagen, und daher als Ausweg, sich besser zu ducken und nichts Neues zu probieren.

Am eindrücklichsten für die Frage des Lernens waren die Gruppengespräche mit den Programmierern (vgl. Paq 1983, 12–46) und in der (durch den Einsatz von Computern verwandelten) Verwaltung (vgl. Brosius/Haug 1987). In beiden Fällen zeigte sich, dass die Gruppe, der Dialog, unentbehrliche Formen sind, wenn Gewohnheiten, Meinungen, alteingefahrene Verhaltensweisen verlassen werden müssen. Der Schutz des Gewohnten, der eine Blockierung der Lernmöglichkeiten darstellt, wird durchbrochen, wenn unterschiedliche Wahrnehmungen und Interessen gegeneinander stoßen, die sich gleichwohl nicht antagonistisch (wie etwa Kapital und Arbeit) aufeinander beziehen. So entfesselte die Frage nach dem Lernen von Frauen im Unterschied zu dem von Männern in einer Gruppe, in der beide Geschlechter anwesend waren, eine hitzige Diskussion, in der zuvor geäußerte Meinungen auf dem Prüfstand standen und sich ebenso ändern mussten wie die Personen, die sie von sich gaben. Die friedliche Koexistenz von entgegengesetzten Auffassungen, das unwidersprochene Für-wahr-Halten von sich ausschließenden Dingen wurde durchbrochen. – Die Programmierer zeigten in der Diskussion der Forschungsergebnisse, für die sie »das Material« gewesen waren, dass sie am meisten interessiert waren, als Kollektiv in den Forschungsprozess selbst aufgenommen zu werden. Dies konkret, indem immer weiter Fragen der Faszination, der gesellschaftlichen Anerkennung, des Sinns von Arbeit so eingebracht werden sollten, dass sie als Gruppe sich fortbewegen konnten, was in diesem auch Fall überhaupt Leben und Arbeit zusammenbringen hieß.

Engeström schlägt vor:

> Das letztendliche Ziel der Analyse besteht nicht nur darin, einfach die inneren Widersprüche und die Entwicklungslogik der Tätigkeit für den Forscher deutlich zu machen. Das Ziel besteht darin, die Teilnehmenden, die potenziellen Subjekte der Tätigkeit, selbst mit den sekundären [hier aus Anforderungen durch neue Produktivkräfte] Widersprüchen zu konfrontieren. Die Analyse fungiert in anderen Worten als Hebamme, die den Doublebind zur Welt bringen soll, oder wenigstens die Idee des Doublebind in Form eines intensiven begrifflichen Konflikts. Dies kann dadurch erreicht werden, dass man die Teilnehmer die Analyse durch ihre eigenen Handlungen rekonstruieren lässt. Eine solche Rekonstruktion findet typischerweise auf der Grundlage von ausgewählten und komprimierten Materialien statt wie auch von Aufgaben, die eine Debatte zwischen den Teilnehmenden mit sich bringen. (1999, 297)

Im PAQ haben wir in ähnlicher Weise alltägliche Widersprüche zwischen dem Gewohnten und neuen Erfahrungen, die die Einzelnen an den neuen Anlagen machten, auf der gleichen Ebene als gewissermaßen ›gleich richtig‹ provokativ in die Gruppendiskussionen gebracht. Der herkömmliche »Doublebind«, in dem Widersprechendes gleichzeitig für wahr gehalten werden kann, drängt in der Gruppendiskussion, im Dialog, die Teilnehmer dazu, die Situation zu hinterfragen und auf diese Weise eine neue Ebene der gemeinsamen Erkenntnis zu erreichen.

Wir können wohl davon ausgehen, dass das einsame Lernen in der Studierstube mit der fortschreitenden Akkumulation von Wissen einen Sonderfall darstellt. Da Lernen die Einzelnen auf eine Ebene rückt, in der sie sich selbst im gesellschaftlichen Kontext erkennen und zugleich die anderen Mitglieder der gesellschaftlichen Gesamtarbeit mitreflektieren müssen, um ihre Handlungen sinnvoll zu beziehen, sind die Diskussion, der Dialog, der Austausch, die Kommunikation das Sprungbrett, von dem aus Lernbewegungen machbar sind. Engeström nennt diese Stufe »reflexive Kommunikation« und schlägt mit Lektorski (1984) vor, hier von einem »kollektiven Subjekt« (Engeström 1999, 302) zu sprechen.

> Da vom Gelingen der Kooperation enorme Werte abhängen, verschärfen sich die Kooperationskonflikte. Zugleich vermindert sich die Gelegenheit zum Herstellen »persönlicher Beziehungen«, die sich in der vorautomatischen Produktion oft durch das bloße Zusammensein in einem Raum oder durch Transporttätigkeiten ergab. Eine Hauptfrage in den Kooperationen ist die Fehlersuche, und das heißt oft: Wer hat den Fehler verursacht? Die Kooperation hat damit häufig einen Charakter von Kritik. Eine Konsequenz für das Lernen lässt sich so formulieren: Es muss gelernt werden, andere zu kritisieren und sich selbst kritisieren zu

> lassen in der Perspektive der Weiterentwicklung der Kooperationsbeziehungen. Kooperation verliert damit den Sinn von »gegenseitiger Hilfeleistung«, verstanden in einem harmonistischen Sinn. Kooperation wird vielmehr zu einer verschmolzenen Bewegung von Unterstützung und Kritik oder: von Kritik als Unterstützung. (PAQ 1987, 115)

Eigentümlicherweise stoßen wir hier, bei den Konflikten in Arbeitsbereichen, die von Hochtechnologie bestimmt sind, auf die gleiche Problematik, die die Studierenden bei der kooperativen Aneignung von Wissen in der Universität betraf (vgl. Kap. 9). Kritik erweist sich als eine besondere Dimension von Lernen, die an die alten Gewohnheiten der Solidarität gegen Obere stößt. Und ebenso wie im Falle der Studierenden, die durch die Verschwörung, einander in Gegenwart von Dozenten nicht zu kritisieren, praktisch deren Autorität verstärkten, wird auch die Aussetzung von Kritik in den Arbeitsgruppen die Autorität der Ingenieure und Manager erhöhen. Im Betrieb allerdings heißt dies zusätzlich, dass hohe Werte auf dem Spiel stehen. Vielleicht können wir auch die für wechselseitige Unterstützung ungenutzten Kritikpotenziale der Studierenden als Vergeudung gesellschaftlicher Ressourcen abbilden.

In Anlehnung an Wigotsky beschreibt Engeström expansives Lernen in der Folge von Umbrüchen in den Tätigkeiten, die einen Druck, eine Notlage für die Tätigen hervorbringen.

> Der Zyklus des expansiven Übergangs [...] zeichnet die Generierung von gesellschaftlich-kulturellen neuen Tätigkeitssystemen durch Kollektive konkreter menschlicher Wesen nach. Der Ausgangspunkt ist hier der sich individuell ausdrückende Zweifel, das Zögern und die Störung. Die Richtung weist vom Individuellen zum Gesellschaftlichen. Der individuelle Ausgangspunkt ist jedoch selbst nur als kulturell-historisches Ergebnis zu verstehen. (1999, 293)

Aufgabe der Forschung sei es, in den gegenwärtigen Dramen um die neuen Tätigkeiten diese nicht nur wahrzunehmen, sondern die »praktischen Lösungen«, die die Kollektive alltäglich finden, aufzuzeichnen, zu analysieren und so die Heraufkunft des Neuen und »Anfangsformen neuer Theorien« zu entdecken (303) und die »Menschen mit den [...] Instrumenten auszustatten, die notwendig für die Meisterung von qualitativen Transformationen ihrer Tätigkeitssysteme sind« (305).

Geschichten von Arbeit

Viele Fragen bleiben offen. Wiewohl die hochtechnologische Produktionsweise als durchgesetzte Form inzwischen in ihr viertes Jahrzehnt geht[4], wurden die notwendigen Umbrüche bis ins Schulsystem erst im letzten Jahrzehnt des vergangenen Jahrhunderts so umfassend durchgeführt (die meisten Schulen in den industrialisierten Ländern beispielsweise mit Computern ausgestattet), dass man von einer wirklichen Veränderung im schulischen Lernen sprechen kann. Die radikale Unordnung, die in die Arbeit gekommen ist, macht es fast unmöglich, Lernen in der und für die Arbeit zu erheben, weil das Neue zunächst so weit herausgebildet sein müsste, dass die betroffenen Subjekte eine Sprache dafür finden und sich selbstreflexiv dazu äußern. Tatsächlich haben meine hartnäckigen Versuche, doch noch Lernerfahrungen aus dem Arbeitsleben schreiben zu lassen, wenig gefruchtet. Am Ende des Jahres 2002, als dieses Buch fast fertig war, gab es vier neuere Berichte (97, 98, 100, 101) aus ganz unterschiedlichen Bereichen, die aber, wie inzwischen alle Arbeit, irgendwo mit Hochtechnologie in Berührung standen. Hightech durchkreuzt die Tätigkeiten an unvermuteter Stelle, als Brücke zur geheimen Information etwa, sodass Formen von Widerstand geplant werden können.

> Es gab an diesem Tag große Unruhe, weil meinen ArbeitskollegInnen auf unbekannten Wegen zu Ohren gekommen war, dass sich die Chefs per E-Mail bei einem Anwalt darüber informiert haben, was ihnen für Möglichkeiten zur Verfügung stehen, Weihnachtsgelder zu kürzen. Zum ersten Mal wurde sich zusammengeschlossen, die Gewerkschaft angerufen, Überlegungen des Widerstandes wurden geäußert etc. (98)

Reflektierte Erinnerung an das Erlernen der Arbeit als Außenhandelskauffrau bringt unerwartete Parallelen zu Lernerfahrungen aus der Produktion. Stießen wir beim Lernen der Funktionsweise automatischer Anlagen auf die experimentelle Lernweise der Mitarbeit beim Aufbau der Anlage als geglückten Einstieg in theoretische Beherrschung, so belehrt die Geschichte über die Lernerfahrung im Großhandel, dass Lernen von komplizierten Zusammenhängen nicht frontal, nicht theoretisch daherkommen muss, sondern gewissermaßen auch durch einen Seiteneinstieg, nämlich vom Archiv her möglich ist. Wochenlanges Sortieren der Ablage ist wie ein Herumlaufen in der Anlage eines Großbetriebs und kann darum das Sprungbrett sein, von

4 Zu den Anfängen der Hochtechnologie zu militärischen Zwecken in den 1940er Jahren, siehe PAQ 1987, 33; noch 1957 gab es z.B. in der BRD erst 27 Computer.

dem her übergreifendes Denken und Handeln möglich wird, wiewohl oder gerade weil es das System der Arbeiten gewissermaßen auf einer vorautomatischen Stufe durchläuft, die aber bei Automatisierung vorausgesetzt ist.

> Nach dem Vorsortieren, kam das Abheften. Ich fing mit dem Buchstaben an, wo das meiste Papier angefallen war. Ich suchte die jeweilige Akte heraus, aus dem vorsortierten Stapel filterte ich alle Vorgänge heraus, die in diese Akte gehörten, und heftete sie chronologisch ab, möglichst so, dass alles, was zu einem Auftrag gehörte, zusammen war. Manche Akten von Kunden fand ich nicht auf Anhieb, entweder weil einer der Chefs sie gerade hatte, sie falsch eingehängt worden waren oder es statt eines Hängeordners einen großen Ordner gab, da es sich um einen wichtigen Großkunden handelte. Ich glaube, ich war fast 3 Wochen hauptsächlich mit Ablage beschäftigt und diese stupide Tätigkeit nervte mich immer mehr. Aber obwohl dies drei Wochen voller Öde waren, habe ich dabei superviel gelernt und ich finde Ablage zu machen sehr effektiv, um eine Firma kennen zu lernen – es muss ja nicht gleich drei Wochen dauern – und würde es vielleicht sogar als Einstieg machen auf einem Führungsposten. [...] Bei allem, was ich tat, las ich sehr viel: die Namen der Kunden, Rechnungs- und Lieferadressen, Kundennummern, Bestellnummern und welche Artikel sich dahinter verbargen, Preise, Rechnungssummen, Lieferung per Spedition, UPS oder Post. Ich lernte, welche Kunden viel bestellten, welche selten, wer ein guter Zahler oder ein schlechter war, wer Sonderkonditionen hatte oder mit Vorsicht zu behandeln war. – Teilweise erzählten die Akten Geschichten, da auch Briefwechsel abgeheftet wurden. (101)

Erfahren wir auf diese Weise in der Form der Bejahung, inwieweit »Stumpfsinn«, »Öde«, »Wiederholung«, die bekannten Dressurakte beruflichen Lernens, mit einigem Selbstwertgefühl in die Ebene von Strategie- und Kontextwissen übersetzt werden können, wird auch auf der Berichtsebene, auf der Facharbeiterausbildung negativ abgebildet ist (100), erahnbar, warum Facharbeiter die mit Vorliebe ausgewählten neuen Subjekte von Hightecharbeit sind, wenigstens solange Ingenieure mit entsprechender Ausbildung nicht zur Verfügung stehen. Über ihre Ausbildung als Zerspanungsmechanikerin erinnert eine Studentin:

> Innerhalb unserer Grundausbildung Metall war eine Aufgabe, die wir bewältigen sollten, ein S zu dengeln. Dies bedeutet, einen schmalen Streifen Metall ähnlich einem Lineal so mit Hammerschlägen zu bearbeiten, dass es sich verformt und letztendlich die Form eines S annehmen sollte ... Wir, ca. hundert Auszubildende, waren mal wieder alle am stumpfsinnigen Feilen eines U-Stahls, als unser Ausbilder zu uns kam und uns erklärte, heute wäre es mal wieder an der Zeit, eine neue

Fertigkeit zu erlernen. Wir sollten unser Stück Blech aus dem Werkzeugkasten nehmen und einen weiteren Streifen vorbereiten, wie wir es bereits für die vorherigen Arbeiten getan haben. Also, wie gehabt 20 mm breit, entgraten usw. Dann würde er wieder zu uns kommen und uns alles Weitere erklären. Alle fingen wie verrückt an, ihre Sachen aus dem Werkzeugkasten zu nehmen und die benötigten Werkzeuge bereitzulegen und das vom Ausbilder erklärte Blech vorzubereiten.
Dann rief er uns wieder zusammen und erklärte uns alles über das Dengeln und zeigte uns, wie wir mit dem Hammer auf das Blech schlagen mussten, damit es sich verformt. Es sah eigentlich ganz einfach aus! Dann sollte es losgehen! Er erklärte uns noch die Modalitäten, denn diese Arbeit wurde benotet, also einmal auf Zeit, wie schnell man fertig wird, und das Aussehen, also wie gut wir die Dengeltechnik beherrschen.
Ich merkte schon, wie ich langsam nervös wurde, und sofort schossen mir die Gedanken in den Kopf: Es wird benotet, ich bin noch in der Probezeit, ich muss das auf jeden Fall gut hinbekommen. Oje, oje, jetzt geht es los! Die Zeit rannte, und alle schlugen wie verrückt mit dem Hammer auf dieses Blech ein, um irgendwie die Form eines S hinzubekommen. Der Ausbilder stand wie immer da und schaute über die Reihen, wie wir uns anstellen. Die ersten meiner KollegInnen haben bereits die erste Hälfte des S geschafft, und ich hämmerte immer noch wie verrückt auf dieses Blech ein, und es wollte sich einfach nicht zu einem S verformen. Immer wieder schaute ich auf die Uhr, und so langsam rann mir auch schon der Schweiß von der Stirn, und ich brach einfach nur in Panik aus. Der Ausbilder kam zu mir und fragte, wo denn das Problem sei. Am liebsten wäre ich in Tränen ausgebrochen und hätte alles hingeschmissen und ihn einfach nur angeschrien. Doch ich habe es nicht getan und meinte nur völlig fertig: »Ich kann das einfach alles nicht!« Letztendlich hatten schon alle abgeben, nur ich hämmerte noch wie wild auf dieses Blech ein und wusste eigentlich gar nicht, was ich noch tun sollte. Mein Ausbilder kam zu mir und erklärte mir, auch ich sollte jetzt abgeben.
Anschließend bin ich an unseren sicheren Ort gegangen, den Frauenwaschraum, den keiner der Ausbilder betreten durfte, und habe erst einmal eine Zigarette geraucht; und wieder schossen mir die Gedanken durch den Kopf: Ich bekomme eine schlechte Note, alle anderen waren besser als ich, ich werde die Probezeit nicht bestehen, und am besten ist es, ich schmeiße einfach meine Ausbildung hin.
Letztendlich habe ich die Probezeit bestanden, habe auch meine Ausbildung beendet, und bis heute hat niemand mehr von mir verlangt, jemals ein S zu dengeln. (100)

Der Bericht stammt nicht aus dem Beginn der Industrialisierung, sondern ist ein Zeugnis aus dem vergangenen Jahrzehnt. In der fast trotzigen Abwehr, dass diese Ausbildung oder zumindest weite Teile davon, für die Katz war, unbrauchbar, sind die ›brauchbaren‹ Teile verdeckt: dass nämlich gelernt wurde, etwas zu tun, dessen Konsequenzen begleitend überprüft werden mussten, dies in eine bestimmte Zeit einzupassen, Gebrauchswertökonomie mithin mit Zeitökonomie zusammenzubringen, Gefühle von Angst und Ohnmacht zu überwinden und das Ganze sowohl in Konkurrenz zu anderen zu erlernen als auch in der Gleichheit gemeinsamen Könnens. Man kann wohl davon ausgehen, dass die Tugenden der Facharbeiter (vgl. PAQ 1981a, 348–354) als Ferment in die Qualifikationen der Arbeitenden in der Hochtechnologie Eingang finden.

Gleichwohl berichten die drei Lerngeschichten von einer Ordnung, in der die Hochtechnologie noch nicht alles auf den Kopf gestellt hat, in der ganze Lebensläufe brüchig werden. Davon kündet eine schriftlich geführte Diskussion mit einem Studenten, der ganz sicher war, dass er nur Unnützes gelernt habe. Dabei schrieb er sich selbst die Kompetenz zu, die Hilflosigkeit der Lernangebote beurteilen zu können:

> An die Ausbildung zum Mathematisch-Technischen Assistenten erinnere ich mich in der Form, dass ich da bereits seit zig Jahren veraltete Programmiersprachen lernen musste und dass ich mich immer gefragt habe, wann denn jetzt was Neues und Interessantes käme, und es nie kam. Allein die Mathematik war recht anspruchsvoll und kniffelig, aber davon habe ich nach der Ausbildung kaum etwas praktisch gebrauchen können. Aber das ist ja auch wieder Schule und nicht Beruf, oder? […] Hightech ist ein großes Wort. Die Sache ist viel banaler. Ich begann Computer zu programmieren in meiner Schulzeit und war fasziniert von der Komplexität solch einer kleinen Kiste, die eine Welt für sich darstellte. Ich habe Systemhandbücher gelesen – teilweise in Englisch, was meinen Englisch-Unterricht in der Schule auch überhaupt erst sinnvoll erscheinen ließ. Durch viel Ausprobieren und Zeit habe ich mir das Wissen über die Funktionsweise der Maschine angeeignet, und das war auch das Wissen, mit dem ich in die Ausbildung und im Großen und Ganzen auch aus ihr herausging … Anfang der 90er Jahre habe ich massenhaft Bewerbungen geschrieben, die alle nicht zu einem Job geführt haben. Ich habe daraus die Konsequenz gezogen, dass, wenn mich die Erwerbsgesellschaft nicht braucht, ich mir wohl andere Formen der Identifikation und Bestätigung suchen müsste. Das war der Beginn meines Erwerbsfatalismus. (97)

Vermutlich ist auch dieses eine historische Übergangsform der Durchsetzung von Neuem, dessen Beginn wir studieren können, dessen Perspektive kaum vorherzusagen ist. Engeström wagt die These, dass die Spiele der Kinder (Lego und Computerspiele) uns einen Vorschein geben einer radikal anderen Art, sich Gesellschaft im Spiel, experimentell anzueignen.

Kapitel 14
Lernverhältnisse – Anstelle einer Zusammenfassung

Bei der Erarbeitung und beim Schreiben dieses Lernbuchs gab es überraschende Erkenntnisse für mich selbst, Höhepunkte beim Umgang sowohl mit Erfahrungen als auch mit Theorie. Es gab Tiefpunkte, wenn die Zähigkeit alltäglichen Erlebens eine zu dichte Decke von Wiederholung und Kleinmut über das Denkvergnügen legte. Die Exkursionen gingen in so viele unterschiedliche Richtungen, dass ich nicht einfach in der Lage bin, eine Zusammenfassung zu schreiben.

Stattdessen werde ich an dieser Stelle in Erinnerung rufen, was mir selbst am wichtigsten war, was ich weiter diskutieren möchte.

Kritik von Theorien ist Praxiskritik

Es gehört zum wissenschaftlichen Handwerk, Theoriekritik zu üben. Es gibt dafür Methoden, dies immanent zu tun, d.h. zu prüfen, ob der Autor seinen eigenen Ansprüchen genügt; oder historisch-kritisch heranzugehen, d.h. die Theorien in den Kontext ihrer Entstehung und Verbreitung zu stellen und sie gewissermaßen in Bezug auf die Gesellschaft, in der sie zu Hause sind, zu hinterfragen, sie zu rekonstruieren. Louis Althusser zeigt, dass Marx im Umgang mit der klassischen Politischen Ökonomie ein Verfahren anwendet, dass Althusser eine »symptomale Lektüre« nennt. Das meint, auf das Schweigen eines Textes zu achten, also seine konstitutiven Abwesenheiten zu lesen. Das Symptom sind Antworten ohne Fragen. Klaus Holzkamp ist in seiner Relektüre herkömmlicher Lerntheorien ganz ähnlich verfahren. Er befragt sie nach dem verschwundenen Subjekt, dessen Fehlen zu vermerken ein erster Schritt der Kritik ist, ein zweiter dann, dieses Fehlen selbst als eine Art systematische Tat zu lesen, ein Zum-Verschwinden-Bringen der Subjekte, die darum gleichwohl in den Theorien anwesend sind. Dieser kritische Umgang mit den Theorien führt bei Holzkamp zu einer Art von Reinterpretation, die vorweisen kann, dass die meisten Lerntheorien, insbesondere die behavioristischen, über eine Verdoppelung von Realität nicht hinauskommen, ja ihren wissenschaftlichen Anschein gerade durch die Weglassung der Subjekte erhalten. Holzkamp zeigt so die theoretischen Bauwerke als brüchige, bestenfalls halbgare Konstruktionen. Die Kritik an Holzkamps Vorgehen kann bei der anerkennenden Bemerkung über die Schlüssigkeit des Umgangs mit diesen Theorien, die er allesamt dem ganz gleichen Verfahren unterzieht, nicht stehen bleiben. Was dabei ungeprüft blieb, war die Wirksamkeit, die Auftreffstruktur der untersuchten Theorien in den jeweiligen gesellschaftlichen Verhältnissen. Was mich in diesem Kontext am meisten interessiert, ist, dass die Überzeugungskraft, die den Theorien im Lernzusammenhang zukommt, sich dem Umstand verdankt, dass die Subjekte ihre Verhältnisse genau so oder zumindest ähnlich erfahren, wie die Theorien sprechen. Das gilt wiederum insbesondere für den Behaviorismus, aber auch für Teile der Handlungsregulationstheorie. Der schlechte Umgang, den die Lerntheorien mit den lernenden Subjekten pflegen, wäre so nicht einfach zu konstatieren, sondern als ein Stück Realität in den gesellschaftlichen Verhältnissen zu entziffern. So verdankt sich die Subjektlosigkeit und Inhumanität der Theorien der wirklichen Stellung der Menschen in ihren alltäglichen Verhältnissen, die darum ins Zentrum der Analyse rücken müssten. Insoweit solche Theorien also Realität angemessen abbilden, kann Theoriekritik nicht greifen, die diese Theorien in ihren Konstruktionen als bloße Gedankenformen destruiert. Sie sind den Menschen ja nicht äußerlich, sondern selbst als Teil wirklichen Lebens wahrnehmbar und daher auch Teil der lernenden Menschen selbst. Lerntheorien kritisieren heißt in dieser Weise auch, uns selbst kritisieren, bzw. auch wir stehen zur Disposition, wo wir uns kritisch bewegen, theoretisch wie praktisch. Dies ist schnell einsichtig, wenn wir die Theorien, die von der Bestechlichkeit der Menschen ausgehen, prüfen, aber auch, wenn wir die vielen Opfergeschichten anhören, die in dieser Weise die Subjektlosigkeit von Theorien durch ›eigene Erfahrung‹ bestätigen. Das Absehen von Erfahrungen, von Subjekten bei der Theoriebildung entspricht mithin auch eigener Praxis im Umgang mit uns selbst. Dies ist die Auftreffstruktur solchen Theorisierens.

Diesen Zusammenhang zu sehen war für mich eine der wichtigen Erkenntnisse, die zugleich den abwechselnden Umgang mit Theoriekritik und Erfahrungsbearbeitung im Nachhinein sinnvoll und fruchtbar macht. Den inneren Zusammenhang der einzelnen Fragmente zum Lernen stellen wir her, indem wir uns als Subjekte in die Theorien so eintragen, dass wir uns eben auch als ›Beleg‹, als ›Beweis‹, als lebendige Darsteller solcher Theorien wahrnehmen, nicht nur als ›kritische Kritiker‹.

Verlernen

Eine weitere wesentliche Einsicht war das Problem des Verlernens. Die meisten Geschichten, Erinnerungen, Tagebücher zum Lernen zeigen, dass das zentrale Problem des Lernens das Verlernen von schon ›Gewusstem‹ ist. Was man weiß, aus Erfahrung, aus Meinungen, aus Gerüchten, aus Gelesenem, verbindet sich mit der Person zu einer eigenen Festigkeit, die dem ausgreifenden Lernen entgegensteht. Diese Einsicht gehört zu den Grundlagen marxistischen Denkens, bewegte Marx und Engels schon im Kommunistischen Manifest, beschäftigte uns im Projekt Automation und Qualifikation bei der Arbeitsforschung, ist eine Hauptproblematik, mit der Brecht umgeht, ist eine Voraussetzung, die den dialektischen Umgang mit sich, mit den Dingen und Verhältnissen nötig macht. Neuartig für mich war die Erkenntnis, wie sehr dies auch das Lernen im Einzelnen bestimmt. Wie Sedimentgestein legen sich die gelernten Stücke um die Persönlichkeiten und verhindern deren Aufbruch. Lernen heißt so nicht nur Unsicherheiten in Kauf nehmen, Wagnis, Neues erkunden – Lernen bedeutet in einem so großen Ausmaß das Wegtragen alter Strukturen, die Entwöhnung von Gewohntem, die Vernichtung von ›Gewusstem‹, dass es geraten ist, eine Forschung zum Lernen zu einem großen Teil dem Ver- oder Entlernen zu widmen. Von daher ist ein Studium herrschender Ideologien für die Lernforschung so zentral. Die alten Menschen in den alten Verhältnissen können nicht so einfach Neues lernen, ohne sich selbst in Frage zu stellen. Das gilt für schon beherrschte Fertigkeiten, für die Beziehungen der Menschen untereinander und ihre eigene Positionierung in den gesellschaftlichen Verhältnissen. Zum Verlernen braucht es eigene Methoden: die Subversion, die List, den Terrainwechsel, den Witz, die Satire, die allesamt es ermöglichen, eine Distanz zu sich einzunehmen, die Reflexion möglich macht. Ein Meister in der Entfaltung solcher Methoden, den man immer wieder mit Genuss und Bewegung studieren kann, ist Bertolt Brecht, dem darum in der Lernforschung ein oberer Rang eingeräumt werden sollte.

Der Widerspruch

Die Bewegungsform des Lernens ist der Widerspruch. Es bleibt keine andere Hoffnung. Das ist praktisch zu verstehen, theoretisch und methodisch. In widersprüchlichen gesellschaftlichen Verhältnissen versuchen sich die Einzelnen auf eine Seite zu schlagen und müssen dafür die andere, soweit es geht, ausblenden, um nicht krank zu werden. Man kann das direkt als alltägliche Tat studieren. Man kann die Einzelnen mit diesen einander widerstreitenden Botschaften hantieren und ihre Ruhe suchen sehen. Es ist ohne weiteres ersichtlich, dass dies fürs Lernen, verstanden als Zunahme von Sicht auf die Welt, womöglich mit der Fähigkeit, sich an ihrer Gestaltung zu beteiligen, von höchster Relevanz ist. Der Widerspruch geistert durch die Erfahrungen und Erinnerungen der Einzelnen als Leerstelle, als Verschweigen, als Unsinnigkeit, als Leugnung, wie etwas, das aus der Verdrängung befreit werden will. Es leuchtet ein, dass die Hervorhebung von Widersprüchen selbst noch keine Befreiung ist; im Gegenteil wird sich Unruhe verstärken. Die Zurkenntnisnahme von Widersprüchen ist vielmehr ein Ausgangspunkt, von dem aus Wege, die man jetzt erst wählen kann, gegangen werden können. Dies ist ein erster Schritt der Selbstreflexion beim Lernen. Methodisch ist der Widerspruch in alle empirische Forschung einbaubar als Paradox, als unsinniger Vergleich, als Behauptung der Gleichrichtigkeit von Entgegengesetztem, sodass die Befragten selbst an Lösungen gehen müssen, statt auf einer Seite zu beharren. Theoretisch verbindet die Methode, mit dem Widerspruch einzusetzen, die Analyse der Gesamtgesellschaft mit den Bewegungen der Einzelnen. Erfahren werden solche Lernwidersprüche als Krisen, als Brüche mit Gewohntem, als Unruhe und Unordnung. Lerndruck entsteht mithin aus Notlagen. Elementar wichtig wird es, das Lernen in eine Kultur des Umgangs mit Widersprüchen einzubetten. Diese gilt es zu entwickeln. Als ein solches Beispiel lese ich Brechts *Flüchtlingsgespräche*, die den Dialog von Kopf- und Handarbeit als eine Inszenierung von Krisen zeigen, die den Einverstand stören, den Zweifel allgemein setzen. Besonders eindrücklich waren mir die Lehren über den Vergleich als politische Praxis von oben wie als subversive Einsetzung von unten. Daneben zeigen die Lerngeschichten und -tagebücher, dass die Einzelnen den Vergleich alltäglich zu ihrer Selbstherabsetzung nutzen. »Während ich es einfach nicht lernen kann, gibt es andere, die lernen wie von selbst«, ist eine Auftreffstruktur, die Begabungstheorien eine bequeme Grundlage bereiten kann.

Die Arbeit

Es ist im Grunde erstaunlich, wie sehr Lerntheorien den Bezug auf Arbeit als menschliche Tätigkeit vernachlässigen, dies ebenso sehr wie den Bezug auf die lernenden Subjekte. Müsste eine Lerntheorie nicht vom arbeitenden Subjekt ausgehen, nicht bloß vom Subjekt, welches ja für sich genommen eine idealistische Erfindung wäre? In der Arbeit beziehen sich die Menschen aufeinander, erhalten sich selbst, entwickeln sich weiter, lernen, sich Welt anzueignen, produzieren und reproduzieren Gesellschaft. Das Schicksal der Arbeit als menschliche Tätigkeit in kapitalistischen Verhältnissen ist der Nährboden, auf dem losgelöste Praxen und Theorien menschlichen Lernens gedeihen. So wie die Einzelnen sich als Lernsubjekte ängstlich, widerwillig, unbelehrbar wahrnehmen, so ihre Stellung als Arbeitende, die eben nicht Gesellschaft gestalten, sie aber wohl reproduzieren. Die Arbeitsteilung zwischen Hand- und Kopfarbeit, Oberen und Unteren (so wir diese eine Arbeitsteilung nennen wollen), wiederholt sich in der Trennung von Wissen und Arbeitstätigkeit, bestimmt die Schultypen, bestimmt die Theorien vom Lernen und die Weise, wie sich die Einzelnen wahrnehmen. Die dramatischen Krisen der hochtechnologischen Produktionsweise zeigen sich auch als Lernproblematiken, deren Möglichkeiten noch zu erkunden sind, deren Lösungen derzeit als geschäftige Politik betrieben und, soweit man sehen kann, als Verwandlung der Lernsubjekte in effektive Maschinen geplant sind.[1]

Der Alltag

Die in diesem Buch vorgestellten Lerngeschichten und -tagebücher sind Alltagsleben. Die Besonderheit von Alltag als Raum und Zeit, in dem der ›gesunde Menschenverstand‹ seinen Ort hat, in dem gelernt wird und vergessen, in dem gelebt wird, Alltag also als Stoff, als Geschichten, die als Lernen, als Aneignen, als Widerstand, als Aufbruch zu studieren sind, kann nicht genug hervorgehoben werden. Der gesunde Menschenverstand ist ja der Ort, in dem Vorurteile gehegt, Gewohnheiten abgesichert werden, und zugleich derjenige, von dem aus allein Aufbruch gelingen kann. Insofern ist es auch eine Lehre in diesem Buch, dass die einzelnen Instanzen wie Alltag, wie Kritik, keine festen Gegebenheiten sind, nicht Sein, Zustand oder Lage, sondern selbst in Bewegung, umkämpft und von allen Seiten besetzbar, Praxis. Es bedarf ständiger Übung, in Verhältnissen zu denken statt spontan in Wesenheiten. Nur so kann man sich selbst verändernd denken.

Alltagsgeschichten sind keine Theorie, noch sind sie Beispiele für Theorie. Sie werden bearbeitet, sodass an ihnen etwas gezeigt werden kann. Auch dieser allmähliche Prozess eigener Bearbeitung alltäglichen Geschehens ist als zunehmende Selbstreflexion Lernen. Er erlaubt es, Gegenerzählungen gegen das Gewohnte zu erfinden. Für solche Praxis eignet sich wiederum Literatur, etwa der in diesem Buch vorgestellte Essay von Virginia Woolf.

Sprache

Erinnerungsarbeit ist auch Umgang mit Sprache. Sprachanalyse ist also ein durchgehendes Mittel in diesem Buch. Die Arbeit mit Brecht hat als zusätzliche Dimension von Sprachpolitik die Aufforderung gebracht, einzelne

---

1 Im November 2002 hing in der Universität ein Hochglanzplakat mit folgendem Text: Mega Memory. Lern- und Gedächtnisstrategien. Sonderangebot für Studentinnen und Studenten. Was lernt man? Prüfungsvorbereitung (Spickzettel) sofort langfristig behalten lernen und auch unter Stress abrufen können; Fremdsprachen und Fremdwörter schneller lernen können; Zahlen merken markant verbessern; Namen richtig memorisieren [sic] (mit Gesichtern); Strategien für das Langzeitgedächtnis; Lernen als Erfolgserlebnis genießen; Vertrauen in die eigene Lernfähigkeit steigern; Kreativität steigern und vieles mehr. Bestellung für 80 anstatt 245 Euro.

Begriffe, Wörter aus ihrem Kontext, in dem sie passend scheinen, zu ziehen, um sie als tätige Ideologen zu zeigen. Dabei aber nicht stehen zu bleiben, sondern Wörter wie »gut« oder »Ordnung« oder »Moral« nicht einfach zu denunzieren und preiszugeben, sondern die gewohnten Gefühle von den Wörtern abzuziehen und die so freigesetzte Energie darauf zu verwenden, für Verhältnisse zu streiten, in denen die Wörter wirklich »passend« sein können. Diese Art von Sprachpolitik eröffnet eine eigene Forschungspraxis, die den gewohnten Zynismus bei den ersten Einsichten in die Korruption der Wörter oder durch Wörter vermeidet und stattdessen als Beschäftigung von vielen revolutionär ist. Diese Politik ist derjenigen der ›Political Correctness‹, wie sie im letzten Jahrzehnt in Mode kam, geradezu subversiv entgegengesetzt. Wortvermeidung, weil man das Wort in anrüchigem Kontext traf, oder seine Ersetzung durch ein anderes war in der Arbeit mit Lerntagebüchern als eine Praxis zu studieren, welche die selbstzufriedene Auffassung unterstützte, an Herrschaftspraxen nicht selbst beteiligt zu sein. Die Durchsetzung von Political Correctness in der Sprache erweist sich so als eine weitere Barriere gegen die Unruhe und Unzufriedenheit, die Selbstveränderung durch Lernen.

Die Geschlechter

Sobald es um alltägliches Lernen konkreter Personen geht, ist die geschlechtstypische kulturelle Markierung von Lernprozessen unübersehbar. Es war zunächst mein Vorhaben, diese Frage, ob und inwieweit Frauen anders lernen als Männer, ins Zentrum meiner Lernforschungen zu stellen. Aber die Problematik war so allgegenwärtig, dass es sich zugleich als unsinnig erwies, ihr ein eigenes Kapitel zu widmen (wie ich das ansatzweise in Kapitel 8 versuchte). Man wird in den verschiedenen Materialien finden, dass die Geschlechterdifferenz beginnt beim Umgang mit Erfahrungen wie mit Theorie, bei der Selbstwerteinschätzung, bei Fragen danach, was ein ›Subjekt‹ in dieser Gesellschaft ist. Man wird schließlich darauf stoßen, dass diese nach Geschlecht je andere Umgangsweise mit dem Leben, dem Arbeiten, dem Studieren, dem Forschen, dem Kollektiv oder der Gemeinschaft, mit der Konstruktion von Bedeutungen wie seiner selbst, auch eine entscheidende Differenz zwischen dem holzkampschen Vorgehen in der Lernfrage und dem meinen ist. So bleibt als offene Frage, ob diese Unterschiedenheit als Bereicherung gelassen werden kann oder ob jetzt die eigentliche Arbeit eines ›menschlichen‹ Entwurfs erst beginnt.

Fragen

Dass Fragen eine besondere Bedeutung für Lernen, für Entwicklung, für Wissenschaft haben, war allgemein klar. Wichtig für mich bei der Erarbeitung dieses Buches war zum einen, wie Holzkamp die Lehrerfrage und das Fragemonopol des Lehrers im Zusammenhang eines verfehlten Schullernens herausarbeitet, und wiederum von ganz anderer Seite, wie Virginia Woolf eine ganzes Lernarrangement auf die Kunst, Fragen zu stellen, gründet. Beides fand ein merkwürdiges Echo in der Schwierigkeit der Studierenden, in fremden Gruppen Fragen zu stellen. Fragen stehen so am Beginn allen Lernens, wie andererseits die Verunmöglichung von Fragen die Aneignung von Welt verhindert. Und selbst Fragen sind nicht so ohne weiteres das Erstrebte. Sie können Scheinfragen sein, sie können selbst Welt verschließen. Es gilt also zugleich, Fragen zu verschieben, sodass sie aufschließend wirken können. Am Ende eines gelungenen Forschungsprozesses steht eine neue Frage. Es wäre gewiss erhellend, eine historisch-kritische Forschung zur Frage zu unternehmen.

Kritik

Eines der zentralen Lernerlebnisse war für mich die Unmöglichkeit der Studierenden, mit Kritik produktiv umzugehen, und die vollständige Abwesenheit eines Lernkollektivs beim gemeinschaftlichen Lernen in der Gruppe. Die Unfähigkeit zur Kritik steht blockierend vor jedem Lernen, die Einsamkeit in der Gruppe ist mit dieser Kritikfrage verbunden und entlässt die Einzelnen in eine Lernbemühung, die in sich selbst Züge der Bewegung eines Hamsters im Rad hat. Allerdings war es auch naiv anzunehmen, dass Kritik so einfach ausgeübt und produktiv aufgenommen werden könnte, als sei sie nicht mehr als ein Instrument des Lernens und der Wissenschaft. Kritik ist selbst ein Kampfplatz, auf dem u.a. entschieden wird, wer gewinnt, wer verliert.

Vor der Möglichkeit, Kritik zur allseitigen Verbesserung einzusetzen, steht die Schwierigkeit, ein gemeinsames Projekt zu haben in gesellschaftlichen Verhältnissen, die die Einzelnen gegeneinander richten, nicht zur Gestaltung zusammenschließen.

Das Kollektiv – der Dialog

Je weiter die Entwicklung der Produktivkräfte voranschreitet, desto klarer wird, wie brennend aktuell die marxsche Feststellung ist, dass die Produktivkräfte zwar entwickelt werden, um mehr Profit zu erwirtschaften, weniger lebendige Arbeit einzusetzen, dass sie aber an die Grenze der Verhältnisse stoßen, in denen sie vorangetrieben werden. Die hochtechnologische Produktionsweise braucht weniger lebendige Arbeit als ihre Vorgängerin, aber sie braucht diese als Gruppenarbeit, als Zusammenschluss von Kompetenzen, als umfassende Qualifikation. Das Gleiche gilt für das Lernen, sobald sein Gegenstand wissenschaftlich wird. In beiden Fällen stoßen wir auf das Paradox, dass die Unfähigkeit zur Gruppe mit der Notwendigkeit, in Gruppen zu arbeiten und zu lernen, wächst. Vor der Möglichkeit, produktiv in Gruppen zu arbeiten, zu lernen, stehen Markt- und entsprechend Konkurrenzbedingungen, deren Überschreitung zugleich illusionär und zwingend ist. In dieser Weise wird die Selbstbestimmung beim Lernen vor die paradoxe Aufgabe gestellt, dass die Einzelnen ihre Selbstveränderung als selbstbewusste Aufgabe in eigene Hände nehmen, sich also als starke Individuen herausbilden müssen, indem sie die Grenzen der Konkurrenz gegeneinander überschreiten, also eine Gemeinschaft, ein Kollektiv bilden. – Dies betrifft auch die Form des Lernens. Es zeigt sich, dass die vielfachen Verhärtungen, Widerstände, Gewohnheiten, Blockierungen den Dialog, die Gruppe brauchen, um Bewegung zu ermöglichen.

Lehren

Immer wieder geht es ums Lehren. Die Frage ist von besonderer Bedeutung, wenn man davon ausgeht, dass Lernen subjektive Tat ist. Wenn lernen heißt, sich selbst belehren, wozu braucht es dann noch Lehrer? Oder umgekehrt: Wie vermeidet man beim Lehren die Verkennung, das Lernen sei ein Resultat der Lehrbemühungen? Und was kann Lehren heißen, wenn man der Einsicht folgt, dass Lehren selbst Lernen ist und gleichwohl Lehren als eigener Beruf auftritt? Die Fragen balancieren auf dem schmalen Grat zwischen anarchischer Freilassung und Verabschiedung aller Institutionen und Anleitungen auf der einen Seite und autoritärem Edukationismus, der Kehrseite jener Verabschiedung. Zunächst hatte ich geplant, ein Kapitel über Lehrer als organische Intellektuelle (nach Gramsci) und eines über Kritische Pädagogik an den Schluss des Buches zu stellen, um diese Fragen erneut aufzunehmen. Um das Projekt in Umfang und Zeit nicht immer weiter auszudehnen, müssen die im Buch vorgestellten Überlegungen zunächst genügen. Die Thematik wird weiter zu bearbeiten sein.

Der Lernbegriff

Zu Beginn der Forschungen zum Lernen und des Projekts, dieses Buch zu schreiben, schien es mir besonders dringlich, einen Begriff von Lernen zu entwickeln, ihn kritisch abzugrenzen und eindeutig zu bestimmen. Die vorgefundene Vielfalt von Lernbestimmungen, alltäglichen wie solchen in den Theorien, forderte mich dazu auf, Unterscheidungen zu machen und eine Ordnung in das Chaos zu bringen. Es schien mir mehr und mehr vernünftig, verschiedene Lernbegriffe für unterschiedliche Tätigkeiten zu haben und – vielleicht wie Holzkamp – zwischen defensivem und expansivem Lernen zu unterscheiden, also analytisch eine Gruppe zu bilden für Lernhandlungen, die auf Nachvollzug, Sich-Einrichten, Gehorsam, Lernen als Schulaufgabe gerichtet sind, und eine andere für Lernhandlungen, die Aneignung von Welt in gestaltender Absicht betreffen. Freilich setzt diese Unterscheidung voraus, dass Lernen sich auf Handlungen/Fähigkeiten bezieht, die gewissermaßen in sich abgeschlossen bestimmt werden können. Der lang währende Prozess der Aneignung von Welt, dabei die Produktion wie die Reproduktion der Verhältnisse, gestaltender Eingriff wie Unterwerfung sind Bewegungen, die wir als Lernen erfahren, wenngleich sie häufig nicht so trennscharf dingfest gemacht werden können. Zu lernen, ein Mensch zu werden, sich also die menschlichen Wesenskräfte anzueignen, dies, so denke ich, untersuche ich, wenn ich Lernen studiere. Das schließt Formierung und Selbstformung ein, und es kann auf verschiedenen Ebenen je unterschiedliche Strategien erfordern, andere, wenn ich Ordnung lerne oder eine Sprache, andere, wenn ich mit anderen forschend tätig bin oder ein politisches Projekt verfolge, wieder andere, wenn ich lerne, Fahrrad zu fahren oder Geige zu spielen. Lernen also ist als widersprüchlicher Prozess zu fassen; es gibt darin nicht bloß eine ›richtige‹ Strategie. Und es gibt nicht bloß Zuwachs. Lernen ist Selbstkritik. Lernen ist als Bewegung unabgeschlossen und zwiespältig.

Dass ich auf diese Weise Lernen als eine Bewegung fasse, die ständig geschieht, vermeidet die holzkampsche Einschränkung auf einen bewussten Vollzug in einer aus einer Gesamthandlung herausgelösten Zeit und damit auch die Auffassung, dass danach, also wenn die Lernhandlung abgeschlossen ist, die Gesamthandlung weiter ohne Lernen durchgeführt wird. Der Preis dafür, diese Einschränkung nicht mitzumachen, ist es, sehr allgemein zu sein und damit die nötigen analytischen Unterscheidungen im Nachhinein, also als Analyse der Lerneffekte machen zu müssen. Dies gemäß der Vorstellung, dass die wirklichen Menschen in ihrem alltäglichen Leben ebenso verfahren, also wahrnehmen, dass sie etwas gelernt haben, und nicht im Vollzug Lernerlebnisse abhaken können. In diese Richtung sprechen alle Lerngeschichten. Und dieses Vorgehen erst schließt die Kritik des Ideologischen und des Kulturellen, schließt die Analyse der Reproduktion der Verhältnisse auch als Tat der vielen ein.

Literatur

Adorno, Theodor W., 1956: Probleme der Moralphilosophie, Vorlesung vom 6.12.1956. Zit. bei Schweppenhäuser 1996

ders., 1965: Negative Dialektik. Frankfurt/M.

Althusser, Louis, 1976: Freud und Lacan. Berlin

Angermeier, Wilhelm F., 1977: Lernen. In: Herrmann, Theo, u.a. (Hg.): Handbuch psychologischer Grundbegriffe. München, S. 259–276

ders., 1992: Lernen. In: Uwe Tewes u. Klaus Wildgrube (Hg.): Psychologie Lexikon. München

Argument-Sonderband (AS) 21, 1978: Reformpädagogik und Berufspädagogik. Schule und Erziehung VI, Berlin-West

Ariès, Philippe, 1975: Geschichte der Kindheit. München/Wien

Atkinson, R.C., u. R.M. Shiffrin, 1968: Human memory: A proposed system and its control process. In: Spence, K.W., &. J.T. Spence (eds.): The psychology of learning and motivation. Advances in research and theory, 2, S. 89–195. New York

Bandura, A., 1976: Die Analyse von Modellierungsprozessen. In: ders. (Hg.): Lernen am Modell. Ansätze zu einer sozial-kognitiven Lerntheorie, S. 9–91. Stuttgart

Bateson, G., 1981: Ökologie des Geistes – Anthropologische, psychologische, biologische und epistemologische Perspektiven. Frankfurt/M.

Bracht, Ulla, 1998: Lernen. Grundbegriffe der Pädagogik. In: Beutler,Kurt, u.a. (Hg.): Jahrbuch Pädagogik – Bildung nach dem Zeitalter der Großen Industrie. Frankfurt/M.

Braun, Volker, 1985: Der Hinze und Kunze-Roman. Halle/Leipzig.

Brecht, Bertolt (1934–1955): Me-Ti. Buch der Wendungen. In: Gesamtausgabe 18, S. 45–194; GW 12, S. 417–585, Frankfurt

ders., 1933: Die sieben Todsünden. In: GW 7, S. 2857–71

ders., 1939–1941: Der gute Mensch von Szechuan. In: GW 4, S. 1487–1607; GA 6, S. 175–279

ders., 1964: Kleines Organon für das Theater. Schriften zum Theater 7, 1948–1956

ders., 1973: Arbeitsjournal, 2 Bde., Frankfurt/M.

ders., Flüchtlingsgespräche. In: GW 14, Frankfurt/M. 1967, S. 1381–1515; GA 18, S. 195–327

ders., Lehrstücke

ders., 1937–51: Der Messingkauf. In: GA 22.2, S. 695–869; GW 16, S. 499–657

Bredenkamp, J., u. W. Wippich, 1977: Lern- und Gedächtnispsychologie, Bd. I u. II, Stuttgart

Brewer, W.F.C., 1974: There is no convincing evidence for operant or classical conditioning in humans. In: Weimer, W.B. & D.S. Palermo (eds.): Cognition and the symbolic process, S. 1–42. Hillsdale, NJ

Brosius, Gerhard, u. Frigga Haug, 1987: Frauen/Männer/Computer. Empirische Untersuchungen zur Büroarbeit. Berlin

Craik, F.I.M., u. R.S. Lockart, 1975: Levels of processing. A framework for memory research. Journal of Verbal Learning and Verbal Behavior, 11, S. 671–84

Dewey, John, [1910] 1951: Wie wir denken. Eine Untersuchung über die Beziehung des reflexiven Denkens zum Prozess der Erziehung. Zürich

ders., 1986, ²1994: Erziehung durch und für Erfahrung. Eingeleitet und kommentiert von Helmut Schreier. Stuttgart

Dulisch, F., 1986: Lernen als Form menschlichen Handelns. Bergisch-Gladbach

Ebbinghaus, H., 1985: Über das Gedächtnis. Leipzig

Engeström, Yrjö, 1999: Lernen durch Expansion. Marburg. Englisch 1987: Learning by expanding. An activity-theoretical approach to developmental research. Helsinki

Foucault, Michel, 1977: Sexualität und Wahrheit. 1. Bd.: Der Wille zum Wissen. Frankfurt/M.

Frankfurter Allgemeine Zeitung (FAZ): ›Blick zur Freiheit‹ von Friedmar Apel, 16.6.1998

Freire, Paulo, 1998: Erziehung und Hoffnung. Vorwort zu: Beutler, Kurt, u.a. (Hg.): Jahrbuch Pädagogik – Bildung nach dem Zeitalter der Großen Industrie. Jahrbuch Pädagogik. Frankfurt/M.

Freud, Sigmund, 1940–1952: Gesammelte Werke in 18 Bänden. Frankfurt/M. Hier: GW 14

Galliker, M., 1990: Sprechen und Erinnern. Göttingen

Galperin, P.J., 1967: Die Entwicklung der Untersuchungen über die Bildung geistiger Operationen. In: Hiebsch, H., u. F. Klix, M. Vorwerg (Hg.): Ergebnisse der sowjetischen Psychologie. Berlin/DDR, S. 376–405

Goffman, Erving, 1967: Stigma. Über Techniken der Bewältigung beschädigter Identität. Frankfurt/M.

Gramsci, Antonio, 1991–2002: Gefängnishefte, Kritische Ausgabe in 10 Bänden, hg. von Klaus Bochmann, Wolfgang Fritz Haug und Peter Jehle, Berlin und Hamburg

Hacker, Winfried, 1973: Allgemeine Arbeits- und Ingenieurpsychologie. Psychische Struktur und Regulation von Arbeitstätigkeiten. Berlin/DDR

Haug, Frigga, 1977: Gesellschaftliche Produktion und Erziehung. Kritik des Rollenspiels. Frankfurt, New York

dies. (Hg.), 1980: Erziehung zur Weiblichkeit. Frauenformen 1. Berlin

dies., 1980: Opfer oder Täter? Über das Verhalten von Frauen. In: Das Argument 123, S. 643–649

dies., 1981: Erfahrungen in die Krise führen – oder: Wozu brauchen die Lernenden die Lehrer. In: Die Wertfrage in der Erziehung. Argument Sonderband 58. Berlin-West, S. 67–77

dies. (Hg.), 1983, [3]1993: Sexualisierung der Körper, Berlin/Hamburg
dies., 1983: Verelendungsdiskurs oder Logik der Krisen und Brüche. Marx neu gelesen vom Standpunkt heutiger Arbeitsforschung. In: Aktualisierung Marx. Argument Sonderband 100. West-Berlin, S. 101–119
dies., 1987: Arbeitsforschung im Zeitalter der Mikroelektronik. In: Forum Kritische Psychologie 20, S. 49–65
dies., 1990: Die Moral ist zweigeschlechtlich wie der Mensch. In: dies.: Erinnerungsarbeit, Berlin und Hamburg, S. 90–130
dies., 1990: Erinnerungsarbeit. Hamburg
dies., 1996: Rosa Luxemburg und die Politik der Frauen. In: dies.: Frauenpolitiken. Berlin und Hamburg, S. 233–264
dies. 1996: Frauenpolitiken. Berlin und Hamburg
dies., 1999: Vorlesungen zur Einführung in die Erinnerungsarbeit. The Duke Lectures. Hamburg
dies., 2001: Gesellschaftlich notwendige Arbeit/Arbeitszeit. In: Haug, W.F. (Hg.): Historisch-Kritisches Wörterbuch des Marxismus (HKWM) Bd. 5. Hamburg, S. 573–580
dies., 2001: Lehren und Lernen. In: Das Argument 240, 43. Jg., Heft 2, S. 168–87
dies, u. Brigitte Hipfl (Hg.), 1995: Sündiger Genuss? Hamburg
dies, u. Eva Wollmann (Hg.), 1993: Hat die Leistung ein Geschlecht? Erfahrungen von Frauen. Berlin/Hamburg
dies., Uwe Gluntz, Rolf Nemitz, Werner van Treeck u. Gerhard Zimmer, 1975: Automation führt zur Höherqualifikation – Thesen über Hand- und Kopfarbeit. In: Demokratische Erziehung
dies., Rolf Nemitz, Thomas Waldhubel, 1980: Kritik der Handlungsstrukturtheorie. Forum Kritische Psychologie, 6, S. 18–85
Haug, W.F., 1973: Das umwerfende Einverständnis des braven Soldaten Schwejk. In: Bestimmte Negation. Frankfurt/M.
ders., 1974, [5]1989: Vorlesungen zur Einführung ins Kapital. Hamburg
ders., 1976: Die Einübung bürgerlicher Verkehrsformen bei Eulenspiegel. In: Vom Faustus bis Karl Valentin. Der Bürger in Geschichte und Literatur. Argument Sonderband 3. Berlin, S. 4–27.
ders., 1986: Marx, Ethik und ideologische Formbestimmtheit von Moral, in: Angehrn, E., u. G. Lohmann (Hg.): Ethik und Marx – Moralkritik und normative Grundlagen der Marxschen Theorie. Königstein/Ts., S. 36–57
ders., 1997, Philosophieren mit Brecht und Gramsci, Berlin und Hamburg
Heckhausen, Heinz, 1989: Motivation und Handeln. Berlin
Heiner, Achim, 1974: Rollenspiele – Zu wessen Nutzen? In: Die Grundschule, Zeitschrift für die Grundstufe des Schulwesens, Heft 10

Herrmann, Theo, u.a. (Hg.), 1977: Handbuch psychologischer Grundbegriffe. München

Hirschhorn, L., 1982: The soul of a new worker. Working Papers 9 (1), S. 42–47

Hofmeister, Arnd, 1998: Zur Kritik des Bildungsbegriffs aus subjektwissenschaftlicher Perspektive. Diskursanalytische Untersuchungen. Hamburg

Holzkamp, Klaus, 1973: Sinnliche Erkenntnis. Historischer Ursprung und gesellschaftliche Funktion der Wahrnehmung. Frankfurt/M.

ders., 1983: Grundlegung der Psychologie. Frankfurt/New York

ders., 1986: Die Verkennung von Handlungsbegründungen als empirische Zusammenhangsannahmen in sozialpsychologischen Theorien: Methodologische Fehlorientierung infolge von Begriffsverwirrung. In: Zeitschrift für Sozialpsychologie 17, S. 216–238; Nachgedruckt 1987 in: Forum Kritische Psychologie 19, S. 23–58

ders., 1986: Handeln. In: Rexilius u. Grubitzsch (Hg.): Psychologie. Theorien – Methoden – Arbeitsfelder. Ein Grundkurs. Reinbek, S. 382–402

ders., 1987: Lernen und Lernwiderstand. Skizzen zu einer subjektwissenschaftlichen Lerntheorie. Forum Kritische Psychologie 20, S. 5–36

ders., 1993: Lernen. Subjektwissenschaftliche Grundlegung. Frankfurt/New York

Holzkamp-Osterkamp, Ute, 1976: Grundlagen der psychologischen Motivationsforschung, Bd. 1. Frankfurt/M.

Horkheimer, Max, 1936: Studien über Autorität und Familie. In: GS 3, S. 329–417

Kern, Horst, u. Michael Schumann, 1984: Das Ende der Arbeitsteilung? München

Kleines politisches Wörterbuch, Berlin 1989

Lave, Jean, u. E. Wenger, 1991: Situated Learning: Legitimate peripheral participation. Cambridge

Lefrançois, G.R., 1986: Psychologie des Lernens. Berlin

Leontjew, A.N., [1931] 1977: Probleme der Entwicklung des Psychischen. Frankfurt/M.

Luxemburg, Rosa, [1914] 1970: Die Proletarierin. In: GW 3, S. 410–413. Berlin/DDR

dies., [1916] 1979: Die Krise der Sozialdemokratie. In: GW 4, S. 49–164. 2. Aufl., Berlin/DDR

Maiers, Wolfgang, u. Morus Markard, 1987: Kritische Psychologie als Subjektwissenschaft. Festschrift für Klaus Holzkamp. Frankfurt/M.

Markard, Morus, 1994: Wie reinterpretiert man Konzepte und Theorien? In: Forum Kritische Psychologie 34, S. 125–155

Marx, Karl, [1845] 1958: Thesen über Feuerbach. In: MEW 3, S. 5–7. Berlin/DDR

ders., [1852] Der 18. Brumaire des Louis Bonaparte. In: MEW 8, S. 111–207

ders., [1857] 1983: Einleitung zu den Grundrissen der Kritik der politischen Ökonomie. In: MEW 42, S. 15–46. Berlin/DDR

ders., [1875] 1962: Kritik des Gothaer Programms. In: MEW 19, S. 15–32

ders., [1880] 1962: Arbeiterumfrage. In: MEW 19, S. 230–37. Berlin/DDR

ders., Ökonomische Manuskripte. In: MEW 42
ders., Das Kapital, Bd. 1. In: MEW 23. Berlin/DDR
ders., u. Friedrich Engels [1848] 1974: Manifest der Kommunistischen Partei. In: MEW 4, S. 459–493. Berlin/DDR
dies., [1845-1846] 1990: Die deutsche Ideologie. In: MEW 3. Berlin
McClelland, J.L., u. D.E. Rumelhart, 1986: Parallel distributed processing. Explorations in the microstructure of cognition. Vol. 2: Psychological and biological models. Cambridge, Mass.
McGraw, K.O., 1978: The detremental effects of reward on performance. A literature review and a prediction model. In: Lepper, M.R., & D. Greene (eds.): The hidden costs of reward. Hillsdale, N.Y.
Meyer-Siebert, Jutta, Andreas Merkens, Iris Nowak, Victor Rego-Diaz (Hg.), 2002: Die Unruhe des Denkens nutzen. Emanzipatorische Standpunkte im Neoliberalismus, Hamburg
Meyers Jugendlexikon, 1976
Miller, G.A., E. Galanter u. K.H. Pribram, 1960: Plans and the Structure of Behavior. London. Deutsch 1973: Strategien des Handelns. Pläne und Strukturen des Verhaltens. Stuttgart
Miller, Max, 1986: Kollektive Lernprozesse. Studien zur Grundlegung einer soziologischen Lerntheorie. Frankfurt/M.
Miller, N.E., u. J. Dollard, 1941: Social learning and imitation. New Haven
Musil, Robert, 1906: Die Verwirrungen des Zöglings Törless
Neisser, Ulric, 1967: Cognitive Psychology. New York. Deutsch 1974: Kognitive Psychologie. Stuttgart
Nemitz, Rolf, 1981: Bildung statt Ideologie? In: Die Wertfrage in der Erziehung. Argument Sonderband 58. Berlin-West
Nikolajewa, Galina, [1958] 1962: Schlacht unterwegs. Berlin
Ohm, Christof, 2001: Hacker. In: Haug, W.F. (Hg.): HKWM, Bd. 5. Hamburg, S. 1115–1121
Päd Extra. Magazin für Erziehung, Wissenschaft und Politik. Jg. 1979, insbes. Nr. 9
Pawlow, I.P., 1955: Ausgewählte Werke. Berlin-DDR
Projekt Automation und Qualifikaton (PAQ), 1980: Automationsarbeit: Empirie 1. Argument Sonderband 43, Berlin
dies., 1981a: Automationsarbeit: Empirie 2. Argument Sonderband 55, Berlin
dies., 1981b: Automationsarbeit: Empirie 3. Argument Sonderband 67, Berlin
dies., 1983: Zerreißproben – Automation im Arbeiterleben. Empirische Untersuchungen, Teil 4. Argument Sonderband 79, Berlin
dies., 1987: Widersprüche der Automationsarbeit. Ein Handbuch. Berlin
Raeithel, Arne, 1983: Tätigkeit, Arbeit und Praxis. Frankfurt/New York

Riecke-Baulecke, Thomas, 1994: Lernwidersprüche und Widersprüche beim Lernen. Umrisse eines subjektwissenschaftlichen Paradigmenwechsels in der Sportpädagogik. Hamburg

Schmitt, Antje, u. Jan Körper, 2002: Ich und die Anderen. Hamburg

Schweppenhäuser, Gerhard, 1996: Ethik nach Auschwitz. Adornos negative Moralphilosophie, Berlin und Hamburg

Smith, Dorothy, 1995: Der aktive Text. Eine Soziologie für Frauen. Argument Sonderband 235. Hamburg

Stadler, Michael, u. F. Seeger, 1981: Psychologische Handlungstheorie auf der Grundlage des materialistischen Tätigkeitsbegriffs. In: H. Lenk (Hg.): Handlungstheorien interdisziplinär III. München, S. 191–233

Tolman, E.C., & C.H. Honzik, 1930: Introduction and removal of reward and maze performance in rats. University of California Publications in Psychology 4, S. 257–275

Valentin, Carl, 1961: Gesammelte Werke. München

Volpert, Walter, 1983: Das Modell der hierarchisch-sequenziellen Handlungsorganisation. In: Hacker,W., W. Volpert u. M. von Cranach (Hg): Kognitive und motivationale Aspekte der Handlung. Berlin, S. 38–85

ders., 1974: Handlungsstrukturanalyse als Beitrag zur Qualifikationsforschung. Köln

ders., 1984: Maschinen-Handlungen und Handlungs-Modelle – ein Plädoyer gegen die Normierung des Handelns. In: Gestalt Theory 6, S. 70–100

Watson, J. B., 1919: Psychology from the standpoint of a behaviorist. Philadelphia

Willis, Paul, 1979: Spaß am Widerstand. Gegenkultur in der Arbeiterschule. Frankfurt

Wolf, Christa, 1977: Kindheitsmuster. Darmstadt/Neuwied

Woolf, Virginia, [1938] 1978: Die drei Guineen. München

Wygotski, L.S., [1934] 1969: Denken und Sprechen. Frankfurt/M.

Zimmer, Gerhard, 1987: Selbstorganisation des Lernens. Kritik der modernen Arbeitserziehung. Frankfurt

Sachregister

Abhängigkeit
Abwesenheit/Leerstelle
aktiv 25, 44, 61f., 85, 94, 127, 134, 146, 163, 173, 202, 209, 214, 218, 221, 224, 227, 231, 236, 239, 253
allein/einsam 34-38, 43, 46, 69, 74, 173, 224, 231, 234, 236, 238, 240, 242, 244f., 249, 253f., 260, 266, 270, 274, 286
allgemein 13, 16, 20, 23-25, 27, 30-35, 46, 50, 54, 56, 66, 74f., 78f., 93, 95, 100, 105, 107, 109, 114, 116, 125, 131, 133, 135-137, 140, 142, 147, 160, 165, 171, 180f., 191, 203, 206, 225, 240, 254, 258f., 267-269, 283, 288
Alltag/Alltagsverstand/gesunder Menschenverstand 22, 25, 34, 48, 50, 56, 58, 63f., 67, 74, 80, 83-86, 89, 98, 100f., 106, 113f., 120, 125, 131-133, 135, 139f., 143, 158, 165f., 168, 170f., 173, 175f., 179f., 186, 199, 206, 208, 211, 218f., 221, 245, 284
andere 17f., 34f., 38, 60, 68f., 93, 104f., 111, 116, 127f., 136-138, 140f., 143, 156-162, 165-167, 170, 173f., 177f., 180, 183, 191, 193-197, 199, 203, 208f., 214, 218f., 222-225, 231, 233f., 236-239, 241f., 246-250, 253f., 261, 272, 274, 278f., 283, 288
Änderung 32, 67f., 82, 134, 254, 259
Aneignung 26f., 31, 33f., 45f., 51, 53-56, 59, 62f., 65, 81, 123, 126, 142, 154f., 157, 166, 169, 176f., 186, 191, 215f., 218, 231f., 238, 257f., 266, 270, 275, 284, 286, 288
Anerkennung 16, 74, 106, 110, 143, 158, 163, 166, 174, 184, 199, 246, 249, 273
Anfang/Beginn 20, 31, 34, 85, 90, 96, 105, 118f., 124, 146, 153, 155, 160, 179, 183, 190, 213, 218, 231, 257, 259, 261, 265, 278f., 286f.
Angst/ängstlich 18, 65, 69, 132f., 159-162, 164f., 167f., 171f., 177, 182f., 186, 195f., 199-201, 219, 226f., 241, 272, 279
Anordnung/Arrangement 10, 17, 29, 46, 50f., 57, 61, 63, 71f., 85, 89, 97f., 100, 104f., 120, 124-126, 132, 135f., 148, 155, 157f., 178, 211, 229, 234, 268f., 271f., 286
Anpassung 45, 54f., 63f., 146, 154, 216
Antizipation 22, 24, 49, 148, 159, 216, 270
Antwort 9f., 16, 26, 28, 42, 62, 74, 96, 105f., 108, 113f., 140, 151, 155, 164, 204f., 207-210, 215f., 219, 223, 225f., 249-251, 280
Arbeit 9f., 17, 19, 21f., 25, 27, 32, 34, 37, 41, 55, 62, 111, 113, 160, 163, 169f., 196, 202f., 238, 257-279, 282f., 285-287
Aufbruch 59, 89, 262, 282, 284
auffallen 93, 100, 241
Aufgabe 13, 19, 22, 43f., 48, 56f., 63, 65, 71, 126, 137, 142, 146, 149, 153, 163, 167, 186, 194, 200-203, 208, 214, 223, 230, 233, 235, 246, 249f., 252, 258, 260f., 270, 274f., 277, 287f.
Auswendig-Lernen 16, 49, 51, 61f., 169, 176, 185, 214-216, 224
Automation 9, 264f., 269f., 282
Automatisierung 23, 51, 135, 153, 277
Autorität 155, 202f., 275
Bearbeitung 19, 35, 62, 65-67, 118, 157, 186, 207f., 215, 229, 231, 237, 246, 256, 277, 281, 284, 287
Bedeutung 16f., 20, 25f., 28, 31, 34, 49, 54f., 61, 69, 74, 82, 84, 86f., 89f., 97, 108, 111, 127f., 135, 138f., 148-150, 165, 167, 190, 208, 210-212, 214, 220, 236, 240, 245, 253, 258, 260, 263, 285-287
Bedingungen/Umstände 20, 25, 28, 35, 37, 43, 46, 65, 67, 71, 99, 110f., 114f., 126f., 129, 131, 133, 136, 138, 141-143, 149, 152, 161, 204, 234, 237, 249, 251, 257-259, 270, 272, 287
Bedürfnis 35, 69, 124, 143, 226f., 235, 248, 250, 264
Befreiung 9, 30, 36, 43-45, 58, 65f., 91, 94f., 100f., 181, 204, 240, 250, 264-266, 272, 282
Begriff 18, 20, 22-27, 29, 31, 34, 42, 45f., 48f., 52-56, 86, 95, 125, 128f., 131f., 134, 136-140, 144, 147, 165, 168, 183, 188, 192, 198, 201, 236-238, 250, 264, 266, 268, 272, 285, 287f.
Begründung 24, 26, 29, 63, 73, 85, 126-131, 133f., 136, 138-142, 146-148, 181, 204, 206
Behaviorismus 22, 48-51, 53f., 81, 130, 134-136, 138, 142-144, 151, 154, 202, 210f., 237f., 253, 280f.
Beherrschung 18, 47, 91, 93, 276
Beispiel 15, 18, 29-34, 37f., 41, 48, 65, 67, 73, 76, 86-89, 91, 93, 95f., 105, 108, 129f., 132, 135, 139-141, 168, 171, 189-191, 198, 200f., 210f., 213, 219, 283f.
besetzen/Besetzung 14, 36f., 109, 125, 128, 144, 199, 211, 225, 239f., 263, 284
Bestechung 136, 201, 281

Beteiligung 26, 60f., 105, 169f., 266
Bewegung 9, 25, 31, 33, 38, 44, 47, 50f., 55, 58f., 64, 72, 74-76, 78, 82, 86f., 89-92, 94f., 97, 101, 103, 106, 133f., 145, 154, 156, 164, 167f., 173f., 180, 182f., 186, 188, 192f., 196, 201, 203-205, 234, 239, 244, 257, 259, 263f., 266f., 272-275, 281f., 284, 286-288
Bewusstsein/bewusst 15, 20-23, 27f., 30-35, 43, 52, 55f., 66, 71, 84f., 98, 101, 112, 123, 126-128, 131, 141, 143, 147, 149, 158, 167, 173, 175f., 183, 192f., 215, 218, 249f., 259, 264, 272, 287f.
Bildung 31, 33f., 41, 53, 55, 59f., 62, 99f., 104-112, 116, 118, 151, 153, 157, 161, 186, 216, 220f., 259f., 263-265, 267, 270f., 277-279
Biographie 33, 35, 107, 110-112, 170, 190, 249f., 263
Botschaft 29, 35, 37, 101, 189, 208, 210-212, 214f., 220, 222, 224-226, 231, 233, 236, 239, 253f., 282
Bruch 52, 168, 259, 262, 266, 270
Bündnis 53, 73, 102, 120, 210
Denkform/Denkmuster 97, 100, 176, 269
Dialektik 54f., 57, 72, 78, 86, 198, 264, 282
Dialog 34, 71, 73, 95, 273f., 283, 286f.
Diskurs 52, 108, 126, 128, 147, 161, 163, 166f., 171, 184, 205, 214, 272
Diskussion 10, 16, 20, 50f., 59, 61, 67, 69, 84, 99, 123, 130, 141, 148, 156, 159, 160-162, 166-168, 170, 176f., 179, 181, 183, 186-192, 195, 197, 208, 213, 216f., 243, 245, 254, 263, 272-274, 279
Distanz 27f., 67, 282
Dummheit/blöd 46, 90, 107f., 159f., 183, 195, 265
Effekt 31, 63, 66, 81, 83, 97, 107, 138, 148, 200, 216, 246, 248, 250, 288
Einfühlung 64, 67, 197
Einführung 42, 44, 48f., 51, 60, 99, 126, 130, 139, 149, 151, 179, 241, 271,
Eingreifen, Eingriff 45f., 50, 55, 61, 67, 69, 71, 76, 78f., 87f., 91, 95, 98, 104, 120, 124, 138, 143, 152, 170, 181f., 185f., 200, 220, 249, 270, 272, 288
eingreifende Methode 272
Einverständnis 49, 73-75, 79, 83-85, 87, 91-93, 95f., 101, 113, 142, 167f., 199, 254
Einwilligung/Zustimmung 27, 47, 67, 95, 102, 114, 123, 136, 164, 180, 214f., 222, 234
elementar 58, 138, 143, 160, 162, 190f., 283
Enteignung 126, 266
Entwicklung 25, 32-34, 53-56, 69f., 104, 124, 130f., 142f., 146, 148, 173f., 190f., 197f., 200f., 203, 262, 264-267, 269, 272-275, 286
Erfahrung 14, 22, 24, 31, 33f., 42f., 46, 59, 64-69, 78-82, 84-89, 94, 98, 103, 105, 109, 120, 123, 126f., 138-140, 143, 146, 156f., 159-162, 165, 167, 169f., 172, 174, 176f., 179f., 185-189, 191f., 194f., 198f., 201-204, 212, 215-219, 229, 232f., 236, 238, 243-245, 247f., 250, 254, 259, 262f., 267, 272, 274, 276, 280-282, 285
Erinnerung/Gedächtnis 10, 13-20, 23f., 30, 34, 37f., 41f., 46, 68f., 83, 91, 103, 108, 126, 131, 144-149, 154-156, 160, 175, 187f., 192, 199, 201, 206f., 209, 211f., 217, 219, 221, 229-232, 241, 245, 251, 253, 259, 263, 276, 280-282, 284
Erinnerungsarbeit 10, 31, 83, 108, 151, 186, 204, 208, 213f., 217f., 229, 236, 245, 284
Erkenntnis 31f., 45f., 50, 62, 64, 66f., 72f., 79, 86, 88-90, 98, 100f., 103, 106, 117, 120, 136, 155f., 162, 165-169, 171, 177, 180, 182, 187f., 193, 197f., 211, 274, 280-282
Erlebnis 13-15, 35, 44, 46, 156, 164, 167, 184, 187, 204, 212, 214f., 217, 229, 232, 259, 284, 286, 288
Erwartung 15, 20, 43, 68, 76, 82, 113, 138f:, 141f., 158, 163, 193, 197, 216, 246f., 252
Erzählung 19f., 37, 73, 86, 92, 101, 104, 106f., 192, 234, 252, 272, 284
Erziehung 34, 47, 52-57, 59-62, 66f., 101, 104, 106f., 109f., 112f., 118f., 124, 183, 200f., 229, 237, 243, 257, 262, 268
Experiment 45, 48, 51, 77, 83, 97f., 129, 131f., 135-137, 139-141, 144, 147f., 170, 206, 239-241, 243, 271, 276, 279
Fähigkeit *(s. auch Handlungsfähigkeit, Lernfähigkeit)* 15, 18, 21, 23, 32, 43, 45, 47, 53, 55f., 66, 81f., 92f., 97, 119f., 155, 162, 164, 172, 175, 177, 185, 194, 199-201, 216, 224f., 231f., 239, 243, 266, 282, 288
Familie 62, 72, 104, 107, 119, 125, 143, 152, 168, 170, 184-186, 201f., 229-232, 234-238, 240f., 244, 258, 260, 262f., 273
Festigkeit 123, 171, 268, 281
Flucht 73, 76, 87, 97f., 118, 168, 252-254
Form *(s. auch Lernform)* 21, 30-33, 41, 44, 51f., 60-62, 66, 68, 72, 74f., 77, 80, 83, 86, 91, 101, 113, 115f., 120, 124f., 133-135, 143f., 156f., 168f., 176-178, 180, 190f., 200, 202, 204, 212, 214f., 228f., 237, 239, 245f., 248, 250, 252-254, 259, 263-270, 272-279, 281f., 287f.
Formanalyse 143

Formierung 250, 262, 288
Forschungsgruppe 30, 44
Fortschritt 32, 38, 56, 106, 198, 269
Frage 9, 15-18, 26-31, 33f., 38, 42f., 45, 48, 50, 52f., 57, 59-65, 69, 71, 73f., 79, 81, 83f., 89, 93, 96, 98, 100-102, 104-110, 112-116, 118, 120, 126, 129-132, 136, 138-140, 142, 144f., 148-150, 154-157, 160, 165, 167, 169f., 173-175, 177-181, 185f., 188, 195f., 198f., 204-211, 216, 220, 226, 229f., 232-234, 237, 241, 243-247, 250-253, 257-261, 263, 265f., 268, 270-274, 276, 280, 282, 285-287
Freiheit 47, 52, 94-96, 102f., 109, 115-119, 137, 269
freiwillig 157, 163, 234, 245, 247-249, 252, 262
Fremdbestimmung 14, 17f., 48, 50, 52, 89, 125f.
Funktion 23f., 41, 45, 54f., 76, 81, 87, 98f., 117, 129, 144, 149f., 160, 165, 189, 204, 268, 276, 279
Gebrauchswert 34, 78, 119, 130, 143, 269, 279
Gefühl/Emotion 26, 28f., 35, 38, 43f., 56, 66, 69, 72, 88f., 95-97, 100-102, 104f., 108, 123f., 126, 136, 156, 159f., 162, 164f., 167, 170-173, 176, 179, 181-183, 192-195, 201f., 209f., 214, 220-222, 224f., 227, 231, 234, 236f., 239f., 243f., 246-250, 253, 260f., 263, 272, 277, 279, 285
Gegenerzählung 19f., 284
Gegenteil 70, 93, 102, 106f., 112, 116f., 124f., 135, 140, 143, 159, 187, 193, 231, 264, 282
gemeinsam 34, 45, 60, 67, 70, 101, 145, 152, 185, 192-197, 203, 207, 211, 213-215, 218f., 230f., 237, 242, 253, 262, 272, 274, 279, 286
Geschichten 10, 42, 53, 75, 77, 83, 89-91, 100, 118, 151f., 206, 211f., 217, 221, 223-225, 236f., 241, 243, 245, 250f., 253, 259, 276f., 279, 281, 283f., 288
Geschlecht 9, 37, 104f., 108f., 111, 115-119, 126, 151f., 156f., 167f., 176, 212, 229, 239, 249f., 259, 263, 273, 285
Geschlechterverhältnisse 109, 117f., 120, 157, 272
Gesellschaft/Vergesellschaftung 14f., 17f., 20, 25f., 28, 30-34, 43, 45-47, 50f., 53-55, 57, 59-61, 63-65, 68, 80-82, 85f., 89-91, 100, 102, 104f., 107, 109, 111, 113f., 118f., 123f., 126, 136, 140, 142-144, 151, 155, 166, 172, 177, 180f., 184, 186, 188-191, 198, 201-203, 209, 211, 218, 228f., 238, 250, 257f., 260, 262, 264-271, 273-275, 279-283, 285f.
Gestaltung 45, 65, 79, 81, 218f., 258f., 282, 286
Gewohnheit/Gewöhnung 17, 29f., 34-38, 46, 48, 50f., 66, 71f., 79, 87f., 91, 95, 97, 100, 102, 104, 113, 120, 143, 157, 177-180, 195, 206, 209, 213f., 218, 239f., 248, 259, 265-268, 273-275, 282-285, 287
Gleichheit/Gleichsetzung/Gleichstellung/ Egalisierung 24, 47, 79f., 84, 107, 117, 119, 131, 183, 279
Glück 15, 25, 38, 44, 47, 94, 101, 107, 110, 115, 120, 140, 153, 165, 172f., 175f., 178, 193, 224f., 262
Grundlage 9, 20f., 41, 53, 56, 62, 64, 93, 103, 118, 124, 131, 139, 142, 155, 191, 234, 268, 274, 282f.
Gruppe *(s. auch Forschungsgruppe)* 10, 22, 35, 44f., 69, 93f., 98, 141, 151f., 156, 158f., 161, 163, 166, 172-176, 179, 181, 183, 185-187, 193, 196f., 199, 202f., 208-211, 213f., 226, 231, 236, 262, 270-275, 286-288
Haltung *(s. auch Lernhaltung)* 28, 33, 45f., 53f., 56, 61, 66-68, 70-72, 74f., 79, 81, 88-95, 97, 100-102, 119f., 125, 138, 143, 158f., 161, 163f., 171, 180, 183, 189, 194, 197-200, 203, 216-218, 229, 234, 242f., 251, 258, 263, 266
Handlung/Handeln *(s. auch Lernhandeln)* 14, 20-31, 46f., 50f., 54, 56f., 59, 61, 63f., 69, 80, 84, 88f., 93, 103, 107, 119, 127-130, 133-144, 146f., 150, 155, 157, 161f., 168, 171, 175, 183, 186, 204-206, 208f., 212, 215, 219, 221, 227, 232f., 236, 243, 247-249, 253f., 266f., 270, 272, 274, 277, 281, 288
Handlungsfähigkeit 29, 50, 58, 64f., 68, 70f., 84f., 89, 120, 123f., 158, 167, 177, 184, 249, 264, 272
Herrschaft 61, 64f., 76, 78, 80, 86-88, 93, 95, 100f., 113, 125, 129, 169, 211, 266, 268, 285
Hindernis 27, 44, 52, 149, 188, 197
Hoffnung 15f., 52f., 60, 118, 139, 156, 161, 163, 171, 179, 188, 204, 221, 252f., 262, 282
Ideologie 9, 26, 38, 46, 52f., 58, 126, 140, 149-151, 181, 258, 264, 282, 288
Inhalt 60-62, 67, 153, 156, 180, 205, 207, 209f., 215, 227, 245f., 248, 254
Institution 16-18, 20, 41, 53, 56, 61-63, 125f., 185, 201, 204, 206, 216, 221, 229, 258, 287
Inszenierung 15, 63, 71, 84, 196, 228, 234, 272, 283
Intellektuelle 17, 73, 98-100, 186, 269, 287
Intelligenz 54, 115, 144

Intention/Absicht 9, 22, 24-26, 28, 30, 33, 38, 51f., 55, 66, 68, 73, 125, 127-129, 138, 148, 194, 210, 217f., 253, 288
Interesse 15, 20, 23, 26, 28-30, 46, 53, 60, 62, 70, 80, 92, 94, 102, 125, 127f., 136, 153, 174, 180, 184, 187, 200, 210, 217, 221f., 224-226, 236, 245, 250f., 253, 266, 273
Kampf 94, 112, 114-116, 154, 183, 210, 264, 268, 286
Kollektiv/kollektives Lernen/Lernen in der Gruppe 24, 54, 56f., 67-69, 84, 94, 102, 126, 154, 156, 159-162, 164, 166f., 173f., 180, 185, 193f., 197, 203, 205f., 210, 218, 231, 249, 266-275, 285-287
Kommunikation 43, 64, 100, 269, 274
Konflikt 64, 67, 185, 231f., 236, 274f.
Konkurrenz 112, 154, 161f., 174, 177, 199, 279, 287
Konstruktion 34, 37f., 108, 142, 149-151, 209, 211f., 217f., 221, 224, 236, 239, 253, 280f., 285
Kontext 32, 41, 47, 54, 75, 82f., 85, 87f., 91f., 94-96, 99-102, 107, 128, 138f., 141, 145f., 151, 154, 185, 190f., 195, 198, 205, 211f., 219, 227, 241, 266-268, 274, 277, 280f., 285,
Kooperation/Zusammenarbeit 34, 46, 55, 93, 156, 183, 185, 193, 209, 265f., 269, 274f.
Kopf- und Handarbeit 283
Krise 57, 59, 65, 69, 72, 93, 99, 133, 167f., 170, 176, 189, 259, 266, 271, 283
Kritik 9f., 16, 21, 25-27, 33, 38, 45f., 61-63, 78, 84, 97, 101f., 116, 120, 127-131, 133-138, 140-143, 146, 148f., 151f., 155, 158, 160-164, 166f., 170, 172, 174f., 177, 180-182, 186-189, 192f., 195, 197-203, 211f., 221, 238, 247, 249f., 260, 274f., 280f., 284, 286, 288
Kultur/Kulturelles 9, 18, 26, 29, 31, 38, 46, 50f., 54-56, 67, 84f., 107, 116, 119, 126, 144, 149-152, 156f., 167, 176, 191, 201f., 204, 211, 214, 241, 250, 258, 269, 273, 275, 283, 285, 288
kulturhistorische Schule 20, 189, 267
Lebensweise 31, 86, 92, 104, 109f., 112, 118, 231, 257, 259f., 264, 273
Lehre/Lehren/Lehrer 26, 37, 39, 41-46, 48, 51f., 54, 56, 59-63, 65-67, 69-73, 78-88, 93, 97f., 100, 105f., 113, 116, 120, 128, 136, 140, 144, 151-153, 155-160, 163f., 166f., 177-179, 181, 191f., 198, 202-211, 213-216, 219, 221, 224, 226f., 237, 240, 247, 249, 251, 253f., 257, 262, 283f., 286f.
Leistung 43, 54, 99, 115, 134, 137, 139, 145, 147-149, 152, 161, 181, 190f., 202, 210, 216, 225, 241
Lernblockierung 38, 57, 68, 89, 101f., 152, 161, 168, 193, 204, 206, 225, 270, 273, 287
-druck 283
-fähigkeit 155, 284
-form 30, 51, 60-63, 190
-haltung 21, 27f., 43, 46, 158, 162, 251
-handeln/-handlung 20f., 23-25, 27-29, 31, 41, 137f., 155, 169, 204, 288
-lust 14-16, 28, 43f., 46, 62, 65, 103, 169, 176, 192
-problematik 20f., 27f., 30-33, 41, 57, 189f., 205, 237, 283
-prozess 14, 23f., 26f., 30, 32-34, 38, 50f., 53f., 56f., 59-62, 64-70, 103, 120, 123-126, 144, 154-156, 169, 171-175, 182f., 185, 192f., 204, 206, 214, 218, 232, 237, 240, 244f., 250, 258f., 267, 270-272, 285
-schleife 21f.
-schub 14f., 240
-subjekt 20, 26, 29f., 32f., 45, 71, 125f., 151, 189, 204, 211, 283f.
-tagebuch 164f., 176, 179f., 182f., 192, 194f.
-theorie 9, 20, 22, 24, 26, 37, 48, 50, 54, 57, 61, 108, 124, 126f., 129-131, 134-140, 142, 144, 149, 151, 154f., 192, 198, 208, 214, 217, 221, 224, 226, 231, 234, 236f., 239, 247, 253, 264, 266f., 280f., 283
-versagen 13f., 18, 44, 46, 61, 161-163, 167, 183, 200, 202, 206, 214, 223, 235, 249
-widerstand 43, 45, 124, 181
-zweck 21, 61, 137
Lernende *(s. auch Schüler)* 24, 28, 49, 56-59, 64, 125, 151f., 177, 196, 202f., 253, 258
List 45, 47, 50, 58, 92, 136, 282
Lob 43, 80, 99, 111f., 158, 161, 163f., 184, 199, 222, 254
Lust/Unlust *(s. auch Lernlust)* 13-16, 28, 41-44, 46, 60, 62, 65, 79, 81, 87, 95, 98, 100, 103f., 167, 169, 173, 176, 182f., 192, 211, 252, 261-265
Macht 52, 106, 109f., 112-115, 118, 158, 177, 180, 184f., 204, 211, 227, 229, 244, 254, 279
Mächte 65, 96, 225, 227f., 247f.
männlich/Männer 16, 61, 72, 104, 107-110, 112-120, 157, 167f., 176, 189, 194, 199, 212f., 242, 273, 285
Materialanalyse 71
materiell 47, 115, 257, 264
Meinung 72, 79, 83, 167, 169, 177, 180, 186-188, 202f., 208, 211f., 214f., 229, 273, 281

menschliches Wesen 52, 55, 111f., 123, 144, 155, 181, 228, 275
Methode 9, 25, 37f., 46, 49, 56, 58, 63f., 71, 73, 75-77, 80, 89-91, 93, 100, 106, 116f., 130, 145, 151, 175, 177, 190, 198, 207f., 213, 229, 241, 268, 272, 280, 282f.
Minderwertigkeit 61, 78, 99, 160, 162, 167, 171, 272
Misslingen 14, 16, 18, 20, 60, 120, 124, 139, 248, 251
Modell 21-24, 29, 33, 49, 53-55, 81, 124, 130, 138-140, 146, 211, 270
Möglichkeit 16, 18, 25, 32, 35, 42, 45, 47, 61, 64, 67, 69, 71-73, 75, 83, 98, 104-106, 115-120, 123, 125, 127, 131, 134f., 140f., 148, 153, 155, 157f., 161-164, 172f., 175, 179f., 185, 188, 193, 196, 198, 205, 211, 218, 228, 230, 232, 238, 240, 242, 244, 258, 262, 264f., 269f., 272f., 276, 284, 286f.
Moral 54, 58, 83, 89f., 92f., 96, 100-105, 111f., 118, 130, 143, 172, 191, 241, 261f., 285
Motivation 28f., 48f., 51, 62, 123, 137-139, 176, 226, 254
Mühe 13f., 18, 29, 32, 51, 87, 127, 155, 172, 198, 212, 224, 232, 247
Natur/natürlich 43, 53f., 56, 62f., 71, 117, 131, 133, 138, 155, 163, 177, 257
Negation/Verneinung 76, 78-80, 90, 102, 112f., 124, 130, 134, 198, 206, 234f., 244
Neugier 14, 16, 44, 57, 137, 153, 167, 218
Normalität/Normalisierung 83, 89, 98, 124, 165f., 170-172, 216
notwendig 13, 20f., 23, 30, 33, 37f., 52f., 56, 60, 65f., 74-76, 80f., 84f., 88, 93, 105, 116, 119f., 123f., 132, 138, 144, 148, 152, 161, 177, 185, 197, 201f., 208, 210, 214, 240, 242, 264f., 268f., 272f., 275f., 287
Nutzen/nützlich 13, 37, 51, 59, 77, 84, 86, 91, 103, 105, 113f., 117, 143, 148, 152, 157, 166, 169, 173, 191, 194, 199, 201, 203, 209, 248, 250, 263, 267, 283
objektiv 17, 24, 33, 37, 57f., 71, 108, 124, 127, 139, 198
Opfer 35, 37f., 67f., 89-91, 93f., 111, 149, 175, 234, 268, 272, 281
Ordnung/Unordnung 47, 66, 72, 75-78, 80, 85, 94, 100, 103, 145f., 184, 193, 247-250, 262, 276, 279, 283, 285, 288
Organisation 22, 24, 26, 28, 44, 214, 258, 261, 271f.
Pädagogik 15, 41, 45, 47f., 50-54, 56-59, 63, 81, 132f., 135, 138, 142, 205, 214f., 241, 258f., 287
Paradox 65, 129, 154f., 158, 164, 183, 186, 248, 258, 266, 283, 287
passiv 22, 61f., 74, 163f., 202, 209, 225, 247, 251, 253
Persönlichkeit 18, 37f., 54, 64, 67-69, 171, 194, 212, 229, 282
Perspektive 30, 54, 56, 68, 94, 103, 130, 216, 264, 275, 279
Plan 22f., 25, 28, 30, 50, 56, 60, 88, 148, 192, 215f., 221, 232, 266, 269, 276, 284
Political Correctness 171f., 285
politische Praxis 283
Praxis 18, 32, 46, 52, 57, 59, 62f., 68f., 79, 82, 87, 90, 96, 102, 115, 125, 134f., 142f., 149, 151, 155f., 158, 160, 162, 176f., 186, 188f., 193, 198, 203, 208, 224, 251, 257, 260, 270, 280f., 283-285
Privileg 16, 34, 65, 104, 112, 118f., 142
Problematik *(s. auch Lernproblematik)* 18, 25, 27, 52f., 57, 71, 107, 118, 124, 142, 155, 176, 190, 201f., 205, 229, 237, 249, 257f., 275, 282, 285
Problemverschiebung 225, 228, 237, 243
Produktionsweise 260, 268f., 272, 276, 283, 287
Produktivität 72
Produktivkräfte 264-266, 270, 274, 286
Programmierung 50f., 54, 133, 136, 146, 210
Projekt 9, 44, 52f., 70, 120, 129, 133, 144, 154, 194, 197, 202, 264f., 282, 286-288
Prozess *(s. auch Lernprozess)* 22f., 27, 31, 34, 38, 48, 51, 53-57, 61-66, 120, 124-126, 133, 138, 143-150, 156, 159, 171, 174, 179, 181, 183, 202-204, 210, 215f., 218f., 228, 232, 257-259, 268-270, 273, 284, 286, 288
Qualifikation 9, 115, 216, 264f., 279, 282, 287
Reflexion *(s. auch Selbstreflexion)* 66, 152, 179, 185, 237, 251, 282
Reform 33, 59f., 80, 84, 212, 214f., 258, 265
Reinterpretation 130, 148, 198, 267, 280
Rekonstruktion 146, 190, 215, 225, 274
Reproduktion 10, 67, 116, 178, 184, 186, 283, 288
Scheitern 18, 42-44, 81, 86f., 252, 259, 262, 267
Schicksal 45, 67, 95, 107, 118, 163, 223, 229, 283
Schule 13f., 18, 20f., 26f., 33, 36, 41-43, 46, 57, 60-64, 80-82, 109, 125, 135, 154, 158, 161-163, 167, 182f., 185, 194, 200-202, 204, 206, 212f., 215f., 219-225, 229f., 236, 238, 241, 251, 258-261, 276, 279

Schüler *(s. auch Lernende)* 27, 42-45, 47, 54, 59-62, 64-67, 70, 80-82, 136, 140, 155, 204-211, 215f., 220f., 224, 227, 244, 262
Schweigen 43, 160, 182, 195, 203, 226f., 280, 282
Selbst 138f., 141, 162f., 267f.
-bestimmung 17f., 24, 27f., 33, 50, 52, 59, 61-65, 69, 120, 137, 180, 197, 200f., 221, 235, 248f., 270f., 287
-formung 229, 288
-kritik 38, 157, 198, 288
-positionierung 161, 183
-reflexion 38, 156, 172, 182, 203, 235, 249, 276, 283f.
-veränderung 34, 168, 170, 181-183, 192, 257f., 285, 287
-verantwortung 47
-wahrnehmung 18, 159, 166, 206, 218, 229, 283
-wert 170, 277
Sinn 13f., 16f., 49-52, 54, 73, 76-78, 91-94, 105, 111f., 118, 130, 137, 144, 147f., 150, 173, 177, 179, 210, 221-223, 249, 258, 263f., 267, 273f., 279, 282f.
Sozialisation 55, 169, 176, 181, 200, 249
Spiel 14, 45f., 60, 62-65, 67, 75, 92, 137, 141, 230f., 237, 279
Sprache 49, 90, 101, 109, 111, 115f., 127-129, 145-147, 149, 151, 185, 208, 210, 221, 231, 247, 263, 272, 276, 284f.
Staat 56, 59f., 74, 94, 99, 210, 215
Standpunkt *(s. auch Subjektstandpunkt)* 24-26, 30, 57f., 87, 95, 105, 113, 118, 124, 126-131, 148-151, 180f., 198, 205, 211, 248, 250, 265, 270
Störung 41, 60, 65, 82, 87, 89, 124, 157, 169, 171, 187, 193, 195, 201, 205, 258, 267, 269, 275, 283
Studierende/studieren 10, 72, 112, 120, 152f., 155-159, 164-168, 171f., 175f., 178-181, 184-186, 188f., 191-200, 212, 216, 220, 245, 251, 254, 261, 263, 275, 285f.
Subjekt *(s. auch Lernsubjekt)* 15, 20-22, 24
subjektiv 26-28, 30-32, 46, 57f., 71, 123f., 126-130, 136, 138, 142, 150, 175, 198, 253, 287
Subjekt-
-konstruktion 218
-losigkeit 227, 250, 281
-standpunkt 24f., 124, 126-128, 130-132, 146, 148-151
-wissenschaft 20f., 26, 30, 38, 124-130
Subversion 63, 78, 95f., 100, 175, 282f., 285
Tätigkeit 20-23, 29, 46, 55f., 61f., 97, 103, 112, 118, 186, 209, 222f., 239, 248, 253, 257f., 263-267, 269f., 272, 274-276, 283, 288
Tätigkeitstheorie 22, 267
Täuschung 16, 81f., 160f., 205f., 210, 249
Terrainwechsel 92, 97, 282
Text 34, 48, 53, 59, 69, 71f., 97, 105, 108, 128, 152, 156, 160, 162, 167, 170-172, 175f., 196, 201, 206f., 209f., 217f., 225, 247f., 280
Theorie *(s. auch Lerntheorie)* 15, 19-22, 24-29, 31, 48, 51, 54f., 68f., 105, 125, 127-131, 133-136, 139-144, 146-149, 151, 157f., 162, 164, 168-170, 172, 175-177, 180-183, 185-193, 197f., 206, 208, 211f., 221, 224, 232, 250, 257, 260, 262, 265, 267, 269, 275, 280f., 283-285
Training/Übung 13, 15, 19, 27, 45, 48, 50, 53, 95, 99, 145, 210, 224, 229, 247, 262, 284
Tugend 47, 53, 57, 75f., 82, 89-94, 96, 100-103, 137, 184, 229, 235, 279
Unfähigkeit 14, 160, 162, 165, 185, 249, 286f.
unpersönlich 115, 209, 217, 221, 225, 227, 234, 247f., 253
Unruhe 9, 68, 73f., 79, 85, 88, 154, 161, 164, 168, 170-173, 176, 178, 259, 282f., 285
Unsicherheit/Verunsicherung 16, 48, 64-66, 68f., 123f., 160, 167f., 193, 195, 200, 215, 246, 248f., 259f., 282
Unterscheiden 27, 78, 145, 155, 157, 163, 201, 288
Unterwerfung 30, 61, 94, 136, 140, 201, 225, 250, 288
Verallgemeinerung 51, 93, 108, 266
Veränderung *(s. auch Selbstveränderung)* 22f., 32, 45, 52-54, 60, 68-70, 72, 80f., 86, 88f., 97f., 100, 102, 118-120, 133, 140, 171, 175, 177, 181-183, 250, 257, 259f., 264, 276
Verantwortung *(s. auch Selbstverantwortung)* 52, 181, 184f., 225, 236, 249f., 266
Verbesserung 15, 22f., 27, 53, 81f., 107, 177, 203f., 222, 270, 286
Verdoppeln/Verdoppelung 9, 63f., 134, 136, 141, 234, 280
Vergessen 13, 17, 37, 46, 49, 134, 145, 150, 153, 178, 223, 239, 262, 284
Vergleich 9, 22, 24, 74f., 77-84, 100, 103, 115, 157, 160, 162-164, 191, 193, 224, 283
Verhältnis/Verhältnisse *(s. auch Geschlechterverhältnisse)* 9f., 24, 26f., 29, 31, 34, 41, 44-46, 50f., 53-55, 57f., 62f., 65, 67f., 70, 74-79, 81f., 84-86, 88-91, 93-98, 100-102, 104, 115f., 120, 123, 126f., 129, 143, 151, 154f., 158, 162, 167f., 175, 180f., 186f., 190,

194, 197f., 200, 204, 206, 209, 211f., 216, 222, 245, 250, 253, 257, 259f., 264-266, 270, 273, 280-286, 288
Verkehrung 58, 74, 87, 149f., 217, 258
Verkennen 34, 142, 250, 287
Verknüpfung 14, 73, 97, 123, 132, 135, 143, 149, 199, 218, 241, 244, 251, 269
verlernen/entlernen 46, 120, 143, 177, 179, 232, 266, 281f.
Verlieren/Verlust 58, 62, 76, 103, 111, 118, 149, 163, 169, 186, 188, 264, 275, 286
Vermittlung 18, 33f., 43, 49, 51, 55-58, 85, 197f., 211, 214, 217, 226, 231, 236, 240, 247, 257-259, 268
Vernunft/vernünftig 24f., 28, 62-64, 87f., 96, 101, 127-131, 133-136, 139-141, 144, 147, 150, 288
Verstärkung 48, 132, 135-141, 154
Verstehen 15, 77, 148, 160, 173, 182, 195, 207, 210
Versteinerung 41, 43f., 46, 71, 86, 89
Verwandlung 79, 90, 94, 163f., 214, 218f., 254, 268f., 284
Verzweiflung 13, 16f., 44, 112, 163, 171, 201, 225, 239
Vorurteil 32, 95, 138, 140-142, 170, 177, 240, 284
Wahrheit 57, 64, 85, 156, 176, 186, 197, 243
Wahrnehmung *(s. auch Selbstwahrnehmung)* 29, 56, 68, 140, 159, 166, 171, 185, 194, 196, 206, 209, 218, 249, 254, 269, 273, 281, 283, 288
weiblich/Frauen 35, 37, 44f., 68, 104f., 107, 109-119, 132, 152, 157-159, 167f., 185, 188, 197, 199, 212f., 217, 219, 223, 229, 238f., 249f., 273, 285
Welt/Weltbezug 16, 18, 20, 22, 25-28, 32-34, 38, 43-46, 49-54, 56-58, 60, 63, 79f., 84, 98f., 102, 112, 116, 125, 127, 134-136, 139, 141f., 148-150, 160, 168, 171, 177, 180-183, 185, 187-192, 195, 200, 205, 211, 215, 217f., 228f., 258f., 263, 282f., 286, 288
Werkzeug 17f., 34, 55, 152, 197, 240
Wert 59, 74, 78f., 89, 92, 97, 110f., 139, 201, 258, 274f.
Widerspruch 38, 61, 63-65, 68, 103, 126, 196, 215, 217, 240, 259, 266f., 272, 282f.
Widerstand 43, 45f., 69, 124, 154, 158, 167, 172, 175, 201f., 206, 208, 222, 229, 235, 240, 250f., 276, 284
Wille/Wollen 15, 17, 60, 97, 119, 187, 210f., 221, 233-236, 239f., 242-244, 247, 254, 262
Wir-Gefühl 165, 193, 231
Wirklichkeit 29, 34, 67, 82, 90, 94, 133, 151, 171, 181, 185, 187f., 211, 216, 221, 227, 233, 258, 262, 272
Wissen 14-17, 24, 26, 33, 43-46, 49f., 53-59, 62, 66f., 69, 80, 85, 87, 89, 92, 96f., 99, 109f., 119, 143-145, 149, 153, 157, 160, 162, 169, 172, 175, 178, 181, 184-187, 197f., 203-205, 207, 218, 224, 257-259, 271, 274f., 277, 279, 283
Witz 86, 282
Wohlleben 104
Wort 17, 79, 83, 85-91, 94f., 101, 109, 128, 165, 167, 171f., 177, 208f., 285
Zeigen 34, 46, 66f., 75, 79, 86, 89, 109, 134f., 141, 143, 154, 156, 175, 189, 199, 201, 209, 211, 232, 236f., 239, 259, 281, 283, 285
Zeit 37, 43, 72, 97, 110f., 145, 147, 153, 156, 167, 169, 183-185, 195, 197, 207f., 213, 218, 222, 246-248, 261, 273, 278f., 284, 288
Zeitgemäßheit/-ungemäßheit 176, 201-203, 260
Zensur 165, 171, 174, 194, 206, 212, 241
Zerstörung 56, 66, 72, 111, 179, 268, 273
Ziel 14, 18-24, 26-29, 34, 45, 47, 50-52, 55, 57, 60f., 63f., 75, 96, 101f., 107, 112, 119f., 136, 139f., 143, 146f., 154, 166, 197f., 210f., 215f., 223, 225, 232, 247, 249, 253f.
Zukunft 47, 52, 87f., 143, 176, 201, 239
Zusammenhang 23, 26, 29, 33, 41, 45f., 48, 52, 54f., 57, 69, 80, 86, 88, 98, 100, 104, 109f., 115, 117, 120, 140, 142f., 147, 149, 151, 154, 156, 167, 171, 173, 175, 180f., 185f., 188f., 199f., 211, 238, 257, 266, 276, 281, 286
Zwang 15, 54, 75, 94, 96, 113, 125, 136, 194, 202, 222, 226, 264
Zweifel 26, 47, 74, 90, 101, 107, 114, 136, 150, 160, 164, 166f., 182, 187, 192f., 200f., 203, 222, 233, 249f., 259, 275, 283
Zwiegespräch 73, 75, 93, 97
Zwiespalt/Spaltung 163, 169, 172

Internationale Stimmen zum Projekt

Donna Haraway (Santa Cruz): Words are food; we eat them to fuel our lives and projects. Keywords are maps to entire dietary regimes, in all their successes and failures to nourish. A critical historical dictionary of key feminist terms from the vantage point of marxist traditions is more necessary now than ever. Every serious feminist knows that the crucial terms are always signs of and sites for struggle. That does not make meanings and the consequences of meanings random. If we still dream of more liveable worlds, we need to know how to inhabit the histories we have inherited. This dictionary, embedded in its own critical histories of love and labor, can help us continue to love and work in most unpromising times. I am a feminist for life. The label sticks in all its messiness. I want to know how to read the label, to study the nutrients and poisons and preservatives. I want the salt of critical inquiry and the hearty meat of our words.

Sarah Schulman (New York): Feminism, like peace and justice, is a great idea with no contemporary context. In order for something to come true, it must first be imagined. Despite the narrow range of ideas permissable in this historic moment, those of us who take the long view hold on to a vision of full participation and representation for all women. Therefore, any project that imagines feminism and describes it, ultimately creates demand for it. Thanks to the editors of this dictionary for contributing to this imagining, and the subsequent realization that awaits us.

Janna Thompson (Melbourne): We need a critical reassessment of feminism, its history, ideas, accomplishments and failures. The dictionary would present these, and other, ideas in their social and historical context and document how they changed in response to circumstances and struggles. This idea of feminism as something undergoing change and responding in a creative way to ideas and political conflict is what is needed by those of us who do not want to write an obituary for feminism, but to see it as a theory and practice that retains the potential to change the world.

Ursula Huws (London): This dictionary serves two purposes: the historical one of preserving and making accessible the rich results of the intellectual flowering of second wave feminism; and the political one of providing the third wave with the inspiration and resources which will enable it to move forward.

Graciela Hierro (Mexico): There is not one feminism but many. It concerns all women and many men interested or frightened by women‘s empowerment. Substitute feminism for gender is not possible. Feminism is a political movement, gender is the theoretical arm of feminism. The young questioners of feminism may not be interested, but there are many of us academic feminists, theoretical, also political, who are interested. A historical critical dictionary of feminism is extremelly useful for feminists and pre-feminists; especially the way presented: easy to read and handle.

Elisabeth Schüssler Fiorenza (Harvard): This new feminist project of a Historical Critical Dictionary to Feminism is timely and badly needed. I am quite excited about it not only because it will help the next generation of feminist scholars to get to know their intellectual history and to comprehend how much work has been and still needs to be done. Hence, I hope that it will become a standard work in critical emancipatory studies and will find an worldwide readership.

Historisch-kritisches Wörterbuch des Feminismus
Abtreibung bis *Hexen*
Herausgegeben und mit einem Vorwort versehen von Frigga Haug
Argument Sonderband Neue Folge AS 295
ISBN 3-88619-295-4

Wozu braucht man ein *Historisch-kritisches Wörterbuch des Feminismus?* Wenn schon nicht mehr allgemein klar ist, was Feminismus meinen soll und wen er etwas angeht, warum sollte man ihm dann noch historisch-kritisch nachspüren? Wäre es nicht zeitgemäßer, das Wort Geschlecht an die Stelle zu setzen? Wörterbuch der Geschlechterverhältnisse zum Beispiel?
In der allgemeinen politischen Lustlosigkeit wird es schwierig, sich für feministische Forderungen einzusetzen, wenn nicht klar ist, was wer davon haben soll. Aber ist nicht eine solche Lage ein ganz dringlicher Grund für ein historisch-kritisches Lexikon des Feminismus, das aufarbeitet, was historisch gefordert war und warum; das nachzeichnet, welche theoretischen und praktischen Kämpfe gefochten wurden und werden; das Frauen in die Geschichte von Theorie und politischer Praxis einschreibt, immer wieder; das im beliebigen Dafürsein gegen bestimmte Entwicklungen antritt, sich engagiert auch heute noch?
In handlicher Form, in einem einzigen Band kann man sich sachkundig machen über die Geschichte der Bewegung, die der Frauenarbeit, der Frauenpolitik, feministischer Theorien, praktischer Fragen wie Frauenhäuser, Abtreibung, Bevölkerungspolitik, über die Karriere des Begriffs Geschlecht, über Geschlechterverhältnisse historisch und aktuell, über Frauenarmut, Hausarbeitsdebatte, über häusliche Produktionsweise bis hin zu aktuellen und neuartigen begriffspolitischen Interventionen wie Gender-Mainstreaming usw. Eine Reihe international bekannter feministischer Theoretikerinnen haben feministische Literatur aufgearbeitet, die Kämpfe der Bewegungen, das Schweigen der Offizialliteratur notiert und so feministisches Befreiungswissen nicht nur dem unweigerlichen Vergessen entrissen; sie haben auch eine Arbeit geleistet, die für Studium, Bildungsarbeit, Frauenpolitik unersetzbar ist. *Frigga Haug*

Schriften von Frigga Haug im Argument Verlag

Erinnerungsarbeit
ISBN 3-88619-383-7

Frauen-Politiken
ISBN 3-88619-316-0

Lernverhältnisse
ISBN 3-88619-324-0

Vorlesungen zur Einführung in die Erinnerungsarbeit
ISBN 3-88619-321-7

Kritik der Rollentheorie
Argument Sonderband 222; ISBN 3-88619-222-9

Erziehung zur Weiblichkeit
Argument Sonderband 45; ISBN 3-920037-22-7

Sexualisierung der Körper
Argument Sonderband 90; ISBN 3-88619-090-0

Subjekt Frau
Herausgegeben mit Kornelia Hauser
Argument Sonderband 117; ISBN 3-88619-117-6

Der Widerspenstigen Lähmung
Argument Sonderband 130; ISBN 3-88619-130-3

Küche und Staat
Argument Sonderband 180; ISBN 3-88619-180-X

Die andere Angst
Argument Sonderband 184; ISBN 3-88619-184-2

Hat die Leistung ein Geschlecht?
Herausgegeben mit Eva Wollmann
Argument Sonderband 219; ISBN 388619-219-9

Sündiger Genuß? – Filmerfahrungen von Frauen
Herausgegeben mit Brigitte Hipfl
Argument Sonderband 236; ISBN 388619-236-9

Lustmolche und Köderfrauen – Politik um sexuelle Belästigung
Herausgegeben mit Silke Wittich-Neven
Argument Sonderband 252; ISBN 3-88619-252-0

Frauen – Männer – Computer
Herausgegeben mit Gerhard Brosius
Argument Sonderband 151; ISBN 3-88619-151-6